中关村发展
ZGC GROUP

中关村发展集团年鉴

YEARBOOK OF ZHONGGUANCUN DEVELOPMENT GROUP

2021

（总第1卷）

中关村发展集团 ◎编

知识产权出版社
全国百佳图书出版单位
—北京—

图书在版编目（CIP）数据

中关村发展集团年鉴．2021 ：总第1卷/中关村发展集团编．—北京：知识产权出版社，2021.11
ISBN 978-7-5130-7795-8

Ⅰ.①中… Ⅱ．①中… Ⅲ.①高技术企业—企业集团—北京—2021—年鉴 Ⅳ.①F279.244.4-54

中国版本图书馆CIP数据核字（2021）第211819号

责任编辑：吴亚平　　**责任校对**：潘凤越
封面设计：京志文化　　**责任印制**：刘译文

中关村发展集团年鉴 2021（总第1卷）
中关村发展集团　编

出版发行：知识产权出版社有限责任公司
网　　址：http://www.ipph.cn
社　　址：北京市海淀区气象路50号院
邮　　编：100081
责编电话：010-82000860转8672
责编邮箱：yp.wu@foxmail.com
发行电话：010-82000860转8101/8102
发行传真：010-82000893/82005070/82000270
印　　刷：三河市国英印务有限公司
经　　销：各大网上书店、新华书店及相关专业书店
开　　本：850mm×1168mm 1/16
印　　张：22.75
版　　次：2021年11月第1版
印　　次：2021年11月第1次印刷
字　　数：690千字
定　　价：280.00元
ISBN 978-7-5130-7795-8

《中关村发展集团年鉴》编纂委员会

《中关村发展集团年鉴》编辑部

《中关村发展集团年鉴》通讯员

（按姓氏笔画排序）

中关村发展集团办公楼（2020 年摄）

中关村软件园（2020 年摄）

中关村生命科学园（2020 年摄）

中关村集成电路设计园（2020 年摄）

中关村高端医疗器械产业园（2020 年摄）

中关村新兴产业前沿技术研究院（2020 年摄）

中关村（京西）人工智能科技园·智能文创园（2020 年摄）

中关村·长城脚下的创新家园启动区（效果图，正在建设中）

中国科学院北京纳米能源与系统研究所园区建设项目（2020 年摄）

中关村上地信息产业基地（2020 年摄）

中关村科技园区朝阳园西区（2020 年摄）

中关村科技园区昌平园（2020 年摄）

中关村科技园区丰台园（2020 年摄）

中关村工业互联网产业园（2020 年摄）

光谷科技园（2020 年摄）

金桥科技产业基地（2020 年摄）

京津·中关村科技城（2020 年摄）

南宁·中关村双创示范基地（2020 年摄）

中关村硅谷创新中心（2020 年摄）

中关村波士顿创新中心（2020 年摄）

中关村德国创新中心（2020 年摄）

中关村以色列创新中心暨 Innonation Powerhouse（创新国度动力空间）（2020 年摄）

1 月 21 日，中关村科技租赁股份有限公司在香港联合交易所有限公司上市

4 月 17 日，中关村医疗器械园（二期）项目开工仪式举行

7 月 1 日，中关村发展集团党委召开“七一”党建工作调研座谈会

8 月 4 日，中关村软件园“Z 计划”项目启动

8 月 7 日，北京市委第七巡视组巡视中关村发展集团党委工作动员会议召开

9 月 17 日—20 日，以“合作创新 共迎挑战”为主题的 2020 中关村论坛举办

9 月 25 日，中关村工业互联网产业园开园启动仪式举行

9 月 27 日，中国科学院北京纳米能源与系统研究所整建制入驻怀柔科学城

10 月 19 日，中关村生命科学园发展论坛 2020 暨中关村生命科学园 20 周年成果展开幕仪式举行

10 月 21 日，中关村企业线上融资服务平台发布

10 月 30 日，中关村新兴产业前沿技术研究院二期项目开园

12 月 3 日，中关村轨道交通产业服务平台揭牌

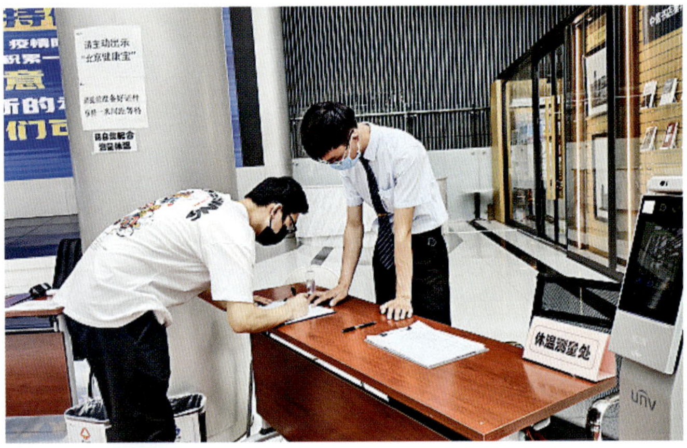

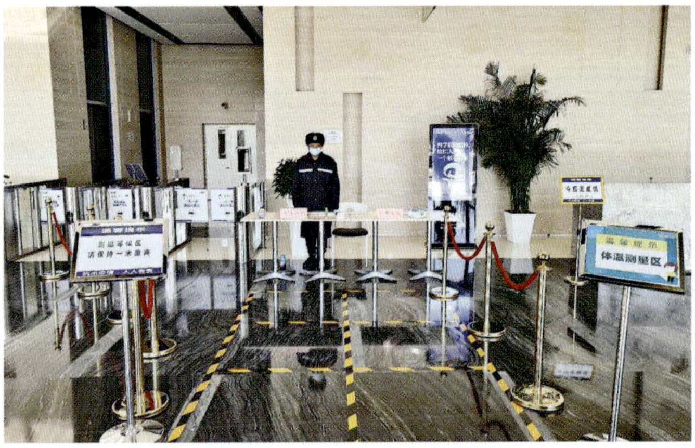

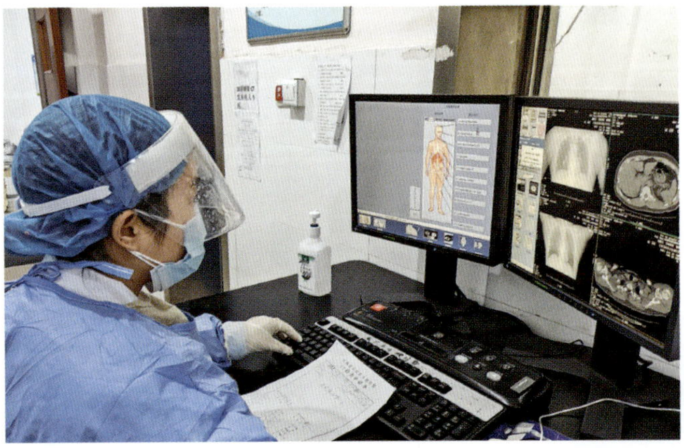

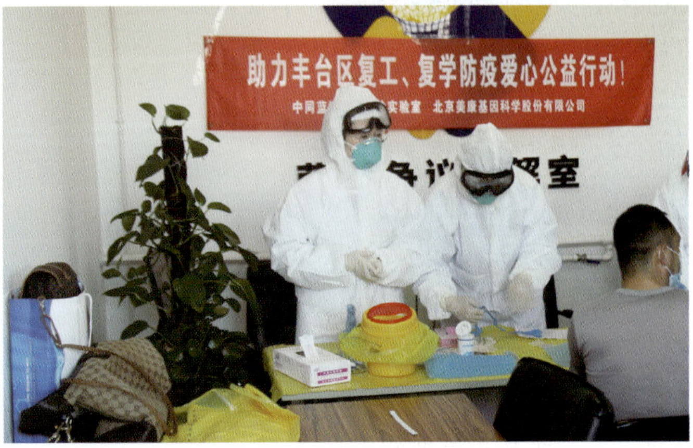

2020 年，中关村发展集团新冠肺炎疫情防控及复工复产工作

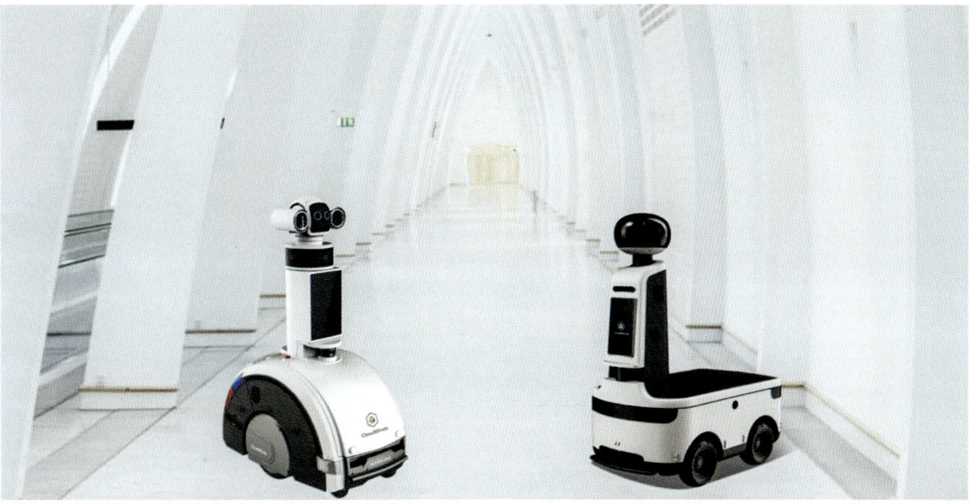

1 月 30 日，达闼科技（北京）有限公司携手中国移动向武汉同济天佑医院和上海第六人民医院捐赠的 5G 云端医护助理机器人、5G 云端消毒清洁机器人、5G 云端送药服务机器人和 5G 测温巡查机器人

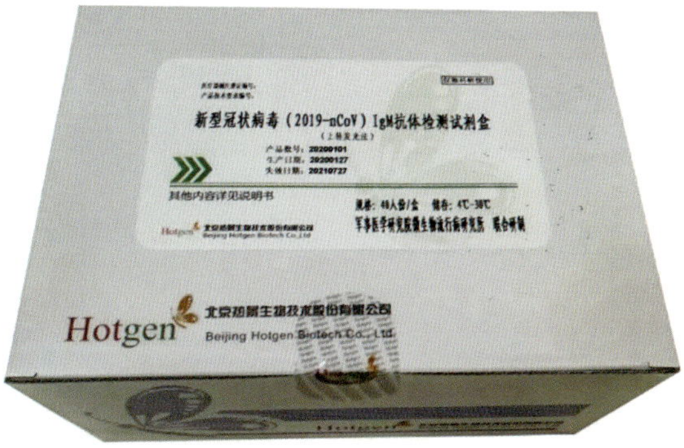

1 月，北京热景生物技术股份有限公司等联合研发成功新型冠状病毒（2019–nCoV）IgM 抗体检测试剂盒（胶体金免疫层析法）和新型冠状病毒（2019–nCoV）IgM 抗体检测试剂盒（上转发光法）

7 月 3 日，北京兆易创新科技股份有限公司发布国内首款容量高达 2Gb、高性能 SPI NOR Flash——GD25/GD55 B/T/X 系列产品

8 月 10 日，北京亿华通科技股份有限公司在上海证券交易所挂牌上市。图为该公司产品氢燃料电池发动机

9 月 21 日，成都齐碳科技有限公司研发出国内首款四代纳米孔单分子基因测序仪 QNome– 9604

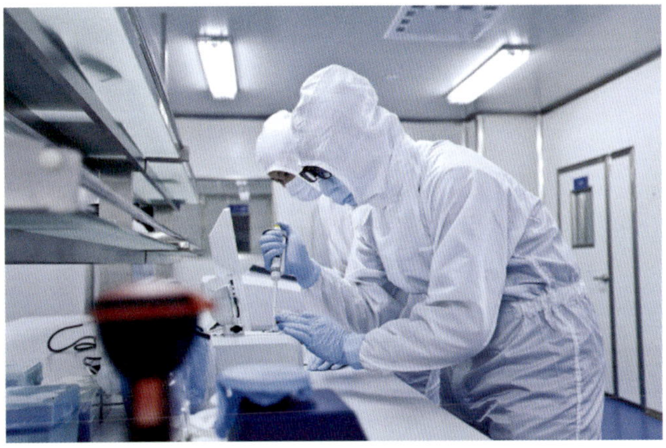

9 月 30 日，北京泛生子基因科技有限公司研发的基于高通量测序（NGS）的肝细胞癌早筛液体活检产品 HCCscreen 获得美国 FDA 授予的“突破性医疗器械”认定。图为该公司实验场景

11 月 16 日，北京豪威科技有限公司等发布全球最小的全封装晶圆级相机模块 OVM6948 Camera Cube Chip

2020 年，驭势科技（北京）有限公司的无人驾驶微循环巴士参展服贸会

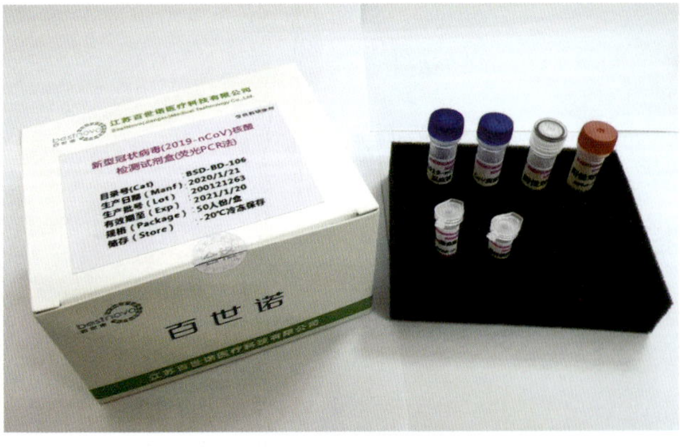

2020 年，百世诺（北京）医疗科技有限公司研发出新型冠状病毒（2019–nCoV）核酸检测试剂盒（荧光 PCR 法）

编纂说明

一、《中关村发展集团年鉴》是一部记述中关村发展集团股份有限公司情况的年度性资料工具书，2021年创刊，由中关村发展集团主持编纂。

二、本年鉴以马克思列宁主义、毛泽东思想、邓小平理论、“三个代表”重要思想、科学发展观、习近平新时代中国特色社会主义思想为指导，坚持辩证唯物主义和历史唯物主义的立场、观点和方法，科学、客观地反映实际情况。

三、本年鉴采用文章和条目两种体裁，以条目体为主，用规范的语体文、记述体，直陈其事，文字力求言简意赅。

四、本卷年鉴记述2020年1月1日至12月31日期间情况（部分内容依据实际情况时限略有前后延伸），凡2020年事项，均直书月、日，不再另写年份。

五、本卷年鉴采取分类编辑法，设类目、分目、条目，为三级框架结构。根据需要，分目下设子目，为四级框架结构。全书设概览、特载、专文、大事记、科技股权投资、科技金融服务、科技专业服务、科技园区发展、区域协同创新、国际创新网络、企业管理、企业党建、统计资料、附录。为便于读者查阅，年鉴卷首设有目录，卷末设有索引。

六、本卷年鉴各项数据一般采用集团总部和各子公司统计数据。

七、本卷年鉴为记述方便，原则上各类党政机关、园区子公司名称直接用规范简称，但为了避免含义混淆，必要时使用全称。中关村发展集团股份有限公司简称中关村发展集团或集团，其他相关企业名称在每个条目第一次出现时用全称，之后用简称。

总　目

目　录

科技金融服务

科技专业服务

科技咨询

科技论坛

科技园区发展

综　述

中关村软件园

区域协同创新

国际创新网络

企业管理

企业党建

统计资料

附 录

索 引

CONTENTS

Overview

Special Issues

Special Articles

Chronicle

Sci-tech Equity Investment

Sci-tech Financing

Sci-tech Servies

Sci-tech Park Operation

Regional Cooperation

International Cooperation

Corporate Management

Party Building

Statistical Data

Appendix

Index

概 览

中关村发展集团年鉴

YEARBOOK OF ZHONGGUANCUN DEVELOPMENT GROUP

2021

2020 年中关村发展集团概览

中关村发展集团成立于2010年4月1日，是北京市建设中关村国家自主创新示范区的重要举措之一。

2009年3月，国务院批复中关村建设国家自主创新示范区，提出将中关村建设成为具有全球影响力的科技创新中心。2009年4月，北京市发布《关于建设中关村国家自主创新示范区的若干意见》，要求举全市之力建设中关村国家自主创新示范区。为了加快推进中关村国家自主创新示范区建设，运用市场化手段配置创新资源，中关村发展集团应运而生。随着北京国际科技创新中心建设的推进，中关村发展集团创新发展面临新任务、新要求。2017年8月，北京市委书记蔡奇调研中关村时指出，中关村发展集团要发挥好平台作用，并适时纳入国有资本改革试点。2018年初，北京市政府工作报告提出，要发挥中关村发展集团整合创新资源的市场化平台作用。2018年5月以来，北京市市长陈吉宁主持市政府专题会，研究中关村发展集团改革转型工作。2019年9月，北京市委全面深化改革委员会第七次会议审议通过《关于推进中关村发展集团综合改革的方案》。同年11月，北京市政府批复原则同意《关于推进中关村发展集团综合改革的方案》。该方案的获批，标志着集团开启了服务北京创新生态的新征程。

集团自成立以来，始终秉持“以创新创业主体为中心、与创新创业主体共成长”的企业宗旨，以“北京市整合创新资源的市场化平台”为企业定位，积极承担“助推北京建设国际科技创新中心、助力国家建设科技强国”的战略使命，致力于打造国际一流的创新生态集成服务商，逐步形成了集科技股权投资、科技金融服务、科技专业服务、科技园区发展、区域协同创新、国际创新网络于一体的业务体系。截至2020年底，集团股东17家，二级子公司34家，注册资本230.2亿元，总资产达到1380.1亿元，净资产达到427.83亿元，提供投融资总额5000亿余元，累计服务科技企业超过6万家次，获得了AAA长期主体资信评级，境外债券评级为惠誉A。

2020年，集团坚持以习近平新时代中国特色社会主义思想为指导，深入学习贯彻党的十九大和十九届二中、三中、四中、五中全会精神，深入落实北京市委、市政府决策部署，紧扣国际科技创新中心和“两区”“三平台”建设重点任务，统筹推进新冠肺炎疫情防控和复工复产，轻资产、强服务、活机制，综合改革取得阶段性明显成效，经营效益逆势企稳、稳中有升，社会价值更加凸显，“十三五”实现圆满收官。全年服务创新创业企业2万余家次，为创新创业主体提供更加丰富、便捷的服务产品，深受广大创新创业者欢迎。12月4日，北京市委书记蔡奇到集团调研，对集团成立10年业绩表示肯定，勉励企业瞄准未来15年再上大台阶，打造国际一流的创新生态集成服务商。这充分体现了北京市委、市政府对集团工作的高度重视，也为集团未来发展指明了方向。

“轻资产”推动园区发展模式转型。坚持“一区一企一策”，有序退出土地一级开发。积极盘活存量资产，以中关村软件园自持物业参加全国首批基础设施领域公募REITs项目试点，推动产业物业所有权与运营权分离改革，倒逼园区提升运营服务能力。推动创新园区向创新社区转变，塑造中关村社区品牌，探索建立可复制、可移植的运营服务模式；吸引嘀嘀无限、启科量子、地平线等一大批头部企业落地园区；服务昌平国家实验室、北京脑科学与类脑研究中心、北生所科研成果孵化转化基地等重大科研项目入驻；服务中科院北京纳米能源与系统研究所整建制迁入怀柔科学城。

“强服务”构建集成服务新优势。搭建专业科技服务平台，设立北京中关村科技服务有限公司，推动研发、中试、销售等专业服务功能建设；利用专利大数据手段，建立专利培育、维权保护、质押融资与证券化等业务，促进科技成果“从 0 到 1”的转化；设立中关村产业研究院，加强新技术、新产业、新经济咨询服务能力；搭建或引入工业芯片创新中心、集成电路 EDA、基因组编辑技术研究、生物相容性评价、医疗器械 CMO 及 CSO 平台、5G 自动驾驶专业测试服务等共性服务平台。搭建特色产业服务平台，在丰台区搭建轨道交通产业服务平台，在石景山区搭建工业互联网产业服务平台，在大兴区搭建中日创新合作示范区平台；战略投资北京硬创空间科技有限公司，打造智能制造产业服务平台；战略投资中关村至臻环保股份有限公司，打造“大环保”产业综合服务平台。大力塑造中关村资本品牌，建立优先认股权池，设立北京中关村远见认股权创业投资中心等专项基金；完成中关村高精尖母基金设立，首期市场化募资到位；新设北京中发助力壹号投资基金、北京中发展金种子创业投资中心等主导基金。加强科技金融服务平台建设，加大“保、租、贷”及供应链金融业务的资产配置；牵头设立“三城一区”政策性融资担保联盟，壮大北京中关村科技融资担保有限公司资本实力；中关村科技租赁股份有限公司在香港联合交易所有限公司成功上市，打造“中关村科创服务第一股”；探索信用交易及供应链金融服务；发布中关村企业线上融资服务平台。建立中关村易（e）创大数据服务平台，启动基于 5G 智慧园区新基建试点，推动智慧交通、智慧能源等新场景示范应用。推动区域协同创新，稳步推进天津滨海—中关村科技园、京津中关村科技城、雄安新区中关村科技园等重大项目建设；设立廊坊市蓝天事业发展股权投资基金合伙企业（有限合伙），探索产业协同新模式。巩固国际化协同创新网络，中关村国际平台改革落地，完善境外投融资平台建设；成功发行 3 亿美元高级无抵押债券；新设中关村以色列创新中心暨 Innonation Powerhouse（创新国度动力空间）。

*“活机制”激发企业治理新动力。*完善现代企业治理顶层设计，全面修订公司章程。研究制定“服务型、管理型”总部改革方案，优化调整总部“三定”方案，推动总部大部制、扁平化改革。对标 ISO 26000 国际标准，推动集团社会责任管理体系建设，发布首份社会责任报告。推进分类管控，对集团业务进行合理分类，区分公益性和商业性，建立分类考核及薪酬激励机制等绩效管理体系，积极探索与服务业态相适应的管控模式。推进用人体制和激励机制改革试点，实施合伙人机制试点。

2020 年，面对突如其来的新冠肺炎疫情冲击，集团发挥创新生态集成服务优势，综合施策、精准帮扶，与创新创业主体携手共渡难关，切实履行企业社会责任。积极落实北京市委、市政府各项帮扶措施，通过减租降费、融资支持、专业服务等多种方式帮助企业渡过难关，累计为科技型中小微企业减免房租 1.4 亿余元，金融降费 5100 余万元，惠及中小企业超 2300 家。实施“金种子”培育计划，建立首批服务管家团队，发挥集成服务优势，帮助创新的“种子”渡过难关。动员、引导集团投资服务企业支持抗疫，通过捐款、物资、检测试剂及药物研发等多元化手段支援全社会疫情防控。

*党的建设与创新发展同步推进。*2020 年，集团党委切实担负管党治党责任，不断推动全面从严治党向纵深发展。牢固树立抓好党建是最大政绩理念，认真落实全面从严治党主体责任，加强集团党建工作的顶层谋划和体系建设，确保党委把方向、管大局、保落实领导作用得到充分发挥。全力配合市委第七巡视组开展工作，不折不扣抓好巡视整改，以此为契机将全面从严治党引向深入。始终把党的政治建设摆在首位，严明政治纪律和政治规矩，教育引导党员干部要坚决做到“三个一”“四个决不允许”，做政治上的“明白人”。以党的十九届五中全会精神为重点，切实抓好习近平新时代中国特色社会主义思想学习贯彻。认真贯彻新时代党的组织路线，扎实推进基层党组织建设，针对不同类别企业提出差异化指导意见，开展“一支部一品牌”创建工作，深化党支部标准化规范化建设。牢牢把握“党管干部、党管人才”原则，切实加强干部人才队伍建设。建立健全党风廉政建设责任制，坚决落实“两个责任”，聚焦监督执纪问责，把纪律和规矩挺在前面，加强党内监督，深化作风建设，严厉惩治腐败，推进标本兼治，努力营造风清气正的政治生态。坚持“党建带工建”，把工会工作纳入企业党建工作的总体格局，支持工会在党的领导下独立自主开展工作。

（项鹏）

表 1　2020 年中关村发展集团股东构成、股权结构一览表

序号	股东名称	认缴情况		
		认购的股份数（股）	出资方式	持股比例（%）
1	北京中关村发展投资中心	12,751,756,378	货币 / 股权	55.3939
2	北京市海淀区国有资本经营管理中心	2,600,000,000	货币 / 股权	11.2945
3	中关村科技园区丰台园科技创业服务中心	1,793,877,317	股权	7.7927
4	北京亦庄投资控股有限公司	1,500,000,000	货币	6.5160
5	北京科技园建设（集团）股份有限公司	892,536,306	货币 / 股权	3.8772
6	北京昌平科技园发展有限公司	688,299,689	股权	2.9900
7	北京首钢股权投资管理有限公司	500,000,000	货币 / 股权	2.1720
8	北京北控置业集团有限公司	500,000,000	货币	2.1720
9	北京望京新兴产业区综合开发有限公司	427,065,397	货币 / 股权	1.8552
10	北京工业发展投资管理有限公司	385,693,293	货币 / 股权	1.6755
11	中国建筑股份有限公司	275,229,358	货币	1.1956
12	北京市京东开光机电一体化产业基地开发公司	205,088,155	股权	0.8909
13	北京市大兴发展国有资本投资运营有限公司	200,000,000	货币	0.8688
14	北京市石景山区国有资本投资有限公司	135,026,148	股权	0.5866
15	北京东方文化资产经营公司	82,000,000	股权	0.3562
16	北京金桥伟业投资发展公司	55,666,365	股权	0.2418
17	北京通政国有资产经营公司	27,866,596	股权	0.1211
合计		23,020,105,002		100

（芦婧）

表 2 2020 年中关村发展集团子公司一览表

序号	子公司名称	加入集团时间	成立时间
1	北京中关村软件园发展有限责任公司	2010	2000.08
2	北京中关村生命科学园发展有限责任公司	2010	2000.08
3	北京光谷科技园开发建设有限公司	2010	2001.10
4	北京中关村电子城建设有限公司	2010	2002.04
5	北京金桥科技产业基地开发有限公司	2010	2002.11
6	北京海开房地产集团有限责任公司	2011	1982.05
7	北京实创高科技发展有限责任公司	2011	1992.03
8	北京兴昌高科技发展有限公司	2011	1992.06
9	北京丰台科技园建设发展有限公司	2011	2000.11
10	北京中关村科技融资担保有限公司	2012	1999.12
11	北京中关村科技创业金融服务集团有限公司	2012	2009.02
12	中关村医疗器械园有限公司	2012	2012.10
13	中关村科技租赁股份有限公司	2012	2012.11
14	北京知识产权运营管理有限公司	2014	2014.07
15	北京集成电路产业发展股权投资基金有限公司	2014	2014.07
16	北京中关村延庆园建设发展有限公司	2014	2014.08
17	北京中关村微纳能源投资有限公司	2014	2014.11
18	北京中关村信息谷资产管理有限责任公司	2014	2014.11
19	北京中关村集成电路设计园发展有限责任公司	2015	2015.02
20	中关村协同发展投资有限公司	2015	2015.09
21	北京中关村协同创新投资基金管理有限公司	2015	2015.12
22	北京中关村前沿技术产业发展有限公司	2015	2015.12
23	中关村芯园（北京）有限公司	2015	2015.12
24	北京中关村资本基金管理有限公司	2016	2016.10
25	石家庄中关村协同发展有限公司	2016	2016.11

（续表）

序号	子公司名称	加入集团时间	成立时间
26	北京中关村京西建设发展有限公司	2016	2016.12
27	中关村国际控股有限公司	2018	2018.03
28	北京中关村海外科技园有限责任公司	2018	2003.01
29	北京中关村国际环保产业促进中心有限公司	2018	2003.03
30	北京市工业设计研究院有限公司	2019	1961.11
31	中关村至臻环保股份有限公司	2019	2007.01
32	北京中发助力壹号投资基金（有限合伙）	2020	2020.02
33	北京中发展金种子创业投资中心（有限合伙）	2020	2020.08
34	北京中关村科技服务有限公司	2020	2020.09

（杨爱华）

特载

在 2020 中关村论坛开幕式上的致辞

中共北京市委书记　蔡　奇

（2020 年 9 月 17 日）

女士们，先生们，朋友们：

9 月的北京秋高气爽，硕果飘香，值此美好时节，我们欣喜地迎来了 2020 中关村论坛，这是继中国国际服务贸易交易会之后的又一场盛会。在此，我谨代表中共北京市委、北京市人民政府，向参与本次论坛的线上线下所有嘉宾表示热烈的欢迎，向长期以来关心支持北京发展的各国朋友和各界人士，表示衷心的感谢。

中关村作为中国科技创新的出发地，创新发展的一面旗帜，有 40 多年的创业史，中关村论坛作为全球性、综合性、开放性的科技创新高端国际论坛，迄今已经举办 11 届，去年习近平主席向论坛发来贺信，对深化国际创新交流合作和办好中关村论坛提出了殷切期望。本届论坛以"合作创新　共迎挑战"为主题，由会议、展览、交易、发布四大板块构成，将举办全球科学与生命健康论坛、中俄科技创新论坛等 50 多场活动，来自全球 40 多个国家和地区的 2600 余名嘉宾，将以线上和线下方式参加论坛，我们期待与会嘉宾广泛交流、深入探讨，为深化国际科技创新合作、增强全球经济发展动力贡献智慧和力量。

女士们，先生们，朋友们，当今世界正经历百年未有之大变局，新一轮科技革命和产业革命加速演进，科技创新已成为重塑世界格局、创造人类未来的关键变量。今年以来席卷全球的新冠肺炎疫情严重冲击着世界经济，给我们带来了严峻挑战，同时，也带动了数字经济强势崛起，催生了大量新产业、新业态、新模式，危和机从来都是同生共存的，我们坚定信心，携手合作，加大科研攻关力度，助力各国人民早日战胜疫情，共迎美好未来。

北京是一座开放包容、充满生机活力的现代化国际大都市，作为全国科技创新中心，这里积聚了近百所高校，1000 多家科研院所，全国一半的顶尖人才和实验室，还有占全球 1/6 的独角兽企业，是全球科教资源最密集、创新最活跃的区域之一。前不久，在中国国际服务贸易交易会上，中央明确支持北京打造国家服务业扩大开放综合示范区，设立以科技创新、服务业开放、数字经济为主要特征的自由贸易试验区，这为北京高质量发展带来难得机遇，我们将坚持以习近平新时代中国特色社会主义思想为指导，深入贯彻习近平总书记对北京重要讲话精神，继续坚持创新驱动发展战略，大力建设具有全球影响力的科技创新中心。

为此，我们将整合优化科技资源配置，努力把北京建成全球创新网络的关键力量和重要引擎，依托中关村国家自主创新示范区，尤其是中关村科学城、怀柔科学城、未来科学城、北京经济技术开发区，布局建设一批前沿科学中心和国家实验室，持之以恒加强基础研究，努力实现更多"从 0 到 1"的突破，形成更多具有世界引领性的重大原始创新成果，加强创新人才教育培养，着力培养和引进具有国际水平的战略科技人才、科技领军人才和创新团队。

我们将积极促进科技成果转化，推动经济社会高质量发展，围绕构建以国内大循环为主体、国内国际双循环相互促进的新发展格局，深化产学研结合，促进创新链和产业链精准对接，大力发展 5G、数字经济、人工智能、生物医药等新兴产业，培育更多独角兽企业和隐形冠军企业，推动科技与医疗健康、城市管理、环境保护等深度融合，满足人们对高品质生活的需要，聚焦常态化疫情防控，推动抗疫药物和疫苗研发、实验和上市使用，我们愿与世界分享北京疫情防控的经验和科研成果，为全球抗疫做出贡献。

我们将持续优化创新服务，营造良好的创新环境，持续深化科技体制改革，充分发挥中关村改革试验田的作用，在科技金融、科技服务等方面推出更多创新改革举措，打造国际一流的创新生态，聚焦重点领域推进应用场景建设，为创新产品提供更多市场和机会，积极打造市场化、国际化、法制化营商环境，加强知识产权保护与应用，维护创新主体合法权益。

我们将继续加强开放合作，推动更高水平的互利共赢，实施更加开放包容、互惠共享的国际科技合作战略，坚持引进来与走出去并重，为人员来往、学术交流、项目合作等方面创造更多便利条件。聚焦气候变化、人类健康等共性问题，开展全方位、高水平、深层次的国际创新合作和成果共享，我们将张开双臂欢迎科技人才来北京、来中关村创新创业，一展才华。

女士们，先生们，朋友们，开放合作的历史潮流不可逆转，不断创造更加美好的生活是各国人民的共同期盼，希望各位嘉宾在论坛期间共商全球国际规则和创新治理，共议前沿科技和未来产业发展趋势，共享全球创新思想和发展理念，携手开创人类科技发展更加辉煌的明天。

现在我宣布，2020 中关村论坛开幕。

在 2020 中关村论坛开幕式上的致辞

科学技术部部长 王志刚

（2020 年 9 月 17 日）

尊敬的蔡奇书记，各位来宾，女士们，先生们，朋友们：

非常高兴在这夏末秋初、金风送爽的美好时节，与大家再次相聚在北京中关村，就“合作创新 共迎挑战”主题进行研讨交流，共话未来愿景。我谨代表中国科学技术部，向本次论坛的举办表示热烈祝贺！对参与本次论坛的线上线下所有嘉宾表示热烈欢迎！

中国国家主席习近平强调，当今世界正经历百年未有之大变局。科技创新正在成为这个大变局中的“关键变量”。新一轮科技革命和产业变革正在加速演进，科技创新呈现交叉、融合、渗透、扩散的鲜明特征，人工智能、量子信息等新兴技术加速迭代，颠覆性技术创新不断涌现，推动科学研究的范式发生新变化，科研体系加快向“开放科学”转型，对全球科技创新组织模式、产业体系重构和国际科技治理等都带来深远影响。当前，新冠肺炎疫情正在全球扩散蔓延，科技全球化的大势遭遇逆全球化的冲击阻隔，解决能源、环境、健康等全球性问题挑战成为国际科技合作的重要议题，世界各国迫切需要携手合作创新，共享创新成果，共同应对人类社会面临的重大挑战。

中国政府历来高度重视科技创新，把创新作为引领发展的第一动力，不断出台与营造有利于创新的法律政策和社会文化环境，不断扩展国际科技合作的新空间，实施“一带一路”科技创新行动计划，积极参与国际热核聚变实验堆等国际大科学计划和大科学工程，努力构建平等合作、互利共赢的创新共同体。在应对新冠肺炎疫情中，中国积极搭建开放科学的共享平台，主动分享病毒基因组序列等科学数据和疫情防控的策略方法，积极推动药物、疫苗、检测试剂等国际研发合作，为全球抗击疫情贡献中国智慧。中国以促进国际科技创新合作的实际行动，向世界展示了深化改革开放、为人类文明进步做出贡献的信心和决心。

当前，北京正在加快建设具有全球影响力的科技创新中心。中关村作为全球科教资源最密集、创新最活跃的区域之一，正在向更高质量的科技创新高地迈进。面向未来，北京中关村要在打造创新驱动发展示范区和高质量发展先行区上持续发力，闯新路、育新机、开新局。一是提升创新能力，完善科技创新的组织实施机制，聚焦生命科学、量子信息、人工智能等前沿技术研发，加快布局“从 0 到 1”基础研究，为抗击新冠肺炎疫情等全球性挑战提供更多科技解决方案。二是扩大开放合作，加强同各国科研人员的交流合作和联合研发，打造政府间和社会化的交流合作平台，集聚一批高水平、国际化的科技人才和研发机构。三是强化策源效应，打造京津冀协同发展“主引擎”。坚持“四个面向”的战略方向，加快实施重大科技任务，加强产业链上下游联合攻关，引领带动经济高质量发展和社会民生改善，在推动形成以国内大循环为主体、国内国际双循环相互促进的新发展格局中发挥更大作用。

“志之所趋，无远弗届。”新冠肺炎疫情虽然阻隔了我们相见共聚，但中国向世界开放合作的愿望和行动只会向前，不会迟缓。我们将始终秉持开放包容、互惠共享的理念，主动融入全球创新网络，以更加积极的态度、更加务实的举措与世界各国增进交流合作，切实肩负构建人类命运共同体的科技创新使命。

最后，祝本届论坛取得圆满成功！谢谢大家。

在 2020 中关村论坛发布会上的讲话

中共北京市委常委、副市长　殷　勇

(2020 年 9 月 19 日)

尊敬的各位领导，各位嘉宾，各位朋友：

大家下午好！

2020 中关村论坛已经完成了会议、展览、交易等活动。在过去两天多的时间里，中关村论坛共举办 50 多场活动，来自全球 40 多个国家和地区的 2600 多名顶尖科学家、著名企业家、知名投资人，围绕全球关注的重大科技议题，开展了广泛而富有建设性的交流合作。

今天下午我们隆重举办论坛发布会，这是论坛的重要活动和组成。刚才，我们观看了全国科创中心建设成果宣传片，集中发布一批国家级和北京市的科创成果和最新进展，展示了全国科创中心建设的成效。本届论坛是一届不平凡的论坛，具有 4 个主要特点：一是在疫情背景下举办，紧扣国内外重大关切，聚焦科技抗疫等相关议题设置，吸引了国内外的广泛参与和关注；二是突出国家级、国际性，国家相关部委、国际组织机构大力支持、深度参与，论坛国内外影响力进一步提升；三是新增了展示和交易功能，首次与科博会融合，并首次设立技术交易板块，进一步扩大了论坛的成效；四是云上中关村论坛，首次采取线上、线下相结合的方式举办，观众通过云上论坛观看直播视频达到 1.28 亿人次，论坛信息点击量超过 10 亿次，形成了一个网上传播热点。本届论坛圆满成功，达到了预期效果，取得了多方面的丰硕成果。

第一，彰显了中国和北京扩大开放的信心与决心。此次论坛是继 2020 年中国国际服务贸易交易会之后的又一场盛会。习近平总书记在中国国际服务贸易交易会上发表重要致辞，强调中国将坚定不移扩大对外开放，促进世界经济包容性增长。蔡奇书记出席本届论坛开幕式时指出，北京是开放包容、充满生机活力的现代化国际大都市，将继续加强开放合作，推动更高水平的互利共赢。王志刚部长在论坛致辞中强调，中国将主动融入全球创新网络，以更加积极的态度、更加务实的举措与世界各国增进交流合作。在论坛期间，与会的各国政要、国际组织负责人、全球知名专家学者，高度评价中国为抗击疫情所做的努力和重大贡献，充分表达了对中国和北京扩大开放的认同与信心。大家表示，中国是负责任的、值得尊重的大国，对提速全球共同研发疫苗功不可没；世界应建立开放的创新生态系统，构建互惠互利的合作关系；中国具有巨大的创新潜力，是一个关键创新伙伴。这表明中国扩大开放的态度得到了广泛认同和响应。

第二，强化了全球创新合作的理念。当今世界正经历百年未有之大变局，新冠肺炎疫情仍在全球扩散蔓延，经济全球化遭遇逆流，世界经济陷入低迷，抗击疫情、重启经济面临严峻挑战。在此背景下，中关村论坛突出“合作创新　共迎挑战”主题，务实推进全球创新合作和互利共赢。在开幕式上，近30个国际组织和参会代表都表达了加强全球创新合作的良好愿望。与会嘉宾共话全球抗疫大环境下的创新合作，大家表示，交流合作是科技创新的规律，没有合作，就没有真正意义上的创新。病毒不分国界，任何国家都不能独善其身，应对国际疫情必须要加强全球创新合作，世界各国应该共享知识、共享信息、共克时艰。在论坛期间，我们还成立了“中国北欧创新联合体”“全球高端智库联盟”，有37家国外知名技术转移机构参加的“国际技术交易联盟”，发布了《国际技术贸易规则和技术交易生态环境建设共识》，来自20多个国家的科技园区发出《创新创业国际合作共同行动倡议》，开展了中外十大理工高校创新合作对话，向全球传递了创新合作的重要共识和强烈意愿。

第三，深入交流了全球抗疫科研进展和有益经验。“全球疫情下的民生福祉”是贯穿论坛的鲜明主线。在全球新冠肺炎疫情防控的紧要关头，论坛紧紧围绕加强疫情防控国际合作，积极探索全球携手抗击疫情的科学解决方案。在论坛期间，发布了《联合国教科文组织创意城市应对新冠肺炎疫情案例集》，专门举办了“全球科学与生命健康论坛”，在技术交易活动中组织了科技抗疫暨生物医药和高端医疗器械专场交易，在科博会上设立抗疫科技展区，展示了抗疫的重大科技成果。知名专家学者分享了应对新冠肺炎的最新科研进展。诺贝尔奖获得者格雷戈里·温特介绍了病毒免疫机制、疫苗研发等研究成果，阿斯利康全球首席执行官苏博科分享了新冠肺炎疫情对创新的启示，北京大学谢晓亮院士介绍了以中和抗体为基础的新冠肺炎特效药临床试验进展，钟南山、陈薇、王辰、高福等院士从全球战疫合作、科学与生命健康等方面分享抗疫心得和科学感悟。与会专家坦诚交流、真诚分享，为全球疫情防控贡献了科技智慧。

第四，充分探讨了化危为机、推动经济复苏的有效途径。与会嘉宾围绕人工智能、边缘计算、工业互联网、可持续发展、创意城市、科技园区、科技金融、知识产权等议题开展深入研讨，共议经济增长和未来产业发展趋势。大家提出，应该更加重视可持续发展和包容性发展，加强生态环境保护，重构人与自然和谐关系，加速实现联合国2030年可持续发展目标。大家表示，要大力发展以数字经济、智能经济为代表的新经济，促进产业智能化、人机交互智能化、基础设施智能化，支持建设智能工厂、“黑灯工厂”。大家认为，要大力优化创新生态，促进人才、技术、资本自由流动，加强知识产权保护，推动科技园区和城市发展转型，使科技园区和创新城市成为后疫情时期经济增长的发动机。专家学者这些观点，为化危为机、恢复经济增长提供了真知灼见。

第五，促进了国际科技成果转化和技术展示交易。此次论坛的技术交易板块，汇聚“线上+线下”7000多个优秀技术成果、300多家国内外知名技术转移机构，集中推出200多个国内首发产品，重点推介300多个国际领先技术项目，推出首个产业创新领先技术百强榜单，促成一批高价值的技术交易，最大一单签约交易金额达1.2亿元，初步形成了“全球买、全球卖”的格局。在论坛科博会上，有11个国际组织和800余家中外科技企业参展参会，为社会公众提供了一场科技大餐。

总体来看，本届论坛取得了很好的成效。论坛的成功举办，得益于国家各相关部委、国际组织机构和市相关部门的大力支持，也离不开相关工作人员的辛勤付出。在此，我代表论坛组委会向大家表示衷心的感谢！

下一步，我们要对本届论坛进行深入总结，提前谋划明年论坛举办方案，对标对表国际知名论坛，进一步提高论坛专业化水平和国际影响力，努力把中关村论坛打造成为全球性、综合性、开放性的科技创新高端国际论坛。

谢谢大家。

坚持创新驱动发展　营造一流创新生态
为推动国际科技创新中心建设作出贡献

蔡奇到中关村发展集团、北京电子控股有限公司调研

12 月 4 日上午，市委书记蔡奇到中关村发展集团、北京电子控股有限公司调研。他强调，市属国企要带头学习贯彻党的十九届五中全会精神，落实市委十二届十五次全会要求，坚持创新驱动发展，营造一流创新生态，为推动国际科技创新中心建设作出贡献。

中关村发展集团以整合创新资源的市场化平台为定位，预计今年服务双创主体 1.5 万余家次，签约和落地高精尖产业及创新孵化项目 500 个。蔡奇了解产业投资、科技金融、科技服务等业务开展情况，对中关村发展集团成立 10 年业绩表示肯定，勉励企业瞄准未来 15 年再上大台阶，打造国际一流的创新生态集成服务商。蔡奇指出，要提升服务科技创新能力，全力服务支持新型研发机构、创新主体在京发展，建设和引入共性技术服务平台，促进科技成果转化。营造一流科技创新生态，加大“耐心资本”供给，用好中关村高精尖母基金，引导投资重点领域，支持数字经济发展。实施“金种子”计划，培育更多硬科技独角兽企业、隐形冠军企业和上市公司。加强多元化科技金融服务，完善知识产权服务体系。持续深化体制机制改革，坚持轻资产、强服务，优化完善现代企业治理。中关村论坛要机制化，积极引进国际高端创新资源，不断提高开放合作水平。

北京电子控股有限公司是以电子信息为主导的高科技产业集团，拥有京东方、北方华创等优秀企业。蔡奇了解企业经营发展情况，肯定企业质量效益好、创新力度大、市场竞争力强，强调要进一步强化科技创新和关键核心技术攻关，建设世界一流的电子信息产业集团，打造具有国际竞争力的高新技术产业集群。持续提升自主创新能力，抓住国家发展集成电路、5G 和人工智能等战略性新兴产业的重大机遇，持续加大研发投入，集中力量突破一批“卡脖子”技术。实施好“领航”计划，聚集一批高端领军人才和技术拔尖人才。加强产业平台建设，推动产业数字化、集群化发展。超前谋划技术主攻方向，强化专利和技术标准布局，推动更多关键技术突破转化为制造能力，成为智能制造的标杆企业。建好科技创新服务平台，用好科创投资基金，带动创新型中小企业发展。严格落实全面从严治党主体责任，完善现代企业制度。

市领导殷勇、张家明参加。

（此文发表于 2020 年 12 月 5 日“识政”微信公众号）

在中关村示范区2020年一区多园工作交流会上的讲话

中关村管委会主任　翟立新

（2020年12月25日）

各位领导、同志们：

大家下午好！今天我们召开中关村示范区2020年一区多园工作交流会，主要任务是学习贯彻中央经济工作会议、市委十二届十五次全会精神，总结示范区2020年工作，交流分园提升行动情况，一起研究明年工作安排。

2020年各分园和中发展集团努力克服发展中的各种不利因素，各项工作可圈可点、亮点突出，同时对2021年工作也有初步的计划安排。通过交流，大家进一步统一了思想、凝聚了力量、明确了工作方向。在此，受殷勇副市长委托，我代表中关村管委会，向大家一年来的辛勤付出表示衷心的感谢！下面，我谈3点意见，供大家参考。

一、2020年是极不平凡的一年，示范区工作取得显著成效

2020年是新中国历史上极不平凡的一年，面对突如其来的新冠肺炎疫情和复杂严峻的外部环境，以习近平同志为核心的党中央保持战略定力，准确判断形势，英明决策部署，果断采取行动，团结带领亿万人民奋勇拼搏，交出一份人民满意、世界瞩目、可以载入史册的答卷。

在北京市委、市政府的坚强领导下，中关村示范区一区多园主动应变、积极作为，充分发挥国际科技创新中心建设和首都高质量发展主阵地作用，狠抓重点任务落地实施，创新发展取得显著成效，“十三五”规划主要目标即将完成。今年1—10月，示范区规模以上企业总收入5.3万亿元，同比增长11.2%；利润总额3867.8亿元，同比增长15.8%；研究开发费用2381.8亿元，同比增长24.3%；企业专利授权量5.7万件，同比增长16.7%；PCT专利4875件，同比增长35.9%。特别是各分园和中发展集团在抗击疫情、帮扶企业共渡难关方面发挥了重要作用，示范区主要创新发展指标保持两位数增长，这是非常难能可贵的。一年来重点推进了以下工作。

一是科技战疫工作成效显著。制定实施关于支持科技“战疫”促进企业持续健康发展的10条措施，支持小微企业开展抗疫新技术新产品研发，发布3批370多项抗击疫情新技术新产品新服务清单。实施企业抗疫发展“千帆计划”，累计服务企业6400余家次。建立企业需求快速协调解决工作机制，从物资、人才、资金、供应链等方面服务企业复工复产。推出“中关村企业抗疫发展贷”，共发放贷款480余亿元，加权平均贷款利率3.65%。实施“中关村创投战疫投资行动”，落地投资53个项目约130亿元。开展“抗疫情助就业”网络招聘会，参会企业提供岗位近12000个。

二是深化先行先试改革实现新突破。国家相关部委支持在中关村开展公司类创投企业所得税、技术转让所得税等试点政策。推动开展赋予科研人员职务科技成果所有权或长期使用权、央企科技成果转化改革试点。制定实施强化高价值专利运营促进科技成果转化若干措施，努力打通政策落地“最后一公里”。印发实施《关于推动中关村首创产品市场应用的若干措施》，全链条支持新产品推广应用。提出创新国际人才出入境、创

业就业等 20 余项政策建议，纳入北京市与国家移民局签署的合作备忘录文件。争创中关村科创金融试验区，推动升级中关村外债便利化试点政策，建立中关村知识产权质押融资成本分担和风险补偿长效机制，降低企业融资成本。

三是构建高精尖经济结构取得新成效。围绕北京市 10 个高精尖产业部署，在人工智能、集成电路、生物医药等领域支持龙芯、华大九天、旷视等企业新建 14 个高精尖产业协同创新平台，累计建设平台 33 个，构建自主可控产业生态。开展关键核心技术、颠覆性技术布局，新增支持 14 个颠覆性技术项目、6 家中关村前沿技术企业，累计支持 22 个颠覆性技术项目和 160 余家前沿技术企业，涌现出清华类脑计算、新冠肺炎灭活疫苗等一批重大创新成果。实施中关村数字经济引领发展行动计划，发布《中关村示范区数字经济引领发展路线图》，发起中关村数字经济发展公约。联合丰台区政府印发实施中关村丰台园轨道交通产业创新发展行动计划。

四是优化创新生态迈上新台阶。根据市政府部署，制订实施促进孵化服务产业发展工作方案，举办科技成果转化“火花”活动 58 场，支持 44 家技术转移服务平台建设。深入实施“高聚工程”“雏鹰计划”，启动全球青少年图灵计划，集聚培养一批优秀创新创业人才。推动新三板精选层改革和北京四板市场债转股资产集中交易试点，今年以来新增上市公司 58 家，同比增长 81.3%，首发募集资金额达 1658.1 亿元，同比增长 273.4%。牵头开展全市独角兽企业行业管家工作，建立企业服务工作机制。打造 5G 创新应用大赛、中关村新兴领域专题赛等品牌。

五是一区多园协同发展取得新进展。经市委、市政府同意，印发实施中关村示范区统筹发展规划，出台分园 3 年提升发展行动方案，制定特色产业园建设指导意见，提升分园产业服务能力。研究搭建示范区高精尖产业空间供需服务平台，推动组建高精尖产业空间供需服务联盟，提供便捷精准的产业空间供需服务。推动通州张家湾设计小镇产业发展，编制产业规划，推介优质企业项目导入。各分园聚焦主导产业，出台一批高精尖产业政策，营商环境和创新生态持续优化。

六是开放创新合作呈现新格局。科技部、中科院、中国科协、北京市政府共同举办 2020 中关村论坛，以“合作创新　共迎挑战”为主题，采用线上线下结合的方式，集成“会议 + 交易 + 展览 + 发布”四大板块，共开展 50 余场活动，2600 多名中外嘉宾参会，论坛相关信息阅读量逾 12.4 亿人次。研究编制雄安新区中关村科技园规划，加快天津滨海—中关村科技园等共建园区建设，逐步与北京形成产业配套。

2020 年也是“十三五”规划的收官之年。回顾过去 5 年的发展，示范区创新创业生态不断优化，优秀人才加快聚集，创新能力显著提升，企业总收入保持两位数增长，对全市经济增长贡献率超过 30%，初步成为具有全球影响力的科技创新中心。同时，我们也要清醒地认识到，示范区发展仍面临不少短板和问题，与北京建设国际科技创新中心和我国建设世界科技强国的要求相比，还存在一定的差距。主要是：企业研发投入不足、创新能力还不强，关键核心技术仍然受制于人；先行先试改革进入深水区，力度需要进一步加大；吸引和激励优秀人才的力度不强，国际化环境水平还不够高；一区多园发展需进一步加大统筹力度等，这些都是“十四五”时期必须要加以解决的问题。

二、积极应对复杂形势，以改革创新精神谋划好 2021 年工作

近期召开了党的十九届五中全会和中央经济工作会议，市委常委会专题传达学习，明确提出了“十四五”开局之年经济工作的总体要求、目标任务和重大举措，为我们在新发展阶段贯彻新发展理念、构建新发展格局、推动高质量发展提供了根本遵循。即将迎来的 2021 年，世界经济形势依然严峻复杂，复苏不稳定不平衡，疫情冲击导致的各类衍生风险不容忽视。

从国际看，新一轮科技革命和产业变革加速演进，贸易摩擦和保护主义抬头，境外新冠肺炎疫情扩散蔓

延势头没有得到有效遏制，必须把科技自立自强作为国家发展的战略支撑。从国内看，在以习近平同志为核心的党中央坚强领导下，抗击新冠肺炎疫情斗争取得重大战略成果，经济稳中向好、长期向好的基本面没有变，推动高质量发展，构建新发展格局，必须进一步强化高质量的科技供给，实现创新驱动发展。从北京看，国家支持北京形成国际科技创新中心，为首都新发展带来了新的机遇，必须更加突出创新发展，发挥北京科技和人才优势，大力推进以科技创新为核心的全面创新，抓好“两区”“三平台”建设，积极培育新产业新业态新模式新需求，巩固高精尖经济结构，提高经济质量效益和核心竞争力。

面对新机遇新挑战，我们要认真落实好中央经济工作会议精神和市委、市政府决策部署，围绕北京打造国际科技创新中心，进一步增强危机感、责任感、使命感和紧迫感，继续高举创新发展旗帜，紧紧抓住“两区”“三平台”建设机遇，拓展全球视野，提升专业能力，认真研究编制示范区“十四五”规划，以改革创新的精神谋划和推进各项工作，为示范区“十四五”开好局、起好步奠定坚实基础，加快打造世界领先科技园区和创新高地。示范区 2021 年工作要点正在研究编制过程中，拟聚焦做好以下重点工作：

一是着力推进科技自立自强，打好关键核心技术攻坚战。围绕国家战略需要和中关村重点产业需求，加强软件及算法、芯片、高端装备领域、新材料等领域关键核心技术攻关布局。通过“揭榜挂帅”等机制创新，支持企业牵头、产学研深度融合开展关键核心技术攻关。深入推进颠覆性技术创新项目挖掘支持，在类脑、量子、新型存储、生物等领域挖掘和支持一批颠覆性技术创新项目，继续布局建设一批高精尖产业协同创新平台。

二是着力推进新兴产业发展，构建高精尖产业结构。以大力发展数字经济为引领，加快培育新零售、智慧园区等数字经济新业态，支持一批重大应用示范项目。实施高精尖产业强链工程，提高产业链自主安全水平。完善新技术新产品推广政策体系，加强中关村智能交通、科技冬奥等重点领域应用场景建设。深入做好企业服务工作，落实独角兽企业管家制度，引导新项目在分园落地。

三是着力推进科技成果转化，优化创新创业生态系统。强化高价值专利运营，完善科技成果转化项目培育与落地机制，新建一批高水平技术转移服务平台。促进创业孵化服务产业发展，开展科技企业孵化器认定评价，建设 30 家左右的高质量科技企业孵化器，支持在集成电路、生物医药、装备制造等领域建设中试转化平台。创新开放实验室管理，面向中关村开放实验室征集概念验证项目。高水平办好 5G 创新应用大赛、前沿创新大赛、新兴领域挑战赛等创新创业促进活动。

四是着力推进高水平开放创新，打造全球创新网络关键枢纽。擦亮中关村论坛金字招牌，提升中关村论坛专业化、国际化水平和影响力，打造面向创新创业主体的全球性、综合性、开放性国际高端论坛。印发实施示范区国际化发展指导意见，探索国际重大科技合作新模式，打造一批新的国际化合作战略性支点。加强中关村海外人才创业园建设，发挥中关村海外联络处作用，加强与欧洲、日韩、以色列及其他“一带一路”相关国家创新合作，支持企业在海外建设共建园区、设立研发中心。积极打造京津冀协同创新共同体，印发实施雄安新区中关村科技园发展规划。

五是着力推进体制机制和制度创新，更好发挥改革试验田作用。推动在国家自主创新示范区、自贸区和服务业扩大开放综合示范区“三区联动”等方面开展政策创新。深化中关村人才特区建设，推动实施境外高端人才免税政策，在首都国际人才社区探索建设离岸创新创业基地。加快创建中关村科创金融试验区，争取征信试验区、政策性银行、深化新三板改革等一批全国领先的科技金融改革政策。

三、加强一区多园工作统筹，持续推动分园高端化、特色化、协同化发展

推动一区多园统筹协同发展，是“十四五”时期中关村示范区发展的主要目标之一。2021 年工作要重点落实好、实施好示范区统筹发展规划，持续推进分园三年提升发展行动方案，加强各分园产业、空间、资

源等统筹协同布局，着力在分园优化提升上下功夫，主要体现在4个方面：

一是要聚焦特色产业发展。推进数字产业化和产业数字化，各个分园要结合主导产业提出数字经济促进举措和项目清单，推动数字经济渗透赋能到各个分园的实体经济，支撑各分园产业发展。前期我委已联合9个分园所在区发布了8项产业政策，包括丰台轨道交通行动计划、顺义第三代半导体政策，海淀、昌平、大兴、亦庄4个分园的药品医疗器械政策，以及延庆现代园艺、平谷农业科技等政策。下一步，我们将联合海淀区等修订集成电路设计政策，联合石景山区修订虚拟现实政策，联合怀柔区研究科学仪器、联合房山区研究新材料等产业政策。同时，我们正在修订“1+4”资金办法，针对已经联合发布政策的分园，对在技术创新、成果转化、产品报批、产业化等方面表现突出的企业和社会组织给予普惠专项政策支持，引导特色产业在分园集聚发展。

二是要聚焦特色产业园建设。特色产业园是分园主导产业的集聚区，是高质量发展的重要载体，是分园落实产业定位、培育高精尖产业的重要抓手。各分园要围绕主导产业，在发展组团内布局建设产业特色鲜明、空间载体完备、企业集聚显著、运营管理专业、服务体系完善、综合效益较高的特色产业园。到2021年年底，各分园都要建成紧扣分园产业定位的特色产业园。中心城区的分园，要更加注重特色园的提质增效，特色园的产业定位要进一步聚焦细分领域，着力引进具有产业带动效应的龙头企业，提升特色园运营服务能力。多点地区和生态涵养区的分园，通过新建、存量空间改造等方式，布局建设特色园，完善配套设施，吸引中心城区分园外溢的高精尖创新成果在特色园落地转化，提升分园主导产业的发展水平。

三是要聚焦专业服务能力提升。各分园要以突出产业特色、促进产业集聚、构建产业生态体系为目标，提升分园专业化产业服务水平。通过引入或设立产业促进服务机构，连接各类专业服务资源，丰富服务内容，构建以产业研究、企业服务、资源导入、环境营造为基础的产业服务体系，形成专业化、特色化、精准化的全生命周期产业服务能力。各分园要在合作模式、运营管理、考核评价、支持方式等方面创新工作机制，引导产业促进服务机构健康持续发展。

四是要聚焦重大项目落地。我们拟通过高精尖产业强链工程支持一批关键核心“卡脖子”项目，通过高精尖产业协同创新平台支持一批产业协同创新与应用项目，通过前沿企业培育、颠覆性项目等专项支持一批战略预研与前沿技术项目，同时支持一批承接国家重大研发计划且成果在园区转化的项目，各分园要做好项目的落地实施及配套服务，及时掌握项目实施进度，协调解决问题。此外，还要积极吸引京外、境外各地优秀企业落地中关村示范区，共同支撑高精尖产业高质量发展。

以上是对做好2021年示范区工作的几点思考。中关村管委会将一如既往地支持各分园建设发展，积极创造良好环境，共同推动完成好重点工作。关于各分园“十四五”时期和明年的重点工作，希望各区各分园高度重视，深入研究，与示范区层面的重点工作做好衔接。

最后，祝愿大家在新的一年里，身体健康、阖家幸福，各项工作不断取得新的成效和更大进展。

谢谢大家！

立足新阶段 构建新格局 率先探索助推国际科技创新中心建设新路径

——在集团 2021 年工作会上的报告

集团党委书记、董事长 赵长山

（2021 年 2 月 4 日）

今天，我们召开集团 2021 年工作会。

会议的主要任务是以习近平新时代中国特色社会主义思想为指导，深入贯彻党的十九大和十九届二中、三中、四中、五中全会精神及中央经济工作会议精神，深入贯彻习近平总书记对北京重要讲话精神，贯彻落实市委第十二届十五次、十六次全会精神和市“两会”精神，回顾总结 2020 年和“十三五”期间的工作，分析当前形势，研究部署集团“十四五”和 2021 年工作。

一、关于 2020 年和“十三五”期间的工作

2020 年是全面建成小康社会和“十三五”规划收官之年，也是新中国历史上极不平凡的一年。在这一年里，以习近平同志为核心的党中央统揽全局、运筹帷幄，团结带领亿万人民奋勇拼搏，战疫情、保民生、促发展，新时代脱贫攻坚目标任务如期完成，全面建成小康社会胜利在望，中华民族伟大复兴向前迈出了新的一大步。首都北京也经历了惊心动魄、荡气回肠、披荆斩棘、砥砺前行的一年。在这一年里，集团坚守“以创新创业主体为中心”的理念，与创新创业主体患难与共、爬坡过坎，实现改革转型良好开局。一方面，经营效益逆势企稳、稳中有升。面对复杂严峻的国内外形势特别是新冠肺炎疫情严重冲击，集团主要经营指标结构优化并实现历史最好水平，“十三五”规划圆满收官。初步统计，集团 2020 年利润总额 17.3 亿元，完成预算的 203%；“轻资产、强服务、活机制”形成一批突破性成果。另一方面，社会价值更加凸显。一年来，集团体系服务创新创业企业 2 万余家次，为创新创业主体提供更加丰富、便捷的服务产品，深受广大创新创业者欢迎。在疫情面前，集团发挥创新生态集成服务优势，综合施策、精准帮扶，与创新创业主体携手共渡难关，为创新的“种子”留在北京发展、快速复工复产发挥了积极作用、提供了有力支撑，进一步彰显了集团的社会价值。圆满完成 2020 年中关村论坛的承办任务，开展了广泛而富有建设性的交流合作，中关村论坛纳入北京市“两区”“三平台”建设，在国际科技创新中心建设中影响力日益扩大。2020 年 12 月 4 日，市委书记蔡奇到集团调研，对集团成立 10 年业绩表示肯定，勉励企业瞄准未来 15 年再上大台阶，打造国际一流的创新生态集成服务商。这充分体现了市委、市政府对集团工作的高度重视，也为集团未来发展指明了方向。回顾一年的工作，集团党委重点抓了以下四件大事。

第一，以党的十九届五中全会精神为重点，切实抓好习近平新时代中国特色社会主义思想学习贯彻。一是把学习宣传贯彻党的十九届五中全会精神作为重要政治任务来抓，将学习五中全会精神纳入党委理论学习中心组、各级党组织理论学习和党员教育培训安排，通过领导干部带头宣讲等形式，大力开展全会精神

主题宣传，营造学习宣传贯彻全会精神的浓厚氛围。二是坚持把学习贯彻习近平新时代中国特色社会主义思想作为重中之重，充分发挥党委理论学习中心组示范作用，以上率下，带动集团各级党组织持续抓好理论武装。集团党委理论学习中心组全年开展 16 次专题学习，把《习近平谈治国理政（第三卷）》等列入必读书目，教育引导广大党员干部学懂弄通做实，推动理论学习往深里走、往实里走、往心里走，增强“四个意识”、坚定“四个自信”、做到“两个维护”，以理论上的扎实保持信念上的坚定，以思想上的清醒保持行动上的自觉，切实把思想和行动统一到党中央决策部署上来。

第二，发挥优势、担当作为，切实抓好疫情防控和复工复产。一是加强组织领导，落实各方责任。疫情发生后，迅速成立集团疫情防控工作领导小组，逐级抓好责任落实，特别是针对园区防控重点，协调解决防疫物资供应，提供便捷服务。二是积极落实市委、市政府各项帮扶措施，通过减租降费、融资支持、专业服务等多种方式帮助企业渡过难关。累计为科技型中小微企业减免房租 1.4 亿多元，金融降费 5100 多万元，惠及中小企业超 2300 家。三是发挥创新生态集成服务优势，增强服务黏性，在危机中育先机，总结推广认股权服务产品，制定实施“金种子”企业培育计划，大力推动与创新创业主体共成长的发展机制。四是动员引导集团投资服务企业支持抗疫，通过捐款、物资支援、检测试剂及药物研发等多元化手段投入全社会疫情防控。参与诊断试剂研发 13 家，各类药物研发 4 家，其他各类医疗服务支援 27 项。医疗器械园王晓琼获“北京市抗击新冠肺炎疫情先进个人”。

第三，蹄疾步稳、持之以恒，切实抓好改革转型落地。一是抓好改革统筹协调，先后召开 7 次改革领导小组专题会，研究推动各项改革工作。二是建立改革领导小组抓统筹、专项组抓具体、改革办抓协调的改革落地工作组织架构，聚焦轻资产、强服务、活机制，细化 4 大类 69 项子任务，制定年度综合改革落地重点任务清单。三是根据改革方向，按照有退有进的思路，研究与各区政府建立政企合作的新机制，形成 8 项具体的集成服务内容。四是选聘第三方机构，持续对集团综合改革和高质量发展情况进行跟踪评价，优化指标体系，加大了同美国硅谷、德国阿德勒斯霍夫科技园等国际创新高地和科技园区的横向对比，并将高质量评价相关成果纳入战略规划、服务与经营计划、绩效考核等管理之中。五是顺应国际化、市场化、专业化发展需要和国企改革新要求，组织完成董事会换届工作，引入国际知名学者和业内专家担任独立（外部）董事，董事会下设战略发展委员会、风险管理与审计委员会两个专门委员会，规范董事会运作，全面依法落实董事会职权。

第四，正视问题、从严从实，切实抓好巡视和审计问题整改落实。一是切实增强接受巡视、审计监督的自觉性和坚定性，把巡视、审计监督作为接受外部检验和总结提高的过程，同向发力，确保了巡视、审计工作的顺利开展。二是坚决扛起巡视、审计整改的责任，坚持问题导向，举一反三，研究部署整改方案，通过清单化引领任务分解，项目化推进责任落实，以最坚决的态度、最扎实的作风、最有力的举措，确保在时限内高质量落实各项整改任务。三是注重巡视成果转化，坚持以整改促发展，把巡视整改工作与学习贯彻党的十九届五中全会精神结合起来，与巩固和深化主题教育成果结合起来，与贯彻落实中央，市委、市政府重大决策部署结合起来，与集团“轻资产、强服务、活机制”转型发展结合起来，坚持标本兼治，构建长效机制。

一年来，集团党委统筹推进服务创新发展，主要做了如下的工作：

第一，有序推动园区发展模式转型，打造创新创业新空间。一是有序退出土地一级开发。坚持“一区一企一策”，完成京石科园、海开集团两家区企共管公司改革重组。二是积极盘活存量资产。以软件园自持物业参加全国首批基础设施领域公募 REITs 项目试点，成功打通存量资产盘活的新路径，推动产业物业所有权与运营权分离改革，倒逼园区提升运营服务能力。三是推动创新园区向创新社区转变。塑造中关村社区品牌，研究品牌分级运营方案，探索建立可复制、可移植的运营服务模式。围绕各分园重点发展的产业领域，吸引嘀嘀无限、启科量子、地平线等一大批头部企业落地；服务昌平国家实验室、北京脑科学与类脑研究中心、北生所科研成果孵化转化基地等重大科研项目入驻；服务中科院北京纳米能源与系统研究所整建制迁入怀柔科学城。

第二，加快补齐创新生态服务短板，构建集成服务新优势。一是搭建专业科技服务平台。设立中关村科服公司，推动研发、中试、销售等专业服务功能建设。利用专利大数据手段，建立专利培育、维权保护、质押融资与证券化等业务，促进科技成果“从0到1”的转化。与80余家专业服务机构建立合作伙伴关系。设立中关村产业研究院，加强新技术、新产业、新经济咨询服务能力。搭建或引入工业芯片应用创新、集成电路EDA、基因组编辑、生物相容性评价、医疗器械CMO及CSO平台、5G自动驾驶测试等共性服务平台。二是搭建特色产业服务平台。按照中关村“241X”重点产业方向，在丰台区搭建轨道交通产业服务平台，在石景山区搭建工业互联网产业服务平台，在大兴区搭建中日产业园服务平台；战略投资硬创空间公司，打造智能制造产业服务平台；战略投资至臻环保公司，打造环保产业服务平台。三是大力塑造中关村资本品牌。建立优先认股权池，设立首支认股权基金。完成中关村高精尖母基金设立，首期市场化募资到位。新设上市公司助力基金、金种子基金、IC基金等主导基金。四是加强科技金融服务平台建设。中科金集团改革落地，加大“保、租、贷”及供应链金融业务的资产配置。牵头设立“三城一区”政策性融资担保联盟，壮大中关村担保公司资本实力。中关村科技租赁公司在香港联合交易所有限公司成功上市，打造“中关村科创服务第一股”。探索信用交易及供应链金融服务。发布中关村企业线上融资服务平台。五是建立大数据服务平台。中关村易（e）创大数据服务平台获得国家发展改革委现代服务业立项支持，自2020年4月份正式上线以来服务企业超过1万家次，成为服务科技创新的新增长极。启动基于5G智慧园区新基建试点，推动智慧交通、智慧能源等新场景示范应用。六是推动区域协同创新。稳步推进滨海—中关村科技园、宝坻—京津中关村科技城、雄安新区中关村科技园等重大项目建设。设立廊坊蓝天母基金，探索产业协同新模式。区域协同全年引入131个优质创新项目在京落地。七是巩固国际化协同创新网络。中关村国际平台改革落地，完善境外投融资平台建设。成功发行3亿美元高级无抵押债券。新设以色列创新中心，筹设英国、日本创新中心。联合建领资本、之路资本等管理团队各设立总规模1亿美元的全球硬科技投资基金。

第三，持续推动体制机制创新，激发企业治理新动力。一是完善现代企业治理顶层设计。全面修订公司章程，通过“立、改、废、释”，推动完善企业治理制度体系。研究制定“服务型、管理型”总部改革方案，优化调整总部“三定”方案，推动总部大部制、扁平化改革。对标ISO 26000国际标准，推动集团社会责任管理体系建设，发布首份社会责任报告。结合改革转型任务，启动“十四五”规划编制工作。二是推进分类管控。对集团业务进行合理分类，区分公益性和商业性，建立分类考核及薪酬激励机制等绩效管理体系，积极探索与服务业态相适应的管控模式。三是推进用人体制和激励机制改革试点。实施合伙人机制试点，信息谷、中关村芯园综合改革取得积极成效。在中关村产业研究院等智力密集型企业实施多层级合伙人机制。在投资类、服务型运营主体中引入基金投资、创新咨询、医疗器械CMO及CSO平台、智能制造中试、环保产业服务等领域的市场化专业人才团队。

第四，切实担负管党治党责任，开创全面从严治党新局面。一是牢固树立抓好党建是最大政绩理念，认真落实全面从严治党主体责任。加强集团党建工作的顶层谋划和体系建设，切实把党的领导融入公司治理各个环节，推动优化党委前置研究重大事项清单及程序，进一步厘清党委与其他治理主体权责边界，确保党委把方向、管大局、保落实领导作用得到充分发挥。深入推进集团党建三年行动落地落实，研究制定年度党委工作要点、党建工作要点、党风廉政建设工作任务清单、全面从严治党主体责任清单。严格落实基层党组织书记抓党建述职工作制度，督促各级党组织扛起管党治党政治责任。全力配合市委巡视组开展工作，不折不扣抓好巡视整改，以此为契机将全面从严治党引向深入。

二是始终把党的政治建设摆在首位。认真落实党中央关于加强党的政治建设的意见及市委出台的贯彻措施，严格执行新形势下党内政治生活若干准则，认真开好专题民主生活会和组织生活会。巩固深化“不忘初心、牢记使命”主题教育成果，持续推进主题教育整改整治工作。严格执行重大事项请示报告制度。开展集团政治生态分析研判工作，着力营造良好政治生态。严格落实意识形态工作责任制，突出重点、加强研判、精准防范，牢牢掌握主动权主导权。严明政治纪律和政治规矩，教育引导党员干部要坚决做到“三个一”“四个决不允许”，做政治上的“明白人”。

三是切实加强干部人才队伍建设。认真贯彻新时代党的组织路线，牢牢把握“党管干部、党管人才”原则，突出政治标准，树立重实干、重实绩的用人导向。进一步加强所属领导班子和司管干部队伍建设，不断提升集团干部管理的科学化、制度化、规范化水平。推进青年人才培养“青苗计划”，着力加强优秀年轻干部选拔培养使用。制定集团干部人才教育培训三年规划。制定《进一步激励干部担当作为的工作举措》《严肃查处诬告陷害为干部澄清正名工作办法》，树立为担当者担当，为负责者负责的鲜明导向。

四是扎实推进基层党组织建设。认真贯彻落实《中国共产党国有企业基层组织工作条例》，研究制定集团基层党组织建设分类指导操作指引，针对不同类别企业提出差异化指导意见，深化党支部标准化规范化建设。完成子公司党组织建制与领导班子职数核定工作，加强对基层党组织的设立、换届、补选等工作指导。开展“一支部一品牌”创建工作，推进创新非公党建平台建设。全覆盖开展在职党员“双报到”，组织广大党员积极投入一线疫情防控工作中。中关村软件园党总支荣获市直机关工委先进党组织表彰。

五是持之以恒加强纪律建设和作风建设。巩固拓展落实中央八项规定精神成果，对关键岗位领导干部开展个别谈话。持之以恒纠正“四风”，组织开展差旅费报销、违规消费情况专项检查。深入开展“以案示警、以案为鉴、以案促改”警示教育，组织各基层党组织观看警示教育片、参观廉洁文化基地等形式开展警示教育，对 3 名子公司党员干部给予党内警告处分并予以通报，坚持用身边事教育身边人。坚守纪律底线，贯通运用监督执纪“四种形态”。认真落实为基层减负要求，持续发力改进文风会风，推动“四不两直”调研常态化。统筹推进全面从严治党检查考核，避免多头考核、重复考核，切实减轻基层负担。

六是充分发挥工会组织桥梁纽带作用。持续推进集团“职工之家”建设，维护职工合法权益。弘扬劳模精神、发挥劳模作用，推荐集团系统员工麻占华获评北京市劳动模范。关心关爱员工，特别是在疫情期间，为充分保证一线员工们的健康安全，多方协调资源，提供物资和精神保障，将组织的关爱落实落细。扎实做好困难职工帮扶和送温暖工作。深入推进市总“在职职工互助保险”工作，完成基层工会会员投保工作。

以上是集团党委去年的主要工作回顾。这一年的工作极为不易，各项重点工作任务在特殊情况下，实现了预期目标。这些成绩的取得，是市委、市政府坚强领导的结果，是各委办局、各区及社会各界大力支持的结果，是集团各级党组织和全体党员干部职工勇于担当、奋力拼搏的结果。在这里，我代表集团党委、董事会，向支持集团发展的各级领导、各股东单位、各个方面表示衷心的感谢，向各级管理团队和辛勤努力的员工们表示崇高的敬意！

2020 年集团改革发展所取得的成果，为集团顺利实现“十三五”圆满收官发挥了决定性作用，为集团创业 10 周年交上了一份合格的答卷。“十三五”期间，在市委、市政府的坚强领导和中关村管委会的指导支持下，集团积极推动改革转型、创新发展，各项事业发展取得重大成就，综合实力和发展水平迈上新台阶。“十三五”期间，服务收入占比、落地北京高精尖产业和创新孵化项目数、运营创新空间面积、服务创新创业主体数量和提供债权融资服务规模实现“五个翻番”，科技创新服务平台地位、科创中心建设支撑作用、“四位一体”价值、“4+2”业务服务效能、深化改革成效、党的建设实现“六大提升”。

经过“十三五”的发展，集团也收获了许多有益的经验。我们深刻认识到，要切实履行好所承担的责任和使命，一是必须坚持对标对表国家战略和首都发展大局，在践行国家战略布局中找方向，在服务北京工作大局中找定位，在把握发展趋势中拓展空间；二是必须坚持在“政府”和“市场”之间找准自身定位，做“政府想做不能做”“市场不愿做、做不好”的事情，在政府和市场之间做链接、做黏合，不与市场争利，对市场形成引导、补充和放大，实现政府意图和市场行为的有机统一；三是必须坚持以创新创业主体为中心，围绕创新创业主体搭建创新生态，从整合要素向开放服务升级、从“推着企业走”向“陪着企业跑”转型；四是必须坚持发挥“先行先试”的体制机制优势，勇于践行“敢为天下先”的中关村精神，发挥“改革”与“创新”双轮驱动力，将“创新、专业、担当、作为”深深烙入集团的文化基因；五是必须坚持“四位一体”价值理念，努力实现社会价值、企业价值、股东价值和员工价值四者的有机统一和共同提升，让政府放心，让股东满意，让企业发展，让员工幸福；六是必须坚持和加强党的全面领导，切实发挥党委把方向、管大局、保落实的作用，推动党建和经营融合发展，确保集团改革和发展沿着正确的方向前进。这些经验弥足珍贵，在今后的工作中要继续坚持。

在肯定成绩的同时，必须清醒看到，对标国际化、专业化、市场化的改革要求，仍存在一些差距与不足，主要表现在：一是资产结构偏重，制约了高精尖产业投资布局和科技服务领域投入，资产结构和投资布局有待进一步优化调整；二是专业化科技服务能力有待提升，在高精尖产业垂直细分领域的资源整合能力和专业服务能力较弱，创新创业主体的需求难以得到充分满足；三是人才队伍建设亟待加强，缺乏国际化、专业化的服务人才，部分关键岗位人岗不相适的矛盾还比较突出；四是体制机制改革落地需加大力度，改革内在动力有待进一步激发。这些问题需要我们敢于正视，切实加以解决。

二、关于“十四五”发展的总体考虑

“十四五”时期是我国全面建成小康社会、实现第一个百年奋斗目标之后，乘势而上开启全面建设社会主义现代化国家新征程、向第二个百年奋斗目标进军的第一个五年，也是集团全面实施综合改革、实现跨越式发展的五年。谋划好“十四五”的工作意义重大。

按照“前瞻十五年、干好这五年、奋斗每一年”的要求，集团党委将2035年远景目标确定为：全面构建多元化业务、数字化贯通、精准化服务、平台化组织、国际化发展的格局；率先成为国际一流的数字智能企业，率先成为国际一流的科技投行，率先成为国际一流的创新生态集成服务商；引领创新生态升级，引领数智园区建设，引领创新范式突破，引领新场景应用，引领未来产业发展，引领京津冀产业协同；与国家战略科技力量有机结合，助推北京率先形成国际科技创新中心，为我国建设科技强国、实现科技自立自强提供有力支撑。

“十四五”的发展目标是：到2025年，助推北京基本形成国际科技创新中心，深入支撑“两区”“三平台”建设，支持中关村培育一批在国际市场上具有话语权和控制力的世界级领军企业，形成1—2个万亿规模产业集群，构建“241X”重点产业体系，建设中关村科创金融试验区，提升中关村论坛机制化和国际影响力，建成世界一流科技园区和创新高地。集团综合改革阶段性目标任务圆满完成，服务能力显著增强，高质量发展水平明显提升，实现高水平经营管理、高标准专业服务、高品质创新环境、高效率知识创造、高质量经济产出、高层次协同开放、高活力体制机制，实现管理资产规模和盈利能力“两个翻番”、北京各区和高精尖产业集成服务“两个全覆盖”的跨越式发展。

为了科学谋划好集团“十四五”发展，集团党委立足实际、开门问策、集思广益，面向知名专家、企业家、服务机构、政府部门等广泛征求意见，精心编制《集团“十四五”发展规划纲要》，力求规划经得起实践和历史检验。预计今年上半年将正式对外发布。在此，我就谋划好集团“十四五”发展强调几点意见。

第一，谋划好集团“十四五”发展，要坚持与国家和首都发展大局同频共振。一方面，要牢牢把握科技进步大方向和产业革命大趋势，牢牢把握我国进入新发展阶段、构建新发展格局的新特征新要求。这是我们服务创新发展的重要遵循。要从产业基础高级化、产业链现代化的层面布局创新链、服务链。集团服务创新的工作，实质上就是通过资本、服务、数据等手段联结创新链与产业链。未来，我国产业基础高级化、产业链现代化重点发展什么、突破什么，我们就要着重提供相应的服务。要在新一代电子信息、生命健康、新能源、智能网联汽车等事关未来科技产业竞争制高点领域，服务一批产业链主导企业。这些都是我们创新生态集成服务供给的方向。另一方面，要从北京国际科技创新中心建设的需要来定位集团的发展目标任务。加快建设国际科技创新中心，是北京构建新发展格局的关键，也是推动全市高质量发展的引擎。谋划集团的“十四五”发展，要着眼首都城市战略定位，着眼建设国家服务业扩大开放综合示范区和中国（北京）自由贸易试验区，着眼率先探索形成具有首都特点的新发展格局，加快打造创新生态服务体系，聚焦“三城一区”及一区多园建设，补齐服务短板，提升集成服务能力，把北京的创新优势转化为现实生产力，把新技术转化为新经济新产业，在优化北京创新生态上担当作为。

第二，谋划好集团“十四五”发展，要贯穿以创新创业主体为中心的责任理念。企业社会责任是现代商业文明发展的产物，是企业实现可持续发展的重要基础，也是与国际社会接轨的现实需要。集团的发展之基在双创主体、力量之源在双创主体。集团在国内外影响力之所以能迅速扩大，关键在立足于中关村并始终把集团的事业根植于创新创业主体。满足创新创业的社会刚需、精准解决创新生态的社会问题，是集团先天的特性，也是集团先天的优势。“十四五”时期，集团要更加突出社会责任，始终坚持“以创新创业主体为中心”，围绕科创企业、科研院所、科学家、企业家、创业者等创新创业主体构建普惠、绿色、全周期的服务生态，做长做深创新服务链，为双创主体赋能，推动企业社会价值的实现。同时，要对标国际标准体系，以企业社会责任竞争力为引领，以此夯实可持续发展的管理基础，进而为企业自身经营提供更广阔的资源和助力。

第三，谋划好集团“十四五”发展，要对标一流，增强企业核心竞争力。集团的核心竞争力主要体现在两个方面：一方面，与国际同行相比，集团具有新型举国体制的优势，国有资本市场化运营，更能为创新创业主体提供政策性、普惠性服务，同时也有更多的机会去发掘、投资高成长价值的硬科技项目；另一方面，与国内同行相比，集团构建了创新生态集成服务的业务体系，能为科技成果转化、产业化发展提供全周期的专业化服务，是科技服务的新模式、新业态。这两方面优势是集团作为北京建设国际科技创新中心“助推器”的最大底气。“十四五”时期，集团要发挥好这两个优势，以高品质的创新生态服务供给更好满足用户和市场的新需求，在服务新发展格局中进一步打响品牌，朝着国际一流创新生态集成服务商的目标坚定前行。

第四，谋划好集团“十四五”发展，要强化“五链融合”。集成服务既是集团的优势，也是核心竞争力，这就意味着单个服务发展不足以支撑集团“十四五”实现跨越式发展。要通过服务科技创新提升中高端供给能力，在供给侧结构性改革上发挥作用，有效支撑创新链、产业链、供应链“三链联动”。具体到集团就是巩固和发展创新链、产业链、服务链、资本链、空间链的“五链融合”。其中资本链、空间链、服务链，就是集团围绕创新链、产业链建立的科技服务供应链。围绕产业链部署创新链、围绕创新链布局产业链，都离不开资本、空间、服务的纽带。“十四五”时期，集团要以产业链为龙头，绘制高精尖垂直细分领域产业链地图，“一链一策”围绕重点产业链配置服务资源，增强产业链自主可控能力，做深大信息、大健康两个“核爆点”产业；延伸园区链，打造产城融合、充满活力的创新社区，吸附更多创新资源；拓展资本链，实现价值的加速放大；做优服务链，补齐短板、锻造长板，提升创新创业主体对集团服务的满意度。要利用好集团十年发展积淀的数据资源，打破数据孤岛，实现“4+2”业务数据贯通，建立行之有效的协同机制，扩大协同“朋友圈”，做大产业“生态圈”，构建利益“共同体”，提升服务链，探索构建资本驱动、服务驱动、大数据驱动创新的“新中关村之路”。

第五，谋划好集团“十四五”发展，要围绕商业模式转型做优做强做大主业。集团综合改革方案之所以要求“轻资产、强服务”，是因为重资产占比过大，导致整体服务能力偏弱、再投资不可持续的问题。因此，需要优化资产结构，增强服务黏性，与创新主体未来成长、股权价值形成共同体，提高服务的附加值，实现转型发展。“十四五”时期，集团要构建“与创新创业主体共成长”的商业模式，加快向以科技股权投资增值、轻资产服务增值为主的“科技投行”模式转变。“4+2”各主营业务都要对标国内外同行，做深、做长业务条线，做强做大主营业务。在空间运营方面，要把科技园区定位为服务科技创新的产业基础设施。坚决退出土地一级开发，坚持“建用并举”扩大运营空间；创新融资方式，增强园区投资建设能力；积极争取公募REITs基金管理牌照，有计划地盘活自持物业资产，推动园区企业体制改革；加快数字智慧园区建设，提升“中关村社区”生态，发展特色产业集群。在科技金融方面，要发挥其线性增长在集团经营中的“稳定器”作用。积极获取必要的金融牌照，加大对科技金融的资源配置，进一步解决创新创业融资难、融资贵的问题。在股权投资方面，要将其培育成集团商业模式的根本动力。巩固扩大认股权池，与创新创业主体共成长，通过“一对一”服务管家、人工智能、区块链等技术手段，把普惠服务转换成精准服务，实现价值管理、财富管理；要进一步拓宽募资渠道，通过母基金构建市场化、专业化的“募、投、管、退”基金系。在科技专业服务方面，要通过共性技术、营商环境及线上线下服务提升集团整合资源的能力，成为各业务条线的链接枢纽。做强中关村科服集团，加快构建圈层服务体系，提升科技大数据服务水平，完善服务管家机制，打造一批服务意识强、专业素养高的管家队伍。

三、关于2021年工作的总体思路

今年是中国共产党成立100周年，是我国现代化建设进程中具有特殊重要性的一年，也是集团“十四五”发展的开局之年、改革转型的关键之年。做好今年各项工作意义重大。

做好今年集团各项工作，总的要求是：坚持以习近平新时代中国特色社会主义思想为指导，全面贯彻党的十九大和十九届二中、三中、四中、五中全会及中央经济工作会议精神，深入贯彻北京市委十二届十五次、十六次全会精神和市“两会”精神，认真落实市委、市政府重大决策部署，认真落实蔡奇书记调研集团的指示精神，增强“四个意识”、坚定“四个自信”、做到“两个维护”，坚持稳中求进工作总基调，坚定不移贯彻新发展理念，积极落实“六稳”“六保”任务，紧扣北京国际科技创新中心建设重点任务和首都高质量发展新要求，统筹推进疫情防控和经营发展工作，以推动集团高质量发展为主题，以资本驱动、服务驱动、数据驱动为主线，以全面落实巡视和审计整改任务为抓手，以全面深化综合改革落地为核心，轻资产、强服务、活机制、抓管理、调结构、筑优势，加快打造国际一流的创新生态集成服务商，持续推进集团治理体系和治理能力现代化，不断将全面从严治党引向深入，确保“十四五”开好局、起好步，以优异成绩庆祝中国共产党成立100周年。

综合考虑2021年的工作任务，集团党委将2021年定位为“转型突破年”和“管理提升年”，综合改革重点措施要取得突破性进展，经营管理要适应业务拓展不断创新，更好地支撑保障集团核心竞争力的提升。工作中要着力抓好以下几个方面。

第一，着眼助推国际科技创新中心建设，抓好综合改革落地。以北京建设国际科技创新中心为引领，推动综合改革重点措施取得突破性进展。今年的工作要突出抓好几项关键措施的落地。一是要抓园区基础设施公募REITs试点落地。这是科技园区建设和转型发展的破题之举。要在完成首单发行的基础上，制定储备项目公募REITs规划和年度计划，积极申请基金管理人牌照。二是要抓好认股权池和母子基金落地。这是建立集团商业模式的牛鼻子。要及时总结认股权工作试点工作，设计开发认股权服务产品和营销策略，巩固扩大认股权池规模；加快主导基金募资进度，推动园区基金、投贷联动基金等配套基金设立，建立股权投资与集成服务联动机制，着力培育瞪羚企业、隐形冠军企业、独角兽企业。三是要加快补齐服务短板措施落地。这是通过增强服务黏性获得早期股权投资机会的基础手段。要落实集成服务三年行动计划，加快与全市各区构建政企合作新机制，积极推进集成服务全覆盖；围绕关键领域“卡脖子”问题，积极布局一批共性技术服务平台，以高质量服务支撑新型研发机构创新发展；加强知识产权全链条保护和运营，提高知识产权质押融资规模，助力更多科技成果“从 0 到 1”转化；积极获取金融牌照，延伸科技金融服务链条，创新服务产品，缓解创新型中小企业融资难、融资贵问题；高质量承办好 2021 中关村论坛，开展经常性、专业性论坛活动，巩固国际国内协同创新网络，吸引集聚更多顶尖人才、优质项目、领先专业机构等全球科创资源落地北京。

第二，着眼服务全球数字经济标杆城市建设，抓好数字化转型。发展数字经济，推进数字产业化和产业数字化，推动数字经济和实体经济深度融合，打造具有国际竞争力的数字产业集群。这是党的十九届五中全会明确的发展方向。北京将在“十四五”时期建设全球数字经济标杆城市。集团要率先探索助推国际科技创新中心建设新路径，就必须在数字化转型方面抢先布局。一是要加快布局新基建，打造“数智园区”标杆。紧抓“两区”政策与中关村先行先试政策叠加红利，推动软件园立足国家数字服务出口基地打造数字贸易港和具有技术主导权的数字经济新兴产业集群。建成园区要探索推进园区服务运营数字化，建设智慧化应用场景；在建园区要提前谋划布局新基建，为园区数字化运营打好基础。二是要加快提升数字化服务能力，积极打造服务云、金融云。要深度建设和升级中关村易（e）创服务平台，重点完成支付结算中心、智能数据中心等工作，打好“线上线下”组合拳，将存量、增量的对外服务平台以及线下服务能力全面对接到易创平台。要优化金融大数据平台建设，提升科技股权投资数字化管理水平，通过科技服务数字化培育新的增长极。三是要围绕建立数字化支撑体系，做好信息化建设。要深入推动集团信息化统筹工作，提高业务链、管理链协同优化水平，全面提升集团整体的信息化应用和管控水平。

第三，着眼实现国资国企高质量发展，抓好管理提升。推动新时代国有企业高质量发展，必须全方位提高国有企业经营管理水平。这是我们提出将今年作为“管理提升年”的主要考虑。随着集团改革转型的推进，原有的管理方式、盈利模式也必然发生变化，这就需要在管理质量上实现新的提升。一是要对接《集团“十四五”发展规划纲要》，研究编制集团“4+2”业务落地规划、重点功能支撑规划、垂直细分领域产业落地规划，明晰细化目标、重点任务、实施路径、业务模式、资源投入和工作保障机制，为集团“十四五”发展和 2035 年愿景目标实现提供落地支撑。二是要顺应投资周期特点，探索建立富有弹性的业务组合模式和财务管理模式。科技园区建设、科技股权投资往往项目周期长，一开始只有投入没有收入，后期只有收入没有投入，这势必会导致企业利润大起大落。一方面，要通过合理的业务组合，发挥好科技金融等业务线性增长的特点，优化投资项目管理、科学编制年度投资计划，从结构上平滑整体收入利润大起大落。另一方面，要提高预算编制和管理水平，特别是要提高重大投资项目预算的精准度，强化预算绩效管理。三是要提高资本运作能力，吸纳更多社会资源参与集团服务创新事业。加大资本运作力度，利用资本市场低估值窗口期，围绕集团重点产业方向及核心业务开展上市公司并购，在资产股权重组中寻找潜在战略投资人。四是要全面加强基础管理，提高精细化管控水平。坚持“一区一企一策”，持续推进区企共管公司改革重组工作，确保到 2022 年全部解决历史遗留问题，资产负债率下降到 65% 左右的合理区间。以企业社会责任标准化体系建设为引领，加强质量管理体系建设，积极应用质量管理先进标准和方法，创新质量管理工具，做到可遵循、可认证、可评价；加强风险分析研判，找准应对措施，降低各业务单一项目管理风险，以系统观念、系统方法防范化解集团整体风险。

第四，着眼激发企业治理效能，抓好“两力”建设。改革的动力来自于人。人力资源的质量是企业改革发展的最终基础，是企业可持续发展的根本动力。着眼于激发改革动力，今年的工作要抓好“眼力”和“能力”建设。一是要坚持系统观念，增强“眼力”。“眼力”就是要有大局观、全局观，要通观全局，力求看得准，善于把工作放到大局中进行思考和定位，正确认识大局，自觉服从大局。具体到集团，助推北京国际科技创新中心建设就是我们的大局。要面向未来，力求看得远，牢牢把握科技进步大方向和产业革命大趋势，牢牢把握我国进入新发展阶段、构建新发展格局的新特征新要求，着眼十五年，干好这五年，使我们的决策、谋划和部署更具有预见性、针对性和科学性。二是要搞活机制，从内部增强“能力”。改革没有灵活的机制不行。“活机制”就是集团的一场动力变革。要积极对接国家和北京市相关部门，争取集团尽快纳入国有资本投资平台试点，有序推动集团层面开展混合所有制改革，并带动二级、三级公司改革。要加快推动用人体制和激励机制改革试点落地，扩大子公司职业经理人试点范围，加快推进合伙人机制试点，积极鼓励子公司研究探索采纳其他国企改革已经行之有效的办法，发挥子公司推进改革的主动性，增强改革内生动力。三是要借用外脑，从外部增强“能力”。一方面，集团创新生态集成服务涉及方方面面，不可能也没必要“包打天下”。要逐步建立起创新生态合作伙伴的圈层体系，汇聚创新服务资源，发挥专业机构的优势，共同为创新创业主体提供优质优价的服务。另一方面，随着集团改革转型的深入，新问题层出不穷，集团自身“能力”储备的提升有一个过程，需要借用外部专业团队的“能力”来应对企业快速发展的需要。

四、以高质量党建引领高质量发展

2021 年的党建工作，要认真贯彻新时代党的建设总要求和新时代党的组织路线，突出庆祝中国共产党成立 100 周年，坚持巩固深化“不忘初心、牢记使命”主题教育成果，以巡视整改为契机，进一步压实管党治党主体责任，推动全面从严治党不断走向深入，以高质量党建引领高质量发展，汇聚开局“十四五”、开启新征程的强大力量。

第一，聚焦把稳政治方向，全面加强党的政治建设。牢记“看北京首先要从政治上看”要求，胸怀“两个大局”，增强“四个意识”、坚定“四个自信”、做到“两个维护”。强化政治监督，确保党中央和市委、市政府重大决策部署贯彻落实。以高度的政治责任感，认真抓好市委巡视反馈意见的整改落实，确保全面整改、不留死角。认真做好政治生态分析研判工作，推动分析研判成果有效转化运用。严守党的政治纪律和政治规矩，加强干部队伍特别是领导干部的政治训练、政治历练。修订集团意识形态工作责任制实施细则，强化意识形态阵地管理，牢牢掌握意识形态工作领导权。切实增强做好保密工作的政治责任感，认真贯彻落实新时代保密工作新要求。严格落实重大事项请示报告制度。

第二，聚焦学懂弄通做实，坚持不懈用党的创新理论武装头脑。发挥集团党委理论中心组示范引领作用，教育引导广大党员干部读原著、学原文、悟原理，切实领会精神实质，做到学思贯通、知信行统一。认真抓好党的十九届五中全会精神学习贯彻，组织好党员干部教育培训和集中轮训。以庆祝建党 100 周年为契机，策划组织系列红色主题活动，广泛开展党史、新中国史、改革开放史、社会主义发展史学习教育，为建党 100 周年营造良好氛围，在全集团范围内掀起创先争优的热潮、汇聚拼搏奋进的合力。

第三，聚焦高素质专业化，加强领导班子和干部人才队伍建设。全面贯彻新时代党的组织路线，落实新时期好干部标准，选优配强各级领导班子，着力提高各级领导班子和干部适应新时代新要求抓改革、促发展、保稳定水平和专业化能力。抓好选育管用，运用好教育培训、干部轮岗、挂职交流等方式，加强年轻干部队伍建设。深入实施集团干部人才教育培训三年规划，抓好教育培训分级分类体系落实落地。深化集团用人体制和激励机制改革试点三年行动计划，推进职业经理人、合伙人工作机制试点，推动建立子公司差异化激励约束机制。坚持严管厚爱相结合，加强干部管理监督，不断健全干部担当作为的激励和保护机制，持续为干部人才“赋能”“释能”，为集团改革转型提供坚强人才支撑。

第四，聚焦政治功能和组织力，不断提升基层党组织建设质量。将抓好巡视整改与持续推进基层党组织建设标准化规范化建设有机结合、一体推进，规范开展组织换届、“三会一课”、发展党员、教育管理工作，实现基层党组织全面进步、全面过硬。深入贯彻落实国有企业基层组织工作条例，深化集团所属国有控股、参股、混合所有制企业党建工作的分类指导工作，进一步理顺区企共管子公司党组织隶属关系。巩固和深化党建品牌建设成果，支持和引导各党支部探索构建党建工作与改革转型“双融合、双促进”的机制和品牌，创建“立得住”“叫得响”“带得动”的党建示范点和品牌党支部。

第五，聚焦压紧压实“两个责任”，持之以恒正风肃纪反腐。锲而不舍落实中央八项规定精神，紧盯重点领域、重要岗位、关键环节，时刻防范“四风”隐形变异新动向，对顶风违纪行为加大查处问责和通报力度。坚决克服形式主义、官僚主义，持续改进文风会风。进一步发挥纪检监察机构“监督保障执行、促进完善发展”作用，持续深化纪检监察体制改革，推动主体责任和监督责任贯通协同、形成合力。精准运用监督执纪“四种形态”，在用好第一种形态上下更大功夫。建立巡察工作机制，充分发挥巡察“利剑”作用，持续推动全面从严治党向基层延伸。坚定不移深化反腐败斗争，坚持有案必查，深化以案为鉴、以案促改，营造风清气正的良好政治生态。

最后，我再强调一点。当前国内多地出现多点、零星、散发病例，个别地区突发聚集性疫情，我们要密切关注疫情走势，时刻保持高度警惕，充分认识疫情防控的复杂性、严峻性，认真落实中央和市委春节期间疫情防控部署要求，严格领导干部外出报备制度，压紧压实疫情防控责任。

同志们，今年是“十四五”的开局之年，我们国家正踏上全面建设社会主义现代化国家的新征程，集团也将承担起助推北京国际科技创新中心建设的历史使命。今年，我们还将迎来中国共产党成立100周年。做好今年工作任务繁重、责任重大、使命光荣，我们要紧密团结在以习近平同志为核心的党中央周围，坚持以习近平新时代中国特色社会主义思想为指导，在市委、市政府的坚强领导下，增强“四个意识”、坚定“四个自信”、做到“两个维护”，同心同德、再接再厉、真抓实干，在助推北京国际科技创新中心建设中展现新气象、实现新作为，以优异成绩迎接建党100周年，为全面建设社会主义现代化国家作出新的更大贡献！

抢抓新机遇　构筑新优势
奋力开启集团高质量跨越式发展新征程

——中关村发展集团2021年工作报告

集团党委副书记、总经理　宣鸿

（2021年2月4日）

今天我们召开中关村发展集团2021年工作会，回顾总结2020年工作，部署2021年工作。刚才，赵长山同志代表集团党委做了工作部署，我们要认真学习领会，抓好贯彻落实。下面，我代表集团经营班子做工作报告。

一、迎难而上、奋勇担当，改革创新发展取得新突破

2020年是极不寻常的一年，在市委、市政府的坚强领导和中关村管委会的强有力指导下，按照集团党委、董事会的决议要求，集团上下坚持以习近平新时代中国特色社会主义思想为指导，深入贯彻党的十九大和十九届二中、三中、四中、五中全会精神，深入落实市委、市政府决策部署，紧扣国际科技创新中心和“两区”“三平台”建设重点任务，统筹推进疫情防控和复工复产，轻资产、强服务、活机制，迎难而上、主动作为，年

度主要经营目标全面完成，综合改革取得阶段性明显成效，“十三五”实现圆满收官，为集团成立十周年交上了一份满意答卷。企业经营逆势上扬，初步统计，2020 年实现营业总收入 122.7 亿元、利润总额 17.3 亿元，同比分别增长 20.6% 和 66.8%；结构明显优化，服务收入（含投资收益）占比达到 39%，同比提升 4 个百分点，投资收益对盈利的贡献率达到 59%；资产质量不断提升，资产负债率首次降至 70% 以下（69.4%），净资产收益率同比提高 1.15 个百分点；集成服务能力持续增强，全年服务创新创业企业 2.1 万家次，签约落地北京高精尖产业和创新孵化项目 576 个，提供投融资总额 664 亿元，同比分别增长 62.5%、26% 和 2.8%。

一年来，集团工作亮点纷呈。一是蔡奇书记到集团调研，充分肯定集团改革发展成就，为集团未来发展进一步指明了方向。二是积极应对新冠肺炎疫情冲击，所有园区无聚集性疫情，为 2363 家中小微企业减免租金、金融降费及防疫投入 2.27 亿元，精准帮扶“金种子”企业渡过难关，有力展现了国企责任担当。三是全力支撑“两区”“三平台”建设，创新方式举办 2020 中关村论坛，线上观众 1.28 亿人次，软件园国家数字服务出口基地、生命科学园提升为“两区”建设重点任务。四是首批公募 REITs 试点取得实质性进展，打开了盘活存量园区物业资产新通道，实现了园区转型模式重大突破。五是首次以 2.875% 票面利率成功发行 3 亿美元高级无抵押债券，创下发行前半年来地方国企境外发债最低票息，中关村科技租赁 H 股顺利上市，对接境外资本市场取得历史突破。六是全面启动认股权工作，发布工作指引，设立首支认股权基金，与双创主体共成长的商业模式探索迈出积极步伐。七是成立中关村科服、产业研究院、易创新科、国际会展公司、轨道交通公司等一批专业服务机构，战略控股硬创空间，与上市公司久其软件合作设立信用交易与金融服务公司，支持领创金融开展供应链金融业务，加快培育新的业务增长点。八是对标 ISO 26000 推动社会责任管理体系建设，发布首份企业社会责任报告，《中关村发展集团志（2010—2020）》获得国家图书馆收藏，新华社、人民日报、北京日报等重点媒体全年报道集团重大新闻事件 60 余次，集团品牌影响力显著提升。九是“活机制”改革助推经营业绩创下近年来最好水平，在全市国企中率先印发合伙人机制试点指导意见，在 9 家公司开展试点；18 家子公司实现盈利，4 家子公司扭亏为盈，中关村芯园、软件园、中关村资本、信息谷年度绩效获评 A+，充分体现了集团改革的活力和企业经营的韧劲。这些亮点工作，既是集团改革成效的体现，更是集团助力我国全面建成小康社会的生动实践。

一年来，集团重点推动九方面工作取得新突破：

（一）积极应对新冠肺炎疫情冲击，切实履行企业社会责任

面对突如其来的疫情，积极落实防控要求和纾困惠企政策。一是快速响应、科技战“疫”。迅速推出中关村易（e）创平台抗疫专版、关心保、抗疫发展贷等专项服务产品，第一时间组织海外公司全球采购防疫物资，协调集团投资和服务企业参与疫情防控。其中，参与诊断试剂研发 13 家，各类药物研发 4 家，其他各式医疗服务 27 家。二是创新方式、复工复产。建立园区月监测、季调度工作机制，构建“园区—楼宇—企业”联防联控体系，全力保障入园企业快速复工复产。三是集成服务、精准纾困。制定落实北京支持中小微企业应对疫情措施的指导意见，实施“金种子”培育计划，建立首批服务管家团队，发挥集成服务优势，帮助创新的“种子”渡过难关、留在北京发展。累计为中小微企业减免租金 1.41 亿元，金融降费 5108.97 万元，防疫投入 3421.7 万元。

（二）深入落实综合改革方案，推动体制机制创新取得新突破

按照市政府批复精神，聚焦“轻资产、强服务、活机制”，迅速行动、全面推进，不断释放改革活力。一是推动改革任务细化落地。抓实年度任务清单，压实责任主体，广泛开展改革宣贯，通过高质量评价监测评估改革成效，及时总结推广改革经验成果。二是精心编制“十四五”规划。前瞻十五年、立足未来五年，研究制定改革落地和高质量发展“施工图”，初步形成规划成果体系，广泛征求内外部意见，凝聚发展共识。三是推动大部制、扁平化改革。制定“服务型、管理型”总部改革方案，推动中关村资本、中关村金服、中关村国际等总部业务单元下沉。四是扎实推进区企共管公司分类改革。"一区一企一策"，全面启动6个区、8家共管公司改革，实现京石科园、海开集团改革重组落地。五是加强改革融投资保障。资金结算中心归集资金峰值突破100亿元，实现境外发债3亿美元，储备超过200亿元的国内债券发行额度，发行首笔5亿元超短期融资券，发行利率创同期同类企业历史新低。六是加快实施市场化用人体制机制。制定市场化用人体制和激励机制改革试点三年行动计划，覆盖二、三级子公司70%，9家子公司实施了合伙人机制试点，信息谷、中关村芯园综合改革取得积极成效，引入了基金投资、医疗器械CMO及CSO平台、智能制造中试等领域市场化专业人才团队。七是提升企业现代化治理水平。全面修订公司章程，顺利完成集团第二届董（监）事会换届，引入独立董事，设立专门委员会。区分公益性和商业性，建立分类考核与薪酬激励机制。按照国资监管要求，制定国有资产评估备案、境内外投资管理办法，持续优化集团审批流程与权限。

（三）加快推进园区转型发展，服务"三城一区"和中关村示范区建设取得新突破

深入落实北京城市总体规划，聚焦"三城一区"和"一区多园"，制定实施集成服务全覆盖北京各区三年行动计划，加快创新资源向各园区汇聚。一是有序退出土地一级开发。退出怀柔科学城、石景山土地一级开发，实创高科、京西公司、延庆园实现土地入库或上市，年内退出土地一级开发497.3万平方米。二是加快打通园区投融资新模式。构建"基金融资—项目投资—委托运营—REITs退出"业务链条，完成园区建设基金首期规模83.4亿元，以软件园16.7万平方米物业参加全国首批基础设施公募REITs试点，已达到基本发行条件。三是推动产业园区向创新社区转型。塑造中关村社区品牌，探索可复制的运营模式；新设集成电路设计园、生命园、软件园等园区配套投资基金，增强园区服务黏性；软件园开展"科技向北"创新之源大赛等活动，营造"科技＋人文"创新生态；生命园举办"20周年成果展"系列活动，引入《科学》杂志，促进创新要素对话融合；前沿技术研究院、集成电路设计园、医疗器械园等园区通过举办产业论坛、项目路演、投融资对接等活动，营造创新社区氛围，提升创新资源汇聚能力。四是加快布局园区新基建。启动实施"科创领域新基建"引领工程，搭建医药健康产业数字化平台，为园区提供精准招商和企业服务数字化工具；软件园建设"AI+"园区智慧服务大脑，组织5G智慧园区场景赛；前沿技术研究院开放国内首条5G自动驾驶测试道路，对接建设智能网联汽车、智能应急装备、无人机等应用场景。五是不断提升"一区多园"产业组织和服务能力。软件园构建"孵化＋加速＋投资＋产业组织"运营模式，新增落地独角兽企业嘀嘀无限，头部企业高途云集、启科量子等25家重点企业；生命园服务昌平国家实验室、北生所科研转化基地等重大科研项目入驻，引入邵峰院士团队的炎明生物、军科院团队的中瑞太安、王晓东院士的维泰瑞隆等项目；集成电路设计园建立"一平台三节点"服务体系，引入北京市工业芯片创新中心，落地独角兽企业地平线及烽火电子、声迅电子等25家企业；医疗器械园统筹推进一、二期产业发展，引入百奥赛图、大有生物等24家重点企业；前沿技术研究院获批挂牌中关村（房山）高端制造前沿技术创新中心，出色完成陈吉宁市长提出的无人机森林灭火项目，引入亮道智能、史河科技等14家重点企业；微纳能源公司服务保障中科院北京纳米所整建制迁入，建立一站式服务"插线板"模式，落地中科纳清等创新企业；京西公司利用"云招商"手段引入"智能＋"企业，智能文创先导园入驻率达到80%；工业院设立亦庄分公司，承接未来科学城生命谷项目，积极服务"三城一区"发展；延庆园起步区建设取得突破，光谷"城市科技前沿技术创新中心"入驻企业罗克佳华实现科创板上市，丰科建推进增材制造共享中心建设，实创高科、电子城、兴昌公司积极促进分园复工复产和产业提升。为支撑北京重点新城发展，集团在丰台区合作设立轨道交通产业服务公司、积极参与南中轴大红门片区"腾笼换鸟"项目，与石景山区合作建设工业互联网产业园，与大兴区、亦庄经开区合作推动中日国际合作产业园。2020年，集团京内自持和托管运营创新空间面积达到226万平方米，入驻企业2864家，运营成熟园区地均企业收入、每万人专利授权数、人均研发经费投入强度分别是示范区平均水平的3.3倍、1.7倍和2倍，有力支撑了"三城一区"和"一区多园"高质量发展。

（四）不断深化“耐心资本”供给改革，服务高精尖产业发展取得新突破

瞄准北京十大高精尖产业发展方向，加快培育全周期“耐心资本”，深化基金系布局，支持新业态新模式和数字经济发展。一是打造中关村资本品牌。加强专业团队建设，开展基金系分类管理，构建基金投资评价体系，提高业务统筹能力。二是推动集团基金系落地。中关村高精尖母基金实现首期市场化募资到位，新设园区建设基金、金种子基金、上市公司助力基金等 5 支主导基金，集团主导基金系达到 20 支，总规模 131 亿元。三是做大科技股权池。统筹推动服务换期权（优先认股权）业务落地，设立首支 5000 万元认股权基金，建立协同工作机制，组建经理人团队，签订认股权协议 213 个。四是加大重点产业和头部企业战略投资力度。围绕 5G、工业互联网、车联网、机器人等重点行业，投资支持了三六零、智芯微电子、史河科技、致晶科技等 193 家企业，天智航、亿华通、寒武纪、博奇环保等投资企业实现上市。五是提升投后管理和退出增值能力。加强投资项目分类管理和风险防控，完成紫光展锐、建科院、钢研纳克、二十一世纪空间等部分股权退出，获得投资收益 14.46 亿元。

（五）积极推动科技金融改革创新，服务创新创业主体融资需求取得新突破

积极落实北京市金融纾困政策，加强产品创新，防控金融风险，着力缓解中小微企业融资难、融资贵难题。一是打造中关村金服品牌。推动科技金融事业部下沉和中科金改革落地，推出“千亿万户”服务计划，全年服务企业 10533 家次，服务金额 489 亿余元。其中，担保额 420.59 亿元，租赁投放额 52.50 亿元，科技信贷额 16 亿元。二是推动租赁公司成功上市。中关村科技租赁挂牌香港 H 股，打造“中关村科创服务第一股”，成功发行国内首单民营科技和新经济企业租赁资产证券化产品。三是积极搭建金融大数据平台。推出中关村企业线上融资服务平台，涵盖资本市场融资、供应链融资、信用交易融资三大领域，试运营期间服务项目 2000 个。四是持续推进金融服务创新。筹建中关村企业信用交易平台，推动领创金融转型为以供应链金融业务为核心的金融科技公司，担保公司牵头设立“三城一区”政策性融资担保联盟，启元资本建立全市统一上市挂牌后备企业资源库 4 万余家，积极拓展企业上市、诊断分析、资本市场融资等一体化服务。五是着力加强金融风险管理。担保代偿率为 2.13%，租赁资产不良率为 1.6%，中关村小贷不良率为 1.4%，在疫情严重冲击下，总体风险仍低于行业平均水平。

（六）加快构建科技专业服务模式，补齐创新生态服务短板取得新突破

围绕科技成果转化和产业化的共性需求及关键领域“卡脖子”环节，梳理形成集团 18 类 160 余项集成服务包，多措并举构建圈层服务体系。一是打造中关村科服品牌。设立中关村科技服务公司，获得 1.2 亿元财政资金支持，组建企业服务管家团队，与 YC、清华工研院、国药集团、创业黑马、阿里云等 87 家服务机构建立“朋友圈”。二是提升知识产权运营服务能力。紧盯科技创新“从 0 到 1”环节，高价值专利培育、知识产权维权保护等多项工作被纳入市级重点任务，推出国内首个智慧园区科创能力分析与可视化系统，获批世界知识产权组织技术与创新支持中心（TISC）和国家高新技术企业资质，IP Online 公共服务平台累计盘活企业核心知识产权 1225 项。三是持续搭建共性技术服务平台。从生物医药、信息产业等“核爆点”入手，推动建设工业芯片应用创新（芯海择优）、5G + MEC 示范、基因组编辑、生物药中试、医疗器械 CMO 及 CSO 平台、智能制造综合服务平台等 14 个共性技术平台，中关村芯园获得 ISO 9001 质量管理体系认证。四是推进科技资源大数据建设。中关村易（e）创大数据服务平台获得国家发展改革委现代服务业立项支持，集成集团内外服务产品，建立线上线下“一站式”服务入口，自去年 4 月份上线以来服务企业超过 1 万家次。五是加快培育产业研究咨询服务能力。设立中关村产业研究院，建立三级合伙人机制，绘制集团重点布局的 12 个细分领域产业图谱。六是全面提升专业孵化服务。完成软件园和生命园孵化器专项优化方案，推动产业、人才、机制、运营模式全面革新，医疗器械园、微纳能源孵化器被认定为“中关村硬科技孵化器”。集团运营孵化器 33 个，期末入驻企业 1979 个，京内新增毕业企业 162 个。

（七）统筹推动区域协同创新，服务京津冀协同发展战略取得新突破

对标对表国家战略和北京科创中心建设要求，深化“4+N”区域布局，增强向北京汇聚创新资源的能力。一是积极反哺北京科创中心建设。信息谷在怀柔科学城、顺义开展创新中心运营服务，协同母基金超 43% 的资金投向京内科技企业，区域合作板块为北京引入优质创新项目 131 个。二是积极推进京津冀协同发展重点项目。滨海—中关村协同创新示范基地签约企业 419 家，京津中关村科技城引入南开中学、注册企业达 283 家，积极配合中关村管委会编制雄安新区中关村科技园发展规划，工业院积极代建北京援建的“雄安三校”项目，石家庄・中关村鹿泉创新中心顺利开业。三是持续深耕轻资产运营模式。信息谷轻资产服务城市超过 30 个，托管运营载体面积 149.85 万平方米，服务创新型企业超过 1.2 万家，并积极深耕拓展盈利新路径；协同发展 Z−LINK⁺ 产业组织模式初步实现商业化落地。四是着力发挥协同资本效能。积极探索区域资本合作新模式，新增管理廊坊蓝天基金等 2 支基金，累计出资 12 支子基金，总规模 40.93 亿元，实现超 4 倍资金放大，顺利完成东方雍和重组融入，与东城区合作推动科技文化融合发展。

（八）积极稳妥推进海外布局，服务北京建设开放创新高地取得新突破

做实中关村国际统筹平台，不断强化海外投融资功能，助力中关村示范区在开放中全面创新，增强高端创新要素在北京的汇聚效应。一是高标准承办中关村论坛。牵头成立了由顶尖科学家、知名企业家、国际会展专家组成的论坛专家咨询委员会，为论坛顶层设计和发展建言献策；联合若干深耕科技会展行业的顶尖机构共同设立混合所有制的运营公司，圆满完成 2020 年中关村论坛承办任务，策划开展全年性系列活动，提升论坛国际化、专业化、市场化水平，助力“两区”“三平台”建设。二是积极优化创新中心布局。深化硅谷、波士顿创新中心全面融合，以色列、德国创新中心成功申请“中关村海外孵化器”项目，伦敦创新中心取得重要实质进展，成功中标 8 个中关村海外联络处委托管理工作，新增跨境孵化创新创业项目 85 个。三是海外基金收益良好。达闼专项基金实现 134.72% 净收益率，丹华Ⅱ期年化收益率达 82.5%，FV3 基金投资价值增长 2.13 倍，中关村国际投资的“北控城市资源”收益率达到 122%。四是广泛链接汇聚海外创新资源。深化“中芬创新企业合作委员会”工作，成功申请“北京—赫尔辛基联合创新中心建设”项目，引入德国亥姆霍兹联合会、弗劳恩霍夫应用研究促进协会等 15 家国际顶级服务机构，成功引进英国著名 IPU 芯片独角兽企业 Graphcore 等 40 个海外创新项目和 30 名外籍创新人才在京落地。

（九）坚决落实全面从严治党要求，经营管理能力提升取得新突破

深入学习贯彻习近平新时代中国特色社会主义思想，自觉主动接受市委巡视，认真开展问题整改，积极落实全面从严治党要求，推动党建和经营融合发展。集团党委把方向、管大局、保落实，纪检监察部门严执纪、强保障，积极开展大额资金使用效率监督检查，为集团改革转型和经营发展保驾护航。持续开展重大系统风险排查，提前采取针对性管控措施，取得积极成效。建立常态化经营分析调度工作机制，及时研究解决重点难点问题，保障集团平稳健康运营。加强创新能力建设，集团全年在新业务研发等领域支持各子公司资金 1214 万元，集团信息化建设投入 1910 万元。规范投资企业利润分配，全年向集团分配利润的子公司 13 家，比上年翻了一番。加强集团内部审计管理机制与系统化管理工具创新，分级审计覆盖 24 家境内外子公司。加强人才队伍建设，通过员工挂职锻炼提升工作能力，利用“云课堂”组织 20 次服务创新大讲堂系列精品培训。强化品牌建设，面向改革要求打造系列服务品牌，开展集团十周年宣传活动，深入践行“创新、专业、担当、作为”文化理念，积极发挥工会等群团组织作用，员工凝聚力不断提升。

总体来看，过去一年，集团在危机中育新机，在变局中开新局，各项工作都取得了令人振奋的好成绩。这些成绩既是集团长期深耕产业、布局项目、厚积薄发的结果，也是集团这两年加快“轻资产、强服务、活机制”改革转型的结果，更是集团面对疫情加强工作筹划、全力创新开拓的结果。

2020 年是“十三五”收官之年。过去的五年，集团深刻领会市委、市政府战略意图，以助推北京建设国际科技创新中心为己任，在创新生态中着力发挥“连接器、转化器、放大器”作用，各项事业发展取得重大成就，综合实力和发展水平迈上新台阶，圆满完成了“十三五”规划目标任务。五年来，集团服务平台地位显著提升，习近平总书记2017年、2019年先后两次视察集团运营的中关村创新示范基地，向2019中关村论坛致贺信，蔡奇书记多次关心、调研指导集团改革发展，陈吉宁市长亲自推动制定集团综合改革方案；五年来，集团服务科创中心建设支撑作用显著提升，深耕“三城一区”，服务覆盖十六区，每年落地北京高精尖产业和创新孵化项目由178个提高到576个，增长2.24倍，运营创新空间面积由130万平方米提高到427万平方米，增长2.29倍；五年来，集团“4+2”业务框架全面形成，构建了科技股权投资、科技金融服务、科技专业服务、科技园区发展、区域协同创新、国际创新网络的集成服务业务体系，累计服务双创主体数量8.1万家次，较“十二五”增长近2倍，累计提供债权融资2195亿元，较“十二五”增长78%；五年来，集团全面深化改革成效显著提升，市政府2019年11月正式批复集团综合改革方案，集团服务收入占比由15%快速提升至38%，资产负债率从73.5%降至69.4%，在保持国内AAA主体长期信用评级基础上，成功获得国际信用评级类主权A级；五年来，集团“四位一体”价值显著提升，累计实现营业收入543亿元、实现净利润48亿元，同比“十二五”分别增长91%和50%，累计向股东分红11.83亿元，人均薪酬较“十二五”末增长41%，员工获得感不断增强。

以上这些成绩的取得，离不开市委、市政府的高度重视和坚强领导，离不开中关村管委会的精心指导，各委办局、各区、各股东单位的大力支持，离不开集团党委和全体经营班子的齐心协力、真抓实干，更离不开全体员工的攻坚克难、共同努力。在这里，我代表集团经营班子，向支持集团工作的各级领导、各个单位表达最诚挚的谢意，尤其要向奋战在一线的广大员工表达最衷心的感谢！

同时要看到，集团经营工作还存在不少挑战，主要表现在：疫情变化和外部环境存在诸多不确定性，给企业稳定经营带来一定冲击，我们仍要保持高度警惕，统筹抓好疫情防控和改革发展；部分子公司负债率仍居高不下，与改革目标要求还有较大差距；企业精细化管理水平还需进一步提升，特别是巡视、审计发现集团在项目投资、资产负债率、基金信息化建设、招投标等领域还存在管理短板；适应改革需要的国际化、市场化、专业化人才队伍建设还需持续加强，与转型发展相适应的激励约束机制还有待大力推进。对于这些问题，我们一定要高度重视、攻坚克难，采取有力、有效措施加以解决，不断提升经营管理水平。

二、凝心聚力、系统推进，全力开启集团“十四五”高质量跨越式发展新征程

2021年是中国共产党成立100周年，也是“十四五”开局之年，做好今年各项工作意义重大。集团作为北京市整合创新资源的市场化平台，要按照市委确定的“十四五”时期北京经济社会发展指导思想，坚持以首都发展为统领，更加突出创新发展、更加突出京津冀协同发展、更加突出开放发展、更加突出绿色发展、更加突出以人民为中心的发展、更加突出安全发展，当好“施工队”，在首都发展宏伟蓝图上描绘出高质量创新发展的浓墨重彩。按照赵长山同志代表集团党委提出的工作总要求，今年经营工作总体思路是：坚持以习近平新时代中国特色社会主义思想为指导，全面贯彻党的十九大和十九届二中、三中、四中、五中全会及中央经济工作会议精神，深入贯彻北京市委十二届十五次、十六次全会精神和市“两会”精神，认真落实市委、市政府重大决策部署，认真落实蔡奇书记调研集团的指示精神，增强“四个意识”、坚定“四个自信”、做到“两个维护”，坚持稳中求进工作总基调，坚定不移贯彻新发展理念，积极落实“六稳”“六保”任务，紧扣北京国际科技创新中心建设重点任务和首都高质量发展新要求，统筹推进疫情防控和经营发展工作，以推动集团高质量发展为主题，以资本驱动、服务驱动、数据驱动为主线，以全面落实巡视和审计整改任务为抓手，以全面深化综合改革落地为核心，轻资产、强服务、活机制、抓管理、调结构、筑优势，加快打造国际一流的创新生态集成服务商，持续推进集团治理体系和治理能力现代化，不断将全面从严治党引向深入，

确保“十四五”开好局、起好步，以优异成绩庆祝中国共产党成立 100 周年。

今年的重点服务与经营目标是：经济效益方面，完成营业收入 90 亿元，利润总额 20 亿元，服务收入（含投资收益）占比不低于 35%，净资产收益率不低于 3%，资产负债率不超过 70%；服务创新生态方面，服务创新创业企业数量 1.2 万家，签约和落地北京高精尖产业和创新孵化项目 520 个，提供投融资总额 680 亿元，吸引、设立创新产业服务机构 20 个，引入和跨境孵化海外创新人才和创新项目 160 个，创新社区运营面积 420 万平方米，股权与认股权池项目数量 1520 个，已建成管理运营园区地均收入、万人专利授权量分别为示范区的 2 倍和 1.5 倍以上。

为了实现以上目标，2021 年要进一步抓好以下工作：

（一）进一步抓好综合改革落地，推动“十四五”高质量跨越式发展“开门红”

发挥中关村先行先试优势，学习借鉴深圳、上海等地先进经验，持续推动综合改革方案落地，加大创新投入力度，加快构建面向未来的核心竞争力。一是发布实施集团“十四五”规划。加强规划宣贯和组织实施，建立“一张蓝图绘到底”的保障机制，做实“4+2”业务、重点职能、细分产业等功能战略支撑。持续开展企业社会责任建设，完善高质量管理体系，及时评价、总结、宣传规划和改革成效。二是积极有序推进区企共管公司改革。坚持“一区一企一策”，确保按时间节点不断突破。坚持有“退”有“进”，加快构建政企合作新机制，改革后更好支撑各区创新生态完善和高精尖产业发展。三是深入推进体制机制改革试点和人才队伍建设。聚焦增量、带动存量，积极推进混合所有制改革，加快市场化用人体制和激励机制改革试点落地，发挥子公司主动性，积极探索采纳其他国企改革行之有效的办法，增强改革内生动力；加快建设符合知识经济特征和集团战略所需的国际化、市场化、专业化人才队伍，专业公司班子要配备专业人才，加强年轻干部的培养使用。四是强化资本运作。围绕改革布局和战略规划，提前开展中长期资本筹划，推动重点产业和“强服务”领域投资并购，保障集团改革转型过程中经营的平滑稳定。五是积极推动国有资本授权体制改革。以国有资本投资公司试点改革为突破，争取更大力度改革授权。深化总部大部制、扁平化管理改革，确保业务部门下沉后人员到位、责任到位、机制到位，做好集团内部授权下放，激活业务单元活力，打造利润中心。

（二）进一步抓好认股权池和母子基金落地，打造高精尖产业发展“驱动器”

围绕北京建设全球数字经济标杆城市和中关村“241X”产业布局，做强中关村资本，加快构建全周期“耐心资本”，完善长中短期投资组合，支撑成果转化和未来产业发展。一是打通“耐心资本”通道。积极对接保险资金、国家大基金、社保基金等长线资金，探索设立夹层基金等方式，着力解决市场化募资难题。强化启元资本企业上市综合服务平台功能，设立 S 基金，畅通科技股权退出渠道。二是加快专业基金系建设。加快高精尖母基金募资到位，设立美元母基金，同步设立细分产业领域专业子基金，进一步做好认股权基金、金种子基金等专项基金，积极申请公募 REITs 基金管理人牌照。同时，要提高母子基金资金利用效率，防止资金闲置。三是着力提升认股权业务规模和质量。进一步完善工作组织机制，巩固扩大认股权池规模，开展认股权分类管理和服务，抓好项目成功示范，贯通“获权—服务增值—行权”的价值投资模式。四是加强数字产业等战略投资布局。依托上市公司助力基金，加大对新一代信息技术、集成电路、人工智能、医药健康、智能制造、新材料、量子信息、卫星航天等重点领域投资力度，培育更多独角兽企业、隐形冠军企业和瞪羚企业。五是以数字能力提升投资管理水平。加强基金管理信息系统建设，强化数字化贯通手段。加强与产业研究院、北京 IP、信促会和空间运营等服务的协同联动，增强产业布局和产业组织能力，打造产业投资业务核心竞争力。建立与退出绩效相关联的激励约束机制，提高投资回报。

（三）进一步抓好综合金融服务平台落地，争做科技金融创新“领头雁”

紧抓北京设立中关村科创金融试验区的有利机遇，持续创新服务产品和业务模式，完善提升科技金融综合服务功能。一是做实中关村金服。开展非银行债务融资，打通融投资体系，赋能支持各业务发展，加快构建以债权融资为核心、债股联动为特色、金融科技为支撑的一体化服务模式。二是加快拓展金融新业务。推动企业信用交易、商业保理、供应链金融等新业务取得突破，争取数字货币等业务试点，通过并购等方式积极拓展持牌金融业务。三是提升科技金融服务规模。担保公司要释放增资效能，提高线上获客和主动获客能力；租赁公司要发挥境外资本市场优势，做好市值管理，完善“租赁＋服务＋投资”业务模式。四是锻造数字金融优势。全面优化金融大数据平台建设，提升中关村企业线上融资服务平台效能。担保公司要发挥客户资源优势，加快数字能力建设，进一步提升客户分层能力，为其他业务提供导流和数据服务支持。五是持续做好风险防控。完善金融业务全面风险管理体系，加强系统性风险的监控应对，开展专项风险监测和排查，确保各业务风险控制在预期目标范围。科技金融业务要加强对技术与产业的把控力，提升对风险资产的处置、运营能力，进一步挖掘盈利空间。

（四）进一步抓好科技专业服务平台落地，破除科技成果转化和产业化“中梗阻”

紧跟国家实验室、高校院所、新型研发机构等国家战略科技力量，围绕科技成果0—1转化、1—10孵化和10—N产业化，不断完善集成服务产品组合，持续优化创新创业生态。一是全力打造中关村科服。加快搭建业务架构，建设核心能力，打造科技服务生态联盟，整合一批科技企业急需的“服务包”。二是加快大数据战略落地。深度建设中关村易（e）创平台，通过“资本＋算力算法＋平台”，积极构建线上集成服务体系，引导资源向数字化转型集中，推动“4+2”业务数字化贯通，提升数字化竞争优势。三是加快提升国际化知识产权服务。知识产权公司要加强与国际一流机构合作，加快布局智能传感、生物医药、5G通信等领域，打造重点领域专利池，积极探索中关村标准必要专利（SEP）、知识产权维权保护、高价值专利培育、质押融资2.0版、知识产权大数据等业务，深度打磨产品和商业模式，形成可持续收入能力。四是持续建设重点领域共性技术服务平台。推动细胞与基因治疗创新孵化、生物药中试、基因编辑、5G自动驾驶专业测试等重点平台投入使用，提升中关村水木、硬创空间等市场化平台功能，中关村芯园要提高逆势经营能力，至臻环保要形成长期可持续经营模式。五是进一步提升产业咨询、规划设计、专业孵化服务。产业研究院要打造合伙人机制“新样板”，建设内外部专业化合伙人团队，积极做好集团重点布局的产业规划研究，筹办好产业论坛活动，逐步形成高端生态智库的品牌影响力。工业院要加快推进改革创新、搞活机制，引入高端专业人才，提升BIM等工具对业务的支撑能力，提高人均效益。加快软件园孵化器、生命园孵化器、国际孵化器等各类孵化器改革升级步伐，建立合伙人机制，推动专业化孵化器能级提升。六是加快完善管家服务机制。进一步强化中关村科服统筹、各子公司协同联动的“服务管家”团队，建立顺畅的集成服务落地工作机制，增强服务黏性。

（五）进一步抓好区企合作新机制落地，做强“三城一区”和“一区多园”创新发展“服务商”

深入落实北京城市总体规划，围绕主平台、主阵地，发挥“两区”政策与中关村先行先试等政策叠加优势，对接北京4.0版营商环境改革，加快提升园区创新孵化和产业发展水平。一是加快园区业务改革落地。确保海开集团改革稳妥过渡，重组设立园区建设投资公司，实现科技园区事业部下沉，构建“园区建设投资公司统筹、项目公司建设、专业公司运营”的总体架构，推动园区资产所有权与经营权的适度分离。二是加快园区投融资模式转型。完成软件园公募REITs首单发行，科学论证募集资金投向，启动扩募项目储备，形成持续推进机制。加快推动园区开发建设基金尽快资金到位，做好西井、京西一期等新项目资金平衡。三是开展中关村社区品牌运营模式试点。探索形成可复制模式，助力产业园区加快向创新社区转型。四是加强数智园区建设。制定数智园区建设规划，建设数据标准、信息安全、运营管理体系，加快软件园、前沿技术研究院、工业互联网产业园等园区新场景应用。五是推动集成服务向各区覆盖落地。深度调研对接各区需求，成为各区创新生态集成服务“合伙人”。软件园要加快提升物业资产REITs后的轻资产服务能力，全力支撑数字服务出口基地、数字贸易试验区等建设任务；生命园要加快体制机制改革，引入专业化人才，提升市场化运营能力，拓展产业运营空间，积极支撑自贸区建设、昌平国家实验室、生命技术赶超工程等战略任务；医疗器械园要加快市场化、专业化运营平台建设，搭建高端医疗器械共性技术服务平台，同时抓紧二期建设，保障投资建设周期；集成电路设计园要以集成电路产业规划为引领，提高对产业垂直细分领域的影响力，积极扩大产业链空间布局；前沿技术公司要深耕与房山区的政企合作新机制，打造智能装备产业服务平台，加大产业组织落地力度，提升运营服务收入规模；京西公司要做好人工智能产业园摘地测算，以先导园为突破，加快提升产业服务能力，进一步拓展运营空间；延庆园要完成已上市土地回款，加快推动剩余一级开发土地退出，进一步清晰公司业务定位和转型方向；微纳能源要加快建立怀柔科学城科技成果转化生态系统服务平台，拓展服务空间和服务内容，加快孵化项目引入，设立成果转化基金，探索形成有效商业模式。电子城、实创高科等公司要加快推进地块收储和上市，迅速压减负债水平。切实做好石景山工业互联网产业园、京西人工智能科技园一期等一批新项目，加快培育区域发展新动能。

（六）进一步抓好区域协同创新模式落地，服务京津冀协同发展“树标杆”

按照北京市统一部署，深入落实京津冀协同发展等国家战略，加强创新链、产业链、供应链对接协作，构建“差异化布局、专业化推进、体系化发展”区域协同创新模式。一是深化区域合作业务改革转型。稳妥推进协同平台设立，加强区域业务统筹协同，形成业务合力；加强与现有合作区域的深度合作，提升服务质量和运营效益。二是做好京津冀协同发展重点项目。积极配合推进雄安中关村科技园筹建，做好“三校”交钥匙项目，深耕细作滨海—中关村科技园、保定·中关村创新中心，抓好京津中关村科技城统筹管理模式落地。三是不断升级强化协同资本服务功能。拓展廊坊蓝天基金模式，进一步扩大基金管理规模，推动子基金设立，提升资本引领下的创新资源发现、培育、服务、引进功能。四是不断深化轻资产运营模式。信息谷要深耕已运营城市，逐步培育细分产业领域的产业组织能力，提升项目服务质量和效益，同时拓展京内运营空间，做好京内外双向产业组织；协同发展公司要进一步深化可落地、可复制的“Z—LINK^{+}”特色产业组织服务产品，提升可持续发展能力。

（七）进一步抓好海外业务布局落地，助力北京打造改革开放“新高地”

抓住“两区”“三平台”建设重大机遇，做实做强中关村国际平台，加快优化国际创新孵化网络，促进创新资源向北京汇聚。一是打造永不落幕的中关村论坛。加快建立论坛常态化运营机制，加强与金融街论坛、服务贸易博览会贯通，推进会议、交易、展览融合，将中关村论坛办成更加国际化、更具影响力的论坛，构建配置要素资源、促进高质量发展的有效机制。二是积极应对国际形势变化。做好国际形势风险研判，提高海外业务风险防控能力。加强海外公司制度建设，提升规范化管理水平和抗风险能力。三是加快优化海外创新中心布局。提升海外创新中心运营孵化能力，实现英国伦敦创新中心正式运营，筹划日本东京创新中心等，积极推进海外联络处与海外板块的业务融合。四是完善海外基金系。加强海外基金资源发掘与投后管理，加快搭建主动管理型的市场化基金平台，推进 IP Group 中英创新基金、芬兰基金等设立。五是提升海外创新资源国内承接能力。协同大兴、亦庄积极推进中日产业园建设，积极对接“两区”建设在供地、融资、人才等要素配置方面的突破性政策，搭建海外资源落地平台。

（八）进一步抓好巡视和审计整改落地，迸发企业经营管理提升“源动力”

深入学习贯彻习近平新时代中国特色社会主义思想，认真全面做好巡视和审计整改，举一反三，全面提升集团经营管理能力。一是进一步强化党建引领。经营班子要切实肩负起“一岗双责”重任，全面落实从严治党要求，深入研究部署和推进分管领域全面从严治党工作，坚持管党治党和业务工作一起谋划、一起部署，深化党建和业务融合。更好地发挥纪检监察作用，监督推动重点工作落实，适时开展综合改革重点任务进度监督检查。二是进一步强化合规管理。聚焦重大投资、招投标、财务等重点领域，不断完善内控体系，形成易理解、可执行的制度流程，各部门、子公司都要有合规意识，认真执行集团出台的各项制度。三是进一步强化投融资管理。加强投资计划管理，做好长中短期的投资安排，做好投融资衔接，严格把控大额资金投融资节奏，提高资金使用效率；科学筹划资金来源和债务结构，合理控制负债率。四是进一步加强对标管理。各业务、关键职能都要对标国内外一流企业，提升全球竞争力，在集团内部树立标杆、建立标准，提升整体经营绩效。特别是年度考核排名靠后的公司，要向优秀公司看齐，开展班子谈话督导，加大经营分析整改，拿出切实可行的改革措施。五是进一步加强企业文化建设。深入践行“创新、专业、担当、作为”企业文化，发挥群团自组织作用，提高员工对改革、规划的参与度，促进企业文化真正内化于心、外显于行，形成适应创新发展、鼓励干事创业的浓厚文化氛围。

同志们，集团综合改革已经到了爬坡过坎、滚石上山的关键阶段，“十四五”将全面开启集团高质量跨越式发展新征程，做好今年的工作，需要我们坚持系统观念，运用系统方法正确处理好各种关系。一是处理好改革、发展、稳定的关系。在扎实推进改革转型的同时，也要做好风险防范，避免经营工作出现大起大落，掌握好前进节奏，坚持“领先半步”，在商业模式落地过程中，小步快跑、保持适度领先，在实践中验证，在发展中迭代，确保综合改革平稳顺利推进。二是处理好近期工作与远期目标之间的关系。要前瞻十五年、干好这五年、奋斗每一年，积小胜为大胜。一方面，要瞄准未来十五年推动集团发展再上大台阶，加快实施大数据驱动战略，打造多元化业务、数字化贯通的技术型公司；另一方面，要抓好当前，推动各业务、子公司加快数字化转型，把数据作为新型生产工具，提供更加精准、便捷、优价的服务。三是处理好市场与政府的关系。要找准差异化定位，做政府想做但不能做，完全市场化的企业不愿做也做不好，在创新创业体系中又必不可少、必须有人做的事情。四是处理好员工、企业和国家利益的关系。始终坚持“四位一体”价值理念，努力实现员工价值、股东价值、企业价值、社会价值的有机统一和共同提升。

同志们，时代催人奋进，使命激荡人心，让我们更加紧密地团结在以习近平同志为核心的党中央周围，在市委、市政府的坚强领导和中关村管委会的强有力指导下，认真落实集团党委、董事会确定的各项目标要求，抢抓新机遇，构筑新优势，统筹推进改革创新、经营发展和管理提升不断取得新突破，加快打造国际一流的创新生态集成服务商，奋力开启集团“十四五”高质量跨越式发展新征程，以优异成绩庆祝建党100周年，为北京率先形成国际科技创新中心不断作出新的更大贡献！

专 文

中关村发展集团年鉴

YEARBOOK OF ZHONGGUANCUN DEVELOPMENT GROUP

2021

中关村发展集团：与创新者共舞　与奋进者同行

在这片创新沃土中，中关村发展集团应运而生。十年来，集团耕耘中关村，整合资源、搭建平台、转化技术、构建生态，从“开发商”不断向“服务商”转型升级，主动承担起服务创新发展的社会责任，用实际行动致敬科技创新创业。

家国情怀成底色，一以贯之唯创新　十年，匠心孕育“创基因”

中关村大街旁，“生命，献给新技术开拓者”的雕塑依旧醒目。如果创新具有生命，作为与之同行的人，我们可以从中看到它的抱负与担当。每每遇到关键时刻，更能感受到它的底色和灵魂。

岁末年初，新型冠状病毒感染的肺炎疫情牵动着全国人民的心。中关村发展集团深知，战胜疫情离不开科技支撑，早日实现经济回暖也离不开创新驱动。作为服务科技创新创业的平台，支持广大科技型中小企业疫情防控和复工复产、帮助他们渡过难关是集团义不容辞的社会责任。为此，集团积极为服务科技中小微企业减租降费，切实减轻他们的负担。累计为 1000 余家科技型中小企业减租降费 4000 多万元。同时，还推出了“关心保”“抗疫发展贷”等多种金融产品，为直接参与疫情防控的企业提供融资支持。

与此同时，中关村发展集团发挥投资服务企业优势，通过捐款、捐赠物资、检测试剂盒研发、药物研发、医疗物资等多元化手段支援疫情防控工作。据不完全统计，集团投资服务企业累计捐款 4 亿多元，捐赠各式口罩 70 多万套、检测试剂盒 10 多万份，10 余家企业参与了诊断试剂和各类相关药物研发。这场战“疫”，凸显了作为“政府之手”与“市场之手”相结合的“集成服务商”的重要性。

挺身而出靠的不是一时勇猛，更在于厚积薄发。经济社会发展所需，始终是中关村发展集团服务科技创新创业的立足点。2009 年 3 月，国务院批复同意支持中关村建设国家自主创新示范区，提出将中关村建设成为具有全球影响力的科技创新中心。2010 年 4 月，为贯彻落实国务院关于同意支持中关村科技园区建设国家自主创新示范区的批复精神，北京市委、市政府决定重组设立中关村发展集团，用市场化的方式整合资源、搭建平台、引领创新。中关村发展集团从诞生之日起，就是肩负着使命而来。

习近平总书记 2017 年 4 月在考察南宁·中关村创新示范基地时强调，建设创新示范基地要遵循创新发展规律，以高效的政府服务、有机的产业配套、先进的技术支撑，构建富有吸引力的创新生态系统，让适宜的种子在适宜的环境中开花结果。

十年来，中关村发展集团遵循创新发展规律，不断深入理解构建“创新生态”的丰富内涵与内在逻辑，始终从首都发展的迫切需要入手，思政府之所想、急企业之所需，从科技成果转化和产业化的关键环节出发，从弥补北京创新生态的主要短板出发，在产业组织落地、科技金融服务、共性科技服务、协同创新网络建设等方面不断突破，加快从整合要素向开放服务升级、从物理汇聚向化学反应转变、从“推着企业走”向“陪着企业跑”转型，着力打造政策性、普惠性、开放、共享的创新创业生态服务体系。十年来，累计服务科技企业近 6 万家次。

从某种意义上说，中关村发展集团的系列实践体现了新型举国体制是我国科技创新领域的一大制度优势。在发挥“市场之手”过程中，集团促使创新要素不断有机流动、碰撞、聚合、再生，形成中关村独特的生态系统，传承发展了中关村的创新基因，让各类创新创业要素在这里活力奔涌、尽情绽放，探索走出了一条国有资本驱动创新的“新时代中关村之路”。

业由才广担使命，只争朝夕育创新 十年，贴心打造创新生态集成服务

如今，中关村发展集团已形成了集空间运营、产业投资、科技金融、科技服务于一体的业务体系，并通过国内协同、国际合作在全球范围内链接资源，助力一批科技创新创业成果“自然生长”，不断向国际一流的“创新生态集成服务商”迈进。

让高精尖产业“安家落户”“大展宏图”

在创新驱动发展的大背景下，众多有理想抱负又信心满满的开拓者们希望找到自己的根据地和主战场，技术研发、市场开拓、模式创新已然充满挑战，他们迫切需要一位“贴身服务管家”。中关村发展集团“以双创主体为中心、与双创主体共成长”的运营理念，正在为这些企业打造出一个个贴心的“管家”。

全程服务支持中科院北京纳米能源与系统研究所在怀柔科学城落地，搭建纳米能源领域科技成果转化服务平台。持续服务支持北京生命科学研究所、北京脑科学与类脑研究中心、北京量子信息科学研究院等国家和北京市重点科研机构在中关村科学城落地发展。发挥综合服务优势，先后投资服务了王晓东、施一公、饶毅、谢晓亮等一批国内外知名科学家领衔的重大科技成果产业化项目在京转化落地发展……中关村发展集团正是通过搭建产业组织服务平台，在垂直细分领域整合产业资源、打造产业生态，促进高精尖产业项目集聚发展。

“安家落户”后的高精尖企业也得以“大展宏图”。中关村发展集团运营的成熟园区地均企业收入、每万人专利授权数、人均研发经费投入强度分别是中关村示范区平均水平的 2.5 倍、2 倍和 1.8 倍。2019 年，中关村软件园以 2.63 平方千米面积实现企业年收入 2869.8 亿元，约占北京市信息产业总收入的 1/4。中关村生命科学园和高端医疗器械产业园企业总收入也达到 1994.5 亿元。

金融支持为“硬科技”成长持续“造血”

亿华通是国内氢燃料电池产业化起步较早的领军企业。2017 年初，亿华通准备新建全球第一条氢燃料发动机生产线，设计产能 2000 套 / 年。批量化生产氢燃料电池发动机的产业化应用尝试属于全球首创，没有先例可循。在此情况下，中关村发展集团旗下中关村科技租赁，通过对亿华通所处的行业及其自身发展阶段作出初步判断，为亿华通量身定制了直接租赁方案，支持亿华通采购全套设计产能 2000 套 / 年的氢燃料电池生产线装备及进口的检测设备，通过租赁的杠杆加速了产业化进度，提前将产品推入市场，当年就有氢燃料发动机在新产线上成功下线并且实现批量销售，为亿华通在氢燃料电池产业的竞争格局中抢占了率先实现产业化的先机。

类似的例子还很多。在社会资本往往不敢“首吃螃蟹”的“硬科技”领域，中关村发展集团作为承担特殊使命的服务平台，一直以来通过股权、债权等方式为创新创业者提供源源不断的“耐心资本”。

针对部分商业金融机构和投资机构追求“赚快钱”、缺乏耐心的问题，中关村发展集团构建了包括天使联盟、创业投资、产业投资、上市企业服务等全周期资本服务体系。截至 2019 年，累计参与设立基金 125 支，总规模 1250 亿元，在京投资企业 1810 家，形成产值 2040 亿元，占北京市高精尖产业总产值的 33%。其中，支持形成独角兽企业 15 家、上市企业 49 家。

针对中小微科技企业现金流不足、缺乏抵押物、风险高等特点，创新推出科技担保、科技租赁、科技信贷等科技金融服务，为双创主体“解危济难”。累计为 5 万余家次企业提供超过 3000 亿元融资支持。服务企业中上市及新三板挂牌企业 897 家。其中，中关村示范区企业 591 家，占中关村示范区上市及新三板挂牌企业总量的 33%。

完善的科技服务链条让创新者心无旁骛

全周期、一站式、管家式、专业化服务……中关村发展集团多层次建设和引入若干具有基础性、准公共性、

正外部性特征的专业科技服务机构，围绕技术、孵化、信息、人才和配套服务等关键服务，建立核心业务层、战略投资层、合作资源层、大数据平台等要素组成的圈层服务体系，为创新生态注入优质服务资源，唤醒“沉睡”的科技成果。

以中关村发展集团投资打造的医疗器械工程优化服务平台为例，该平台为医疗器械企业提供“医疗器械工程化设计+检验认证注册+临床CRO+垂直流通+基金”服务，解决行业痛点，提升国产医疗器械的竞争力。“我们是把以前在医疗器械研发、注册、检验、临床和监管的技术和工作经验前移到企业研发的全流程。”该平台创始人表示，系列服务可为企业提前“量体裁衣”，让研发的医疗器械真正成为可临床使用的可靠产品。

近两年来，中关村发展集团通过战略投资、合作设立、外部引入、大数据链接等方式，多层次建设和引入科技服务机构，形成以10余家共性服务平台、专业服务平台、创新型研究机构、硬科技服务平台为代表的科技创新平台，让技术专家、领军人才或创业团队专注于擅长的事情，提高创新创业效率。今年，中关村发展集团利用大数据和人工智能手段，推出中关村易（e）创线上服务平台，集成政策、产业、人才、金融、知识产权等8类服务包，为中小企业提供全周期、一站式的管家服务。特别是在抗击新冠肺炎疫情战役中，提出“防控疫情智能园区解决方案”，打通政府纾困政策“最后一千米”，为助力园区企业复工复产作出贡献。

国内协同、国际合作，创新“朋友圈”正释放潜能

2019中关村论坛里思想激荡、科技展厅里触碰未来。来自50个国家和地区的科学家、企业家、投资人在北京共同探讨全球科技未来趋势，一系列全球首发的前沿科技为人类推开未来之门。这一备受国人瞩目的论坛，是中关村发展集团近些年加强协同合作、联通中外资源的一个“剖面”。

在京津冀协同发展等国家战略大背景下，中关村发展集团高标准做好天津滨海—中关村科技园运营服务，积极对接雄安新区中关村科技园筹建，稳步推进宝坻京津中关村科技城、保定·中关村创新中心等重点合作项目建设，在京内外打造“类中关村生态”，帮助企业做长产业链拓展发展空间，形成“让适宜的种子在适宜的环境中开花结果”的协同创新效应。近两年来，人工智能、信息技术、医药健康等领域21个外埠创新项目在集团支持帮助下落地北京。

集全球智慧、向海外引智。中关村发展集团在美国硅谷、波士顿，德国海德堡，以色列特拉维夫等全球创新高地，通过“创新中心+创新基金”的“离岸孵化器”模式，发现原创新技术，寻找颠覆性项目，通过市场化方式，为创新生态注入国际化活力。截至2019年，集团设立4个中关村海外创新中心，参设海外基金6支，海外孵化和投资项目超过400个。2020年1月，集团首次成功发行3亿美元境外公募债。募集资金将用于海外创新中心建设、科技股权投资、资本运营等用途。

因势而为把方向，力争超越再创新　十年再出发，书写服务科技创新创业新篇章

处大事贵乎明而能断，临大势贵在顺而有为。

中关村的发展始终离不开“改革”与“创新”的双轮驱动。政策不断破冰形成的推力，石墙不断打破释放的活力，上下贯通形成的合力，市场经济带来的源泉活水，把中关村浇灌成一片神奇的土地。

面对北京加快建设全国科技创新中心的形势和要求，2018年以来，北京市委、市政府主要领导亲自谋划、亲自推动中关村发展集团的改革转型。2019年9月2日，北京市委全面深化改革委员会第七次会议审议了《关于推进中关村发展集团综合改革的方案》；同年11月7日，北京市政府批复原则同意《关于推进中关村发展集团综合改革的方案》。“方案”提出，集团的使命是“助力北京建设具有全球影响力的全国科技创新中心”，目标是“打造国际一流的创新生态集成服务商”，路径是“轻资产、强服务、活机制”。

这既是对中关村发展集团改革转型的要求，同时也是送给广大科技创新创业者的一份诚意厚礼。

为了向科技创新创业者提供更好的服务产品，中关村发展集团正聚焦北京创新生态亟须的关键科创服务，

全力打造中关村社区、中关村资本、中关村金服、中关村科服四大服务品牌，着力构建全周期、一站式、管家式的集成服务能力——

通过构建“空间＋投资＋服务”中关村社区运营模式，增强园区共性专业服务功能，有力支撑北京“三城一区”建设和中关村“一区十六园”高质量发展。

通过塑造中关村科技服务品牌，着力补齐科技创新共性服务短板，提升营商环境服务、共性技术服务、应用场景服务等共性服务能力。

通过塑造中关村资本品牌，着力增强科技创新“耐心资本”供给，以股权为纽带，从全球全国发现、遴选、引导优质创新企业、高精尖产业项目和科技服务机构在北京落地生根。

通过塑造中关村金服品牌，着力缓解双创主体融资难、融资贵问题，围绕双创主体需求延长金融服务链，构建全生命周期的融资解决方案。

随着这些举措的推进，中关村发展集团的创新生态集成服务体系将更加完善，服务手段也将更加国际化、专业化、市场化。这里，将会是更多科技创新创业者的造梦空间，也会成为支撑经济社会高质量发展的动力引擎。

中关村发展集团生于创新、为了创新、依靠创新。让有创新梦想的人心无旁骛投入创新事业中，是集团的价值追求。十年守护创新创业生态，十年见证创新成长历程。中关村发展集团有幸站在了中国创新创业的最前沿，有幸成为北京全国科技创新中心建设的亲身参与者。

十年，又是中关村发展集团的新起点。站在新起点上，中关村发展集团将牢记初心使命，紧扣首都城市战略定位，开拓创新、砥砺前进，以改革促发展，加快打造国际一流的创新生态集成服务商，以“创新的服务”助力科技创新创业。

下一个十年，中关村发展集团将与广大科技创新创业者携手并肩“再出发”，共创科技创新的美好未来！

（此文刊载在 2020 年 6 月 15 日《北京日报》）

协力战“疫” 全力以“复”

2020 年，一场突如其来的新型冠状病毒肺炎疫情席卷全球。面对疫情给经济社会发展带来的冲击，集团勇担社会责任，第一时间建立集团疫情防控领导小组工作机制，统筹做好疫情防控和复工复产工作，发挥创新生态集成服务优势，综合施策、精准帮扶有困难的科技型中小微企业应对疫情影响、渡过难关。

快速响应，科技战“疫”

集团发挥长期以来在生物医药、医疗器械等领域的产业布局优势，为身处抗疫一线的医疗机构、试剂生产企业、检测机构、科研攻关单位提供及时有效的服务支持，积极协调所属企业及投资企业参与疫情防控。

联合互联网相关企业共同抗疫协力战“疫”

中关村发展成员企业——中关村领创精准医疗健康产业投资有限公司，在疫情发生第一时间，联手投资企业和缓医疗与百度、阿里健康、头条、京东健康、华为等 11 家中关村互联网相关领域企业作为首批共建单位，参与筹建“北京市新型冠状病毒感染肺炎在线医生咨询平台”。

投资企业支持抗疫

中关村协同创新基金新泰子基金“泰安市茂榕清泽股权投资基金合伙企业（有限合伙）”投资的高科技企业柯渡医学接到雷神山医院部分设备安装、调试命令。柯渡医学动用自身科技储备——阿基米德远程专家系统与 AR 眼镜，实时在线调动分布在全国的专家资源，通过基于 AR 技术的瞳影眼镜等远程可视化手段，快速解决现场故障和技术难题。

截至 2020 年 4 月，参与诊断试剂研发 13 家、各类药物研发 4 家，其他各式医疗服务支援 27 项。

创新方式，复工复产

保障员工安全

疫情期间，加强卫生防疫用品供应，充分利用网络、OA 系统等信息化手段开展灵活办公，筑起健康“防护墙”。

强化防疫宣传

张贴温馨提示，推送疫情相关信息，推出《合力战“疫”》《共克时艰》《战“疫”实录 · 直击》等多个专栏，宣传防疫知识，提高员工防护意识。

保障科技园区企业复工复产

加强园区疫情防控体系建设，建立“月监测、季调度”工作机制，制定《园区公司促防疫稳增长工作指南》1.0 版本和 2.0 版本，指导园区公司全面做好疫情防控工作。

发挥海外网络优势，支持抗疫

国内疫情严重时，集团充分依托海外资源优势，组织采购和进口防疫物资，驰援国内。当疫情在全球范围扩散时，集团做好重要物资保障和一线员工心理健康支持，服务好存量离岸孵化企业。

截至 2020 年 6 月 30 日，累计筹集 20 万个医用口罩，1 万套防护服，近 1 吨酒精、消毒液等防护物资驰援国内。美国、德国创新中心累计减租和防疫投入共计 670 万元，其中，为 21 家离岸孵化企业减租 594 万元，防疫投入 76 万元。

勇担责任，全力纾困

落实减租降费政策

受疫情冲击，中小微企业生存和发展面临困难。集团时刻不忘与广大中小微科技企业的血脉联系和鱼水之情，主动担当作为，研究制定《关于落实北京支持中小微企业应对疫情措施的指导意见》，给予有困难的中小微企业更加全面的服务支持。

截至 2020 年 6 月 30 日，累计为 1057 家中小微企业减免房租 10782 万元；累计为 590 家中小微企业金融降费 2540 万元；为保障企业复工复产累计防疫投入 1776 万元；减租降费和防疫投入共计 15098 万元；惠及中小微企业 1647 家。

实施“金种子”企业培育计划

集团推出“金种子”培育行动计划，挑选具有爆发潜力、面临阶段性困难的高成长企业，2020、2021 年每年安排 2 亿元资金，建立管家式服务模式，通过“普惠服务 + 精准服务 + 权益投资”，实现与创新创业主体共成长，帮助科技型中小微企业渡过疫情难关。

推出针对性金融服务产品

推出“关心保”“抗疫发展贷”专项产品，对受疫情影响严重的中小微企业降低综合费率，设立绿色通道，加快审批速度。针对小微科创企业推出“知融保”及“创业保”等小微标准化系列产品。

“关心保”“抗疫发展贷”等专项产品服务企业 375 家，担保金额 31 亿元；“知融保”“创业保”等小微标准化系列产品服务企业 71 家，支持金额 3541 万元。

推动专业科技服务平台建设

发挥知识产权、大数据等专业科技服务优势，在疫情期间助力科研攻关和政府精准施策。推出中关村易（e）创大数据平台“抗疫专版”，建立园区一站式服务平台，更好帮扶中小微企业获取纾困政策，助力企业复工复产。

（此文节选于《中关村发展 2010—2019 企业社会责任报告》）

大事记

中关村发展集团年鉴

YEARBOOK OF ZHONGGUANCUN DEVELOPMENT GROUP

2021

2020 年中关村发展集团大事记

1 月

9 日，青岛 · 中关村信息谷创新中心揭牌。

16 日，中关村发展集团向全球发行 3 亿美元高级无抵押债券，票息利率为 2.875%，期限为 3 年，债券评级为惠誉 A。

17 日，沈阳 · 中关村智能制造创新中心揭牌。

21 日，中关村科技租赁股份有限公司在香港联合交易所有限公司主板上市（股份代号 1601.HK），打造“中关村科创服务第一股”。这是中关村发展集团旗下首家上市企业。

2 月

6 日，北京中关村科技融资担保有限公司推出疫情防控专项产品——“关心保”。

26 日，由北京中关村资本基金管理有限公司负责管理的北京中发助力壹号投资基金（有限合伙）设立，基金规模 20 亿元。

3 月

12 日，中共中央政治局委员、北京市委书记蔡奇调研中关村高端医疗器械产业园。

是日，中关村易（e）创服务平台上线。

13 日，由北京启元资本市场发展服务有限公司承办的北京企业上市综合服务平台系统上线。

24 日，北京市委副书记、市长陈吉宁调研中关村新兴产业前沿技术研究院。

4 月

1 日，中关村发展集团成立 10 周年。

7 日，中共中央政治局委员、北京市委书记蔡奇调研中关村生命科学园。

10 日，京津中关村科技城 5G 智能网联创新智慧城建设方案汇报研讨会举行。京津中关村科技城启动 5G 智能网联创新智慧城建设。

13 日，中关村发展集团发行 2020 年度第一期 5 亿元超短期融资券，票面利率 1.87%。

15 日，北京中关村协同创新投资基金管理有限公司签约管理廊坊市蓝天事业发展股权投资基金合伙企业（有限合伙），基金规模 5.41 亿元。11 月，基金规模由 5.41 亿元扩大到 6.91 亿元。

17 日，中关村高端医疗器械产业园（二期）项目开工仪式举行。

26 日，北京知识产权运营管理有限公司推出“知识产权维权通”创新产品。

30 日，中关村易（e）创服务平台移动端上线。

是月，济南 · 中关村信息谷创新中心被认定为国家级众创空间。

是月，北京中关村科技融资担保有限公司推出知识产权质押融资担保产品——“知融保”。

5 月

6 日，中共中央政治局委员、北京市委书记蔡奇调研北京城市副中心设计小镇创新中心。

11 日，北京中关村信息谷资产管理有限责任公司与大连市金普新区就大连 · 中关村信息谷创新中心项目签署《筹备期合作协议》。

14 日，苏州·中关村信息谷创新中心项目签约落户苏州高铁新城。

18 日，中关村发展集团获得上海证券交易所下发的《关于中关村发展集团股份有限公司适用公司债券优化融资监管的函》，获批储架式公司债券发行资格。

22 日，中关村软件园创新服务驿站揭牌。

27 日，中国科学院北京纳米能源与系统研究所中试孵化楼完成现场竣工验收。

6 月

24 日，由百世诺（北京）医疗科技有限公司与三奇医疗合作推出的移动方舱实验室北京 1 号落户中关村生命科学园。

29 日，北京生命科学研究所科研成果孵化转化基地启用。

7 月

1 日，北京中关村电子城建设有限公司与完美世界股份有限公司举行电子城西区 E5 研发中心三期项目竣工移交仪式。

3 日，北京实创高科技发展有限责任公司在上海证券交易所债券市场发行 3.5 亿元公司债券“20 实创债”。

16 日，北京市委副书记、市长陈吉宁调研中关村软件园。

是日，“云招商”推介会在中关村（京西）人工智能科技园·智能文创园举办。

17 日，由北京中关村资本基金管理有限公司负责管理的北京中关村高精尖创业投资基金（有限合伙）设立，基金规模 22.08 亿元。

20 日，“中关村资本”“中关村社区”“中关村金服”“中关村科服”“中关村论坛”等系列服务品牌标识完成著作权登记。

31 日，由中关村生命科学园与北京清华工业技术研究院市场化创新运营主体北京荷塘生华医疗科技有限公司合作共建的创新孵化平台——细胞与基因治疗创新中心启动暨签约仪式举行。

是月，中关村发展集团推出“金种子”培育行动计划。

8 月

4 日，北京市委副书记、市长陈吉宁调研中关村新兴产业前沿技术研究院。

14 日，北京市工业芯片创新中心揭牌，落地中关村集成电路设计园。

是日，第四届“芯动北京”中关村 IC 产业论坛在北京召开。

19 日，由北京中关村资本基金管理有限公司负责管理的北京中发展金种子创业投资中心（有限合伙）设立，基金规模 4.01 亿元。

是月，由中关村发展集团主编的《中关村发展集团志（2010—2020）》由知识产权出版社出版。

9 月

5 日，北京市文化创意产业促进中心、北京中关村科技融资担保有限公司、北京国华文科融资担保有限公司、江苏银行北京分行、北京市丰台区发展投资有限公司等共同推出“金文三宝”产品（“金创宝”“金园宝”“金片宝”）。

8 日，中关村软件园获商务部、中央网信办及工业和信息化部授予的国家数字服务出口基地称号。

9 日，中关村科技租赁股份有限公司“中关村科技租赁第 5 期资产支持专项计划”设立，发行规模 5.74 亿元，期限 3 年。

11 日，北京中关村科技服务有限公司成立。

17 日—20 日，以“合作创新 共迎挑战”为主题的 2020 中关村论坛在北京举办。论坛由科技部、中科院、中科协、北京市政府主办。中共中央政治局委员、北京市委书记蔡奇致辞，科技部部长王志刚视频致辞，中科院院长白春礼、中科协党组书记怀进鹏、市长陈吉宁、市人大常委会主任李伟、市政协主席吉林出席，共有2600余人参与论坛。

22日，中关村·鹿泉协同发展中心开园。

25日，中关村工业互联网产业园先导园开园。

是日，京津中关村科技城入驻项目联合开工仪式暨宝坻区产业项目集中签约仪式举行。

27日，中国科学院北京纳米能源与系统研究所整建制入驻怀柔科学城。

29日，中关村高端医疗器械产业园王晓琼获“北京市抗击新冠肺炎疫情先进个人”称号。

是月，中关村发展集团发布《中关村发展2010—2019企业社会责任报告》，这是中关村发展集团首次发布社会责任报告。

10 月

16日，由北京中关村创业投资发展有限公司负责管理的北京中关村远见认股权创业投资中心（有限合伙）设立，基金规模5000万元。

19日，由北京知识产权运营管理有限公司联合国家知识产权运营公共服务平台共同开发的国内首个面向专业科技园区的“智慧园区科创能力分析管理系统”在中关村生命科学园上线。

是日，中关村生命科学园发展论坛2020暨中关村生命科学园20周年成果展在北京开幕。

21日，中关村管委会与中关村发展集团联合打造的“中关村企业线上融资服务平台”发布。中关村金服“千亿万户”服务计划同期发布。

27日，中关村软件园党总支被评为市直机关先进党组织。

28日，Z–LINK⁺中关村协同创新中心成立。

30日，中关村新兴产业前沿技术研究院全面运营暨智能应急装备产业发展论坛举办。活动现场，中关村新兴产业前沿技术研究院二期开园仪式、中关村（房山）高端制造前沿技术创新中心启用仪式举行。

是日，南阳·中关村信息谷创新中心揭牌。

是日，保定·中关村创新中心获批2020年度国家级小型微型企业创业创新示范基地。

11 月

6日，2020年度中关村全球创新未来峰会（GIFTs）暨麻省理工北京论坛在中国北京及美国波士顿举办。

10日，中国科学院北京纳米能源与系统研究所Maxwell创新科普实验园开园。

23日，中共中央政治局委员、北京市委书记蔡奇调研中关村工业互联网产业园先导园。

28日，安徽省省长李国英调研滁州·中关村发展协同创新中心。

12 月

3日，北京中关村轨道交通产业发展有限公司联合首批13家产业服务机构共建的中关村轨道交通产业服务平台揭牌。

4日，中共中央政治局委员、北京市委书记蔡奇调研中关村发展集团。

6日，三明·中关村科技园开园。

8日，由北京启元资本市场发展服务有限公司作为运营主体的外商投资企业境内上市服务平台上线。

10日，中关村国际孵化器、中关村软件园孵化器、中关村生命科学园孵化器获评2019年度优秀（A类）国家级科技企业孵化器。

12日，中关村发展集团第二届董（监）事会换届会议召开，会议选举产生集团第三届董事会、监事会。

14日，中关村工业互联网产业园核心区首期项目摘地。

22日，北京中关村科技融资担保有限公司麻占华获“北京市劳动模范”称号。

是日，2020信用北京暨（第六届）信用中关村高峰论坛在北京华夏幸福创新中心举办。

是日，由北京中关村协同创新投资基金管理有限公司负责管理的北京中关村生命科学园产业发展基金（有限合伙）成立。基金规模 5 亿元。

25 日，由中关村软件园和北京通州科技创新投资发展有限公司联合运营的北京城市副中心设计小镇创新中心开园。

26 日，广州 · 中关村信息谷创新中心启动仪式举行。

是月，惠誉评级确认中关村发展集团的长期外币和本币发行人违约评级为 A，展望稳定。

是月，中关村软件园 AI 标准评测和数据分享平台设立，并入选中关村示范区高精尖产业协同创新平台。

科技股权投资

中关村发展集团年鉴

YEARBOOK OF ZHONGGUANCUN DEVELOPMENT GROUP

2021

综　述

2020 年，集团科技股权投资业务瞄准高精尖产业发展方向，加快培育全周期“耐心资本”，深化基金系布局，着力打造“中关村资本”品牌。截至 2020 年底，科技股权投资总额 586.85 亿元，累计投资项目 2473 个，参与设立基金 152 支，基金总规模 1556 亿元。

深化基金系布局。设立中关村高精尖母基金，并实现首期市场化募资到位；新增管理廊坊蓝天基金；新设金种子基金、中发助力基金等直投基金。截至 2020 年底，集团主导基金 20 支，总规模 131 亿元。筹备设立中关村国际创新母基金，探索基金投资的全球覆盖。研究探索科技园区建设新型融投资模式，打造基础设施公募 REITs 上市平台。做大科技股权池，研究构建集团体系认股权池，探索与双创主体共成长的有效路径。统筹推动与企业签约认股权，设立首支 5000 万元认股权基金，建立协同工作机制，组建经理人团队。集团体系已有 8 家子公司落实开展了认股权业务，实现股权和认股权池规模 1319 个。

加大重点产业和头部企业战略投资力度。围绕 5G、工业互联网、车联网、机器人等重点行业，投资支持三六零、智芯微电子、史河科技、致晶科技等 193 家企业，天智航、亿华通、寒武纪、博奇环保等投资企业实现上市。2020 年，集团基金系共完成投资高精尖项目和创新项目近 200 个，投资规模 50 亿余元，其中主导基金新增投资 10 亿余元。

提升投后管理和退出增值能力。加强投资项目分类管理和风险防控，完成紫光展锐、深圳建科院、钢研纳克、二十一世纪空间等部分股权退出，获得投资收益 14.46 亿元。

（邱林彤、聂汝嫣）

母基金

【概况】 2020年，集团新设立中关村高精尖母基金、廊坊蓝天基金2支母基金。截至2020年底，集团共参设9支母基金，直接管理母基金5支，认缴总规模64.29亿元，实缴总规模32.20亿元，集团体系认缴总额29.3亿元，实缴总额16.86亿元，5支母基金共投资子基金82支；集团体系共配资（非管理）母基金4支，认缴总规模384.95亿元，集团体系认缴总额86.89亿元，实缴总额70.00亿元，4支母基金共投资子基金36支。

表3 2020年中关村发展集团直接管理母基金一览表

母基金名称	管理机构
北京中关村高精尖创业投资基金（有限合伙）	北京中关村资本基金管理有限公司
北京中关村协同创新投资基金（有限合伙）	北京中关村协同创新投资基金管理有限公司
廊坊市蓝天事业发展股权投资基金合伙企业（有限合伙）	北京中关村协同创新投资基金管理有限公司
中关村天使投资引导基金	北京中关村科技创业金融服务集团有限公司
中关村创业投资引导基金	北京中关村创业投资发展有限公司

表4 2020年中关村发展集团配资母基金一览表

母基金名称	管理机构
北京集成电路产业发展股权投资基金有限公司	北京盛世宏明投资基金管理有限公司
Peakview Capital III, L.P.	ZP Management Company
北京市科技创新基金（有限合伙）	北京科技创新投资管理有限公司
北京中关村并购母基金投资中心（有限合伙）	北京中关村并购母基金投资中心（有限合伙）

北京中关村高精尖创业投资基金（有限合伙）

【概况】 2020年，北京中关村高精尖创业投资基金（有限合伙）（简称中关村高精尖母基金）设立，专注于高精尖产业生态培育，与北京市科技创新基金协同互补。基金规模22.08亿元，实缴超过4亿元。年内，中关村高精尖母基金在电子信息、生物医药等高精尖产业领域储备优质子基金30余支。

（黄一鸣）

【中关村高精尖母基金设立】 7月17日，由中关村资本管理的中关村高精尖母基金注册成立；2021年3月25日，该母基金在中国证券投资基金业协会完成备案。基金由中关村发展集团、天津奇睿天成股权投资中心（有限合伙）担任有限合伙人，中关村资本担任普通合伙人。

（黄一鸣）

北京中关村协同创新投资基金（有限合伙）

【概况】 北京中关村协同创新投资基金（有限合伙）（简称中关村协同创新基金）设立于2016年。基金规模20.01亿元，下设13支子基金。2020年，中关村协同创新基金新增投资北京微芯感知科技有限公司、国科天成（北京）科技有限公司等20个项目。

（叶梅、韩娜）

【中关村协同创新基金合伙人大会举行】 11月17日，中关村协同创新基金合伙人大会暨理事会第三次会议通过线上会议形式举行，来自全国9个省（市）的15家地方政府、金融机构和集团体系内的中关村协同创新基金合伙人、区域合作子基金管理机构的代表等50余人参加。中关村协同创新基金向合伙人大会汇报基金运营管理情况，筹谋规划协同基金发展的方向。大会还向合作区域推介了医疗、新能源等领域的4个项目。

（叶梅、韩娜）

廊坊市蓝天事业发展股权投资基金合伙企业（有限合伙）

【概况】 2020 年，廊坊市蓝天事业发展股权投资基金合伙企业（有限合伙）（简称廊坊蓝天基金）设立，旨在通过资本纽带作用，促进京津冀大气环境改善和节能环保产业升级，打造京津冀协同发展的新模式。基金规模 6.91 亿元。年内，廊坊蓝天基金完成子基金和项目立项 14 个，投资决策 7 个，其中 6 个项目是上市公司下属企业，涉及北京、广东、江苏等地。

（叶梅、韩娜）

【中关村协同创新基金签约管理廊坊蓝天基金】 4 月 15 日，中关村协同创新基金签约管理廊坊蓝天基金。基金规模 5.41 亿元。

（叶梅、韩娜）

【廊坊市政府增资廊坊蓝天基金 1.5 亿元】 8 月 4 日，廊坊市政府发函，肯定中关村协同创新基金的管理能力，明确提出向廊坊蓝天基金增资 1.5 亿元，并于 11 月 25 日完成实缴出资。

（叶梅、韩娜）

北京集成电路产业发展股权投资基金有限公司

【概况】 北京集成电路产业发展股权投资基金有限公司（简称北京集成电路基金）设立于 2014 年，致力培育集成电路产业全产业链条。基金规模 60.06 亿元，共设立 4 支子基金。2020 年，北京集成电路基金新增投资北京智芯微电子科技有限公司；4 支子基金共计投资 8 个项目，退出 7 个项目。

（宋紫阳）

【北京集成电路基金获中国最佳政府引导基金 TOP 50】 1 月 10 日，北京集成电路基金在融资中国 2020（第九届）资本年会暨颁奖盛典上获“2019 年度中国最佳政府引导基金 TOP 50”奖。

（宋紫阳）

【集创北方签订新一轮增资协议】 3 月 25 日，北京集成电路制造和装备股权投资中心（有限合伙）（简称制造一期子基金）、北京集成电路设计与封测股权投资中心（有限合伙）（简称设计子基金）投资的北京集创北方科技股份有限公司与珠海科技创业投资有限公司、珠海大横琴创新发展有限公司签订新一轮增资协议，两家机构各投资 2.5 亿元，投后估值 70 亿元。本轮投资完成后，制造一期子基金、设计子基金持股占比分别降低至 4.62%、0.50%，项目估值综合年化增长率（单利）达 58.89%。

（宋紫阳）

【矽成半导体被北京君正收购】 5 月 22 日，设计子基金投资的北京矽成半导体有限公司（ISSI）被北京君正集成电路股份有限公司收购。北京君正于 5 月 20 日发布公告，向北京华创芯原科技有限公司（设计子基金全资子公司）发行股份 23054968 股，新增股份于 5 月 22 日上市。本次收购完成后，设计子基金持有北京君正 5.11% 的股份。

（宋紫阳）

【无锡帝科在创业板上市】6 月 18 日，设计子基金投资的无锡帝科电子材料股份有限公司在创业板上市，股票代码为 300842，发行价格为 15.96 元 / 股，首次公开发行后总股本为 1 亿股。设计子基金持有 2537783 股，持股占比 2.54%。

（宋紫阳）

【北京集成电路基金投资北京智芯微近 8 亿元】10 月 26 日，北京集成电路基金新增投资北京智芯微电子科技有限公司，并于 11 月 11 日完成工商确权。本次融资，北京智芯微引入中国国家铁路集团、国家集成电路产业基金二期、紫光集团、英大集团、上汽集团等 10 名战略投资者，总融资金额近 86 亿元。其中，北京集成电路基金投资近 8 亿元。

（北京智芯微芯片研发基地揭牌）

（宋紫阳）

【恒玄科技在科创板上市】12 月 16 日，设计子基金投资的恒玄科技（上海）股份有限公司在科创板上市，股票代码为 688608，发行价格为 162.07 元 / 股，首次公开发行后的总股本为 1.20 亿股。设计子基金持有 3565127 股，持股占比 2.97%。

（宋紫阳）

【北京集成电路基金获中国股权投资金牛奖】12 月 19 日，在 2020 湾区发展大会暨金牛股权投资论坛上，北京集成电路基金获“中国证券报 · 第四届中国股权投资金牛奖”。

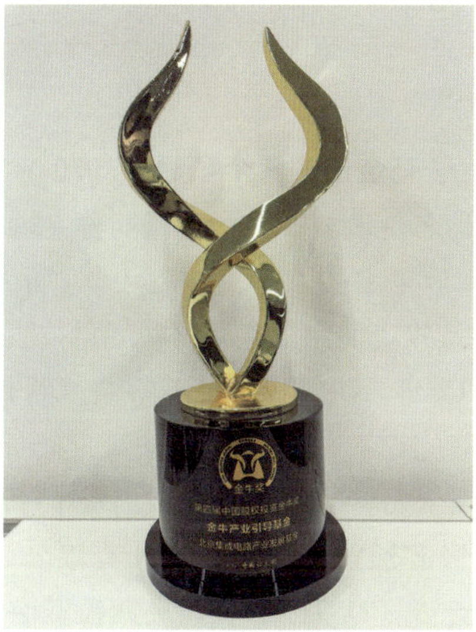

（宋紫阳）

【忆芯科技实现 Pre–B 轮融资】12 月，制造一期子基金、设计子基金投资的北京忆芯科技有限公司完成 Pre–B 轮融资，投资机构包括杭州天堂硅谷新弈股权投资合伙企业（有限合伙）、国元创新投资有限公司等，投后估值 10.25 亿元。本轮投资完成后，制造一期子基金、设计子基金持股占比分别降低至 11.92%、2.51%，项目估值综合年化增长率（单利）达 51.84%。

（宋紫阳）

【制造一期子基金部分退出 1 个项目】2020 年，制造一期子基金部分退出 1 个项目。6 月至 12 月，制造一期子基金从北京赛微电子股份有限公司部分退出。北京集成电路基金于 9 月 29 日收到制造一期子基金项目退出与分红收益分配款项 1.73 亿元。

（宋紫阳）

【设计子基金退出 6 个项目】2020 年，设计子基金共退出 6 个项目（其中 2 个项目为部分退出）。5 月 7 日，从博通集成电路（上海）股份有限公司退出；5 月 13 日，从中芯集成电路（宁波）有限公司退出；8 月 21 日，从安集微电子科技（上海）股份有限公司退出；9 月 22 日，从上海晟矽微电子股份有限公司退出；10 月 14 日，从北京文安智能技术股份有限公司部分退出；11 月 11 日，通过二级市场减持方式从上海韦尔半导体股份有限公司（原北京豪威科技有限公司）部分退出。北京集成电路基金分别于 6 月 9 日、12 月 15 日收到设计子基金项目退出与分红收益分配款项 0.52 亿元、5.17 亿元。

（宋紫阳）

【尖端芯片子基金出资 4 个项目】2020 年，北京集成电路尖端芯片股权投资中心（简称尖端芯片子基金）通过 6 个项目的投资决策并对 4 个项目出资。2 月 10 日，决策投资北京德鑫泉物联网科技股份有限公司；2 月 10 日，决策投资江苏鲁汶仪器有限公司，5 月 7 日完成出资；4 月 1 日，决策投资浙江赛思电子科技有限公司，7 月 15 日完成出资；11 月 11 日，决策投资极芯通讯技术（南京）有限公司，12 月 8 日完成出资；11 月 17 日，决策投资南京镭芯光电有限公司，12 月 31 日完成出资；12 月 8 日，决策追加投资北京普能微电子科技有限公司。

（宋紫阳）

【制造二期子基金出资 4 个项目】2020 年，北京集成电路先进制造和高端装备股权投资基金中心（有限合伙）（简称制造二期子基金）通过 5 个项目的投资决策并对 4 个项目出资。2 月 11 日，决策投资北京屹唐半导体科技有限公司（已终止）；3 月 11 日，决策投资珠海市一微半导体有限公司，5 月 8 日完成出资；8 月 28 日，决策投资北京昂瑞微电子技术有限公司，9 月 11 日完成出资；10 月 29 日，决策投资上海酷芯微电子有限公司，12 月 8 日完成出资；12 月 10 日，决策投资上海至纯洁净系统科技股份有限公司，12 月 22 日完成出资。

（宋紫阳）

【制造二期子基金新增募资实缴 6 亿元】2020 年，北京集成电路基金配合制造二期子基金推动有限合伙人增资事宜。1 月 15 日，北京永昌寰宇投资有限公司（集创北方关联主体）新增认缴出资 2 亿元，并于当日完成实缴出资；4 月 22 日，北京集创北方科技股份有限公司新增认缴出资 1 亿元，并于 4 月 26 日完成实缴出资；8 月 28 日，北京亦庄国际新兴产业投资中心（有限合伙）完成第二笔实缴出资 3 亿元。截至 2020 年底，制造二期子基金已完成新增实缴募资 11.05 亿元，对集团首期实缴金额 7.6 亿元实现了约 1.45 倍的放大。

（宋紫阳）

中关村盛景美国母基金
(Peakview Capital III,L.P.)

【概况】中关村盛景美国母基金（Peakview Capital III, L.P.）设立于 2017 年，旨在投向以硅谷地区为主的美国一线基金，成为助力全球创新创业的顶层出资人，基金规模 3 亿美元。2020 年，中关村盛景美国母基金项目退出确认投资收益 179.6 万美元，确认利息分配等其他收益 19.08 万美元。截至 2020 年底，累计向 8 支基金承诺出资 8420 万美元，累计已完成出资 7060 万美元。

（刘伟、唐葆兴）

【中关村国际（香港）出资中关村盛景美国母基金 200 万美元】2020 年，中关村国际（香港）共出资中关村盛景美国母基金 200 万美元，累计已出资 2200 万美元。（2017 年 9 月，集团与国内知名创投机构北京盛景嘉成投资管理有限公司共同合作设立中关村盛景美国母基金。出资人包括以中关村发展集团为代表的国内知名企业、创投机构以及多家国际化专业机构投资者。）

（刘伟、唐葆兴）

直投基金

【概况】2020年，集团新设中发助力基金、金种子基金、认股权投资基金3支直接管理直投基金。截至2020年底，集团直接管理直投基金15支，认缴总规模68.59亿元，实缴总规模24.98亿元，集团体系认缴总额37.24亿元，实缴总额22.33亿元。15支直投基金共投资项目116个，投资额18.25亿元；共配资（非管理）直投基金38支，认缴总规模246.18亿元，集团体系认缴总额18.99亿元，实缴总额12.92亿元。

（聂汝嫣）

表5　2020年中关村发展集团直接管理直投基金一览表

序号	基金名称	管理机构	设立时间
1	北京中关村远见认股权创业投资中心（有限合伙）	北京中关村创业投资发展有限公司	2020.10.16
2	北京中发展金种子创业投资中心（有限合伙）	北京中关村资本基金管理有限公司	2020.08.19
3	北京中发助力壹号投资基金（有限合伙）	北京中关村资本基金管理有限公司	2020.02.26
4	北京中关村芯创集成电路设计产业投资基金（有限合伙）	北京启航投资管理有限公司	2019.12.18
5	北京生命科学园创新投资基金（有限合伙）	北京中关村资本基金管理有限公司	2019.09.26
6	北京中关村发展前沿企业投资基金（有限合伙）	北京中关村资本基金管理有限公司	2019.04.26
7	江苏中关村中诺协同投资基金合伙企业（有限合伙）	北京中关村协同创新投资基金管理有限公司	2019.04.23
8	北京中发启航东土华盛专项投资基金（有限合伙）	北京启航投资管理有限公司	2019.02.27
9	北京中关村发展启航创新投资基金(有限合伙)(启航二期)	北京启航投资管理有限公司	2019.01.25
10	北京开元弘道创业投资中心（有限合伙）	北京开元正道创业投资中心（有限合伙）	2018.06.05
11	南阳中关村协同创新创业资产管理中心（有限合伙）	北京中关村协同创新投资基金管理有限公司	2018.05.03
12	北京协同科创创业投资管理中心（有限合伙）	北京中关村协同创新投资基金管理有限公司	2018.02.24
13	北京中关村发展启航产业投资基金(有限合伙)(启航一期)	北京启航投资管理有限公司	2016.12.30
14	北京瞪羚金石股权投资中心（有限合伙）（瞪羚二期）	北京中关村瞪羚投资基金管理有限公司	2014.09.24
15	中关村瞪羚创业投资中心（有限合伙）（瞪羚一期）	北京中关村瞪羚投资基金管理有限公司	2011.12.29

北京中关村远见认股权创业投资中心（有限合伙）

【概况】2020年，北京中关村远见认股权创业投资中心（有限合伙）（简称认股权投资基金）设立，专注于为双创企业进行“服务＋投资”的联合培育。基金规模5000万元。年内，认股权投资基金组织对储备项目开展尽调工作。

（聂汝嫣）

【认股权投资基金设立】10月16日，认股权投资基金发起设立；2021年1月18日，基金在中国证券投资基金业协会备案。基金由中关村创投负责管理。

（聂汝嫣）

北京中发展金种子创业投资中心（有限合伙）

【概况】2020年，北京中发展金种子创业投资中心

（有限合伙）（简称金种子基金）设立，重点帮助科技型中小微企业在北京发展壮大。基金规模 4.01 亿元，实缴 2.01 亿元。年内，金种子基金投资项目 2 个，投资金额 2000 万元。

（聂汝嫣）

【金种子基金设立】 8 月 19 日，金种子基金设立；10 月 22 日，基金在中国证券投资基金业协会完成备案。基金由中关村资本负责管理。

（聂汝嫣）

【金种子基金投资启科量子 1000 万元】 12 月 15 日，金种子基金按照投前估值 3 亿元，投资国开启科量子技术（北京）有限公司 1000 万元。（启科量子成立于 2019 年 1 月，位于中关村软件园，兼具量子计算和量子通信研发能力，是国内首家采用离子阱方案的量子计算公司，其核心研发团队实现全球首次在离子阱芯片上的离子囚禁。）

（聂汝嫣）

【金种子基金投资九州云箭 1000 万元】 12 月 15 日，金种子基金按照投前估值 3.5 亿元，投资九州云箭（北京）空间科技有限公司 1000 万元。（九州云箭成立于 2017 年 10 月，是集液体火箭发动机设计研发、装配测试、配套飞行全流程服务于一体的国家高新技术企业，已通过国军标质量管理体系认证。）

（九州云箭研发的液氧甲烷火箭发动机百吨级试车台）

（聂汝嫣）

北京中发助力壹号投资基金（有限合伙）

【概况】 2020 年，北京中发助力壹号投资基金（有限合伙）（简称中发助力基金）设立，主要以定增形式投资北京十大高精尖产业上市公司。基金规模 20 亿元。年内，中发助力基金完成 10 余家上市公司投资储备。

（聂汝嫣）

【中发助力基金设立】 2 月 26 日，中发助力基金注册成立；7 月 20 日，基金在中国证券投资基金业协会完成备案。基金由北京中发助力壹号企业管理有限公司担任普通合伙人，中关村发展集团担任有限合伙人，中关村资本负责管理。

（聂汝嫣）

【中发助力基金认购三六零约 10 亿元股票】 12 月 21 日，中发助力基金完成对三六零安全科技股份有限公司非公开发行股票认购，认购金额约为 10 亿元。此次认购实现了中发助力基金帮助企业渡过难关、增强市场投资人信心、引进优质产业资本、促进母基金募资的目标。

（三六零公司外景）

（聂汝嫣）

北京中关村芯创集成电路设计产业投资基金（有限合伙）

【概况】 北京中关村芯创集成电路设计产业投资基金（有限合伙）（简称芯创集成电路基金）设立于 2019 年，专注于集成电路设计产业及泛集成电路上下游企业。基金规模 2.22 亿元。2020 年，芯创集成电路基金新增投资项目 4 个，投资金额 3409.19 万元。

（聂汝嫣）

【芯创集成电路基金投资基石酷联 1000 万元】 3 月，芯创集成电路基金完成对基石酷联微电子技术（北京）有限公司的投资 1000 万元。（基石酷联成立于 2014 年 5 月，核心业务为高清传输芯片、模组及相关测试设备的开发，自主研发的超高清芯片产品国内领先，核心客户主要为欧美企业和国内高清视频传输客户，核心团队为 ADI 公司技术团队。）

（聂汝嫣）

【芯创集成电路基金投资昂瑞微 1000 万元】 9 月，芯创集成电路基金完成对北京昂瑞微电子技术有限公司的投资 1000 万元。（昂瑞微成立于 2012 年 7 月，业务为射频 / 模拟集成电路和 SoC 系统集成电路的开发，以及应用解决方案的研发和推广。）

（聂汝嫣）

【芯创集成电路基金投资同源微 410 万元】 10 月，芯创集成电路基金完成对同源微（北京）半导体技术有限公司的投资 410 万元。对同源微的投资是集成电路设计园与芯创集成电路基金协同的典型案例，在园区为其提供一系列产业服务的同时，通过基金的投资，实现资源与资本的双重优势加持，助力企业成长；同时，通过园区与企业的认股权协议锁定企业估值，有力保障了基金收益。芯创集成电路基金投资后其获得新一轮融资，估值翻倍。（同源微成立于 2016 年 7 月，业务为 X 射线芯片和探测器，安检、医疗设备、工业检测芯片国产化。）

（聂汝嫣）

北京生命科学园创新投资基金（有限合伙）

【概况】 北京生命科学园创新投资基金（有限合伙）（简称生命科学园创投基金）设立于 2019 年，专注于为生命科技领域科学家及连续创业服务。基金规模 5 亿元。2020 年，生命科学园创投基金新增投资项目 1 个，投资金额 400 万美元。

（聂汝嫣）

【生命科学园创投基金投资炎明生物 400 万美元】 12 月 28 日，生命科学园创投基金投资北京炎明生物科技有限公司 400 万美元。本轮融资，炎明生物共获得和玉资本、礼来亚洲基金、峰瑞资本等知名投资机构的投资，总融资金额 5500 万美元。融资主要用于建设研发总部和建立新药研发团队，并筹建美国研发中心，用于开展多个针对细胞焦亡 / 天然免疫靶点的新药研发项目。（炎明生物成立于 2020 年 10 月，是基于中国科学家在细胞焦亡领域的前沿科学发现、以原始创新为驱动、开发面向全球市场的治疗炎症和肿瘤的 first-in-class 创新药。）

（炎明生物公司内景）

（聂汝嫣）

北京中关村发展前沿企业投资基金（有限合伙）

【概况】 北京中关村发展前沿企业投资基金（有限合伙）（简称前沿基金）设立于 2019 年，重点投资新一代信息技术、新能源智能网联汽车及医疗器械领域。基金规模 10 亿元。2020 年，前沿基金新增投资项目 10 个，出资金额 2.04 亿元。截至 2020 年底，累计投资的 15 个项目中，有 5 个项目的投资实现了增值。

（聂汝嫣）

【源堡科技连续完成两轮融资】 1 月，前沿基金参与北京源堡科技有限公司天使轮融资，共计投资 1000 万元。本轮融资投资方包括前沿基金、启迪之星、百咖创投、陆石投资和坤元资产，融资金额用于企业日常运营。8 月，源堡科技又完成 A 轮融资 3000 万元。（源堡科技成立于 2018 年 12 月，是一家专注于网络安全领域的技术公司。）

（聂汝嫣）

【前沿基金投资图湃影像 1200 万元】 4 月，前沿基金参与北京图湃影像科技有限公司 A 轮融资，共计投资 1200 万元。本轮融资投资方包括清控金信资本、水木创投、清控银杏、启迪之星、前沿基金等机构，融资金额总计 3700 万元，投后估值 1.72 亿元。本轮融资主要用于高端眼科设备的研发。（图湃影像成立于 2017 年 10 月，致力于高端眼科诊疗设备的自主研发与制造。）

（聂汝嫣）

【蓝晶微生物完成数千万元融资】 5 月，前沿基金投资企业北京蓝晶微生物科技有限公司完成数千万元 A+ 轮融资，由松禾资本独家领投。是月，蓝晶微生物总部入驻中关村生命科学园，同时公司自主设计开发的数字化生物反应器平台也在新场地开始运营。

（聂汝嫣）

【前沿基金投资超星未来 357.53 万元】 5 月，前沿基金追加投资超星未来 357.53 万元，超星未来投后估值 3.5 亿元。（超星未来成立于 2019 年 4 月，自主研发积累了超过 30 件技术专利，为智能驾驶实现不同场景下的应用与落地赋能。）

（聂汝嫣）

【清云智通完成 A 轮融资】 10 月，前沿基金投资企业清云智通（北京）科技有限公司完成 A 轮融资 6500 万元，由达晨财智领投，建银国际、元禾原点、Seefund、泰有基金跟投。本轮融资主要用于核心技术的研发创新、产品的持续打磨、团队的专业化建设等方面，聚焦与践行流程工业在数字化转型方面的深度赋能。同时，清云智通发挥自主知识产权优势，坚持自主创新与实际应用相结合，获中关村软件园“Z 计划”创新之源大赛二等奖，通过国家级高新技术企业、北京市海淀区胚芽企业等荣誉认证。

（聂汝嫣）

【前沿基金投资路凯科技 1000 万元】 10 月，前沿基金参与北京路凯智行科技有限公司完成天使轮融资，共计投资 1000 万元。本轮融资由前沿基金和达泰资本共同领投，主要用于加快开发和升级露天矿自动驾驶系统、招募人才、部署矿山自动驾驶运输车队。（路凯科技成立于 2020 年 5 月，截至年底，共拥有 11 件专利，其中 8 件为实用新型专利、3 件为外观专利，商标 12 件。公司获得 2020 年中关村软件园“Z 计划”创新之源大赛“创新之星”、中关村 5G 创新应用大赛中关村软件园 5G 场景赛决赛一等奖和中关村 5G 创新应用大赛总决赛三等奖。）

（聂汝嫣）

【图湃影像新产品研发成功】 2020 年，前沿基金投资企业北京图湃影像科技有限公司完成第一代超高速眼科扫频 OCT 产品的上市工作，同时进行升级版产品的研发工作，并取得实质性突破。北溟·鲲产品核心性能突破进口水平，超高速扫描、大范围血流以及核心器件自主研发处于国际领先地位。11 月，北溟·鲲产品在全国眼科年会上展出，是全球扫描速率最高的眼科 OCT 设备。

（聂汝嫣）

【超星未来发布 3 款产品】 2020 年，前沿基金投资企业北京超星未来科技有限公司旗舰产品车载计算平台发布了 NOVA–30、NOVA–15、NOVA–09 3 款面向多级别、多场景的解决方案。同时发布的支持多算法框架多硬件平台的自动优化工业软件 NOVA–X 在 2020 年 CVPR 低功耗视觉竞赛中获全球第三；自研的定制化加速 IP 库可以实现嵌入式设备运算性能的数量级提升。

（聂汝嫣）

【源堡科技与行业龙头建立合作】 2020 年，前沿基金投资企业北京源堡科技有限公司占领网络安全保险科技服务细分市场，网络安全保险技术解决方案能力大幅提升，与瑞士再保险集团、中国人寿保险销售有限责任公司、中国太平洋财产保险股份有限公司、国任财产保险股份有限公司、阳光财产保险股份有限公司、安华农业保险股份有限公司、黄河财产保险股份有限公司、人保金融服务有限公司等近 10 家国内外头部保险和再保险公司达成战略合作；与辽宁振兴银行股份有限公司、中信财务有限公司、杭州美创科技有限公司、北京易华录信息技术股份有限公司、甘肃省公路航空旅游投资集团有限公司等 10 余家公司签订技术服务合同。

（聂汝嫣）

【源堡科技牵头制定国家标准获立项】2020 年，前沿基金投资企业北京源堡科技有限公司牵头制定的《网络安全保险核保评估指标》列入研究标准项目，获全国信息安全标准化技术委员会立项。参与单位包括中国信息通信研究院、中国人寿电子商务有限公司、无锡物联网产业研究院、高德软件有限公司等。该标准旨在将关键技术转化为国家标准，研究一套适用于网络安全保险的“体检方案”，针对网络安全保险的投保覆盖范围、触发条件等，研究网络安全保险核保评估指标的要求。

（聂汝嫣）

【源堡科技获多项荣誉资质】2020 年，前沿基金投资企业北京源堡科技有限公司成为中关村高新技术企业、国家高新技术企业、全国信息安全标准化技术委员会成员单位；获 ISO 9001/27001 认证、信息安全风险评估服务资质、2020 年中国最具投资价值企业新芽榜 50 强、2020 年投资界企业服务 50 强、2020 年度十大创新力公司、2020 InsurStar 保险科技新锐奖 TOP 25、北京市海淀区胚芽企业、中关村网络安全与信息化产业联盟会员、中国中小企业融资服务联盟发起单位、信息系统安全等级保护备案证明等；获知识产权 34 件，其中发明专利 13 件、软件著作权 21 件。

（聂汝嫣）

江苏中关村中诺协同投资基金合伙企业（有限合伙）

【概况】江苏中关村中诺协同投资基金合伙企业（有限合伙）（简称江苏中诺子基金）设立于 2019 年，基金规模 2.4 亿元。2020 年，新增投资红岸水滴、湖北天勤、易点淘等 6 个项目，决策出资总额 1.06 亿元。

（聂汝嫣）

【江苏中诺子基金投资佰辰医疗 1200 余万元】4 月 30 日，江苏中诺子基金完成对浙江佰辰医疗科技有限公司的投资 1209.20 万元。本轮融资主要用于加快佰辰医疗临床质谱产品报证进度，同步扩张临床业务，形成研发与商业化的紧密结合，在医学精准诊断的方向上更进一步。（佰辰医疗成立于 2015 年 12 月，是一家以临床需求驱动、以质谱为核心的多平台技术和多组学数据、提供精准诊疗方案的创新型生物科技公司。）

（聂汝嫣）

【江苏中诺子基金投资厨芯科技】2020 年，北京红岸水滴科技发展有限公司（厨芯）完成超过 2.3 亿元 B 系列轮融资。本轮融资由蓝图创投领投，前美团 COO 干嘉伟、和君资本、江苏中诺子基金等跟投，主要用于扩张城市网络。（厨芯科技成立于 2016 年 6 月，主要为餐饮门店后厨提供智能化解决方案。）

（聂汝嫣）

【江苏中诺子基金投资湖北天勤】2020 年，湖北天勤生物科技有限公司获得华方资本、倚锋资本及江苏中诺子基金近亿元投资。本轮资金主要用于业务拓展、人员招聘及实验动物房修缮。（湖北天勤成立于 2009 年 4 月，已建设成非人灵长类实验动物繁育、人类疾病动物模型、药物毒性研究与安全性评价、药代动力学与药效学研究评价、分子影像技术、生物分析六大技术平台，是湖北省唯一一家民营 GLP 机构，并通过 CNAS 认证以及国际 AAALAC 认证。）

（聂汝嫣）

【江苏中诺子基金投资百通能源 1495.49 万元】2020 年，江苏中诺子基金完成对江西百通能源股份有限公司的投资 1495.49 万元。（百通能源成立于 2010 年 5 月，专注于为工业园区提供集中供热，主要产品是蒸汽与电力。）

（聂汝嫣）

【江苏中诺子基金投资青海洁神 1000 万元】2020 年，江苏中诺子基金完成对青海洁神环境能源产业有限公司的投资 1000 万元。（青海洁神成立于 2006 年 1 月，是一家专业从事市政污水、餐厨垃圾处理设备制造与销售的国家高新技术企业，其技术路线为 BBR 工艺。）

（聂汝嫣）

北京中关村发展启航创新投资基金（有限合伙）

【概况】 北京中关村发展启航创新投资基金（有限合伙）（简称启航二期）设立于2019年，专注于新一代信息技术、医药健康、智能制造领域投资。基金规模6.76亿元。2020年，启航二期新增投资项目8个，投资金额1.04亿元。项目集中在人工智能、智能机器人、空天科技、医疗器械、细胞和基因治疗等细分领域，均具有较高技术门槛。截至2020年底，启航二期在投企业16家，其中8家在年内完成了一轮或多轮后续融资，总融资额超10亿元。

（聂汝嫣）

【启航二期投资中科原动力1000万元】 1月，启航二期完成对北京中科原动力科技有限公司的投资1000万元。（中科原动力成立于2018年4月，是国内第一家落地农业场景的无人驾驶公司，致力于用人工智能和自动驾驶技术为农业生产赋能。2020年申请专利11件，无人农机产品完成作业面积2800万平方米。）

（聂汝嫣）

【摄星智能完成超9000万元A轮融资】 3月—12月，启航二期在投项目摄星智能科技有限公司先后完成Pre–A、A轮融资。本轮融资总金额超9000万元，投资机构包括金科汇晟、苏州金沙江、西藏君度投资、元禾原点、湖南天瑞丰年等。本轮增资完成后，基金所持股权回报倍数为2.9。（摄星智能是专注于AI技术的智慧防务公司，构建了完备的JS领域知识体系，启航二期2020年1月对其投资1000万元。）

（聂汝嫣）

【启航二期投资博清科技1000万元】 4月，启航二期完成对北京博清科技有限公司的投资1000万元。该项目为清华大学潘际銮院士的产业化项目。（博清科技成立于2017年1月，研发的无轨导全位置爬行焊接机器人是业内创新产品，可实现全位置自主爬行及焊缝自动跟踪等功能，可用于大型结构件或狭窄空间的自动化焊接，大幅提升焊接生产效率，适用于石化行业的大型储罐、储油罐、管道建设等。）

（聂汝嫣）

【智慧互通完成C轮和D轮融资】 6月—11月，启航二期在投项目智慧互通科技股份有限公司完成约5亿元C轮融资和5000万元D轮融资。智慧互通C轮和D轮融资由多家知名投资机构联合投资，包括高榕资本、中关村科学城基金、长商昆仲、交银国际、58产业基金、湖南财信基金、深创投、正和岛、盛景资本、中冀投资和海峡金控等。（智慧互通致力于为全球城市静态交通治理及大众出行提供智慧解决方案，是全球首家实现高位图像识别技术商用化并落地城市级智慧泊车管理场景的人工智能企业。启航二期2019年12月对其投资2000万元。）

（聂汝嫣）

【启航二期投资九州云箭2000万元】 12月，启航二期完成对九州云箭（北京）空间科技有限公司的投资2000万元，同时协同金种子基金对九州云箭投资1000万元，通过联合投资放大对“金种子”企业的培育和支持力度。基金增资完成2个月内，九州云箭即获得新一笔增资。

（九州云箭研发的LY–10发动机试车实景）

（聂汝嫣）

【启航二期投资宜明细胞2000万元】 12月，启航二期完成对宜明（北京）细胞生物科技有限公司的投资2000万元。（宜明细胞成立于2015年10月，是国内少数可提供GMP级别质粒和多种病毒载体开发服务的公司，产品为下游客户提供了从临床早期研发到IND、商业化生产的全流程解决方案，已完成多例临床级质粒、AAV和慢病毒订单。）

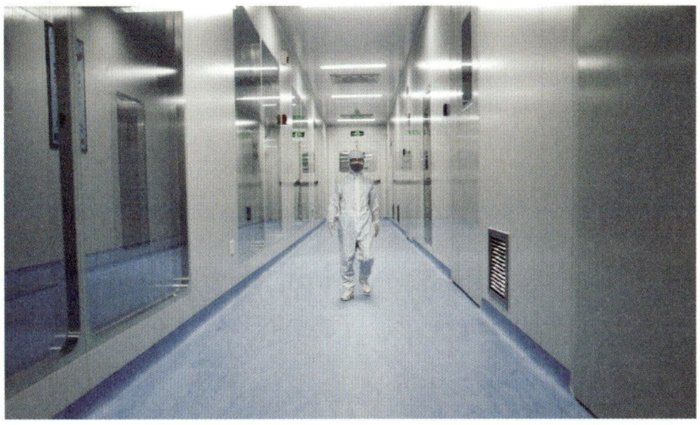

（宜明细胞的细胞和基因治疗GMP车间）

（聂汝嫣）

【长木谷完成约1.2亿元B轮融资】 12月，启航二期在投项目北京长木谷医疗科技有限公司完成约1.2亿元B轮融资。本轮融资由元禾原点领投，元生创投、软银中国、联想之星等投资机构跟投，资金主要用于加速骨科手术机器人的研发与临床实验，加快骨科人工智能产品的市场推广，准备全球化的注册申报与市场推广。本轮增资完成后，基金所持股权回报倍数为2.3。（长木谷是国内最早将人工智能应用于手术规划的企业之一，产品包括髋膝关节置换手术的智能规划和术中辅助器械，通过深度学习顶级医生的操作经验，赋能基层医疗。启航二期2020年3月对其投资1500万元。）

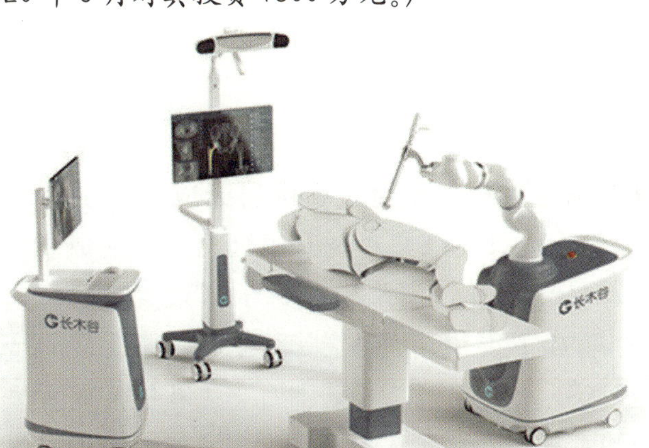

（长木谷研发的关节置换手术机器人）

（聂汝嫣）

【启航二期在投项目研发成果获社会肯定】 2020年，启航二期在投项目北京灵犀微光科技有限公司通过市科委新材料处专项课题立项，“体全息单片三色光栅波导AR光学器件研发”获项目拨款300万元。遨天科技（北京）有限公司获中国创新创业大赛北京赛区高端装备制造领域三等奖，获评中关村“金种子”企业、中关村国际前沿科技创新大赛TOP 4、中关村胚芽企业。北京中科原动力科技有限公司获评海淀区胚芽企业、中关村“金种子”企业，获中科院北京分院2019年度科技成果转化三等奖，获中国电子学会技术发明二等奖，获首届“才聚荣成·智创未来”全球创新创业大赛一等奖。九州云箭（北京）空间科技有限公司的机械工程智能化发展情况及前景分析项目获中国科学技术协会颁发的国家科技进步奖一等奖。智慧互通的“超级眼I”和“超级眼II”两款新产品获中国工业设计最高奖“红星奖”、第十届吴文俊人工智能进步奖。北京博清科技有限公司获2020年度中国技术创业协会科技创业贡献奖、2020年中国发明协会发明创业奖·创新奖一等奖。北京华视诺维医疗科技有限公司在研核心产品获批创新医疗器械，公司获评科技型中小企业入库企业，获评中关村“金种子”企业、中关村胚芽企业、中关村雏鹰人才。北京长木谷医疗科技有限公司获评中关村“金种子”企业、雏鹰人才企业、环球时报最具投资价值TOP 10等。北京史河科技有限公司获评中关村“金种子”企业。

（聂汝嫣）

北京开元弘道创业投资中心（有限合伙）

【概况】 北京开元弘道创业投资中心（有限合伙）（简称开元弘道基金）设立于2018年，专注于人工智能、高端制造等新经济领域投资。基金规模2.68亿元。2020年，开元弘道基金新增投资项目3个，投资金额8000万元。截至2020年底，开元弘道基金已投8个项目中，6个项目获得后续融资，累计实现后续融资额超过 36 亿元；项目估值都实现较好提升。

（聂汝嫣）

【开元弘道基金新增募资 6800 万元】 3 月，开元弘道基金新增募资 6800 万元，新增有限合伙人为北京亦庄国际投资发展有限公司（增资 5000 万元）、潍坊嘉影投资中心（有限合伙）（增资 1800 万元）。募资后，基金总规模增至 2.68 亿元。

（张晓青）

【开元弘道基金投资伯汇生物 1000 万元】 4 月 2 日，开元弘道基金完成对北京伯汇生物技术有限公司的投资 1000 万元。9 月，伯汇生物完成 Pre-A 轮融资。（伯汇生物成立于 2018 年 3 月，开发的 BB168 属于国家一类新药，用于治疗 FGF19/FGFR4 高表达的实体肿瘤包括肝细胞癌、鼻咽癌、直肠癌等，已申请全球专利。）

（伯汇生物公司内景）

（聂汝嫣）

【三叶草生物向香港交易及结算所有限公司递交上市申请】 5 月 29 日，开元弘道基金已投项目四川三叶草生物制药有限公司向香港交易及结算所有限公司递交上市申请，高盛（亚洲）有限责任公司、中国国际金融香港证券有限公司担任联席保荐人。

（聂汝嫣）

【开元弘道基金投资九州恒盛 4000 万元】 9 月 11 日，开元弘道基金完成对北京九州恒盛电力科技有限公司的投资 4000 万元。（九州恒盛成立于 2004 年 5 月，是少数拥有电力规划设计、电力工程施工总承包、送变电工程专业承包工程等全部资质的民营电力建设及运营服务商。）

（聂汝嫣）

【开元弘道基金投资博奥信 1050 万元】 12 月 28 日，开元弘道基金完成对博奥信生物技术（南京）有限公司的投资 1050 万元。（博奥信成立于 2017 年 7 月，是创新抗体研发平台，专注创新抗体药物深度发现与差异性开发，已突破“协同抗体”组合开发的多项关键技术壁垒，多项药物协同抗体处在临床前开发阶段及发现阶段。）

（聂汝嫣）

南阳中关村协同创新创业资产管理中心（有限合伙）

【概况】 南阳中关村协同创新创业资产管理中心（有限合伙）（简称南阳中关村子基金）设立于 2018 年，基金规模 2.42 亿元。2020 年，投资成都齐碳科技有限公司、北京微焓科技有限公司和国科天成（北京）科技有限公司 3 个项目，投资金额 2300 万元。3 个项目在年内全部实现新一轮融资。

（叶梅、韩娜）

【南阳中关村子基金投资齐碳科技】 5 月 13 日，成都齐碳科技有限公司完成超 1 亿元的 A 轮融资。本轮融资由高榕资本领投，南阳中关村子基金、银杏谷资本跟投，雅惠投资等股东追加投资。本轮融资主要用于加大技术研发投入，提升核心产品的准确率与稳定性，同时加速生产线的建设和商业开发，引领国内纳米孔基因测序技术的研发与应用。（齐碳科技成立于 2016 年 9 月，是一家基因测序技术公司。）

（叶梅、韩娜）

【南阳中关村子基金投资国科天成】 10 月 10 日，国科天成（北京）科技有限公司宣布完成新一轮 1.5 亿元融资，南阳中关村子基金参与投资。本轮融资主要用于原材料采购、厂房建设、产能扩张以及高端镜头引进加工。（国科天成成立于 2014 年 1 月，隶属中科院空间应用工程与技术中心，专业从事高性能 GNSS 核心算法研发和多系统高动态、高精度卫星导航产品的设计、开发和生产。）

（国科天成参与研发的北斗三号卫星导航系统）

（叶梅、韩娜）

北京协同科创创业投资管理中心（有限合伙）

【概况】 北京协同科创创业投资管理中心（有限合伙）（简称协同科创基金）设立于2018年，基金规模1.01亿元。2020年，已投项目北京忆芯科技有限公司、苏州汉天下电子有限公司、北京微焓科技有限公司、成都齐碳科技有限公司和北京微芯感知科技有限公司实现新一轮融资；完成首个项目退出。截至2020年底，已完成投资项目10个，其中2020年投资项目3个，包括苏州汉天下电子有限公司、北京微芯感知科技有限公司和极芯通讯技术（南京）有限公司。

（叶梅、韩娜）

【协同科创基金首个项目退出】 1月6日，协同科创基金完成对某项目所持股权的转让，这是协同科创基金首个退出项目。协同科创基金从主导投资项目的Pre-A轮投资到完成项目退出，用时一年半，实现估值增长2.3倍，投资回报2.13倍，IRR达59%。协同科创基金为该企业提供全方位的投后增值服务，协助其对接上游企业合作研发新产品，该产品可为企业每年增收上亿元。

（叶梅、韩娜）

北京中关村发展启航产业投资基金（有限合伙）

【概况】 北京中关村发展启航产业投资基金（有限合伙）（简称启航一期）设立于2016年，专注于TMT、智能互联网、医药健康、新能源与环保技术等领域的初创期、成长期项目投资。基金规模5亿元。2020年，启航一期新增投资项目1个，投资金额2000万元。截至2020年底，启航一期在投企业30家，其中12家完成后续融资，年内融资额超20亿元。

（聂汝嫣）

【亿华通登陆科创板】 8月10日，启航一期投资项目北京亿华通科技股份有限公司登陆科创板，首次公开发行募资13.5亿元，主要用于建设面向冬奥会的燃料电池发动机研发项目和燃料电池发动机生产基地建设二期工程。12月31日收盘时，亿华通市值192亿元，基金所持股权回报倍数为5.6。

（亿华通公司外景）

（聂汝嫣）

【驭光科技完成8000万元B3轮融资】 8月，启航一期投资项目北京驭光科技发展有限公司完成8000万元B3轮融资。本轮融资是绍兴柯桥转型升级产业基金对驭光科技投资8000万元，同时以投贷联动模式协调银行出资8000万元。融资主要用于下一代微纳光学器件及模组产品的研发。

（聂汝嫣）

【亚虹医药完成 5.6 亿元 D 轮融资】 9 月，启航一期在投项目江苏亚虹医药科技股份有限公司完成 5.6 亿元 D 轮融资。本轮融资由启明创投领投，共引入中金资本、云锋基金、弘信资本等 15 家投资机构。融资主要用于支持公司现有药物管线产业化的开发、技术平台的建设，以及加速推进商业化和产业化。增资完成后，基金所持股权回报倍数为 4.2。

（聂汝嫣）

【启航一期投资灵动科技 2000 万元】 12 月，启航一期完成对灵动科技（北京）有限公司的投资 2000 万元。（灵动科技成立于 2016 年 4 月，将计算机视觉与机器人技术相结合，开发了视觉自主移动机器人 V-AMR 和多智能体集群调度系统，为制造业和物流业提供无人搬运解决方案。）

（聂汝嫣）

【博睿康完成 1 亿元 B 轮融资】 12 月，启航一期在投项目博睿康科技（常州）股份有限公司完成 1 亿元 B 轮融资。本轮融资由红杉资本独家领投，凯风创投、熔拓资本等跟投。融资继续用于产品开发、产线投资以及销售网络建设等诸多方面，巩固公司在国内脑机接口和脑部疾病临床诊疗领域的领先地位。

（博睿康研发的无创脑机接口）

（聂汝嫣）

【启航一期在投项目研发成果获社会肯定】 2020 年，启航一期驭光科技项目入选投中信息发布的 2019 年榜单“中国先进制造与高科技产业最佳先进制造领域投资案例 TOP 10”。江苏百世诺医疗科技有限公司的新型冠状病毒（2019-nCoV）IgM/IgG 抗体快速检检测方法研发与应用获批科技部“科技助力经济 2020”重点专项项目，其实验室获批北京市核酸检测指定机构。北京澎思科技有限公司运用自身 AIoT 领域的技术优势，推出智能无感人体测温系统，获 2020 工业和信息化部科技抗疫表现突出 AI 企业。海杰亚（北京）医疗器械有限公司的低温冷冻消融设备和新博医疗技术有限公司的超声光散射乳腺诊断系统入选中国医学装备协会第六批优秀国产医疗设备。新博医疗的超声光散射乳腺诊断系统入选“中关村前沿储备项目”，获国家卫生健康委第一届医学科技创新大赛银奖（器械组第一名）。北京知觉科技有限公司光纤监测成果获油田体系内省部级科技进步奖二等奖。北京行易道科技有限公司获中关村前沿科技智能制造与新材料领域第二名，获 2020 年中国雷达行业协会科学技术进步奖二等奖。

（聂汝嫣）

直接投资

【概况】 集团直接投资业务包括自有资金投资业务和代持政府资金投资业务。代持政府资金主要来源于两部分：科技成果转化和产业化项目统筹资金（简称统筹资金）、中关村现代服务业试点扶持资金（简称现代服务业资金）。截至 2020 年底，集团自有资金累计投资项目 58 个，完全退出项目 42 个；经批准的代持统筹资金投资项目 148 个，完全退出项目 66 个；经批准的代持现代服务业资金投资项目 23 个，实际完成出资项目 12 个，实现完全退出项目 6 个。

（邱林彤）

【石墨烯研究院研发石墨烯防护口罩】 2 月 12 日，集团自有资金投资企业北京石墨烯技术研究院有限公司统筹生产的数百只试生产石墨烯口罩在通州代工厂下线，并通过相应国家标准检测。新冠肺炎疫情发生后，石墨烯研究院在前期开发的石墨烯环境净化材料、技术基础上，结合国内防疫实际需求，开发了含有石墨烯活性成分的医用口罩。该口罩与传统口罩相比具有更好透气性、佩戴舒适等优异性能，有效防止 PM2.5 颗粒及飞沫传播，同时大幅提升一次性口罩的使用时长到 40 小时左右，是现有传统口罩使用时长的 10 倍。为保持石墨烯口罩的充分供应，石墨烯研究院调配储备原材料以及物流运力，集团协调京津冀经信单位、国家工业和信息化部相关资源，完成下游无纺布生产企业和口罩生产企业对接，并协助完成口罩在药监局的备案，保障产品生产。（集团于 2017 年 6 月以自有资金出资 150 万元支持石墨烯研究院。）

（邱林彤）

【中芯北方获国家高新技术企业认证】 3 月 5 日，集团代持政府资金投资企业中芯北方集成电路制造（北京）有限公司获得由市科委、市财政局、国家税务总局、市税务局联合颁发的高新技术企业认定证书。（中芯北方成立于 2013 年 6 月，由集团和中芯国际集成电路制造有限公司、中芯国际电路制造有限公司北京公司、北京工业发展投资管理有限公司共同出资设立。）

（中芯北方公司外景）

（邱林彤）

【集团转让紫光展锐项目股权】 2020 年，集团将持有北京紫光展锐科技有限公司 0.77% 的股权通过产权交易所公开挂牌方式对外转让，实现了紫光展锐项目转让收益。（紫光展锐是由紫光集团旗下展讯通讯和锐迪科合并而来。集团于 2014 年 6 月以 10 亿元支持紫光集团收购锐迪科微电子有限公司，合并成立的紫光展锐是中国集成电路设计产业的龙头企业。截至 2020 年底，全球能够提供 5G 基带芯片的企业仅有 5 家，中国大陆面向公开市场销售的仅紫光展锐 1 家。）

（邱林彤）

【集团减持深圳建科院股票】 2020 年，集团落实深圳市建筑科学研究院股份有限公司股票减持任务，减持 1.6%。（2012 年 12 月，集团以自有资金股权投资深圳建科院 3667 万元，股改后持有深圳建科院 1100 万股，股权占比 7.5%。深圳建科院主要从事建筑科学技术的研究、开发、应用，经过多年的发展，业务涉及科研、工程咨询、建筑设计、工程检测、信息工程监理、特种施工以及建筑文化的传播等多个方面。2017 年 7 月 19 日，深圳建科院登陆创业板。）

（深圳建科院公司外景）

（邱林彤）

【集团减持钢研纳克股票】 2020 年，集团执行钢研纳克检测技术股份有限公司股票减持方案，减持股份 0.16%。（2013 年 5 月，集团以自有资金股权投资钢研纳克 600 万元，股改后持有钢研纳克 260 万股，股权占比 1.05%。钢研纳克是专业从事金属材料检测技术的研究、开发和应用的创新型企业，致力成为中国金属材料检测行业的技术引领者，是国内钢铁行业的权威检测机构，也是国内金属材料检测领域业务门类最齐全、综合实力最强的测试研究机构之一。2019 年 11 月 1 日，钢研纳克登陆创业板。）

（钢研纳克公司外景）

（邱林彤）

【海杰亚引进 3 条口罩生产线支援抗疫】 2020 年，集团投资企业海杰亚（北京）医疗器械有限公司作为国家和北京市双高新技术企业及市生物医药健康领域的重点企业，为新冠肺炎抗疫前线医疗人员及广大人民群众提供包括口罩等防护物资的研发生产服务，在各相关部门的协调帮助下，紧急引进 3 条医用口罩生产线，开展口罩生产业务。

（邱林彤）

【集团代持政府资金投资项目新出资 5 个、退出 6 个】 2020 年，集团完成代持统筹资金投资项目出资 5 个，均为延续性项目，出资金额 1.79 亿元；完成代持政府资金投资项目退出 6 个，退出金额 0.97 亿元。其中，收回风险项目恒原百炼微电子（北京）科技有限公司、国能风力发电有限公司全部统筹资金。

（邱林彤）

表 6　2010—2020 年集团代持科技成果转化和产业化项目统筹资金投资总体情况统计表

单位：个、万元

委托单位	联席会批准项目		完成出资项目		退出项目（含部分退出）		在投项目	
	个数	金额	个数	金额	个数	本金	个数	金额
中关村管委会	80	134,926	64	74,589	48	52,697	18	21,892
市科委	55	93,700	41	39,600	27	27,400	15	12,200
市经济和信息化局	20	103,025	20	101,055	—	—	20	101,055

（续表）

委托单位	联席会批准项目		完成出资项目		退出项目（含部分退出）		在投项目	
	个数	金额	个数	金额	个数	本金	个数	金额
合计（去重）	148	331,651	118	215,244	69	80,097	52	135,147

注：1. 市联席会、市经济和信息化局批准和集团出资有7个项目由中关村管委会和市科委共同委托，分别为国智恒、国能风电、强新生物、恒原百炼、沙东生物、中交兴路和中科讯飞，已从合计中剔除重复数据。

2. 中关村管委会和市科委重复退出项目为中交兴路、中科讯飞、国智恒、沙东生物、恒原百炼及国能风电，剔除该6个重复数据后，退出项目合计69个。

3. 部分退出项目3个，分别为中关村管委会中搜网络及信威通信（2个），市科委中科九章（1个）。

4. 在投项目中有1个项目由中关村管委会和市科委共同委托，即强新生物，已从合计中剔除重复数据。

5. 市科委出资和在投项目不含航天科工基金。

表7　截至2020年底集团代持科技成果转化和产业化项目统筹资金在投项目投资方式统计表

单位：个、万元

委托单位	政府股权		共享知识产权		合计	
	个数	金额	个数	金额	个数	金额
中关村管委会	14	17,542	4	4350	18	21,892
市科委	15	12,200	—	—	15	12,200
市经济和信息化局	1	10,000	19	91,055	20	101,055
合计（去重）	29	39,742	23	95,405	52	135,147

注：在投政府股权项目中，有1个项目由中关村管委会和市科委共同委托，即强新生物，已从合计中剔除重复数据。

表8　截至2020年底集团代持科技成果转化和产业化项目统筹资金在投项目行业分布统计表

单位：个

委托单位	大信息	大健康	大环保	合计（去重）
中关村管委会	9	6	3	18
市科委	2	7	6	15
市经济和信息化局	19	—	1	20
合计（去重）	30	13	10	52

注：在投政府股权项目中，有1个项目由中关村管委会和市科委共同委托，即强新生物，已从合计中剔除重复数据。

表 9　截至 2020 年底集团代持中关村现代服务业试点扶持资金投资项目统计表

单位：个、万元

委托单位	上级拨款		集团出资		在投项目	
	个数	金额	个数	金额	个数	金额
中关村管委会	6	10,540	5	8590	2	2600
市商委	4	7360	4	4960	1	310
市经济和信息化局	3	4190	3	4190	3	4190
合计	13	22,090	12	17,740	6	7100

（邱林彤）

科技金融服务

中关村发展集团年鉴

YEARBOOK OF ZHONGGUANCUN DEVELOPMENT GROUP

2021

综 述

2020 年，集团科技金融服务聚焦中小微企业融资难、融资贵、融资慢问题，落实金融纾困政策，推动科技金融改革创新，不断提升金融风险防控水平，着力打造“中关村金服”品牌。截至 2020 年底，科技金融服务累计提供融资规模 3543 亿元，服务科技企业 6 万家次。

“中关村金服”服务能力持续壮大。“中关村金服”品牌正式发布，同步推出“千亿万户”服务计划，全年服务企业 1.05 万家次，服务金额 489 亿元。其中，担保额 420.59 亿元、租赁投放额超过 52 亿元、科技信贷额 16 亿元。

推动中关村科技租赁成功上市。推动中关村科技租赁在香港联合交易所有限公司主板挂牌上市，打造港股市场“中关村科创服务第一股”；中关村科技租赁成功发行国内首单民营科技和新经济企业租赁资产证券化产品，拓宽公司融资渠道，降低中小科技型企业融资成本。

积极搭建金融大数据平台。推出中关村企业线上融资服务平台，涵盖资本市场融资、供应链融资、信用交易融资三大领域，试运营期间服务项目约 2000 个。增强数据驱动能力建设，加强金融产品与服务创新。完成中关村领创金融业务优化，满足科技型企业供应链金融服务需求，填补集团在服务企业应收账款融资方面的空白。中关村企业线上融资服务平台发布。

持续推进金融服务创新。筹建中关村企业信用交易平台；推动中关村领创金融转型为以供应链金融业务为核心的金融科技公司；中关村科技担保牵头设立“三城一区”政策性融资担保联盟；启元资本建立全市统一上市挂牌后备企业资源库，入库企业 4 万余家。积极拓展企业上市、诊断分析、资本市场融资等一体化服务。

不断加强金融风险管理。搭建中关村金服全面风险管理体系，建立风险预警体系和内控管理体系，担保代偿率为 2.13%，租赁资产不良率为 1.5%，北京市中关村小额贷款股份有限公司资产不良率为 1.4%。在疫情严重冲击下，总体风险仍低于行业平均水平。

（唐娜）

中关村金服

【概况】2020年，集团科技金融服务围绕创新创业的新趋势、新需求，不断推动科技金融产品创新，先后创新推出中关村企业线上融资服务平台、“千亿万户”服务计划等产品和服务，着力提升服务早期创新创业企业的能力，有力扶持了中关村创新创业型企业的发展。

（唐娜）

【中关村企业线上融资服务平台发布】10月21日，由中关村管委会和中关村发展集团主办的中关村企业线上融资服务平台发布活动举行。平台以中关村金服为载体，全面开启中关村示范区“线上+线下”科技金融服务模式。平台由中关村管委会与中关村发展集团联合打造，由中关村金服运营管理，通过区块链技术建立可追溯防篡改的数据交换信息链、采用大数据技术建立对企业精准画像分层分级评价信用链、运用机器学习技术建立资金供需双方精准匹配智能撮合融资链，与数据源公司联合建模，以“分层评级、智能匹配、股债联动”为基础，解决融资方和投资方之间的信息不对称问题，提高创新创业企业融资效率。中关村企业线上融资服务平台在试运营期间，累计线上融资项目约890个，融资规模约19.6亿元。在产业服务方面，举办企业培训33场，培训人数4300余人次，引入服务机构350余家，入库目标企业4万余家。

（杨明）

【“中关村金服”品牌推出】10月21日，在中关村管委会与中关村发展集团联合打造的中关村企业线上融资服务平台发布活动上，北京中关村科技创业金融服务集团有限公司推出“中关村金服”品牌。中关村金服是中关村发展集团落实北京市改革转型要求打造的创新生态集成服务重要子品牌之一，北京中关村科技创业金融服务集团有限公司作为“中关村金服”的品牌载体，立足于为科技型企业融资难、融资贵提供一站式解决方案，在整合原有科技担保、科技租赁、科技信贷、上市服务、股权基金等“保租贷投”一体化服务资源的基础上，进一步做实优化，推动科技与金融的交叉融合和创新发展，着力打造供应链金融、信用交易、资本市场服务等新业务。活动中，中关村金服与工商银行、邮储银行、北京银行、浦发银行、平安银行等机构签署战略合作协议，将为中关村科技型企业提供200亿元的金融服务支持，以缓解科技型企业融资难、融资贵的困境。

（王素娟）

【“千亿万户”服务计划推出】10月21日，在中关村管委会与中关村发展集团联合打造的中关村企业线上融资服务平台发布活动上，中关村金服推出“千亿万户”服务计划，重点服务新一代信息技术、人工智能、医药健康、智能装备等领域的企业和创业者，将用3年左右的时间，为超万家次科技型企业提供超千亿元金融服务，并支持培育超百家上市公司。“千亿万户”服务计划涵盖“知融保”“创业保”“项目租赁”“服务型租赁”“销售型租赁”“智能IPO”等科技担保、科技租赁、上市服务中的优质创新产品，并将逐步创新推出供应链金融、信用交易等其他新产品及服务。

（王素娟）

【信用交易平台合作协议签署】11月12日，在中关村上市公司协会2020年换届大会暨中关村上市公司发展论坛上，中关村金服与中关村上市公司协会签署信用交易平台合作协议。根据协议，双方将在中关村上市公司信用链建设与信用交易业务等方面开展合作，以提供可信的企业信用信息和风险信息为手段，协助协会会员企业与其上下游供应商获得低成本和更加便捷、高效的线上融资撮合服务。中关村上市公司协会将为中关村企业信用交易平台推荐其会员中需要小额经营周转的上市公司及其产业链上下游企业到平台注册、上报信息，再由平台给予信用评级并匹配合适的资方，实现融资撮合。平台通过基于企业信用链的信用分级和风险等级等信用信息，形成信用公信力和交易信用的"中关村上市公司企业信用链"，借助平台信用链直接对接资方，加快融资效率，实现"见信即贷"。平台还可为协会上市公司成员企业的供应商应收账款进行确权，确权后的应收账款将直接成为数据资产，可在平台用于转让、抵质押进行融资。协会成员企业承兑的商票票据，以真实贸易为背景，经由平台信用链核实、增信后，对接专业票据平台，可为其供应商提供以商票作为还款手段的保理融资，以及担保公司作为保证人的商票贴现，实现信用传递。

（杨明）

科技担保

【概况】集团科技担保业务主要依托旗下子公司北京中关村科技融资担保有限公司开展，以贷款担保、债券担保、信托计划担保、保函担保、票证担保等多种形式为科技及现代服务业中小微企业提供担保服务。2020年，集团科技担保业务新增业务规模超过420亿元，同比增长6.5%；政策性担保客户中，新客户数量首次突破1000家；实现合并总收入11.2亿元，同比增长12%；利润总额4.2亿元。截至2020年底，集团科技担保业务累计为6万多个项目提供近3000亿元的担保服务。其中，95%以上为中小微企业，80%以上为科技及现代服务业企业，服务的客户中有1100余家在国内外资本市场（含新三板）挂牌上市。

（薛威）

【谊安医疗呼吸机支援湖北】1月21日—31日，中关村科技担保服务企业北京谊安医疗系统股份有限公司生产206台呼吸机，并送达武汉市金银潭医院、武汉市第三医院、汉川市人民医院等，用于对患者的救治。（谊安医疗是国内重点呼吸机和麻醉机制造厂商，中关村科技担保为其提供担保贷款4900万元。）

（王伟杰）

【山东德建集团援建抗疫工程项目】1月25日—26日，中关村科技担保服务企业山东德建集团有限公司为新冠肺炎医疗救治定点医院德州市人民医院腾挪出800余平方米的隔离救治病房；1月26日，山东德建集团用3个多小时完成德州东和德州南两个高速口4个板房的建设任务；1月28日，山东德建集团完成德州火车站临时板房搭建任务。（山东德建集团是德州市一家建筑工程施工总承包特级企业，曾向德州市委、市政府请求援助汶川灾区并完成支援抗震救灾及灾后恢复重建的任务，中关村科技担保为其提供履约担保支持累计1.4亿元。）

（张健美）

【新七集团援建雷神山医院】1月26日，中关村科技担保服务企业新七建设集团有限公司组织人员用时48小时完成雷神山医院千余名建设者生活保障区提供保障工作，包括生活区水电、空调、床铺、食堂等配套设施全部准备到位，并对整个生活区进行全面消毒处理。同时，新七集团准备了一批活动板房、砂石、机电设备、施工机械等应急物资和待命的施工队伍，随时听从医院建设指挥中心的调配。（新七集团是一家位于湖北武汉，以市政、道路工程、房屋建设为主的多元化经营的企业集团，中关村科技担保为其提供履约担保支持累计达5500万元。）

（张正花）

【利亚德光电医用产品支援武汉】1月，中关村科技担保服务企业利亚德光电股份有限公司旗下利亚德思源繁星教育基金向武汉捐赠1万只N95口罩，为武汉旅游发展投资集团捐赠医用一次性普通口罩5000个、医用手套5000双、医用防护服1000套；同时，利亚德光电为相关政府部门、医疗机构和企事业单位免费提供价值超过300万元的云视频会议产品与服务，以科技助力疫情防控。（利亚德光电是面向全球提供视听科技产品及其应用平台的企业，中关村科技担保为其提供融资担保2亿元。）

（祁欣）

【"关心保"专项产品推出】2月6日，中关村科技担保贯彻市政府《关于应对新型冠状病毒感染的肺炎疫情影响促进中小微企业持续健康发展的若干措施》精神，与北京银行合作推出支持企业平稳渡过难关并积极参与疫情防控的专项产品——"关心保"。"关心保"对服务方向、服务机制、优惠费率执行、争取政策支持和服务对接方式都提出了明确方案。该产品重点支持参与防疫企业应急资金需求、在保企业的融资服务平稳过渡，以及北京市重点科技企业重点项目；疫情防控期间通过简化操作流程、对接专项低成本资金和降低担保费率等，提供便捷、高效和低成本服务；针对不同范围的支持企业，提供不同的优惠贷款利率，同时享受担保费率不超1%，甚至免担保费率等优惠。

（提爱莲）

【中关村科技担保认购中国第一批疫情防控债】2月6日，中关村科技担保了解到国药控股（中国）融资租赁有限公司发行疫情防控专项债券的融资需求后，开通绿色审批和投资通道，用1天时间完成该支债券的审查与投资全流程，认购了中国第一批疫情防控债，满足了疫情防控企业的紧急资金需求。本次疫情防控债是由国药控股（中国）融资租赁有限公司发行、中信建投证券股权有限公司及中国中金财富证券有限公司联合主承，募集资金专项用于支持新型冠状病毒感染的肺炎疫情防控工作，投向有关医院、医疗科研单位和相关企业等医疗项目，满足相关单位和企业卫生防疫、医药用品制造及采购、公共卫生基础设施建设、科研攻关、技术改造等方面的合理融资需求。

（陆晓宁）

【荣之联为疫情防控提供技术服务】2月，中关村科技担保服务企业北京荣之联科技股份有限公司为中国疾病预防控制中心病毒病预防控制所、中科院微生物研究所等国家级疫情防控研究机构提供新型冠状病毒数据分析、实时监控、进化树研究、快速溯源的紧急服务，12小时内完成荣之联生信分析一体机的计算、存储环境安装部署及疾控中心基因测序设备的联调工作，实现产品的快速部署、交付和运行。该企业研发的生信分析一体机及UEC BioCloud曾在国家疾控中心、中科院微生物所等疫情防控研究机构快速上线、高效稳定运行，为新型冠状病毒数据分析、实时监控、快速溯源提供技术服务。（荣之联是国内生命科学领域领先的大数据技术及服务提供商，拥有丰富的生信分析技术及生命科学大数据技术储备，中关村科技担保为其提供融资担保支持5000万元，并按照疫情专项担保政策执行1%的优惠担保费率，支持荣之联进一步研发产品、抗击疫情。）

（赵静）

【中关村科技担保与国开行推出新产品服务】2月，中关村科技担保联合国家开发银行北京市分行在原有“支持中关村民营科技企业发展专项产品”的基础上，进一步推动客户服务下沉，面向中关村科技园区以新三板企业为重点的中小微企业推出新的产品服务。该产品主要满足客户的流动资金贷款需求，单笔贷款额度为500万元—5000万元，期限3年，执行优惠贷款利率，优先支持集成电路及其配套产业、生态环保、清洁能源、科技创新及研发、新一代信息技术、医药健康、智能装备、新材料、人工智能、软件和信息服务及科技服务业等行业领域的中小微企业。通过“政策性银行＋政策性担保”为新三板等科创中小微企业提供低利率、中长期开发性金融支持。（2019年，为支持民营企业发展，双方签订《战略框架合作协议》，确定为期5年、100亿元的总体合作额度，并推出主要服务民营上市公司、单笔贷款额度5000万元—2.5亿元的“支持中关村民营科技企业发展专项产品”。）

（崔晓）

【诚栋国际为抗疫提供近600栋箱式房】2月—3月，中关村科技担保服务企业北京诚栋国际营地集成房屋股份有限公司完成北京小汤山非典医院、西安某新型肺炎医院及河南安阳新型肺炎医院等多个紧急采购集成箱式房的项目需求，在最短时间内生产出近600栋箱式房。（诚栋国际是集成房屋行业的产品生产和整体解决方案提供商。企业自成立以来，先后承接了北京小汤山非典医院、汶川赈灾抗震学校、奥运场馆临建建设、青海玉树抗震学校等项目。中关村科技担保为其提供融资担保支持2100万元。）

（王晓然）

【“中关村企业抗疫发展贷”推出】3月18日，中关村管委会召开“中关村企业抗疫发展贷”有关政策线上新闻发布会，联合中关村科技担保等金融服务机构共同推出“中关村企业抗疫发展贷”（简称“抗疫发展贷”）。“抗疫发展贷”提供超过200亿元信贷额度，设置优惠利率和担保费率，建立绿色通道，给予政策支持，减轻因新冠肺炎疫情对中关村企业生产经营的影响，支持企业复工复产和平稳健康发展。“抗疫发展贷”服务对象主要为中关村示范区内注册的企业（含国家高新技术企业和中关村高新技术企业），优先支持落实积极参与疫情防控，以及具有较大发展潜力的优质企业。在担保费率方面，中关村科技担保为2019年度收入在2亿元（含）以下的中关村企业提供优惠担保费率。一年期担保费率及三年期担保首年担保费率均不高于1.3%。其中，对防疫物资生产、销售、运输等担保企业因疫情防控产生的紧急融资需求，担保费率不高于0.8%；对药品、疫苗研发生产型科技企业因研发生产新型冠状病毒防控和治疗药品及疫苗而产生的应急融资需求，免收担保费。

（王毓）

【中关村科技担保联合推出“朝科贷”】3月，中关村科技担保联合北京朝阳国际科技创新服务有限公司推出“朝科贷——疫情纾困贷款扶持计划”（简称“朝科贷”），帮助朝阳区广大中小微科创企业输血抗疫，保障企业健康发展。“朝科贷”第一批征集20余家意向企业，3家企业拿到担保意向。中关村科技担保与北京朝阳国际科技创新服务有限公司用一周多的时间完成确认合作意向、拟定合作计划、项目实施落地等全流程。3月10日，北京爱月白科技有限公司作为首家获得该产品资金支持的企业，与中关村科技担保、北京朝阳国际科技创新服务有限公司、兴业银行签署合作协议。

（提爱莲）

【中关村科技担保进驻北京市首贷服务中心】4月1日，中关村科技担保作为首批担保机构进驻北京市首贷服务中心，为企业面对面提供首贷相关服务。北京市首贷服务中心由市政务服务局会同北京银保监局、市金融监管局、人民银行营业管理部共同建设，是政府引导、市场化运作的企业融资服务平台，旨在有针对性地解决零信贷小微企业首次贷款难的问题，是北京市政府的重大举措。截至4月1日，北京市首贷服务中心共有22家银行、3家担保机构、3家小贷公司进驻，共设9个综合服务窗口，20名窗口工作人员、31名其他工作人员，通过“小前台大后台”的形式，“一窗”统一对外提供客户咨询、业务登记服务；银行和其他中介机构派驻人员在后台承担产品介绍、业务指导、对接办理等职能，实现前后台受理审批无缝衔接。

（崔晓）

【中关村科技担保推出“知融保”】4月，中关村科技担保推出知识产权质押融资担保产品——“知融保”。“知融保”为促进科技与金融的有机结合，解决科技型中小企业融资难题，专门服务于具有自主知识产权的轻资产公司。该产品通过大数据进行信用评价，引入企业技术创新能力评级，采用标准化作业模式在1—2个工作日内完成快速审批，让众多轻资产高成长的小微企业无须提供实物资产抵质押，仅凭企业或实际控制人名下的专利质押，即可获得最高200万元的融资额，担保费率为1.78%+0.3%，银行执行优惠利率，助力解决科技型小微企业融资难问题。

（提爱莲）

【新一代担保业务系统上线】6月15日，中关村科技担保新一代担保业务系统上线运行。该系统依托底层大数据平台，综合应用大数据、云计算、智能风控等金融科技手段，建成一站式数据查询、信用报告下载、核准报告自动生成、数据源及用户管理等五大功能模块，初步打通了内外部数据，实现了信息一次性录入、一键式查询、批量进件、自动化与人工审批结合、机器辅助担保要件生成，可显著提高小微企业担保业务项目的审批效率。

（降子晴）

【中关村科技担保推出科技型小微企业降费方案】6月，中关村科技担保推出科技型小微企业降费方案，以让利实体经济，帮助企业渡过难关。本次推出的降费方案重点支持中关村示范区的小型或微型高新技术企业，对符合条件的企业按照年化1.0%

收取担保费、免收评审费，费率降幅近 50%，有效期至 2020 年底。

（王毓）

【“创客北京 2020”专场决赛举办】 9 月 1 日—2 日，由北京市中小企业服务中心主办、中关村科技担保承办的 2020 年“创客中国”北京市中小企业创新创业大赛暨“创客北京 2020”创新创业大赛“人工智能与智能制造”和“大数据与电子信息”专场决赛在中关村科技担保举行，共有 61 个优秀项目入围决赛。本次“人工智能与智能制造”专场决赛项目涵盖北斗导航应用、智能巡检机器人、半导体高端洁净自动化技术及神经控制技术等多个前沿人工智能应用项目；“大数据与电子信息”专场决赛项目涵盖电子印章系统、大数据可视化平台、工业大数据平台等多个高新信息技术应用项目。参赛的团队成员来自中科院“百人计划”等科研院所人才，并有多家公司是高新技术企业。来自苏州工业园区元禾原点创业投资管理有限公司、北京银泰嘉禾创业投资有限公司、北京信中利投资股份有限公司、新松机器人投资有限公司、中国无人系统产业联盟、清华同方创新研究院等专业投资和产业投资机构的投资人，以及金融机构代表工商银行的评委专家为参赛项目打分并点评。

（王毓）

【“金文三宝”产品发布】 9 月 5 日，在北京隆福文化中心举行的第九届中国文化金融创新大会上，“金文三宝”产品（“金创宝”“金园宝”“金片宝”）发布。“金文三宝”由北京市文化创意产业促进中心、中关村科技担保、北京国华文科融资担保有限公司、江苏银行北京分行、北京市丰台区发展投资有限公司等共同推出。“金创宝”由“政担银投”四方密切合作，采取“保贷投”联动的模式，做到“见保即贷、见投即贷、贷投对接”，为北京市文创企业提供多样化、一体化、全周期的融资服务。“金园宝”产品为了全方位促进北京市文化产业园区发展，努力解决文化企业融资难、融资贵、融资慢的问题，支持企业全生命周期发展，主要扶持百家市级文化产业园和区级文化产业园。“金片宝”重点扶持百家优秀影视企业。3 款文化金融产品致力于贷投保联动，做到“贷投保携手，见保即贷，保贷联动，贷投对接”，在贷款方面主打信用担保，无须实物抵押即可为文创企业提供担保贷款支持，具有利率低、门槛低、审批快、手续简便等特点。江苏银行为“金文三宝”产品提供 100 亿元综合授信并现场签约。

（王毓）

【银担交流对接会举办】 9 月 10 日，中关村科技担保与中国工商银行北京分行联合举办银担交流对接会。中关村科技担保市场与机构合作部、各融资

担保事业部和工行北京分行 32 家支行负责人参加对接活动。会议探讨了工行北京分行与中关村科技担保的合作思路，分享了“经营快贷”合作案例与经验。

（王毓）

【中关村科技担保获北京文化创意大赛“最佳投融资机构”奖】 9 月 28 日，在由市文化创意产业促进中心主办的“歌华传媒杯·2020 北京文化创意大赛”全国总决赛上，中关村科技担保获“最佳投融资机构”奖。中关村科技担保作为本次活动的融资服务机构代表，与北京国华文科融资担保有限公司、江苏银行北京分行共同与“金文三宝”支持企业进行了签约。

（张馨予）

【中关村科技担保获“创客北京 2020”特别贡献奖】 9 月 29 日，在“创客中国”首届京津冀中小企业创新创业大赛暨“创客北京 2020”创新创业大赛总结会上，中关村科技担保获特别贡献奖。

（王毓）

【中关村科技担保签署支持先进制造业高质量发展资金合作计划协议】 10 月 15 日，在 2020 年全国“双创周”北京市分会场暨中关村创新创业季启动仪式上，中关村科技担保与中关村管委会、国家开发银行北京市分行共同签署《支持中关村示范区先进制造业高质量发展资金合作计划协议》，首次推出开发性金融批量化支持中关村示范区先进制造业企业的新模式，以进一步发挥政府、政策性银行和政策性担保机构的协同优势，为首都先进制造业中小微企业提供低成本、高效率、可持续的金融服务。该计划首期资金合作期 5 年，规模 30 亿元。中关村管委会提供政策支持，围绕中关村示范区先进制造业筛选推荐中小微企业名单和项目；国家开发银行发挥中长期融资服务优势，提供低成本、长周期的资金；中关村科技担保发挥作为政策担保机构服务科技型企业的专业优势，提供连带责任保证担保。重点支持对象为中关村示范区先进制造业中小微企业，领域包括人工智能产业链、机器人产业链、医疗器械产业链、生物医药及重大创新药产业链、高铁及轨道交通装备产业链、新型显示产业链、大飞机产业链、5G 与光通信产业链、新能源汽车产业链、集成电路产业链等。中关村科技担保的客户资源是该计划支持的企业主要来源之一。中关村科技担保根据项目实际情况确定担保额度、期限及反担保措施，对合作计划内的贷款提供连带责任保证担保。担保费率原则上不超过 1.3%（年），2020 年按照不超过 1%（年）执行，并适当给予差异化担保费率。

（崔晓）

【中关村科技担保联合发布知识产权金融合作倡议】 10 月 20 日，在北京市知识产权保险推进暨政银保企签约活动上，中关村科技担保与交通银行北京市分行、北京银行中关村分行等联合发布了《北京市知识产权金融合作倡议书》，倡议携手推动北京知识产权金融创新服务生态建设。活动中，全市 142 家科技型企业投保了 1660 件知识产权保险，涉及专利执行保险及专利被侵权损失险，并获得政府保费补贴。

（张馨予）

【中关村科技担保五度蝉联“年度最具竞争力担保公司”】 12 月 9 日，在 2020 新时代金融发展峰会上，发布了 2020 中国金融机构金牌榜 · 金龙奖评选结果，中关村科技担保五度蝉联“年度最具竞争力担保公司”。

（张馨予）

【中关村科技担保 24 倍溢价转让世纪空间公司股权】 12 月 22 日，中关村科技担保所持有的二十一世纪空间技术应用股份有限公司 3.68% 股权完成转让，成交价格为 1.21 亿元，增值达 24.2 倍，年均复合增长率近 20%。[世纪空间公司是中关村科技担保于 2001 年 6 月出资 500 万元设立的参股公司，初始注册资本 5000 万元，是面向全球客户的自主遥感卫星运控及地球空间信息大数据服务商，创立了“北京系列”遥感卫星及应用服务品牌。在北京二号遥感卫星星座项目实施过程中，中关村科技担保为世纪空间公司提供总额超过 2 亿元的融资（贷款、信用证等）担保。]

（李红军）

【中关村科技担保连任北京市融资担保业协会会长单位】 12 月 23 日，在北京市融资担保业协会第三届第一次会员大会暨理事会、监事会换届大会上，审议通过第二届理事会、监事会工作报告，协会《章程（修订案）》，《换届选举办法》，以不记名投票方式表决通过《会费收取管理办法（修订案）》，并选举产生了新一届理事会、监事会，中关村科技担保连任协会会长单位。

（张馨予）

【中关村科技担保举办 6 期园区金融服务宣讲会】 2020 年，中关村科技担保与中关村生命科学园、中关村软件园孵化器、中关村集成电路设计园等企业，联合中关村银行、建设银行、北京银行、兴业银行等多家合作银行机构，采用线上、线下相结合的方式共举办 6 期园区金融服务宣讲会。宣讲会针对企业在融资方面存在的问题及实际需求，从产品和政策两个角度介绍了企业在快速成长过程中中关村科技担保的配套产品和相对应的政府补贴及支持政策，介绍了合作银行机构针对园区企业的特色产品、优惠利率和专属服务。中关村科技担保与合作银行机构还从各自的业务角度对政策上、产品上的改变进行了解读，解答了参会企业提出的各方面问题。

（薛威）

【中关村科技担保推出疫情防控再贷款配套服务方案】 2020 年，中关村科技担保联合北京农商银行推出疫情防控再贷款配套服务方案：中关村科技担保提供保证担保的企业，北京农商银行快速审批；符合要求的小微企业或直接参与防疫工作的小微企业，贷款利率减 100 基点或减 55 基点；对因疫情防控产生的紧急融资需求的企业，担保费率降至 1%；对药品、疫苗研发生产型科技企业的应急融资需求，免收担保费；开展无还本续贷业务，对满足条件的小微企业客户应续尽续。

（曹冬冬）

【中关村科技担保联合发布中小文创企业疫情纾困专项集合产品】2020年，为解决北京市一批中小文化企业因疫情出现的短期资金困难，北京北文资产管理有限公司（北文资产）联合中关村科技担保推出“北京市中小文创企业疫情纾困专项集合产品——2020年中关村创新成长定向融资计划”产品。集合债券不受信贷规模的限制，资金用途灵活，不仅能够有效解决单个中小企业独立发行规模小、流动性不足、信用等级不够等问题，还有助于提升企业品牌知名度和影响力，有效解决中小文化企业普遍不具备单独发行债券的规模和能力的难题。该产品首期发行方为北京瑞诚广告公司和北京春秋永乐科技公司，发行规模为6500万元，由社会资本参与认购，资金全部到达纾困企业账户。

（陆晓宁）

【中关村科技担保推出售电保函产品】2020年，中关村科技担保推出售电保函产品，面向全国范围内具备电力市场化交易条件的省份，选取具备一定行业地位及市场占有率的优质售电企业，为其在银行申请履约保函提供担保，保证其在规定时间内按照预计的售电规模完成结算义务。5月，中关村科技担保取得平安银行首批2亿售电保函专用授信额度，同期实现首笔售电保函出函。截至2020年底，共开立40笔售电保函，规模8920万元。

（安宇）

【中关村科技担保联合银行推出疫情防控专项服务方案】2020年，中关村科技担保与北京银行合作推出疫情防控专项服务方案：在中关村科技担保绿色通道、优惠担保费率基础上，北京银行提供快捷低成本贷款，继续给予普惠型小微企业贷款利率优惠；双方共同支持在保、在贷企业融资服务平稳过渡。中关村科技担保给予续保，北京银行不抽贷、不断贷、不压贷。对于双方合作存量业务名单，建立快速审批通道。联合北京中关村银行推出抗疫情专项服务方案：符合要求的小微企业或直接参与防疫工作的小微企业，贷款利率减100基点；简化业务办理流程，优先安排额度，随报随审、同意即放。

（王毓）

【博奥晶典为抗疫提供技术产品服务】2020年，中关村科技担保服务企业北京博奥晶典生物技术有限公司研发的包含新型冠状病毒核酸检测试剂、微流控呼吸道多病毒快速核酸检测试剂及超广谱病原微生物高通量测序试剂等4项技术产品可用于病毒检测与筛查，企业被纳入中关村第一批抗击新冠肺炎疫情的新技术新产品新服务企业清单。（博奥晶典是博奥生物集团有限公司暨生物芯片北京国家工程研究中心旗下核心产业化平台，拥有集研发、生产、销售以及全国第三方独立医学检验所服务为一体的完整产业链，中关村科技担保为其提供1亿元的融资担保支持，并按照疫情专项担保政策执行1%的优惠担保费率。）

（康晓燕）

【中关村科技担保参与建立风险补偿资金池】2020年，中关村科技担保协调参与中关村管委会、北京市国有文化资产管理中心（简称市文资中心），以及东城区、西城区、石景山区等区级委办局，开展地方风险补偿政策的制定和资金池建立等工作，提高金融机构对小微企业的风险容忍和资金支持。公司配合市财政局制定2000万元以下小微企业信贷担保的风险补偿政策；作为首批担保机构，与石景山区、东城区和西城区政府建立风险补偿机制并签约落地；作为区外首批两家担保机构之一，获得朝阳区奖补资金100余万元。

（王毓）

【中关村科技担保2019年度社会责任报告发布】2020年，中关村科技担保发布2019年度社会责任报告。报告从公司概况、企业使命、公司治理、服务客户、员工关怀和政策执行等方面，披露公司2019年企业社会责任的履行情况。

（张馨予）

科技租赁

【概况】集团科技租赁业务主要依托旗下子公司中关村科技租赁股份有限公司开展。2020 年 1 月 21 日，中关村科技租赁在香港联合交易所有限公司上市。2020 年，中关村科技租赁营业收入 5.88 亿元，同比增长约 14.0%；利润总额 2.16 亿元，同比增长约 16.6%；租赁投放金额超过 52 亿元，同比增长约 21.0%；净资产收益率约为 9.8%。“租投联动”业务开局良好，已完成 6 个项目投资，投资金额超 6000 万元。协助 116 家客户代办补贴，申报补贴获得 1553.08 万元。中关村科技租赁第 5 期资产支持专项计划设立，发行规模 5.74 亿元，是国内首单民营科技和新经济企业（储架式）租赁资产证券化产品，获“融资租赁 ABS 优秀示范产品”奖。推出“创客租”，为优秀企业提供 5 亿元预授信支持。截至 2020 年底，中关村科技租赁业务累计服务承租人 1100 余家，其中科技和新经济企业超过 95%；累计开展融资租赁项目 1800 余个，租赁投放总额累计约 230 亿元。

（王鸣曦）

【中关村科技租赁在香港联合交易所挂牌上市】1 月 21 日，中关村科技租赁股份有限公司在香港联合交易所有限公司主板上市，股份代号 1601.HK。此次中关村科技租赁上市发行 3.33334 亿股，其中香港公开发售占 10%、国际发售占 90%。发行价为 1.52 港元，募集资金最高净额约为 4.53 亿港元。中关村科技租赁计划将募集资金的 70% 用于扩大业务运营，向中国更多从事大数据、大环境、大健康、大智造和新消费行业的科技和新经济企业提供融资租赁解决方案和咨询服务；10% 用于信息系统升级；10% 用于招聘人才；余下款项做额外流动资金及其他一般企业用途。

（王鸣曦）

【中关村科技租赁推出“创客租”】2 月 7 日，在 2020 年“创客中国”北京市中小企业创新创业大赛暨“创客北京 2020”创新创业大赛上，中关村科技租赁为大赛推出定制的专属融资租赁产品——“创客租”。“创客租”可为优秀获奖企业提供 5 亿元预授信支持，可使用直接租赁、售后回租等融资租赁形式，融资额度最高上限可达租赁物价值的 90%，融资期限 1—5 年。

（王鸣曦）

【新型债权融资服务说明对接会举办】4 月 16 日，由北京中关村国际孵化器有限公司和中关村科技租赁主办的“助力中小企业复工复产”新型债权融资服务说明对接会于线上举办。中关村科技租赁向参会企业分享公司赋能科技型企业的创新与实践，介绍适用于科技型企业复工复产的特色产品服务，通过实际案例分享帮助企业理解科技租赁。中关村科

技租赁与参会企业进行交流，解答企业提出的问题，并提出可行性解决方案。

（王鸣曦）

【“朝阳助力成长”第五期公益培训活动举办】 4月22日，由朝阳区发展改革委主办，北京市朝阳区企业联合会、中关村科技租赁等单位承办的“朝阳助力成长”第五期公益培训活动在线上举办。活动主题为“助力科技中小企业复工复产——科技租赁云端相会”。

（王鸣曦）

【中关村科技租赁签署“投贷奖”风险补偿金意向合作协议】 4月23日，在市文资中心举办的北京市文化产业“投贷奖”风险补偿金启动仪式暨金融机构（首批）意向出资签约仪式上，中关村科技租赁作为首批租赁机构，与市文资中心签署“投贷奖”风险补偿金意向合作协议。《北京市文化产业“投贷奖”风险补偿资金管理办法（试行）》是市文化改革和发展领导小组办公室出台的风险补偿机制，旨在进一步缓解文化企业融资难问题，推动财政资金、社会资本相结合，建立风险共担机制，鼓励金融机构加大对小微文化企业的融资服务。“投贷奖”风险补偿资金是基于“投贷奖”平台，为鼓励银行、担保、融资租赁等机构面向北京市小微文化企业提供融资服务而设立的风险补偿资金，其创新点是金融机构拿出一部分资金，与财政资金共同形成资金池。根据金融机构出资的额度，财政按1∶3进行资金配比，出现风险后对金融机构补偿比例最高为50%，补偿金额最高达到200万元。

（王鸣曦）

【“融资租赁+”模式服务科技企业线上对接会举办】 4月28日，由天津市金融局、天津市科技局主办，中关村科技租赁和天津科技金融中心承办的“融资租赁+”模式服务科技企业线上对接会举办。来自基金公司、担保公司、商业银行和天津市70余家科技型中小企业的代表参加。中关村科技租赁、天津创业投资管理有限公司、天津科融融资担保有限公司等单位相关负责人就如何通过融资租赁、创业投资、融资担保、银行保理等方式为科技企业提供综合服务进行对接、宣讲。中关村科技租赁还与中科拜克（天津）生物药业有限公司进行线上签约。

（王鸣曦）

【中关村科技租赁与北京银行签署战略合作协议】 6月3日，北京银行中关村分行、中关村科技租赁战略支持科技型中小企业合作签约仪式举行。双方建立长期战略合作关系，互为重要合作伙伴，开展深度合作。根据协议，北京银行中关村分行为中关村科技租赁提供意向性综合授信额度10亿元，在信贷业务、债券业务方面支持中关村科技租赁的业务发展；双方共同打造升级版“银租通”产品，通过业务合作、客户互荐、联合管理等机制，共同为中关村示范区内的高新技术企业提供“银租联动”一体化的金融服务；双方共同探索投贷联动新模式，发挥各自企业资源优势，针对中关村科技租赁客户的股权融资需求提供沟通渠道，并开展认股权等相关业务合作。

（王鸣曦）

【中关村科技租赁入选天津市《第一批服务科技企业融资租赁公司名录》】 6月29日，天津市金融工作局印发《第一批服务科技企业融资租赁公司名录的通告》，公布4家可为科技企业提供优质服务的融资租赁公司，包括产品服务、特色优势等，为促进科技企业与融资租赁公司直接便捷沟通，联系洽商业务，更好满足科技企业引进设备、盘活资产、扩大销路等方面的需求提供指引。中关村科技租赁名列其中，是北京市唯一一家入选的租赁公司。

（王鸣曦）

【中关村科技租赁获评中小企业公共服务示范平台】 7月6日，市经济和信息化局印发《关于公布第三批北京市中小企业公共服务示范平台和第三批北京市小型微型企业创业创新示范基地名单的通知》，58 家单位被授予第三批北京市中小企业公共服务示范平台称号，中关村科技租赁入选。

（王鸣曦）

【中关村科技租赁完成两笔外债借款】 7 月 29 日，中关村科技租赁与平安银行离岸金融部合作 0.42 亿元，8 月 31 日与星展银行新加坡总行合作 1.72 亿元，全年合计完成跨境直贷融资 2.14 亿元。中关村科技租赁把握国外低成本融资机会及国家外汇管理局对企业外债便利化的环境，首次引入外债，打通与首个国外银行、离岸金融中心的业务合作，借助货币掉期等金融衍生品工具规避汇率、利率风险，以 4% 的融资利率及时锁定低成本资金。

（王鸣曦）

【第九届中国创新创业大赛举办】 9 月 3 日，由北京创业孵育协会主办，中关村科技租赁、中关村意谷（北京）科技服务有限公司协办的第九届中国创新创业大赛北京赛区暨北京银行杯中国·北京创新创业大赛季（2020）高端装备制造、新能源汽车行业赛成长组决赛在中关村发展集团举办。北京银行中关村分行、英诺天使基金、武岳峰资本等投融资机构的代表参加。大赛于 7 月 24 日启动，近 100 个项目报名参加，其中 35 个项目进入复赛，17 个项目进入决赛，包括 15 个高端装备制造行业、2 个新能源汽车行业的创新项目。最终，北京星际荣耀空间科技有限公司、北京氢璞创能科技有限公司获大赛一等奖，北京微纳星空科技有限公司、北京神工科技有限公司获大赛二等奖，遨天科技（北京）有限公司、北京有感科技有限责任公司、北醒（北京）光子科技有限公司获大赛三等奖。获奖企业获得北京市积分落户创新创业指标加分奖励、中关村科技租赁提供的总价值 5 亿元的预授信支持，以及由英诺创新空间提供的价值百万元的创新服务包。

（王鸣曦）

【中关村科技租赁第 5 期资产支持专项计划设立】 9 月 9 日，中关村科技租赁宣布“中关村科技租赁第 5 期资产支持专项计划”（简称“中关村 5 期”）设立，并在深圳证券交易所上市及流通。“中关村 5 期”发行规模 5.74 亿元，期限 3 年。其中，优先 A1 级募集规模 3 亿元，AAA 评级，票面利率 4.1%；优先 A2 级募集规模 1.26 亿元，AAA 评级，票面利率 4.2%；优先 B 级募集规模 1.3 亿元、AAA 评级，中关村发展集团为优先 B 级提供第二差额支付承诺，票面利率为 4.1%；综合票面发行利率为 4.12%。本次资产支持专项计划为国内首单民营科技和新经济企业（储架式）租赁资产证券化产品，服务对象为中关村示范区的科技和新经济企业；符合交易所对疫情防控定义的资产在资产支持专项计划发行总规模的占比为 29.72%，在优先级证券规模的占比约为 30.68%。

（王鸣曦）

【中关村科技租赁储架 ABS 获“介甫奖”】 9 月 24 日，在第六届结构性融资与资产证券化论坛暨第六届资产证券化·介甫奖颁奖典礼上，中关村科技租赁储架 ABS 获“融资租赁 ABS 优秀示范产品奖”。此次是中关村科技租赁第三次获“介甫奖”。本次资产支持专项计划储架 10 亿元，其中储架内第 1 期 ABS（总第 5 期 ABS）发行 5.74 亿元，为国内首单

民营科技和新经济企业（储架式）租赁资产证券化产品。此前，中关村科技租赁发行的总第 2 期 ABS 获 2016—2017 年度租赁类资产证券化产品最佳风控奖，总第 4 期 ABS 获 2018—2019 年度创新性资产证券化优秀影响力产品奖。

（王鸣曦）

【中关村科技租赁获“创客北京 2020”特别贡献奖】 9 月 29 日，在“创客中国”首届京津冀中小企业创新创业大赛暨“创客北京 2020”创新创业大赛总结会上，中关村科技租赁获特别贡献奖。

（王鸣曦）

【中关村科技租赁获第九届中国创新创业大赛支持单位奖项】 10 月 21 日，在第九届中国创新创业大赛北京赛区暨北京银行杯中国·北京创新创业大赛季颁奖礼上，中关村科技租赁作为大赛赞助单位及高端装备制造和新能源汽车行业赛协办单位获“乘风破浪机构”称号和伯乐智慧奖。

（王鸣曦）

【中关村科技租赁获“西湖论坛杯”优秀租赁企业奖】 10 月 23 日，在中国融资租赁（西湖）论坛第七次主题峰会上，中关村科技租赁获首届“西湖论坛杯”优秀租赁企业奖。

（王鸣曦）

【“银租通”融资筹划服务对接会举办】 11 月 6 日—7 日，由中关村科技租赁与民生银行联合主办的“银租通”融资筹划服务对接会在北京举办，旨在为客户对接债权、股权及其他优质社会资源，助力中小企业健康成长。北京易点淘网络技术有限公司、北京睿力恒一物流技术股份公司等 12 家企业参加。与会者听取有关民生银行科技型企业普惠金融服务、科创企业萤火计划、跨境业务产品、金生未来产业投资策略、企业 IPO 案例及中关村科技租赁特色产品等的介绍，根据自身需求针对产品进行交流沟通，讨论项目实施可行性。中关村科技租赁以服务者和连接者的角色，协同民生银行和科技界、创业界的企业家们对接，形成一个互连、互助的生态体系，通过分享债权、股权及其他优质社会资源，实现资源协同和双赢，乃至多赢。

（王鸣曦）

【中关村科技租赁推出特色化融资租赁服务】2020年，中关村科技租赁提供“银租通”“投租通”“保租通”等特色化融资筹划增值服务，因户施策，帮助企业渡过阶段性难关。针对防疫物资生产、销售、运输等相关企业因疫情防控产生的新增融资租赁需求，加大支持力度，做到一户一策，开设简化流程、快速审批的绿色通道，保障融资资金快速高效注入疫情防控相关企业。对北京市重点企业、高精尖等重点产业项目建立融资租赁服务专项，为重点科技型中小微企业设计个性化融资租赁服务方案，推动项目早日开工达产。

（王鸣曦）

【中关村科技租赁助力企业共抗疫情】2020年，中关村科技租赁关注客户经营情况，建立存量客户帮扶机制。针对大量受疫情影响客户无法复工复产情况，提供租金延期、展期支持，减租降费共297万元；针对受疫情影响严重的客户及防疫类客户，安排专人协助其申报补助资金，共协助116家客户申获中关村科技信贷和融资租赁支持资金1553.08万元；针对重点企业，提供“一对一”可行性融资解决方案，创新开展线上营销，采取远程尽调、远程签约等方式推进项目落地、提供资金支持。

（王鸣曦）

北京企业上市综合服务平台

【概况】 北京企业上市综合服务平台运营主体北京启元资本市场发展服务有限公司（简称启元资本）成立于2018年6月。启元资本由中关村发展集团牵头设立，旨在进一步促进首都金融生态建设，优化全市上市服务体系，引导资本市场金融创新，通过资本学院、智能IPO、投行咨询等业务聚集社会资源，支持北京市企业在境内外上市，鼓励企业开展境内外并购重组。2020年，启元资本建立起全市统一上市挂牌后备企业资源4万余家，积极拓展企业上市、诊断分析、资本市场融资等一体化服务。

（王春光）

【北京企业上市综合服务平台系统启动】 3月13日，由市金融监管局、北京证监局、市科委、市经济和信息化局、中关村管委会、中关村发展集团联合主办，启元资本承办的北京企业上市综合服务平台系统启动暨签约仪式以线上会议形式举行。启元资本基于分布式大数据平台技术架构，构建了企业上市综合服务的线上系统，为企业、机构和政府提供上市全景分析、企业评估服务、上市培育服务、综合金融服务、政策落地服务等五大业务系统模块。启动仪式上，平台与东城、海淀、朝阳、丰台、石景山、通州、顺义、大兴、昌平、延庆、怀柔、门头沟等12家区级政府金融管理部门，上海证券交易所北方基地、深圳证券交易所北京中心、全国股转公司市场发展部、新交所北京中心，中信建投证券、华泰联合证券、毕马威、观正、金杜、德恒等多家知名券商、会计师事务所、律师事务所，北京“科创100”企业及上市重点培育库代表企业分别签署了战略合作协议。市相关委办局、各区金融办有关负责人，各交易所、全国股转系统、国内外知名券商、律所、会计师事务所、企业代表参会。

（王春光）

【北京科技企业“科创钻石指数”发布】 4月16日，市金融监管局联合北京证监局、市科委、市经济和信息化局、中关村管委会、中关村发展集团，以线上会议形式发布北京科技企业“科创钻石指数”。该指数由北京企业上市综合服务平台运营主体启元资本研发创设，清华大学、国家金融与发展实验室、头部券商、上市公司等专业机构相关专家提供支持，主要根据《上海证券交易所科创板股票上市规则》《科创属性评价指引（试行）》等上市监管政策要求，依托中关村发展集团10年服务科创企业的经验和科创企业大数据，运用Logistics回归模型（数据挖掘模型）和Adaboost算法（分类算法）等技术手段，结合上海证券交易所科创板上市指引设计打分体系，整合定性方法和定量方法，对影响科创能力的多种变量通过SEM模型（结构方程模型）确定基础打分权重，再结合行业实际情况进行调整，最终达到对企业科创属性进行全面研判。“科创钻石指数”重点从核心技术、研发能力、研发成果市场认可、相对竞争优势、技术成果转化、科创加分项6个维度、39个一级指标、183个二级指标，超过1000个基础指标，以系统性、可量化、多维度的方式，综合评价科技企业科技创新和持续发展能力。来自上海证券交易所资本市场服务北方基地、北京市各区金融办、券商、会计师事务所、律师事务所、企业等的代表50余人线上参与活动。

（王春光）

【“钻石工程”行动计划发布实施】 7月6日，市地方金融监督管理局印发《北京市上市公司“钻石工程”行动计划（2020—2022）》，并启动实施。启元资本作为北京企业上市综合服务平台运营主体，将协同市区相关部门推动文件落地。“钻石工程”行动计划由市金融监管局牵头，北京证监局、市财政局、市政务服务局、中关村管委会等15个市级部门、各区政府明确分工、协同联动。“钻石工程”运用多种金融科技手段，覆盖企业成长全周期、上市挂牌全流程，打造以“钻石指数”为参照、以企业上市培育基地为载体、以资本市场服务平台为依托、以上市公司发展基金为支撑的“四位一体”资本市场服务体系。按照文件明确的分工安排，启元资本围绕上市培育基地建设、上市挂牌后备企业资源库建设、资本市场培训等重点任务，与市区相关部门协同推动文件落地。

（王春光）

【共建资本市场金融科技实验室协议签署】7月15日，启元资本与北京金融科技研究院签署协议，共建北京金融科技研究院资本市场金融科技实验室。双方共建的实验室将针对科创企业融资、IPO以及企业上市后的持续监控等需要，利用产业链知识图谱、深度学习等相关大数据技术，为本市优质企业提供上市潜力判断、投融资匹配、上市辅导、风险监测、境内外资本市场分析和中介机构分析等场景应用分析和应有路径研究服务。

（王春光）

【外商投资企业境内上市服务平台上线运行】12月8日，由启元资本作为运营主体的外商投资企业境内上市服务平台揭牌仪式举行。该平台借助大数据、人工智能及区块链等技术手段，围绕企业价值评价、辅导培训、上市咨询、融资撮合、政策落地等方面的需求，通过“钻石指数”、资本学院、智能IPO等产品服务为外资企业境内上市提供优质服务。此外，该平台构建了自动筛选功能，分行业、分梯队建立了外商投资企业资源库，年内入库外资企业4000余家，其中国家高新技术企业2000余家，有利于“钻石工程”行动计划的丰富和提升。

（王春光）

科技专业服务

中关村发展集团年鉴

YEARBOOK OF ZHONGGUANCUN DEVELOPMENT GROUP

2021

综　述

2020 年，集团科技专业服务聚焦科技成果转化和产业化的共性需求及关键领域“卡脖子”环节，多措并举构建圈层服务体系，补齐创新生态服务短板，着力打造“中关村科服”品牌。截至 2020 年底，集团共集成了 18 类 160 余项服务。

提升知识产权运营服务能力。紧盯科技创新“从 0 到 1”环节，高价值专利培育、知识产权维权保护等多项工作被纳入市级重点任务，推出国内首个智慧园区科创能力分析与可视化系统，优化推出智融宝 2.0，获批世界知识产权组织技术与创新支持中心（TISC）和国家高新技术企业资质，IP Online 公共服务平台累计盘活企业核心知识产权 1225 项。搭建中关村知识产权质押融资综合服务平台，有力支撑了北京市知识产权质押融资体系建设。

搭建专业科技服务平台。设立中关村科服，获得 1.2 亿元财政资金支持，组建企业服务管家团队，与清华工研院、国药集团、创业黑马、阿里云等 87 家服务机构建立“朋友圈”。设立中关村产业研究院，加强新技术、新产业、新经济咨询服务能力。中关村易（e）创服务平台获得国家发展改革委现代服务业立项支持，自 2019 年 4 月上线共服务企业超过 1 万家次，成为服务科技创新的新增长极。在丰台区搭建轨道交通产业服务平台，在石景山区搭建工业互联网产业服务平台，在大兴区搭建中日创新合作示范区平台；战略投资硬创空间，打造智能制造产业服务平台；战略投资中关村至臻环保，打造“大环保”产业综合服务平台。

持续搭建共性技术服务平台。从生物医药、信息产业等“核爆点”入手，启动中关村生命科学园生物药中试平台及中关村细胞与基因治疗创新孵化平台、医疗器械 CMO 及 CSO 平台、基因组编辑技术研究平台、智能制造综合服务平台等十几个共性技术平台；在房山区、门头沟区等打造中关村（房山）高端制造前沿技术创新中心、智能文创园等各具特色的区域创新运营平台；协调推进中关村软件园、中关村生命科学园等园区建设基于“5G +”的智能管理与服务平台、中关村科学城生物医药产业基地等重点项目，统筹一区多园高质量发展。

全面提升专业孵化服务。完成中关村软件园和中关村生命科学园孵化器专项优化方案，推动产业、人才、机制、运营模式全面革新，中关村医疗器械园、中关村微纳能源孵化器被认定为“中关村硬科技孵化器”。集团运营孵化器 33 个，期末入驻企业 1978 家，新增毕业企业 163 家。建立资源链接与配置网络，实施以中关村软件园孵化器、中关村生命科学园孵化器为试点的体制机制、股权结构等改革。

（李明明）

知识产权服务

【概况】集团知识产权服务主要依托下属子公司北京知识产权运营管理有限公司（简称北京 IP）开展。2014 年 7 月 11 日，北京 IP 成立。北京 IP 致力于搭建“141”全链条、大保护知识产权服务体系，为创新主体提供专利大数据解决方案、高价值专利培育转化、知识产权金融、知识产权维权保护等专业化服务。2020 年，集团以“高科技投资 + 知识产权专业服务”为手段，承担中国首个高价值知识产权培育运营国家专项（智能传感方向），发起设立国内首支智能传感领域知识产权投资基金，开发国内首个专门针对科技园区 / 区域的科创能力分析管理可视化系统。探索发展知识产权质押融资业务，搭建中关村知识产权质押融资综合服务平台，智融宝知识产权质押贷款服务企业数量和规模均占到全市两成。同时，积极布局线上、线下相结合的一站式知识产权维权保护等创新业务。截至 2020 年底，累计运营高校院所优质专利 3.2 万件，提供知识产权大数据智能分析 1.4 万次；促成 50 余个发明专利项目转移转化；服务科技企业超过 150 家，融资规模超过 10 亿元，盘活企业核心知识产权超过 1200 项；完成知识产权专题报告 50 多份，服务领域覆盖人工智能、智能传感器、石墨烯、高端医疗器械等。

（范芮芮）

【知识产权质押融资保险 2020 年合作方案研讨会召开】1 月 10 日，北京 IP 组织召开知识产权质押融资保险 2020 年合作方案研讨会。中关村知识产权促进局、中国人民财产保险股份有限公司北京市中关村科技支公司、建信财产保险有限公司北京分公司、中国人寿财产保险股份有限公司北京分公司等单位相关人员参加研讨会。

（杨凯东）

【北京 IP 获国家高新技术企业认定】1 月，北京 IP 通过国家级高新技术企业认定。国家高新技术企业由科技部、财政部、国家税务总局三大部委共同认定。认定标准包括核心自主知识产权、研究开发的组织管理水平、科技成果转化能力、财务等多项指标，对申报企业在资质、科技研发实力、经营状况与发展能力等方面具有一系列严格的要求和审批程序。获得国家高新技术企业认定可享受税收减免、融资贷款、企业上市、吸引人才等方面的激励政策。

（曾圆圆）

【《专利大数据“把脉”国内冠状病毒检测诊断技术》报告发布】2 月，北京 IP 通过专利大数据分析，识别北京在新冠肺炎方面可能具有优势的创新主体及可转化应用的专利技术，期望可以为本次疫情有效检测试剂的研发提供信息参考。专利大数据分析结果显示，北京在冠状病毒检测与诊断方面具有良好的研究基础，中国检验检疫科学研究院、清华大学、中国医学科学院病原生物学研究所、博奥生物集团、科兴生物、金迪克生物等多家高校院所及企业就冠状病毒检测提出过相关专利申请，且部分企业很好地发挥了产学研合作优势，前期科研成果对于开发针对此次新型冠状病毒的检测试剂盒具有重要创新启示，并已进入转化应用阶段。

（张晓红）

【《新型冠状病毒检测诊断技术研发指引》发布】 2月24日，北京IP发布《新型冠状病毒检测诊断技术研发指引》，主要面向研发人员，旨在将专利数据与产业信息进行融合分析，以期帮助新型冠状病毒检测诊断相关领域研发人员精准获取高价值专利，提高研发起点，加快研发进程。北京IP以国家知识产权局编写的《抗击新型冠状病毒肺炎全球专利信息研报》为基础，摘出与冠状病毒免疫学检测法、核酸检测法以及检测仪器等相关的22篇重点专利文献，提炼出“要解决的技术问题或有益效果”“所采取的技术方案”“技术用途或应用领域”等具有研发参考价值的关键信息。此外，报告还基于专利数据分析和相关产业信息，挖掘筛选出一批在冠状病毒检测诊断领域已有研发布局的北京企业及高校院所。

（张晓红）

【北京IP筹设智能传感领域高价值专利培育基金】 2月，北京IP聚焦智能传感技术及应用领域高价值知识产权培育收储，服务专利组合与专利池建设的知识产权特色基金，谋划设立智能传感领域高价值专利培育基金。该基金立足北京，并致力于辐射津冀、长三角、珠三角等智能传感技术和产业优势地区，参与投资一批具有一定知识产权基础的创新主体。通过对专利技术的投资，以资金和配套知识产权服务为手段,通过“企业自主研发+技术转移转化”方式，在传感器关键技术和共性技术方面产生一批技术含金量高的专利技术成果，在中关村、京津冀，乃至全国实现培育壮大一批高技术含金量的本土企业，提升国内自主中高端产品供给能力。按照设计，基金在遵循传统股权投资的逻辑基础上，强调引入贯穿投资活动全链条的高质量知识产权服务。

（赵悦凯、隋雨轩）

【高价值知识产权培育运营直播课举办】 3月9日，北京IP为中关村集成电路设计园企业进行了以“高价值知识产权培育运营”为主题的分享交流活动，为提升园区企业知识产权保护运用意识提供支持。活动介绍了企业IPO的知识产权监管趋势、科创板已受理企业及知识产权审核要点、上市企业知识产权应对策略、北京IP在智能传感器领域高价值知识产权培育运营方面的思考以及相关基金系搭建等内容。

（隋雨轩）

【《单细胞基因测序技术中国硬核团队及专利布局规划》发布】 3月20日，北京IP发布《单细胞基因测序技术中国硬核团队及专利布局规划》。从高通量单细胞基因测序技术对于筛选新型冠状病毒特异性中和抗体具有独特优势、全球单细胞基因测序相关专利主要布局、单细胞基因测序技术中国团队等方面进行分析并提出建议，为寻求攻克防疫任务的潜力主体与技术创新提供线索或启示。

（张晓红）

【北京IP系列报告被专利信息共享平台收录】 3月，国家知识产权局中国专利信息中心不断完善防疫专利信息共享平台，持续开展与防疫相关的专利信息资源收集工作，以支持疫情防控科研攻关。在平台分析报告专区，收录了国家知识产权局、专利审查协作北京中心、专利审查协作天津中心、专利审查协作河南中心、知识产权发展研究中心、北京IP等机构的相关专利研究分析报告。报告涉及治疗用药、检测诊断技术、防护产品等众多防疫相关领域最新专利研究成果。其中，北京IP是该平台专利信息报告提供单位里唯一的IP服务机构。是月，防疫专利信息共享平台报告获中国政府网收录并发布。

（张晓红）

【“4·26”知识产权推进暨高价值专利转化活动举办】 4月26日，由中关村管委会、市知识产权局主办，中关村知识产权促进局、国家知识产权运营公共服务平台、华智众创（北京）投资管理有限公司承办，北京IP等3家单位协办的中关村“4·26”知识产权推进暨高价值专利转化活动举办。活动主题为“促进高价值专利转化和运营”，采用线上直播的形式开展，包括高价值专利转化推进活动、高价值专利项目路演两个环节。本次高价值专利项目路演活动的8件专利中有3件由北京IP推荐，分别是“脑组织间液与脑细胞外间隙的生理参数测量方法”“一种CT并行重建系统及成像方法”“一种具有高刚性的四自由度远程运动中心机构”，均属于医疗器械产业领域。国家知识产权局知识产权运用促进司、市知识产权局、中关村管委会相关负责人及来自中关村示范区企业、知识产权专业机构、投资机构、社会组织、新闻媒体代表等500余人参加活动。

（张晓红）

【北京 IP 推出“知识产权维权通”】 4月26日，在中关村“4·26”知识产权推进暨高价值专利转化活动上，作为首都知识产权服务业协会向创新主体和社会公众推介的首批10项中关村知识产权运营创新模式和产品之一，北京IP打造的“知识产权维权通”创新产品推出。“知识产权维权通”以“维权资本＋专业服务”的模式，为科技企业提供“全周期、一站式”的知识产权维权保护“绿色通道”；本着“风险共担，收益共享”的原则，为有维权需求且有资金压力的创新主体提供资金支持并且共同承担维权活动中的风险。该产品通过引入法律服务、技术服务、资金等关键资源，引导、支持科技企业积极开展知识产权维权活动。

（孙天航、武晶）

【知识产权大数据助力合肥智能网联发展】 5月13日，合肥市包河区经济和信息化局、包河经开区管委会、北京IP三方召开线上会议，围绕“专利视角下的合肥智能网联产业如何布局”进行研讨。三方通过专利大数据分析、产业研究以及市场研判，为合肥智能网联产业发展打开新的突破口。北京IP通过知识产权大数据分析与专业洞察，为合肥智能网联发展提供了方向：抓住产业发展机遇，开展感知系统和智能驾驶舱领域核心硬件的技术储备和新产品研发，以便迅速切入智能驾驶汽车市场；在ADAS系统、无人驾驶系统、高精度地图等中国整体上技术实力较弱的智能化领域，通过多种方式（加大研

发力度、企业合作、招商引资、人才引进、提高专利布局意识）促进技术创新，实现技术升级；紧盯5G车路协同，加强谋划，抢先布局。

（陆文超）

【北京 IP 签署知识产权服务管家项目合作协议】 7月14日，由中关村知识产权促进局主办的中关村国家知识产权制度示范园区知识产权服务管家项目启动会举办。会上，北京IP与中关村知识产权促进局、中关村朝阳园管委会签署服务管家项目三方合作协议。知识产权服务管家项目是中关村知识产权促进局与“三城一区”、中关村国家自主创新示范区分园区联合推进知识产权工作的一项重要举措，中关村知识产权促进局将汇集优质知识产权服务资源，向分园区聚集，通过服务管家项目的实施，提升园区知识产权综合运用水平，激发区域创新潜能。

（周霖霞）

【工业设计领域头部企业高管知识产权研讨会举办】 8月7日，由北京工业设计促进中心联合北京IP主办的工业设计领域头部企业高管知识产权研讨会举办。由北京IP及北京IP协同体成员单位杨丽萍咨询公司、北京三聚阳光知识产权代理机构组成的知识产权运营服务专家团队与到会的工业设计领域头部企业高管就知识产权的相关知识进行交流。知识产权运营服务专家团队介绍了知识产权质押贷款、知识产权维权保护、企业知识产权管理等相关服务内容，介绍了工业设计领域知识产权申请与保护相关内容，以及知识产权规范化管理的重要性。专家们还就企业关心的知识产权问题与参会人员进行了交流。

（曾圆圆）

【推荐 3 家服务企业入选“专精特新”中小企业名单】 8 月 7 日，市经济和信息化局发布“2020 年度第二批北京市‘专精特新’中小企业名单”，北京 IP 推荐 4 家符合条件的企业申报，其中北京梦之墨科技有限公司、北京百利时能源技术股份有限公司、飞救医疗科技（北京）有限公司等 3 家企业入选。

（范芮芮）

【北京 IP 入选“专精特新”中小企业服务券服务商及服务产品名单】 8 月 25 日，市经济和信息化局公布“2020 年度北京市‘专精特新’中小企业服务券服务商及服务产品”名单，北京 IP 及服务产品入选“知识产权类”服务券服务商及服务产品名单，具体包括 FTO 服务、专利无效服务、EOU 服务、专利权稳定性服务、查新检索、公众意见服务、产业技术服务、技术调查服务、竞争对手调查服务、企业知识产权管理服务、拟上市企业知识产权辅导服务、知识产权维权保护服务。北京 IP 是 42 家上榜服务企业中唯一的知识产权运营机构。

（范芮芮、曾圆圆）

【北京 IP 入选技术与创新支持中心（TISC）筹建机构】 8 月 28 日，国家知识产权局发布《关于启动第四批技术与创新支持中心（TISC）筹建工作的通知》，北京 IP 获批成为世界知识产权组织（WIPO）第四批技术与创新支持中心（TISC）筹建机构，是本次取得在华 TISC 筹建机构资质的北京地区两家市属入围机构之一。（2019 年，北京 IP 依托评价分析业务知识产权线上平台“IP Online”以及电子信息领域高价值知识产权培育运营专项等创新服务优势，申报国内 TISC 承办机构。）

（孙天航、隋雨轩）

【北京 IP 入选北京市知识产权运营示范单位】 9 月 30 日，市知识产权局公布“2020 年度北京市知识产权运营试点示范单位名单”，认定北京航空航天大学、中国信息通信研究院、北京 IP 等 10 家单位为 2020 年度北京市知识产权运营示范单位，认定北京大学第三医院（运营办公室）、北京中医药大学、北京博奥晶典生物技术有限公司等 15 家单位为 2020 年度北京市知识产权运营办公室和试点单位。其中，北京 IP 作为唯一一家知识产权运营机构入选。

（曾圆圆）

【高端医疗器械知识产权战略布局研究汇报暨中关村政策宣讲会举办】 10 月 15 日，由中关村管委会主办、北京 IP 承办的高端医疗器械领域知识产权战略布局研究成果专题汇报暨中关村政策宣讲会在中关村医疗器械园举行。会上，北京 IP 分享了“高端医疗器械领域知识产权战略布局研究”，通过关键核心技术专利分布分析与专利导航分析，提出中关村示范区各关键细分领域未来重点技术方向及发展路径；介绍了北京 IP 与国家知识产权运营公共服务平台开发建设中的“医疗器械产业创新布局与招商引智可视化系统”。100 余名来自政府、企业、专业园区、孵化器等不同主体的负责人通过线上或线下的方式参加会议。

（张晓红）

【朝阳园知识产权服务管家项目进阶培训活动举办】
10月16日，由中关村知识产权促进局、中关村朝阳园管委会主办，北京IP承办的“中关村国家知识产权制度示范园区知识产权服务管家项目”朝阳园进阶培训活动举办。本次活动邀请中关村知识产权促进局、北京IP及北京IP协同体成员单位杨丽萍咨询公司、北京三聚阳光知识产权代理机构组成的知识产权服务管家项目专家团队，围绕企业关心的知识产权问题开展线上培训。活动当天，知识产权服务管家项目专家团队的4位专家结合自身专业特长为企业提供定制化服务。本次活动吸引60余家企业参会。

（周霖霞、曾圆圆）

【智慧园区科创能力分析管理系统上线】10月19日，国内首个面向专业科技园区的智慧园区科创能力分析管理系统在中关村生命科学园上线。该系统由北京IP联合国家知识产权运营公共服务平台共同开发，旨在通过利用人工智能、大数据等先进手段，充分挖掘知识产权技术、经济和市场价值，以及园区产值、人才、标准等信息，打造专门面向科技园区的科创能力智能化、可视化分析管理平台，为园区科技投资、招商引智、成果转化、精准服务等科创活动提供大数据解决方案，助力园区知识产权保护运用能力提升及发展。该系统具有三大特点。一是数据全面权威。整合了全球100多个国家和地区、30多个类型、9亿多条知识产权数据，并结合宏观经济数据、科技论文、科技专项课题等其他科创要素，从科创规模、科创质量、成果运用、科创效率4个维度构建了包括30项指标的科创能力评价模型。二是七大特色功能。该系统具有把脉园区全貌、洞察产业趋势、追踪前沿技术、挖掘头部企业、对标同行园区、动态监测企业、创新能力提升等七大功能，可帮助园区实现管理智能化、决策可视化、服务精准化。三是可视化指数化。该系统探索帮助用户快速识别有利用价值的数据，从数据分析中得出趋势，总结出关键核心信息。该系统还首次尝试从技术影响力、技术垄断力等方面，对中关村生命科学园与江苏、上海、广州、武汉等省市的同类园区进行科创生态对标。此外，该系统还对医疗器械领域国内外产业全貌、重点技术等进行了比对分析，入园企业可通过系统端口，对自身专利数据进行整理、挖掘、分析，对专利状态、缴费状况、保护年限、潜在风险等进行监控管理，为企业实时掌握自身科创实力、进行市场分析提供决策依据。

（张晓红）

【知识产权服务上门活动举办】10月21日，由中关村知识产权促进局、中关村朝阳园管委会主办，北京IP承办的“知识产权服务送上门，助力企业‘点石成金’”活动举办。此次活动作为朝阳园知识产权管家项目系列活动之一，北京IP根据园区企业需求，定向邀请并组建一支5人知识产权专家队伍，上门提供“一对一”全方位管家服务，内容涵盖知识产权诊断、检索与分析、市场预警分析、快速审查流程及政策、知识产权投融资、维权保护等方面的辅导及培训。在活动交流过程中，格物致和生物科技（北京）有限公司、艾迪普科技股份有限公司、北京福贝柔然家居有限公司等5家企业与专家团队进行对接。

（周霖霞）

【中关村知识产权质押融资 2.0 推出】 10 月，北京 IP 落实中关村管委会相关要求，建设中关村知识产权质押融资综合服务平台，在确保业务合规和风险可控的基础上，优化推出中关村知识产权质押融资 2.0（简称智融宝 2.0）。智融宝 2.0 采取“知识产权运营机构与担保机构主导、商业银行配合、政府风险处置资金池支持”的模式，采用“知识产权价值评估 + 知识产权综合评价分析”的双重评审体系，解决了金融机构知识产权专业能力缺失问题，助推企业快速成长为专利优势型科技小巨人。截至 2020 年底，“智融宝”业务共向 130 余家科技型小微企业提供“智融宝”“纯”知识产权质押贷款服务，授信 5.7 亿元，平均单笔授信 436 万元，成为国内知识产权金融服务创新品牌。

（杨凯东）

【北京 IP 参与开发桐庐县专利动态智能监测系统】

11 月 9 日，桐庐县专利动态智能监测系统在首届知识产权运营京杭论坛暨 2020 年医疗器械产业高质量发展促进会上发布。桐庐县专利动态智能监测系统由桐庐县知识产权保护中心、北京 IP、华智众创（北京）投资管理有限公司（国家知识产权运营公共服务平台建设主体）、北京亚信数据有限公司共同开发。该系统通过整合全球 100 多个国家和地区、30 多个类型、9 亿多条知识产权数据，从专利规模、专利质量、专利运用、专利保护 4 个维度 19 项指标建立科创能力评价模型，旨在帮助桐庐相关政府部门和创新主体了解区域专利规模、质量、运用与保护水平，摸查重点科技创新方向，快速识别出有利用价值的数据，从数据分析中总结关键核心信息，从而提高决策效率和质量。

（范芮芮、周霖霞）

【北京 IP 联合举办“专精特新”线上培训活动】 11 月，北京市中小企业公共服务平台联合北京 IP 等单位推出“创未来，知识产权助力企业持续创新发展——专精特新”专属系列线上培训活动。活动中，北京 IP 以“硬科技企业知识产权信息管理”为主题，围绕知识产权数据库信息挖掘、专利布局规划等方面进行分享，帮助企业有效利用大数据信息进行高质量专利布局，提升企业的专利保护力度，扩大企业的技术影响力和商业优势。60 余位企业创新负责人和知识产权负责人参会。

（赵博慧）

产业服务

【概况】2020年，集团继续依托中关村软件园、中关村生命科学园、中关村集成电路设计园等园区，打造专业的服务平台。按照中关村“241X”重点产业方向，在丰台区搭建轨道交通产业服务平台，在石景山区搭建工业互联网产业服务平台，在大兴区搭建中日创新合作示范区平台；战略投资硬创空间，打造智能制造产业服务平台；战略投资中关村至臻环保，打造“大环保”产业综合服务平台。持续搭建共性技术服务平台。从生物医药、信息产业等“核爆点”入手，推动建设工业芯片应用创新（芯海择优）、“5G＋MEC示范”、基因组编辑、生物药中试、医疗器械CMO及CSO平台、智能制造综合服务平台等十几个共性技术平台。

（李明明）

中关村科服

【概况】2020年，北京中关村科技服务有限公司成立。年内，中关村科服与阿里云计算有限公司、全国科研仪器服务联盟等专业领域头部企业签署合作协议，为提高市场影响力、在垂直领域布局服务能力创造了良好的市场环境。推动“金种子”企业支持计划；建立包括60余名服务管家的“金种子”企业服务团队；对纳入“金种子”范围的481家企业进行“一对一”精准对接，明确了100余家能够形成有效服务的“金种子”企业；针对空间服务、国际拓展、科技金融、股权融资、企业服务、技术服务等服务需求开展问卷调查，同步梳理形成服务产品清单，启动“金种子”企业微信小程序开发工作，为深化中关村科服的服务能力、健全科技服务体系、集成赋能“金种子”企业夯实了基础。聚焦科技企业全生命周期发展需求，广泛链接市场化服务资源，初步实现与87家科技服务专业机构的合作，在大健康、大信息、大制造和大环保四大产业方向，形成了33个细分领域200余项科技服务能力。其中，在共性技术服务领域形成15个高精尖专业细分领域的94项专业技术服务，在专业科技服务领域形成产业研究、知识产权、场景应用等15个服务类型的100项泛科技服务；在综合配套服务领域，形成健康管理、教育和人才服务3个类型的18项配套服务。

（李璐）

【“金种子”培育行动计划推出】7月，为了帮助科技型中小微企业中在战略性新兴产业领域技术水平、商业模式、创新能力等方面表现出较强发展潜力的初创企业渡过疫情难关，集团推出“金种子”培育行动计划。行动计划从数万家服务企业中遴选首批480余家符合条件的“金种子”企业。此次推出的行动计划通过投资纽带，为企业发展提供“耐心资本”支持，与企业共担风险。集团拟于年内出资2亿元，设立“金种子”企业投资专项基金，预计撬动社会资本5亿元，支持“金种子”企业发展。在投资方式上，除了直接的基金投资外，还有在“金种子”培育企业进行认股权业务试点，采取租金换股权、减租降费换股权、服务换股权（优先认股权）等多种方式。“金种子”培育行动计划是一个针对“金种子”企业的综合纾困方案，通过建立“服务管家”队伍，持续跟踪关注“金种子”企业发展动态，主动上门开展“一对一”服务，定制“服务包”和培育计划，充分用好集团园区、投资、金融、专业服务等多元化手段支持“金种子”企业渡过难关，平稳健康发展。计划还将在加大科技金融创新服务力度方面，建立专项担保产品，设立绿色审批通道，对接低成本资金，降低企业担保费率；开展租赁特色服务，研究开展“租赁＋投资＋委托运营”服务模式试点；开发供应链金融产品，拓展企业新的融资方式和渠道，帮助解决企业融资难、融资贵问题。搭建专业科服平台，为企业对接各类专业科技服务资源、解决“卡脖子”问题提供特色化服务方案；搭建园区场景对接应用平台，帮助企业对接提供应用示范需求；打通企业政策对接“最后一千米”，提供政策申报咨询服务；“大手拉小手”，帮助对接大企业资源。在帮助企业拓展海内外市场、延伸产业链方面，发挥中关村论坛交流、展示、交易平台作用，为企业提供交流发展机会；帮助“金种子”企业恢复产业链，为企业提供产业链上下游供需信息对接服务。

（邢茹玉）

【北京市工业芯片创新中心成立】 8月14日，在中关村集成电路设计园举办的第四届“芯动北京”中关村 IC 产业论坛上，北京市工业芯片创新中心揭牌成立并落地园区，由中关村芯海择优科技有限公司运营。创新中心由中关村发展集团与北京智芯微电子科技有限公司、北京控股集团、北京全路通信信号研究设计院集团有限公司、北京京泰投资管理中心等共同合作发起，将在开放应用测试场景、建立工业芯片标准体系、开展工业领域各类芯片研发、加速工业芯片的国产化替代等方面发力。同时，创新中心将带动各专业领域的芯片设计企业围绕工业芯片领域关键“卡脖子”技术难题及重点产品展开联合研发，力争在工业控制领域实现重点突破。

（李奇奇）

【北京中关村科技服务有限公司成立】 9月11日，北京中关村科技服务有限公司成立，注册地址为海淀区西三环北路甲2号院7号楼10层05室。中关村科服以大数据技术为支撑，以产业组织能力为核心，以资本运作为纽带，以市场化机制为驱动，以服务双创主体为使命，广泛链接创新要素资源，构建以中关村创新创业大数据服务平台、产业共性技术服务平台、泛科技服务平台和综合配套服务平台为代表的线上线下融合发展的业务体系，充分发挥“导入口、连接器、放大器、加速器、催化剂”的功能优势，助力服务对象实现创新、创业、创富，逐步形成高端化、特色化、差异化的科技服务新生态，为北京建设国际科技创新中心和中关村“241X”高精尖产业集群的发展作出贡献。中关村科服将坚持“普惠、开放、共享”的发展理念，立足京津冀，辐射全国，链接海外，打造和推广“中关村科服”品牌，努力发展成为国际领先、中国一流的全周期、管家式、一站式科技服务运营商。

（李璐）

【中关村科服联合发起国际技术交易联盟】 9月17日，在中关村论坛期间举办的2020中关村论坛技术交易大会上，中关村科服作为国际技术交易联盟发起单位参加成立仪式。该联盟指导单位为中关村管委会、中国国际科技交流中心，发起单位为国际技术转移协作网络（ITTN）、中国技术交易所、中关村天合科技成果转化促进中心、中关村科服、北京 IP、北京高校技术转移联盟、中关村技术经理人协会、中关村宽带无线专网应用产业协会。首批邀请加入联盟的国内外技术交易机构成员单位103家会员单位已认证，并形成了《国际技术贸易规则和技术交易生态环境建设共识》。包括剑桥大学技术转移中心、牛津大学全球创新咨询机构（Oxentia）、美国佐治亚理工学院、俄罗斯圣彼得堡国立大学、以色列创新国度动力空间 Innonation Powerhouse、德国创新与技术研究院（GIT）等在内的37家世界知名技术转移机构受邀加入联盟。国际技术交易联盟将成为搭建国际技术转移、交流协作、创新合作的平台，链接国际知名技术交易机构、组织、企业和专家，促进跨国技术交易、交流合作和技术成果产业化。在联盟筹建期内，将探索建立国际知名技术交易机构合作工作机制，完善工作体系、搭建合作平台，联盟成员之间共通资源、共促合作、共赢发展。

（李璐）

【中关村科服携手阿里云打造数字科创服务平台】 11月20日，在北京东升科技园举办的“数智·园区行业峰会暨白皮书发布会”上，中关村科服与阿里云计算有限公司签署合作协议。双方将聚焦智慧园区建设与运营，共同挖掘园区运营、科技金融、创新创业等领域的合作场景，在企业数字化转型、智慧园区建设、科创服务及园区消费者服务等方向进行合作，携手打造普惠、开放、共享的数字科创服务平台，构建产业互联网新生态。中关村发展集团、易创新科、阿里云、中关村科服相关人员参加发布会。

（马利霞）

【中关村科服搭建智能制造综合服务平台】 2020年，中关村科服依托硬创空间搭建智能制造综合服务平台。硬创空间以市场需求为出发点、以专业硬科技服务为支撑，拓展“专业技术中试服务平台和技术经纪人支撑科技成果转化”的发展路径标准，打造具有全球竞争力的智能制造综合服务平台。中试服务平台提供包括方案设计、硬件开发、软件开发、工业设计和机械结构设计、样机试制、检验检测、中小批量及产业化为一体的“北斗七星”一站式硬科技服务，有效推动智能制造技术成果转化与产学研协同创新，帮助创新型企业快速实现从研发到生产的产业化，推动产业创新发展和聚集，呈现全国独有的快制服务“窗口效应”和“放大效应”。平台聚集以智能制造和电子信息产业为核心的自有服务5000余项，中试服务上下游资源3000余家，联动200余家国家级实验室的测试、认证、资质等服务。

（李奇奇）

关于推进特色产业园建设，提升分园产业服务能力的指导意见》和《中关村丰台园轨道交通产业创新发展行动计划（2020—2022年）》的重要举措。主要围绕丰台区千亿级轨道交通产业，发挥平台服务资源优势，以共建、共享、共赢的理念服务中关村轨道交通行业各类企业，打造产业服务生态。

（赵睿）

【北京中关村轨道交通产业发展有限公司揭牌】 10月23日，在由中国铁道学会、丰台区政府、中国铁道科学研究院集团有限公司、北京交通大学主办的第二届中国铁路发展论坛上，中关村管委会、丰台区政府、北京京投投资控股有限公司和中关村发展集团签署四方战略合作协议，建立轨道交通产业全面创新发展战略合作关系，实现优势互补、互利互惠，推进轨道交通产业在丰台区聚集化、智能化、服务化、平台化发展。活动中，北京中关村轨道交通产业发展有限公司举行揭牌仪式。

（赵睿）

【中关村轨道交通产业服务平台揭牌】 12月3日，在首届中国科技资源与产业服务高峰论坛上，中关村轨道交通产业服务平台揭牌。平台由中关村轨道交通联合北京市地铁运营有限公司运营创新研究院、北京市丰台区发展投资有限公司、北京IP、北京交通大学知识产权与技术转移中心、深圳市查策网络信息技术有限公司、中关村意谷（北京）科技服务有限公司、中国轨道交通网、易创新科、北京八月瓜科技有限公司、北京鹿苑天闻投资顾问有限责任公司、上海牵翼网络科技有限公司、广州仪速安电子科技有限公司、北京丰台新动能投资管理中心等13家产业服务机构共建，涵盖创新研发服务、检验检测服务、知识产权服务、投融资服务等多类服务内容。

（赵睿）

中关村轨道交通产业服务平台

【概况】 2020年12月，中关村轨道交通产业服务平台揭牌。平台是落实《中关村国家自主创新示范区

AI标准评测和数据分享平台

【概况】 2020年12月，AI标准评测和数据分享平台设立，是中关村软件园为推动人工智能产业资源

的共建共享和标准化管理研发的新一代人工智能资源开放共享平台，以数据资源为核心，发力数据评测标准化，打造服务共享、标准评测和产业转化的全新人工智能数据生态，通过建设开放、灵活、可扩展的AI开源数据平台，有效打破各行业数据系统界限，解决数据质量孤岛问题。同时，通过平台建设的AI数据质量评测和治理能力，可以促进中国人工智能统一规范的数据标准建设和完善的数据质量评测指标体系建设，解决中国各领域（包括语音、视觉、电信等）和各行业（通信、家居、金融、医疗、交通、教育等）人工智能发展过程中存在的数据质量问题。2020年，平台入选中关村示范区高精尖产业协同创新平台。

（李军伟）

【AI标准评测和数据分享平台入选中关村高精尖产业协同创新平台】 12月11日，由中关村管委会、中国科协科学技术传播中心、中关村发展集团主办，中关村软件园和中关村大数据产业联盟承办的2020中关村大数据日暨数字经济融合创新发展论坛在北京举行。活动现场举行“中关村国家自主创新示范区高精尖产业协同创新平台”授牌仪式，中关村软件园AI标准评测和数据分享平台入选。

（李军伟）

中关村易（e）创服务平台

【概况】 2020年，集团启动实施中关村易（e）创服务平台升级工程，完善产业分析、智慧园区、政策匹配、企业投融资、基金/母基金管理、企业征信、人才匹配、知识产权等八大服务模块，上架集团“4+2”体系服务产品，上线“易课堂”板块，搭建“e创服务超市”，联合阿里云等数字生态伙伴，围绕企业全生命周期需求场景打造生态服务体系，辐射25类创新产业，服务1万家次，覆盖2000家科创企业。

（邢茹玉）

【中关村易（e）创服务平台上线】 3月12日，集团旗下的线上科服产品——中关村易（e）创服务平台上线，向社会公众免费开放。平台利用大数据和人工智能手段，结合科学的研究方法和产业评估体系，建立产业分析模型，剖析当前产业环境与政策，构建产业图谱，透视区域产业历史沿革、发展现状及未来趋势，旨在为用户创建一个政策信息资源整合与共享的服务平台，根据企业的需求与定位为其提供精准的政策推荐及全周期政策申报服务。平台将各行业的影响变量加入产业分析模型中，有助于受疫情影响的企业结合自身现状制定有针对性的应对策略，帮助各级政府单位科学精准施策，稳妥推进中小企业恢复正常生产经营，尽可能减少疫情对社会经济的影响。平台设有促进中小微企业持续健康发展政策专区，以不同维度分类解析各类政策，满足各企业快速了解、精准对接所需求的政策及不同企业的个性化需求。平台充分利用物联网、大数据、移动互联网等新一代信息技术，打造全链接的智慧园区生态互联网，实现包含智慧招商管理、智慧资产管理、创新创业在线孵化、中小企业云平台、园区运营监控指挥、园区业务协同等在内的全方位智能化管理。为园区企业复工复产提出“防控疫情智能园区解决方案”，包括智能疫情监测、远程协同办公，实时了解园区防控态势、异常事件，实现园区的可视、可控、可管，提高园区在疫情防控期间及未来对突发情况的预警、防控、应对能力。4月30日，中关村易（e）创服务平台移动端小程序“易e创”上线，实现了易（e）创服务平台在PC端和移动端均能向社会公众开放服务的功能。

（邢茹玉）

【北京易创新科信息技术有限公司成立】 7月31日，北京易创新科信息技术有限公司注册成立。易创新科承接中关村发展集团数字化转型建设任务，是中关村易（e）创服务平台的运营主体。公司基于产业知识图谱核心技术，打造科创链、产业链、资本链、人才链、政策链等融合共生的数字化平台。

（邢茹玉）

【首批481家“金种子”科企进驻易（e）创服务平台】 8月3日，首批481家“金种子”科技企业进驻中关村易（e）创服务平台。集团以易（e）创服务平台为载体，根据不同企业特征，建立分层分阶段的培育模式，提供更加精准的服务，实现对“金种子”企业的全面扶持与服务。

（邢茹玉）

“大环保”产业综合服务平台

【概况】 2020年，集团依托中关村至臻环保建立“大环保”产业综合服务平台。该平台聚焦环境智库咨询、环境综合治理、环境产业创新服务等，通过高新技术、创新模式和智慧手段，为环保产业发展注入新力。截至2020年底，中关村至臻环保实现与首钢集团、中石化集团、中海油集团、中国黄金集团等大型央企的多个环保服务项目签约。

（陈燕安）

【中关村至臻环保与天津中关村科技园签订合作框架协议】 5月28日，中关村至臻环保与天津中关村科技园共同签署战略合作协议。集团“大环保”产业综合服务平台入驻天津滨海—中关村科技园。根据协议，双方将合作推动为天津滨海—中关村科技园入园企业提供包括但不限于咨询、培训、污染物治理等生态环境类服务。

（陈燕安）

【中关村至臻环保与神木市政府签订合作框架协议】 9月10日，中关村至臻环保与陕西省榆林市神木市政府在榆林市招商引资推介会暨重点项目签约仪式上签订合作框架协议，双方将就兰炭产业废水治理展开合作，推进兰炭废水治理工作落地，切实解决兰炭产业废水治理难题，助推兰炭转型升级工作快速平稳实施。

（陈燕安）

【中国环境保护产业协会到访中关村至臻环保】 10月23日，中国环境保护产业协会一行到访中关村至臻环保，就环保产业技术创新、会议会展等方面展开合作交流。双方将围绕由中关村至臻环保拟筹建的中关村节能环保科技创新产业服务平台，展开更深层次的交流合作，不断汇聚创新力量，致力打造一个具有国际影响力的环保产业创新服务平台。

（陈燕安）

【中关村至臻环保与南京环境科学研究所开展合作】 10月28日，中关村至臻环保一行到访生态环境部南京环境科学研究所，就深化科技支撑转化、共谋人才互动机制方面的合作开展交流。双方将大力支持深化务实合作；推进建立交流机制，以需求为导向，推进具体领域合作框架协议签订，探索建立重点项目随时对接、日常技术季度交流机制，以合作促发展、促完善，力求实现优势互补。

（陈燕安）

【中关村至臻环保与中铁建生态签订合作意向书】 10月，中关村至臻环保与中铁建生态环境有限公司签订合作意向书。本次合作内容覆盖生态环保领域的污水处理、河道综合治理、固体废弃物处理处置等方面，还涉及地质灾害防护与治理、城市综合管理、园林景观与产业园区等诸多领域，为实现全方位合作共赢、协同发展的目标打下坚实基础。双方根据项目不同特点，采用多种市场化合作模式，建立两种合作机制，即建立定期和不定期会晤机制，磋商协调合作中出现的相关问题；建立“一事一议”机制，在开展合作、共同收益、共同发展中，充分磋商、协同推进。

（陈燕安）

中关村医疗器械产业服务平台

【概况】 2020年1月，中关村医疗器械产业服务平台设立，是由中关村发展集团投资打造的全国首个医疗器械全链条专业服务平台，运营面积3600平方米，旨在助力医疗器械研发企业加快推进临床、上市进程，解决创新医疗器械产业化、商业化“最后一千米”的难题。该平台由北京中关村水木医疗科技有限公司（简称中关村水木医疗）具体运营，以医疗器械工程化改造为核心，提供医疗器械功能性、可靠性、合规性、易用性、批量性工程化服务，构建全链条医疗器械产业服务体，并通过建立一站式综合服务，解决行业痛点，提升国产医疗器械的竞争力。依托该平台，医疗器械企业可以从产品技术研发初期就开始为将来的医疗器械注册审评审批做准备，尽早进行抗扰度测试、性能检测、电气安全检测、防水试验、环境试验等，并进行有针对性的“补课”。

（王宇、张旭）

【中关村水木医疗获两项资质认定】 11月25日，中关村水木医疗取得国家认证认可监督管理委员会批准的检验检测机构（国家级CMA认证）资质和中国合格评定国家认可委员会（CNAS）证书，可进行821项检验检测的标准检测，基本涵盖90%以上的有源医疗器械及体外诊断检测项目。

（崔浩）

【医疗器械服务平台服务抗疫工作】 2020年，中关村水木医疗被列为第一批中关村抗击疫情的第三方技术服务平台。中关村水木医疗协助中关村管委会开展北京体外诊断试剂企业摸底工作，用专业技术辅助政府研判；收集口罩、防护服等用品的原材料及生产企业信息，用平台资源辅助政府聚集抗疫信息；加大对申报新型冠状病毒核酸检测试剂和医用防护用品企业的辅导支持，完成近20家企业的咨询工作，其中帮助4家企业完成应急审批工作，使自动体温检测设备、新型冠状病毒（2019-nCoV）IgM抗体检测试剂盒（胶体金免疫层析法）等抗疫急需的医疗器械产品投入使用；为北京、武汉、重庆、西安、成都等地的医院和相关单位紧急配送诊断设备、红外测温仪、口罩、防护服等价值近1000万元的医用设备。

（王宇、张旭）

生物相容性评价平台

【概况】 生物相容性评价平台设立于2019年12月，由中关村发展集团、中关村医疗器械园共同发起设立，北京通和立泰生物科技有限公司具体运营。中关村医疗器械园投入454万元购置各类设备201套（台）；通和立泰投资1.9亿元建设动物房、CT、DSA、标准化手术室、远程实时培训等近5000平方米的实验室，包括血液相容性实验室、细胞与病原分子生态学（P2）、细胞毒性、致敏和刺激、急性和亚急性毒性、遗传毒性、毒理学和植入试验研究等9个功能实验室，能为二类、三类和多种有源性医疗器械提供毒理和生物相容性、微生物、器械安全与性能、灭菌验证、可滤沥物与化学表征等全方位的生物相容性评价服务。通和立泰为该平台组建的专业运营团队，具有GLP实验室运行和动物实验的丰富经验，拥有40余种医疗器械的临床前安全评价和19种人类疾病动物模型的创制技术。为保证平台的专业性，通和立泰聘请6名博士和7名高级技术骨干组成平台专家顾问团队，提供专业意见和指导。中关村医疗器械园不直接参与平台的经营管理，但定期对平台的设备和经营情况进行监督；通和立泰负责平台的科研工作，约定未来回购中关村医疗器械园购置的全部设备。

（张旭、胡志国）

【生物相容性评价平台投入运营】 1月，生物相容性评价平台投入运营。平台运营以来，推进落地企业2家，吸引外地医疗企业及机构到中关村医疗器械园考察10余次。截至2020年底，完成36项医疗器械和医用材料的生物相容性研究，为军事医学科学院、首都医科大学、协和医院和中科院理化所等院校和科研机构完成8项抗病毒药物的筛选，直接经济效益近700万元，间接提高了企业产品研发的速度，加快了企业获证的速度与创新药研发的步伐。

（张旭、胡志国）

中关村集成电路设计园产业服务平台

【概况】 中关村集成电路设计园产业服务平台（IC–PARK ISP）于2019年11月成立，是北京市首个专注于芯片产业的服务平台。平台将线上、线下相结合，聚合50余家专业服务机构。其中，线下平台设立300平方米服务大厅，5个服务窗口；线上平台开通全业务链服务功能，为IC设计企业提供EDA、IP、流片、封测、检验认证、财税、法律、知识产权等一系列专业服务。2020年，平台举办各类线上、线下政策宣讲、技术专题讲座49场，惠及1.3万余人次；提供产业服务118次，对接服务机构31次，促成合作订单5个。

（刘烨）

【是德科技IC热点研讨会举办】 1月7日，中关村集成电路设计园产业服务平台联合是德科技（中国）有限公司举办的“IC热点研讨会 & 产业服务平台技术开放日主题活动”在中关村集成电路设计园举行。是德科技向现场参与活动的IC从业者及爱好者分享了芯片的设计仿真、DDR5以及各类Memory芯片的最新测试方案等IC热点话题。同时，是德科技从5G商用、大数据爆发、万物互联的背景出发，针对DDR/USB/MIPI/HDMI等高速总线的演进路线、产品设计研发过程中面临的挑战，推出整体解决方案，帮助用户解决定位问题，实现创新，加速产品上市。活动中，北京软件产品质量检测检验中心针对芯片故障定位技术进行了分享，向参会企业介绍检测项目，为IC设计企业发展提供技术支持。

（刘烨）

【天扬君合首期财税线上公益课举办】 2月13日，中关村集成电路设计园产业服务平台联合产业服务合作企业天扬君合财税服务集团举办“讲新政、防风险、助落地”首场专题直播。直播活动就个人所得税改革减税成效、政策解读、申报要领、监督管理、风险应对等方面做了专业分享。本次活动通过天扬网校平台进行线上直播，中关村集成电路设计园园区多家企业参与线上活动。课程时长 103 分钟，4700 余人参与线上直播。

（刘烨）

【天扬君合税收专场线上课举办】 2 月 25 日，中关村集成电路设计园产业服务平台联合产服合作企业天扬君合财税服务集团推出“讲新政、防风险、助落地”专题线上讲座活动第二场直播：疫情期间税收优惠政策及科技税收优惠政策解读。直播活动对六大主题内容进行分享，包括全面梳理疫情防控期间的税收优惠政策；对集成电路企业、软件企业现有普惠型税收优惠政策进行解析；对“非接触式”网上办税缴费事项相关问题进行解答；疫情防控期间如何进行纳税申报、优惠事项办理；纳税人发生应税销售行为适用免税规定，如何开具发票；疫情期间如何办理备案手续。课程时长 100 余分钟，6000 余人参与线上直播。

（刘烨）

【集成电路产业知识平台使用服务推出】 2 月，中关村集成电路设计园联合中国知网，推出“推迟开工不停工——CNKI 抗击疫情在行动”活动，为园区入驻企业开通“集成电路产业知识服务平台”和“集成电路设计知识创新服务平台”的使用账号，不限 IP 地址，足不出户即可获取知识服务。集成电路产业知识服务平台是由中国知网科技与企业事业本部推出的信息门户网站，致力于为集成电路产业链内企业及科研机构提供全方位知识服务。平台涵盖集成电路设计、制造、封装、测试等工艺相关的技术类文献，以技术新品、贸易市场情况等内容为主的资讯类信息资源，以及以产业规划、政策法规为主的管理类内容。截至年底，平台收录学术期刊论文 36 万余篇，来源于《集成电路应用》《微电子学》《电子学报》《半导体学报》《电子科学学刊》等专业核心期刊；收录博硕士论文 9000 余篇，来源于清华大学、电子科技大学、浙江大学、上海交通大学等高校；收录会议论文 6000 余篇，来源于中国电子学会学术年会、全国计算机安全学术交流会、中国电子信息材料产业发展高峰论坛等重要会议；同时，在外文方面收录了部分国外期刊论文摘要。

（刘烨）

【个税汇算清缴实操直播课举办】 4 月 15 日，中关村集成电路设计园产业服务平台联合北京多一管理咨询有限公司举办线上专题“个税知多少，汇算清缴实操手册”直播活动。活动从“为何需要年度汇算”“去哪里办理”“该做什么准备”“如何办理年度汇算申报”“如何进行退税和补税”共 5 部分内容进行分享，助力企业及员工更好地了解个税清缴及申报渠道，为企业进一步发展提供保障。直播期间同步进行系列学习讨论与提问，课程时长 70 分钟。

（刘烨）

【小微小额标准化产品推出】 4 月，中关村集成电路设计园产业服务平台联合中关村科技担保推出小微小额标准化产品——“知融保”与“创业保”。该系列产品通过大数据进行信用评价，采用标准化作业模式，1—2 个工作日内完成快速审批，让众多“轻资产高成长”的中小企业无须提供实物资产抵质押，仅凭企业或实际控制人名下的专利质押，即可获得最高 200 万元的融资额。

（刘烨）

【IC 产业对接交流活动举办】 6 月 4 日，由中关村集成电路设计园产业服务平台和首都科技条件平台电子信息领域中心主办、中科院集成电路研究与设计开放实验室协办的 IC 产业对接交流活动举办。活动主题是“首都科技条件平台电子信息领域百家实验室进千家企业——集成电路产业需求对接活动”，帮助企业及时了解和用好国家扶持企业发展的首都科技创新券政策措施，以保障企业顺利开展技术研发与测试服务。

（刘烨）

“科学 · 亚洲”产业交流平台

【概况】 “科学 · 亚洲”产业交流平台设立于 2019 年 11 月，为中关村生命科学园与美国科学促进会——《科学》期刊的出版者、清华控股旗下 TIE 国际创新走廊合作打造的园区国际化的学术交流平台，定位于全球科学技术和创新人才跨界交流高端平台，聚焦生物医药细分领域，面向全球科学人才开展学术和技术应用交流的专业论坛和前沿研讨。截至 2020 年底，已举办两届会议，参会人数超过 1000 人。

（石壹）

【“科学 · 亚洲会议”举办】 10 月 19 日—23 日，由市科委指导，美国科学促进会、中关村生命科学园、TIE 国际创新走廊主办的“科学 · 亚洲会议”在线上召开，吸引全球各地的 1000 多位专家学者参与，共计 5 万多次直播观看。大会主题为“免疫系统的多组学研究方法”，来自中国、美国、德国、法国、英国等国的 20 多位生物医药领域的顶尖科学家、科研学术专家、业内高管、著名学术期刊编辑等学术界、产业界精英，阐释了在免疫、癌症、传染病、新技术等方面的最新研究发现和深邃思考。大会旨在为全球生物医药领域的科学技术和创新人才跨界交流打造高端平台，促进开展学术和技术应用专业研讨，推动全球生物医药科学技术的发展。欧洲分子生物学组织会员、英国医学科学院院士萨拉 · 泰克曼（Sarah Teichmann）在会上做了题为“细胞图谱技术和揭示胸腺发育过程”的报告。在会议主旨演讲环节，美国科学促进会董事会主席、诺贝尔奖获得者朱棣文（Steven Chu）分享了“关于科学合作的思考”的报告。

（石壹）

中关村临床生物样本库

【概况】 中关村临床生物样本库成立于 2018 年 12 月，由中关村生命科学园孵化器、嘉和美康信息技术有限公司和北京首科开阳创业投资中心（有限合伙）共同出资成立，由北京生命科学园生物科技研究院有限公司（简称生命园生物科技研究院）负责经营，位于中关村生命科学园医药科技中心，运营面积 1500 平方米。该平台定位于第三方专业化临床样本保藏与服务平台，最大生物样本储存能力可达 1000 万份。平台针对心脑血管病、糖尿病、恶性肿瘤、精神分裂症和情感障碍、慢性肾脏病、脊柱和关节病等严重危害人们健康的重大疾病，实现样本采集、流转、冻存可追溯等功能。2020 年，生命园生物科技研究院组织结构搭建完善，团队建设基本到位；液氮管路系统中液氮塔、管路和液氮罐等关键设备都已就位，通过试运行后，液氮保藏中心可投入使用。年内，共举办 1 次北京临床生物样本库创新发展论坛、2 次中关村生命科学园园区人类遗传资源管理条例培训班、4 次 BBCR 学术沙龙。参与 7 次活动的机构共 170 家，参会代表 1000 余人，其中包括 50 家医疗机构、14 家科研院所、106 家生物医药企业。

（石壹）

【生命园生物科技研究院成为北京首家通过保藏审批的第三方样本库】 8 月 26 日，生命园生物科技研究院获得人类遗传资源保藏行政审批（国科遗办审字〔2020〕BC0003 号），成为《中华人民共和国人类遗传资源管理条例》（国令第 717 号）颁布施行后北京首家通过保藏审批的第三方样本库。

（石壹）

【CKB 项目成为首个进驻项目】 9 月，生命园生物科技研究院与北京大学中国慢性病前瞻性研究 China Kadoorie Biobank（CKB）项目签订长期保藏合作协议，CKB 项目成为研究院首个进驻项目。截至 2020 年底，研究院累计支持或承担国家、省部级课题 2 项，科研经费 1.08 亿元。

（石壹）

【临床生物样本库入选国内十大典型样本库案例】 11 月 3 日，由中国生物技术发展中心和江苏省苏州市政府共同主办、苏州工业园区管委会承办的“2020 中国生物技术创新大会”在苏州市工业园区开幕。大会以“科技助力健康　创新引领未来”为主题，聚焦生物技术领域最新发展趋势，旨在推动行业交流合作与融合创新。大会发布了《2020 中国人类遗传资源保藏基础平台发展报告》，从国家层面对中国人类遗传资源管理现状进行总结梳理，为中国临床生物样本库法制化、标准化、专业化发展方向埋下了基线。生命园生物科技研究院样本库被报告纳入国内十大典型样本库案例。

（石壹）

【第二届临床生物样本库创新发展论坛举办】 11 月 19 日—20 日，由北京临床生物样本库创新发展联盟主办、北京肿瘤医院和生命园生物科技研究院联合承办的 2020 第二届北京临床生物样本库创新发展论坛在北京召开。会议围绕生物安全与人类遗传资源管理政策法规、临床生物样本库的标准化建设与管理、生物样本质量评价与技术标准、生物样本转化与应用展开交流。来自北京肿瘤医院、首都医科大学附属北京安贞医院、美亚生物科技集团的专家和学者做了演讲，420 余人参会。

（石壹）

【4 次 BBCR 学术沙龙举办】 2020 年，生命园生物科技研究院举办 4 次 BBCR 学术沙龙，并使之成为公司主导的一个学术品牌。沙龙上，与会专家主要围绕中国人类遗传资源政策法规、临床生物样本库规范化建设与管理、生物样本质量评价与技术标准、生物保藏新技术新方法新产品、生物样本转化与应用等主题进行广泛交流。

（石壹）

【生命园生物科技研究院与 14 家医院签订共建协议】 2020 年，生命园生物科技研究院与首都医科大学附属北京安贞医院、北京大学第一医院、北大人民医院、北京肿瘤医院、首都医科大学附属北京朝阳医院、首都医科大学附属北京天坛医院、首都医科大学宣武医院、首都医科大学附属北京安定医院、首都医科大学附属北京友谊医院、首都医科大学附属北京儿童医院、首都医科大学附属北京地坛医院、首都医科大学附属北京佑安医院、首都医科大学附属北京妇产医院、北京积水潭医院等 14 家医院签订共建协议。同时，研究院还与北京生命科学研究所、北京博奥晶典生物技术有限公司、北京合生基因科技有限公司、美亚生物科技集团等企业签订战略合作协议。

（石壹）

中关村智酷

【概况】 中关村智酷成立于 2018 年，依托中关村软件园大信息领域创新创业生态积淀和创新人才培养经验，打造“产学合作平台、创新创业学院、人才创新基地”。2020 年，中关村智酷新签重庆、阳泉人才基地项目，总面积 11.44 万平方米；与宁波大学、平顶山学院等 20 所院校实现签约落地，与重庆永川区合作建立重庆永川区人才创新实践中心；深度参与中国国际“互联网 +”大学生创新创业大赛，持续加强大赛中心运营，连续举办 10 期《大赛 V 课》，成为大赛官方直播平台之一，收看人数突破 900 万。

（李军伟）

【鞍山·中关村智酷人才与产业创新平台暨孵化基地启动】 1 月 11 日，鞍山·中关村智酷人才与产业创新平台暨鞍山·中关村软件园北京孵化基地启动仪式在北京举行。鞍山·中关村软件园北京孵化基地由鞍山与中关村软件园携手打造，基地将发挥鞍山、北京两地的技术创新和产业资源优势，利用好鞍山在北京开设飞地孵化的窗口，全方位、多层次、多节点建设协同创新体系，实现鞍山与中关村现代产业发展的同频共振。启动仪式上，中关村智酷发布了《鞍山·中关村智酷人才与产业创新平台合作计划》；鞍山市高新区管委会与入驻企业代表签署了合作协议书。鞍山市委、中关村软件

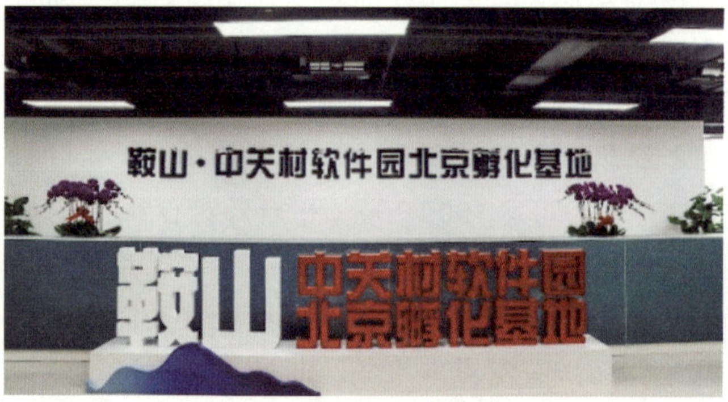

园、中关村智酷等相关负责人及入驻企业代表等50余人参加。

（李军伟）

【中关村智酷获“特殊贡献奖”】 2月26日，在开封市对外开放暨优化营商环境大会上，中关村智酷获评2019年度开封市委、市政府对外开放和招商引资工作“特殊贡献奖”。

（李军伟）

【开封·中关村智酷人才与产业创新基地获评科技工作先进集体】 4月29日，由开封市科技工作领导小组组织召开的“关于对2019年度科技工作先进集体和优秀个人予以表彰的通告”上，开封·中关村智酷人才与产业创新基地获评“科技工作先进集体”。

（李军伟）

基因组编辑技术研究平台

【概况】 基因组编辑技术研究平台设立于2017年，由中关村生命科学园孵化器与北京合生基因科技有限公司共同建设，以基因组研究与应用为基础，利用基因组编辑技术，靶向性地修改细胞内的遗传信息，共同研究临床诊断应用的基因工具，运用敲除、敲入和突变、载体包装、稳定表达等技术手段，为生物企业、科研机构、临床单位等提供稳定可靠的系统科研方案和技术服务。基因组编辑技术研究平台面积1500平方米，拥有GMP实验室、慢病毒制备室、全自动细胞分选仪、高分辨率多功能成像系统、高通量酶标仪、真核细胞电转仪、蛋白纯化分析系统等。提供涵盖gRNA文库构建、gRNA活性检测、CRISPR–Cas9载体设计与构建、慢病毒包装、细胞系工程改造等全方位的基因功能研究解决方案，特定改变基因序列与结构，获得靶向功能蛋白、抗体及模型动物，开展基因编辑及合成生物学等技术研究与应用。2020年12月19日，在深圳光明区文化艺术中心举行的“光明科学城·2020工程生物创新大会”上，北京合生基因科技有限公司入选全球知名的市场数据研究平台CB Insights发布的“全球最值得关注的50家合成生物学企业”榜单。

（石壹）

【合生基因创新药获美国FDA临床试验许可】 11月27日，基因组编辑技术研究平台基于国内原创的合成生物技术开发的首款基因治疗产品SynOV1.1获美国FDA临床试验许可，用于治疗包括中晚期肝癌在内的甲胎蛋白（AFP）阳性实体瘤。临床前研究显示，合生基因基于SynOV系统开发的第一款产品SynOV1.1相比于已经上市的肝癌I线治疗药物和其他溶瘤病毒治疗产品，具有显著的治疗效果和安全性提升，使其未来具有极强的临床应用价值。

（石壹）

【基因组编辑技术研究平台助力赫捷团队研究项目】 2020年，国家癌症中心、北京协和医学院肿瘤医院赫捷团队针对EGFR深入研究晚期肺腺癌的发病机制，取得了一系列关于DGS–2基因参与肺腺癌进展以及EGFR靶向药物Osimertinib耐药性的临床肿瘤学、生物信息学、体外和体内的水平功能及机制研究成果。该研究成果发表于*Cancer Letters*上，揭示了DSG–2直接在细胞膜上与EGFR相互作用，并通过EGFR–Src–Rac1–PAK1信号通路调节肿瘤进展。基因组编辑技术研究平台为研究团队提供了EGFR和SRC siRNA，助力研究团队完成此项研究。

（石壹）

【基因组编辑技术研究平台助力曹流课题组研究】 2020年，中国医科大学转化医学研究院曹流课题组在*The EMBO Journal*发表了题为*ATM–CHK2–Beclin 1 axis promotes autophagy to maintain ROS homeostasis under oxidative stress*的研究论文。该项研究在葡萄糖饥饿（glucose starvation）和缺氧（hypoxic）压力细胞中探索活性氧自由基（reactive oxygen species, ROS）触发的 DNA 损伤与细胞自噬的关联，揭示了 ROS-ATM-CHK2-Beclin 1 轴介导代谢应激触发细胞自噬的新途径，最终证明代谢应激触发的细胞自噬可以通过清除受损线粒体，维护细胞稳态。基因组编辑技术研究平台为该项研究提供了研究自噬流的双标慢病毒载体（GFP-mCherry-LC3），帮助曹流课题组完成了前述研究。

（石壹）

中关村芯园集成电路设计服务平台

【概况】 2015 年 12 月 21 日，集团设立中关村芯园（北京）有限公司，打造中关村芯园集成电路设计服务平台。2020 年，中关村芯园全年新增 4 个优质服务提供商；完成服务双创主体数量 210 家次；完成培训活动 6 期，400 余名行业专业技术人员参加。公司申报的“2020 年度中关村国家自主创新示范区集成电路设计产业发展支持资金”“2020 年北京市支持中小企业发展资金”等项目和作为市科委首都科技条件平台成员单位，全年共获得政府资金支持 353 万元。

（李竹、苏兆辉）

【中关村芯园通过 ISO 9001 质量管理体系认证】 1 月 10 日，中关村芯园通过 ISO 9001 质量管理体系专家组认证审核，由华生原检测认证中心（北京）有限公司颁发 ISO 9001 质量管理体系认证证书，证书编号 31620Q10022R0S。认证范围涵盖集成电路技术服务、技术培训、芯片销售。通过 ISO 9001 质量管理体系认证，标志着中关村芯园集成电路设计服务接轨国际质量管理体系，在质量管理建设水平上跃上新台阶，促进管理科学化、规范化、国际化发展。

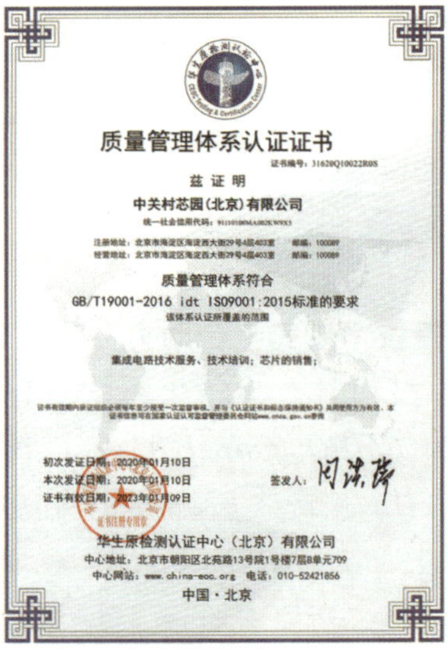

质量管理体系认证证书

证书编号：31620Q10022R0S

兹证明

中关村芯园(北京)有限公司

质量管理体系符合

GB/T19001-2016 idt ISO9001:2015标准的要求

该体系认证所覆盖的范围

集成电路技术服务、技术培训；芯片的销售；

初次发证日期：2020年01月10日
本次发证日期：2020年01月10日
证书有效日期：2023年01月09日

签发人：

华生原检测认证中心（北京）有限公司
中心地址：北京市朝阳区北苑路13号院1号楼7层B单元709
中心网站：www.china-eoc.org 电话：010-52421856

中国·北京

（李竹、苏兆辉）

【中关村芯园入选首批高精尖产业技能提升培训机构】 5 月 11 日，市经济和信息化局发布北京市首批高精尖产业技能提升培训机构和第二批培训项目目录。中关村芯园被认定为首批高精尖产业技能提升培训机构，培训方向为集成电路，其相关课程均被列入培训项目目录。按照《北京市职业技能提升行动实施方案（2019—2021 年）》《北京市高精尖产业技能提升培训补贴实施办法》等文件规定，对参加中关村芯园培训的工程技术人员和公司，可申请不超过培训费用 50%的补贴。

（李竹、苏兆辉）

【Z 沙龙 · 概伦电子技术研讨会举行】 9 月 18 日，由中关村芯园与概伦电子科技有限公司联合主办的“Z 沙龙 · 概伦电子技术研讨会（北京站）”在中关村芯园举行。在技术研讨环节，概伦电子分别以“面向先进存储器设计的快速全芯片仿真解决方案”“业界领先的半导体器件建模建库全流程”“AI 驱动的高速半导体参数测试方案与案例分享”为主题做报告，对集成电路设计发展进行研讨。各相关企业 40 余人参加。

（李竹、苏兆辉）

【中关村芯园获两项服务机构资质】2020年，中关村芯园（北京国家“芯火”创新基地）被海淀区政府及市经济和信息化局认定为“海淀协同创新券”和“‘专精特新’中小企业服务券”服务商资质，可为海淀区中小微企业及“专精特新”中小企业提供用券服务。

（李竹、苏兆辉）

中关村生命科学园联合创新中心（绿通平台）

【概况】中关村生命科学园联合创新中心（绿通平台）设立于2014年9月，由中关村生命科学园孵化器、北京昌平科技园发展有限公司和泉心泉意（上海）生命科技有限公司共同设立，由中关村联合创新（北京）生物科技有限公司（简称联合创新生物科技公司）具体运营。联合创新中心旨在切实服务生命科学研究机构和研发公司，通过政策创新和集中采购方式，为服务对象提供便捷高效、质优价廉的进口产品。2020年，联合创新中心服务北京生命科学研究所、中科院系统、北京大学、清华大学、北京脑科学与类脑研究中心等在内的科研客户，全年实现服务订单约600单，营业收入约180万元。

（石壹）

【联合创新中心（绿通平台）开展基础业务工作】2020年，中关村生命科学园联合创新中心（绿通平台）继续利用核心资源公共型保税库开展基础业务，利用进口防控物资快速通关专用窗口和绿色通道，代理进口价值100余万美元的200套Oxford Nanopore三代纳米孔测序设备和配套耗材，发往全国70余个中国疾病预防控制中心，用于新型冠状病毒测序及疫情快速监测。此外，按照中华人民共和国海关总署2020年第69号公告的要求，联合创新中心（绿通平台）配合中关村生命科学园完成对查验平台摄像头的改造，达到检验检疫查验新标准。

（石壹）

中关村软件园人才基地培训中心

【概况】北京中关村软件园人才基地培训中心成立于2005年，位于中关村软件园国际软件大厦，由中关村软件园发起设立。中心致力于为科技型企业、地方政府及高校提供系统的人才服务，拥有5000平方米的教学场地，可满足近千人同时参加培训。2020年，中心与兴谷经济开发区管委会签约共建兴谷·中关村软件园人才培养与创新创业基地；累计举办5场基地推介及人才对接类型的活动。截至2020年底，中心累计为北京大信息产业培养输送近50万急需人才，先后获“国家级工程实践教育中心”“国家软件与集成电路人才国际培训基地”“服务外包人才培训机构”“北京高等学校市级校外人才培养基地”“中关村互联网+人才学院”“国家级众创空间”“首批高精尖产业技能提升培训机构”“北京市专业技术人员继续教育基地”等多项荣誉资质。

（李军伟）

【兴谷·中关村软件园人才培养与创新创业基地签约仪式举行】1月16日，兴谷经济开发区管委会与中关村软件园签订“兴谷·中关村软件园人才培养与创新创业基地”战略合作框架协议。根据协议，兴谷经济开发区管委会提供运营场地及运营补贴，中关村软件园指定下属单位中关村软件园人才基地培训中心作为基地运营单位，负责基地运营及服务体系搭建工作。兴谷·中关村软件园基地计划用5—10年时间，依托兴谷·中关村软件园基地，搭建创新人才、创新交流、创业孵化、成果展示、产业服务五大平台，引育企业或创业项目，形成特色产业集群，最终将基地打造为面向全国的大信息技术人才培训高地及国际化的大信息技术产业聚集地。平谷区政府、区相关委办局、兴谷经济开发区管委会、中关村软件园等单位负责人参加签约仪式。

（李军伟）

【中关村软件园人才基地培训中心入选首批高精尖产业技能提升培训机构目录】 5月6日，市科委印发《关于公布高精尖产业技能提升培训项目和培训机构目录的通知》（京科专发〔2020〕80号），中关村软件园人才基地培训中心被列入2020年首批高精尖产业技能提升培训机构目录，培训主要产业方向为人工智能、区块链。列入目录的机构可为企业和个人提供高精尖产业技能提升培训服务，参训人员到列入目录的机构进行培训可享受补贴政策，补贴时间范围自2020年1月1日起至2021年底。

（李军伟）

【北京石油化工学院线上专业实习活动举办】 6月8日—7月2日，中关村软件园人才基地培训中心依托高端信息技术产业集群的独特优势，向北京石油化工学院提供信息工程学院计算机科学与技术专业、数理系信息与计算科学专业共计131名学生的专业实习服务。本次专业实习采用线上实习形式，学生利用远程办公软件和线上软件开发协作工具完成实习任务。双方均指派专业教师和实习管理人员，利用线上工具对学生进行实习管理，确保学生完成实习。这也是人才基地线上实习的首次探索。

（李军伟）

【兴谷·中关村软件园人才基地创新加速中心推介会举行】 6月11日，由中关村软件园人才基地培训中心主办的“以远见·创未来”——2020年兴谷·中关村软件园人才基地创新加速中心推介会在中关村软件园举行。推介会展示了兴谷·中关村软件园人才基地创新加速中心的政策优势、地区优势和服务优势。8家企业现场签约，加入建设基地创新生态的行列。兴谷经济开发区管委会、中关村软件园人才基地培训中心、北京龙观科技集团有限公司负责人及其他50余家企业代表，以及媒体记者参加会议。

（李军伟）

【中关村软件园人才基地培训中心获评市级专业技术人员继续教育基地】 11月15日，市人力社保局印发《关于设立第三批市级专业技术人员继续教育基地有关问题的通知》（京人社专技字〔2020〕第105号），中关村软件园人才基地培训中心凭借大信息产业园区高端人才服务特色被评定为市级专业技术人员继续教育基地，并在2020年度北京市专业技术人员继续教育基地工作会议上获颁牌匾及证书。

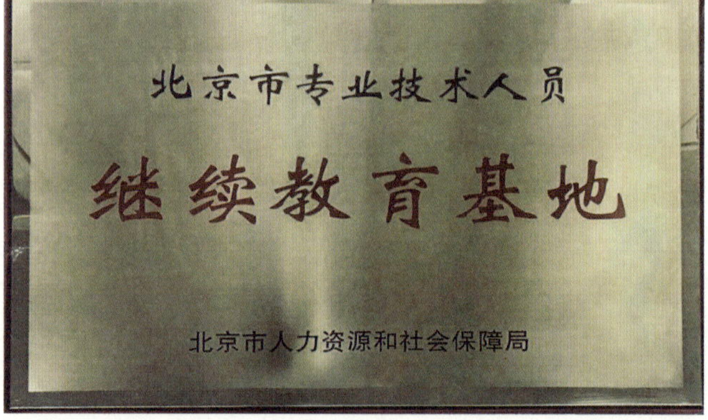

（李军伟）

创新孵化

【概况】 2020年，集团全面提升创新孵化服务，从最初的办公场地、后勤保障、物业等硬件服务，逐步扩展至创业咨询、政策辅导、资金支持等软件服务，并朝着专业化、平台化和生态化的趋势发展。年内，集团新设立3个孵化器，孵化器新增毕业企业163家。截至2020年底，集团共运营孵化器33个，孵化器累计毕业企业2311家，期末在孵企业1978家。

（伍孟然）

表10　2020年中关村发展集团孵化器情况一览表

单位：平方米

序号	孵化器名称	成立时间	建筑面积	运营单位
1	中关村国际孵化器	2000.12	21,628.55	北京中关村国际孵化器有限公司
2	中关村软件园孵化器	2001.11	34,246.82	北京中关村软件园孵化服务有限公司
3	中关村兴业（北京）高科技孵化器股份有限公司	2002.09	37,825.03	中关村兴业（北京）高科技孵化器股份有限公司
4	中关村生命科学园孵化器	2003.07	56,000	北京中关村生命科学园生物医药科技孵化有限公司
5	马池口埝头孵化器	2007.05	24,830	北京兴昌高科技发展有限公司
6	丰科世纪孵化器	2014.03	32,000	北京丰科世纪科技孵化器有限公司
7	中关村虚拟现实空间	2014.12	1422.62	北京实创高科技发展有限责任公司
8	保定·中关村创新中心孵化器	2015.04	64,000	保定中关村信息谷科技服务有限责任公司
9	北京高校大学生创业园（软件园）	2015.10	2852.06	中关村软件园人才基地培训中心
10	徐州中关村信息谷雨林空间（徐州软件园）	2015.10	28,000	徐州信息谷资产管理有限责任公司
11	雨林空间	2016.07	14,127.24	南宁中关村信息谷科技服务有限责任公司
12	中关村虚拟现实空间文化教育产业园	2017.01	3937.8	北京实创高科技发展有限责任公司
13	成都·中关村信息谷创新中心	2017.05	5237	中关村信息谷（成都）科技服务有限责任公司
14	生命智谷孵化中心	2017.05	21,257.43	中关村医疗器械园有限公司
15	天津中关村雨林空间国际孵化器	2017.06	887.14	天津中关村科技园运营服务有限公司
16	银川中关村创新中心雨林空间国际孵化器	2017.12	6548.86	银川中关村信息谷科技服务有限责任公司
17	济南·中关村信息谷创新中心	2018.03	16,512	济南领创空间科技有限责任公司
18	中关村信息谷沈阳领创空间	2018.06	3057.7	沈阳领创空间科技服务有限公司
19	湖州·中关村信息谷创新中心	2018.07	5860	湖州领创科技服务有限责任公司
20	新泰雨林空间国际孵化器	2018.09	2664	新泰中关村信息谷科技服务有限责任公司
21	中关村微纳能源投资有限公司	2018.10	107,878	中关村微纳能源投资有限公司
22	长春中关村雨林空间创业孵化基地	2018.11	200	长春中关村信息谷科技服务有限责任公司
23	芯创空间	2019.03	2160	北京芯创空间科技服务有限责任公司
24	中关村信息谷雨林空间国际孵化器（怀柔）	2019.05	3300	雨林生态（北京）科技服务有限责任公司

（续表）

序号	孵化器名称	成立时间	建筑面积	运营单位
25	滁州中关村发展协同创新中心雨林空间国际孵化器	2019.06	200	滁州中关村信息谷科技服务有限责任公司
26	滨海中关村（天津自创区）创新中心雨林空间	2019.07	52,017.41	天津中关村信息谷科技服务有限责任公司
27	中关村（京西）人工智能科技园·智能文创园	2019.10	10,815	北京中关村京西建设发展有限公司
28	顺义·中关村信息谷创新中心雨林空间	2019.06	1368	北京中关村信息谷资产管理有限责任公司
29	潍坊·中关村信息谷创新中心	2019.12	10,900	潍坊中关村信息谷科技服务有限责任公司
30	青岛中关村信息谷创新示范基地	2020.01	10,000	青岛中关村信息谷科技服务有限责任公司
31	沈阳·中关村智能制造创新中心	2020.01	14,400	沈阳中关村信息谷科技服务有限责任公司
32	雨林空间国际孵化器	2020.10	379.66	南阳中关村信息谷科技服务有限责任公司

（伍孟然）

【2019 增材制造全球创新应用大赛颁奖典礼举行】 1月9日，由丰台园管委会、丰台区科学技术和信息化局主办的2019增材制造全球创新应用大赛颁奖典礼暨第三届3D打印产业创新发展年度演讲在丰台园举行。活动以“IN（3D）NOVATION——3D打印引领应用创新”为主题，会聚了来自科研院所、投资机构、企业的代表。大赛于2019年6月14日启动，设有3D打印应用于航空航天、汽车创新设计、骨科技术与应用、城市景观与建筑、博物馆文创和消费品升级－运动鞋6个竞赛单元。共有152组企业、院校团队、个人的参赛项目进入评审，73组项目经线上初评晋级路演评审，最终35组项目获6个竞赛单元的一、二、三等奖。活动现场，与会代表探讨3D打印技术在航空航天、数字化骨科技术与应用、汽车创新设计、消费品升级、城市景观与建筑、博物馆文创等领域的创新应用。丰科建分别与大赛的4家获奖企业、团队就入驻3D打印数字维创中心进行签约。活动中还举行了中关村科技园区丰台园欧盟软着陆平台发布仪式。

（刘伟）

【中关村生命科学园孵化器5家企业获第九批“金种子”企业称号】 1月14日，中关村管委会公示第九批“金种子”企业名单，经过初审和路演评审等环节，中关村生命科学园孵化器入孵企业及服务企业北京太一科技有限公司、北京图湃影像科技有限公司、北京中因科技有限公司、北京唯公医疗技术有限公司、北京恒峰铭成生物科技有限公司等5家企业获“金种子”企业称号。

（石壹）

【芯创空间成为中关村高新技术企业】 3月3日，芯创空间被纳入中关村高新技术企业库，获颁“中关村高新技术企业”证书。

（刘烨）

【中关村软件园孵化器 3 家企业上榜“房租通”资金拟支持企业名单】4 月 7 日，“2019 年度‘房租通’资金拟支持企业名单”公示，其中，中关村软件园孵化器入孵企业北京智蓝云信科技有限公司、北京重混智能科技有限公司、北京本邦科技股份有限公司 3 家企业上榜。《北京市文化企业“房租通”支持办法（试行）》1 月 2 日出台，明确了资金支持的范围、具体申报条件、申报要求等，已认定的首批北京市文化创意产业园区内办公的文化企业将成为重点扶持对象。办法明确，对符合条件的文化企业在 2019 年 1 月 1 日（含）至 12 月 31 日（含）期间产生的房租进行补贴，符合条件且审核通过的文化企业，给予审定实际办公用房租金额不高于 30% 的补贴，补贴面积不超过 500 平方米，补贴金额不超过 30 万元，单家企业补贴期限不超过 2 年。

（李军伟）

【中关村软件园孵化器成为中关村高新技术企业】4 月 20 日，中关村软件园孵化器被纳入中关村高新技术企业库，获颁“中关村高新技术企业”证书。

中关村
Z-Park
ZHONGGUANCUN SCIENCE PARK

中关村高新技术企业

企业名称：北京中关村软件园孵化服务有限公司 编 号：20202010302811

发证时间：2020年04月20日 有效期：二年

（李军伟）

【中关村国际孵化器 7 家企业入库科技型中小企业名单】4 月 24 日，市科委公布北京市 2020 年第二批入库科技型中小企业名单，中关村国际孵化器入孵企业北京艾森思科技有限公司、北京尚水信息技术股份有限公司、云孚科技（北京）有限公司、北京信普达系统工程有限公司、北京阿纽山医药科技有限公司、北京金准基因科技有限责任公司、北京迪科达科技有限公司等 7 家企业入选。

（李军伟）

【芯创空间推出“体验式入驻”服务】4 月，针对疫情对中小微创业企业造成的影响，为降低企业办公成本，芯创空间推出“体验式入驻”服务、芯创自习室服务。芯创空间从 300 个工位中拿出 50 个共享工位，包括开放式和封闭式两种，提供给中小微创业企业免费入驻体验，最长时间为一个月，体验满意后，再决定是否入驻。体验期间，芯创空间除了提供办公工位、茶水、无线网络等免费的办公服务外，还提供人才招聘、投资推荐、龙头企业对接、导师咨询、政策讲座等孵化服务，打造企业管家服务包，帮助小微企业渡过难关，助力双创项目成长。

（刘烨）

【芯创空间联合推出知识产权管理平台】4 月，芯创空间联合汉之光华推出汉知宝企业知识产权管理平台。该平台按照“创造—管理—保护—运营”维度，聚焦项目中的知识产权，聚焦市场与竞争中的产品与技术，对专利、商标、软件著作权从项目、创意阶段到申请管理，到竞争、运营阶段，进行全生命周期管理，以期利用知识产权为企业实现商业价值。

（刘烨）

【中关村软件园孵化器与新入孵企业座谈交流】6 月 4 日，中关村软件园孵化器组织北京华数创智科技有限公司、北京无限智控科技有限公司、北京博观凌顶教育科技有限公司、睿石网云（北京）科技有限公司、大安智慧医疗科技（北京）有限公司、北京佳程欣世科技有限公司、北京水智互联信息技术有限公司等 7 家新入孵企业代表召开座谈会。

（李军伟）

【中关村软件园孵化器入选“千帆计划”平台服务机构】 6月16日，中关村管委会通过“千帆计划”线上新闻发布会宣布启动实施“千帆计划”。同时，中关村“千帆计划”平台（www.zgcqianfan.com）上线。中关村软件园孵化器入选“千帆计划”平台服务机构，向中小微科创企业优惠提供办公空间、创业培训、知识产权、财法税、市场推广等服务资源。同时，集政策、人力、法律、财税、投资等服务内容及机构于一体的中关村软件园创新服务驿站也同步开展服务活动，解决企业发展难题，帮助企业平稳度过艰难期。“千帆计划”针对科技型中小微企业订单不足、成本高等突出困难，围绕订单、服务等核心需求，由中关村管委会联合大企业、孵化器和科技服务机构推出。核心内容可以概括为“百十千万”，即大企业提供百亿元订单，孵化器等科技服务机构提供十亿元服务包，还有千余名创业导师，共同助力上万家中小微企业“千帆竞发、百舸争流”。

（李军伟）

【北京地区高校大学生优秀创业团队评选开展】 6月，市教委组织开展2020年北京地区高校大学生优秀创业团队评选工作，共有65所高校的1568支大学生创业团队报名，申报项目涉及信息传输、软件和信息技术服务业，科学研究和技术服务业，教育、文化、体育和娱乐业等领域。8月25日—26日，评选答辩决赛在北京高校大学生创业园（简称大创园）（理工园）举办，来自30所高校的80支大学生创业团队参加决赛。经团队报名、学校初评、专家复评（网上）、线上答辩预赛和决赛等环节，评选出北京地区高校优秀创业团队150支，其中一等奖30支、二等奖50支、三等奖70支。本次晋级的150支优秀创业团队，都将有资格入驻大创园（理工园、软件园、良乡园3个市级园及25个高校分园），并享受一定期限内的免费场地服务和政策咨询、专业培训、投融资对接、新四板挂牌、法律、人力资源等一系列大学生专属创业孵化服务。

（李军伟）

【2020第三届增材制造全球创新应用大赛启动】 7月15日，由丰台区科学技术和信息化局、中关村丰台园管委会主办，丰科建、3D打印数字维创中心联合承办的第三届增材制造全球创新应用大赛启动。本届大赛利用线上科技服务模式，开设线上发布、线上征集、线上评选等一系列大赛活动。大赛以“IN（3D）NOVATION”为主题，聚焦航空航天、增材制造医疗、消费品升级—文博文创三大竞赛单元，将3D打印的价值和创新能力真正发挥并放大到实际应用中，从实际需求出发，以设计为引领，以科研技术为核心，储备高精尖人才，激发富有创造力并切实有效的3D打印数字化（设计＋材料＋工艺）综合解决方案，为“智能制造”强国注入新动能。来自中国航空发动机集团、中国商用飞机有限责任公司、工业和信息化部、天津大学的专家进行线上演讲，并与主办方共同发布、解读大赛命题，洞悉行业发展趋势与前景。在线同步收看人数超过3000人次。本次大赛开线上科技大赛之先河，吸引和调动3D打印上下游企业及相关行业的复工活力，最终约有12个项目落户丰科世纪孵化器。规划打造丰台园增材制造3D打印共享中心，完善孵化器服务运营体系，规划建设孵化

器共享实验室。

（刘伟）

【中关村生命科学园孵化器4家入孵企业获“专精特新”中小企业认证】7月29日，市经济和信息化局公布第二批北京市“专精特新”中小企业名单。中关村生命科学园孵化器入孵企业北京合生基因科技有限公司、保诺科技（北京）有限公司、北京湃生生物科技有限公司、北京卓诚惠生生物科技股份有限公司等4家企业获得认证。

（石壹）

【大创园园区资源对接会举办】8月7日，由北京高校毕业生就业指导中心、中关村软件园联合主办的北京高校大学生创业园园区资源对接会在大创园（理工园）举办。对接会上，中关村工业互联网产业园先导园、中关村软件园孵化器、中关村国际孵化器、兴谷·中关村软件园人才培养与创新创业基地、潍坊滨海·中关村智酷人才与科技产业创新平台、鞍山·中关村智酷人才与产业创新平台等相关负责人分别介绍各自园区情况，进行资源推介，并为出孵团队提供办公、生产、技术研发场地租金优惠和政策法规咨询服务，为优秀在孵团队企业申报国家、省、市、区各类政府扶持资金等专属优惠政策。北京高校毕业生就业指导中心、中关村软件园、中关村软件园人才基地培训中心，以及中关村软件园石景山项目部、中关村软件园孵化器、中关村国际孵化器等相关单位负责人，大创园3园52支团队的55名创业负责人参加活动。

（李军伟）

【中关村“金种子”企业路演举办】9月4日，由中关村管委会主办，中关村海淀园管委会协办，中关村企业家顾问委员会、中关村创业生态发展促进会、中关村融创企业开放创新促进会承办，芯创空间支持举办的中关村“金种子”企业路演——中关村集成电路设计园芯创空间分会场活动举办。本次活动也是2020年芯创路演第七期。活动中，中关村集成电路设计园向参会人员介绍了园内产业聚集和产业组织情况。在路演现场，光子算数（北京）科技有限责任公司、中科驭数（北京）科技有限公司、北京欧铼德微电子技术有限公司、北京中科昊芯科技有限公司、北京安酷智芯科技有限公司和新港海岸（北京）科技有限公司等6家企业先后进行了路演展示。路演评审专家分别从技术先进程度、知识产权能力、协同创新能力、合作伙伴及企业成长性、团队构建情况、企业及个人获奖情况、参与抗疫情况7个维度对参赛企业进行打分，并针对企业项目进行专业点评，提出指导性建议。

（刘烨）

【中关村生命科学园孵化器9家企业获第十批“金种子”企业称号】10月12日，中关村管委会公示第十批“金种子”企业名单，中关村生命科学园孵化器入孵企业及服务企业北京合生基因科技有限公司、北京原基华毅生物科技有限公司、北京金匙基因科技有限公司、北京睿熙生物科技有限公司、北京星亢原生物科技有限公司、北京新抗元生物技术有限公司、北京晶科瑞医学检验实验室有限公司、北京丹大生物技术有限公司、北京博昊云天科技有限公司等9家企业获“金种子”企业称号。

（石壹）

【中关村国际孵化器获“2020百家特色载体”称号】10月15日，全国大众创业万众创新活动周启动。活动现场，“寻找100特色载体”评委会发布“2020百家特色载体”榜单，北京中关村国际孵化器有限公司上榜。

（李军伟）

【中关村生命科学园孵化器与赛默飞世尔科技达成合作】11月6日，中关村生命科学园孵化器与中国国际进口博览会参展企业赛默飞世尔科技（中国）有限公司签订合作备忘录。双方将共同建立并运营现货供应中心，逐步实现园区实验室数字化管理，帮助园区企业进行生物工艺设计、优化方案实施；为园区企业提供海外临床实验、生产服务；与园区企业进行特定技术合作，提供新产品、新技术测试与应用；举办技术性讲座、会议及培训等。

（石壹）

【中关村生命科学园孵化器入孵企业诺禾致源科创板过会】 11月10日，上海证券交易所科创板股票上市委员会召开2020年第101次审议会议，中关村生命科学园孵化器入孵企业北京诺禾致源科技股份有限公司成功过会。这是2020年第169家过会的科创板企业，中信证券股份有限公司为此次诺禾致源发行的保荐机构。

（石壹）

【医药研发专场企业家沙龙活动举办】 11月18日，由中关村生命科学园孵化器主办的新药研发专场企业家沙龙活动举办。北京生命科学研究所、华辉安健（北京）生物科技有限公司、维泰瑞隆（北京）生物科技有限公司、北京原基华毅生物科技有限公司、北京丹序生物制药有限公司等20余家新药研发企业负责人及中关村生命科学园孵化器公司相关人员参加活动。企业家们对企业发展情况及成果、时下医药研发行业动态、技术壁垒与突破等内容进行了交流。

（石壹）

【中关村生命科学园孵化器获“中国留学人员创业园区孵化基地”称号】 11月，第三批“中国留学人员创业园区孵化基地”完成专家评审和公示工作。中关村生命科学园孵化器获“中国留学人员创业园区孵化基地”称号。孵化基地评价旨在遴选一批人才集聚能力较强、创业服务功能完备、企业孵化业绩优异的创业园区，打造区域海外人才创新创业和科技成果转移转化高地，形成示范推广效应。

（石壹）

【中关村国际孵化器获“科技创业孵化贡献奖”】 12月10日，2020年度“中国技术创业协会科技创业贡献奖”评审结果公布，中关村国际孵化器因在科技抗疫和科技创业孵化领域起到的创新引领作用获“科技创业孵化贡献奖”。此次评选活动组织相关行业权威专家，历经两个月的初评、复评、终评及公示程序，最终评选出科技创新贡献奖（企业类）、科技创业孵化贡献奖、科技创业投资贡献奖、科技创业导师贡献奖等4个奖项。“科技创业孵化贡献奖”，全国评出100家孵化器，北京市有10家孵化器入围。

（李军伟）

【3家孵化器获评优秀（A类）国家级孵化器】 12月10日，科技部火炬中心发布《关于公布国家级科技企业孵化器2019年度评价结果的通知》，全国有235家国家级孵化器被评为优秀（A类），其中北京地区有20家，中关村国际孵化器、中关村软件园孵化器、中关村生命科学园孵化器等3家孵化器名列其中。

（李军伟）

【生物医药研发及质量控制论坛2020举办】 12月17日—18日，由中关村发展集团、中关村生命科学园孵化器和仪器信息网联合主办的生物医药研发及质量控制论坛2020举办。本次论坛邀请了生物医药行业14名资深专家针对生物安全、生物药研发及质量控制，以及生物制药实验室管理等热点问题领域进行研讨。线上、线下相结合的医药健康产业专业服务平台——中关村易（e）创医健服务平台正式亮相。来自生物医药行业的1600余人参会。

（石壹）

【大创园（软件园）2家入驻企业获得融资】 2020年，大创园（软件园）入驻企业北京赋乐科技有限公司获得融资1.5亿元，北京安普诺信息技术有限公司获得红杉领投的融资2000万元。

（李军伟）

【丰科世纪孵化器专家工作站设立】 2020年，丰科世纪孵化器建立了由7位行业导师组成的专家工作站，为入驻企业在创业过程中的一系列问题提供咨询、指导与协助科技成果转化等服务。

（刘伟）

【3D打印创新共享中心施工启动】2020年，中关村丰台园将园之源改造为3D打印创新共享中心，作为探索践行专业型孵化器生态链的示范窗口。通过3D打印设备、技术标准的深度结合，为园区企业提供3D打印零部件的检验检测、3D打印职业技术与产业链应用培训、关键设备的展示与生产演示等增值服务。增值服务体系的搭建，在服务企业、扩展自身发展的同时，将实现园区社会效应，促进双创资源向园区内聚集。3D打印创新共享中心整体规划已完成，并得到丰台区相关委办局的认可，进入施工阶段。

（刘伟）

【丰科世纪孵化器为企业减免租金100万元】2020年，丰科世纪孵化器针对孵化的重点企业及时帮助其解决疫情期间的困难和需求，为70余家小微企业减免租金100万元。

（刘伟）

【“相约芯创　筑梦未来”主题系列活动举办】2020年，芯创空间持续举办“相约芯创　筑梦未来”主题系列活动，共举办20场，线上、线下累计1500余人次参与，内容涵盖银行贷款、项目申报、IP规划、心理解压、融资对接等企业成长运营内容。在系列活动中，逐步建立起“大手拉小手”、芯创路演、导师沙龙等服务品牌。其中，“大手拉小手”活动将上海兆芯集成电路有限公司与北京冲量在线科技有限公司在线结对子，双方共同研发的“国产化的金融数据建模隐私计算应用实践”方案入选2020大数据“星河”案例；核芯互联（北京）科技有限公司与芯海择优签署合作协议，共同研发工业芯片。

（刘烨）

【中关村国际孵化器新增入孵企业50家】2020年，中关村国际孵化器新增入孵企业50家，期末在孵企业215家，从业人数约2460人；企业产值约20.76亿元，利润13948.26万元。截至2020年底，累计孵化企业1040家，其中留学生创业企业760余家、上市企业13家，11家企业承担国家重大科技专项，600家企业共获政府各项资金支持2.15亿元，180家企业累计获股权投资34.28亿元，155家企业获银行贷款5.7亿元。

（李军伟）

【中关村软件园孵化器新增入孵企业68家】2020年，中关村软件园孵化器新增入孵企业68家，期末在孵企业140家，从业人员约2400人；企业产值约10.55亿元，利润7894.36万元。截至2020年底，累计孵化企业1065家，其中留学生创业企业206家、上市企业12家，3家企业承担国家重大科技专项，125家企业共获得政府各项资金支持0.48亿元，58家企业累计获得股权投资10亿元，89家企业获银行贷款13.25亿元。

（李军伟）

【大创园（软件园）新增入孵企业16家】2020年，大创园（软件园）新增入孵企业16家，年末在孵企业32家，从业人数约492人，17家完成注册，企业产值约2863.79万元，3家在孵企业累计获得股权投资1.71亿元。在孵企业中获得国家高新技术企业2家、中关村高新技术企业3家、中关村雏鹰人才1人、“金种子”企业1家，新四板挂牌1家。截至2020年底，大创园（软件园）孵化团队累计融资额超过2亿元；累计孵化团队达106家，出孵团队74家；累计获得国家高新技术企业7家、中关村高新技术企业18家、中关村雏鹰人才9人、“金种子”企业4家，新四板挂牌5家，获得知识产权总量153件（其中著作权64件、专利46件、注册商标43件）。

（李军伟）

【中关村生命科学园孵化器新增入孵企业13家】2020年，中关村生命科学园孵化器新增入孵企业13家，期末在孵企业139家，从业人数约2321人；实现技工贸总收入15亿元。截至2020年底，累计孵化企业200余家，其中孵化上市企业9家（新三板5家）、瞪羚企业9家、中关村独角兽企业2家、国家高新技术企业28家、“金种子”企业21家、博士后科研工作站1家、省部级研发中心4家。30家企业获得投资金额超20亿元，累计带动就业人数 1 万余人。

（石壹）

【丰科世纪孵化器新增入孵企业 12 家】2020 年，丰科世纪孵化器新增入孵企业 12 家，期末在孵企业 65 家，从业人数约 600 人。截至 2020 年底，累计孵化企业 80 家、上市企业 1 家。

（刘伟）

【芯创空间新增入孵企业 21 家】2020 年，芯创空间新增入孵企业 21 家，其中多半为高校院所的科研成果转化项目，同时海外项目实现零的突破，韩国比普芯 MEMS 项目顺利入孵。截至 2020 年底，累计孵化企业 29 家，在孵企业 27 家，从业人数 200 余人。

（刘烨）

科技咨询

【概况】2020年，集团依托工业院全力服务“三城一区”和雄安新区等重点区域，承接“亦庄东工业园区生物医药标准厂房”等项目，累计为雄安新区提供30余项咨询服务；全力培育新业务新市场，全年共服务昆明市“十四五”时期规划咨询、“图木舒克市市民之家”EPC总承包等重点项目1580个，服务政府部门和创新创业主体累计220个，其中包括中科院条财局等5个新拓展政府部门，拓展了中关村前沿技术等2项中关村创新生态市场业务。设立中关村产业研究院，加强新技术、新产业、新经济咨询服务能力。

（唐旭磊）

【工业院获全国勘察设计行业荣誉】1月14日，在由北京工程勘察设计行业协会主办的“壮丽七十年 阔步新时代——2019年北京市优秀工程勘察设计成果展暨论坛”上，表彰了全国优秀勘察设计企业、优秀企业家、北京市优秀协会工作者和一批“精品工程”。工业院获“全国勘察设计行业优秀勘察设计企业”称号。工业院设计的北京奔驰汽车有限公司新建发动机工厂、北京汽车产业研发基地北京汽车研究总院、北京现代汽车二工厂和国家汽车质量监督检验中心4个项目成为北京市庆祝中华人民共和国成立70周年系列活动推荐项目。

（唐旭磊）

【北海幼儿园雄安园区项目封顶】1月18日，由工业院代建的北海幼儿园雄安园区项目封顶仪式举行。工业院、工业院京龙公司有关负责人，北海幼儿园及项目设计、施工、监理、勘察等单位的代表参加。（该项目2019年6月完成立项，7月完成概算批复，9月20日开工建设。）

（唐旭磊）

【北京亦庄细胞治疗研发中试基地项目开工】2月10日，由工业院设计中心承接设计的北京亦庄细胞治疗研发中试基地项目开工。该项目总建筑面积约13万平方米，建设方为北京亦庄盛元投资开发有限公司，定位为北京高端医疗产业园区，旨在打造北京细胞产业第一园，为北京地区细胞治疗及中试产业提供优质完善的产业发展空间。该项目是工业院设计中心第一个全部运用远程操作完成在线会签、在线出图、在线电子签名、在线上传平台的设计项目，为工业院未来探索新的工作模式提供了实践基础。

（唐旭磊）

【工业院参编《装配式钢结构箱式房技术标准》】3月1日，工业院工程中心钢结构设计所参与编制的《装配式钢结构箱式房技术标准》（T/BSSIA0002-2020，T/CAQI102-2020）发布，并于4月1日起实施。标准由北京钢结构行业协会、中国质量检验协会和中国基本建设优化研究会联合组织发布，是工业院响应国家标准化改革工作参编的首项团体标准。标准在起草编制过程中吸收了国内外先进经验，内容覆盖建筑与外围护设计、结构设计、设备与管线、制作运输安装与验收等，可为装配式钢结构箱式房设计、制造和施工业务提供规范化、指导性的技术依据。

荣誉证书
HONORARY CREDENTIAL

北京市工业设计研究院有限公司：

贵单位参与起草编制的由北京钢结构行业协会、中国质量检验协会和中国基本建设优化研究会主编的T/BSSIA0002-2020,T/CAQI102-2020《装配式钢结构箱式房技术标准》团体标准已于2020年3月1日批准发布，2020年4月1日实施，中国建筑工业出版社出版发行。特别感谢贵单位为本标准的起草编制所做的贡献。

北京钢结构行业协会
二〇二〇年四月

（唐旭磊）

【工业院咨询公司承担对疆技术服务工作】 3月，受新疆维吾尔自治区发展改革委邀请，中国工程咨询协会组织包括工业院咨询公司在内的9家国内工程咨询机构，共同承担新疆维吾尔自治区2020年新增中央投资项目前期咨询工作。按照任务分工，工业院咨询公司负责对口服务巴音郭楞蒙古自治州，协助完成该州2020年新增中央投资项目谋划梳理、入库信息编报和可研报告编制等工作。工业院咨询公司按照“前方团队现场对接、后方团队技术支撑”的工作机制协调谋划，一周内完成了巴音郭楞蒙古自治州700多个项目梳理、400多个项目信息编报和51个可研报告编制等工作，项目领域涵盖学校、医院、物流，以及道路、管道等市政设施建设。

（唐旭磊）

【工业院咨询公司中标昆明7个规划项目】 4月15日，工业院咨询公司在昆明开展投标工作。最终有7个项目中标，分别为昆明市先进装备制造产业发展五年行动计划、昆明市新能源汽车产业发展五年行动计划、昆明市信息产业发展五年行动计划、昆明市工业绿色发展五年行动计划、昆明市新材料产业发展五年行动计划、昆明市“十四五”工业产业布局规划、昆明市西山区“十四五”工业高质量发展规划。

（唐旭磊）

【史家胡同小学雄安校区项目封顶】 5月15日，由工业院代建的史家胡同小学雄安校区项目主体结构封顶仪式举行。项目办学支持单位史家教育集团、工业院、中建八局雄安分局，以及勘察、设计、监理等单位代表、新闻媒体代表100余人参加仪式。项目建设过程中，工业院京龙公司抽调专业精干力量组建项目管理部，成立项目建设工作专班。新冠肺炎疫情发生后，项目管理部利用视频会议，与雄安新区相关部门以及项目设计单位进行10余次的规划条件论证，稳定了规划条件。最终，史家胡同小学雄安校区项目比原定工期计划提前28天完成。

（唐旭磊）

【杨庄小学新建工程开工】 5月30日，由工业院承接管理工作的通州区杨庄小学新建工程开工。该项目为通州区政府重点工程，位于永顺镇杨庄村，通州新城0404街区TZ–0404–0204地块，总建筑面积4.16万平方米，含48个教学班、剧场、图书室、排练厅、餐厅等功能单元，可容纳1920名学生入学就读。

（唐旭磊）

【北京第四中学雄安校区项目封顶】 6月5日，北京第四中学雄安校区项目主体结构封顶仪式举行，标志着工业院代建的“三校”项目主体结构施工全部完成。整体进度比原计划提前了 10 天。北京市第四中学、工业院和工业院京龙公司相关负责人，设计、勘察、监理、施工等单位的代表，以及新闻媒体人员参加了封顶仪式。在项目建设过程中，工业院京龙公司采用信息化项目管理手段，运用 BIM 技术指导施工，在日常管理中引入无人机及智能眼镜设备，提高了工程管理信息化水平及工程管理效率，为工程全生命周期管理提供了施工管理阶段数字化信息，同时保障了项目后期的运营管理。

（唐旭磊）

【生物医药标准厂房项目开工】6 月 7 日，由工业院承担设计工作的亦庄东工业园区生物医药标准厂房项目开工建设。该项目从立项、公开招标、规划审批到开工建设用时 63 个工作日，比原计划提前了 3 个月，创造了亦庄项目落地最快速度的新纪录。项目团队经过多次沟通，用时不到 40 个工作日完成从方案到施工图的设计工作，为项目提前开工奠定基础。亦庄镇政府、北京亦庄新城实业有限公司、北京亦星嘉置业有限公司、工业院相关负责人，以及勘察、设计、施工、监理等单位及新闻媒体等

100 余人参加开工仪式。

（唐旭磊）

【工业院咨询公司与欧盟项目组签订合作协议】6 月 15 日，4 Smart Growth 中欧“智汇科技”云对接项目启动，工业院咨询公司与欧盟项目组签订链接咨询服务协议，成为欧盟 4 Smart Growth 项目在中国落地的合作伙伴。4 Smart Growth 项目是欧盟经济与科技促进计划的重要组成部分，旨在促进北欧地区拥有尖端技术和创新商业模式的成长型企业走出本国，开拓新兴业务市场。根据协议，在未来两年中，4 Smart Growth 项目计划将来自北欧的智能化商业方案推广到中国市场。作为 4 Smart Growth 项目在中国的关键合作伙伴，工业院咨询公司将联合瑞典国家科技园联盟和芬兰坦佩雷商务局，组织发起 4 Smart Growth 中欧“智汇科技”云对接系列活动，并借此活动为北欧与中国在智能制造、生产自动化、智能机器人、医疗健康科技、教育科技等领域的企业之间搭建对话的桥梁，构筑合作平台，实现共赢发展。

（唐旭磊）

【工业院中标第三师图木舒克市市民之家建设项目】7 月 10 日，工业院与新疆前昆工程建设集团有限责任公司以 EPC 联合体的合作模式中标第三师图木舒克市市民之家建设项目。中标金额 2.03 亿元，其中设计费用 430 万元。该项目总建筑面积 3.35 万平方米，其中地上建筑总面积 2.9 万平方米、地下建筑总面积 0.45 万平方米。建成后将为图木舒克市民服务，打造“互联网 + 政府服务”功能平台。7 月 29 日，项目举行开工奠基仪式。

（唐旭磊）

【工业院京龙公司获工程造价咨询资质】7 月 29 日，

工业院京龙公司通过市住房城乡建设委的审批，获工程造价咨询资质（乙级）。

（唐旭磊）

【工业院中标“亦城客厅”项目】 8月24日，工业院设计中心中标北京经济技术开发区13C3地块综合体建设项目（简称“亦城客厅”项目）。该项目位于亦庄经济技术开发区核心位置，原建筑为亦庄管委会办公用楼。通过旧址拆除重建的方式，在保证原貌复建的基础上，改善基础设施水平，拓展商务服务空间，满足新时代亦庄核心区域标志性建筑各项功能需求。

（唐旭磊）

【工业院参展2020年服贸会】 9月4日—9日，由国家商务部、北京市政府联合主办的2020年中国国际服务贸易交易会举办。展会期间，工业院推荐的“中关村高端医疗器械产业园二期项目”和“北汽南非工厂EPC项目”案例视频在“建筑服务专题展区”的大屏幕滚动播放，展示了工业院BIM技术应用和“一带一路”合作的成果。其间，由工业院及其下属京龙公司、咨询公司承接完成的“亦城客厅”“北京亦庄细胞治疗研发中试基地”“拉萨市文体中心绿化基础设施项目”“雄安高质量建设实验区项目”等19个项目，也以2D或3D的形式在服贸会官网进行了展示。工业院还现场参加了“智慧建造创新发展应用高峰论坛”和“工程建设智慧化管理专题论坛”。

（唐旭磊）

【工业院中标滨州标准化厂房项目】 9月9日，工业院工程中心中标滨州经济技术开发区高端装备制造产业园标准化厂房项目“C区EPC+F（融资）”工程总承包。该项目位于山东省滨州市经济技术开发区内，建筑面积约5.6万平方米，采用“EPC+F”承包模式对外发包本工程，属滨州市重点工程之一。本项目为工业院第一个“EPC+F”的项目。

（唐旭磊）

【工业院与清华院签署战略合作协议】 9月9日，工业院与清华大学建筑设计研究院有限公司签署战略合作协议。双方将围绕打造高精尖产业设计平台，以具体项目为点、业务链条为线、资源平台为面，开展全方位合作，开放共享资源，实现共赢发展。中关村发展集团、工业院、清华院相关负责人参加活动。

（唐旭磊）

【工业院咨询公司服务“双创周”北京分会场活动】 10月15日，由工业院咨询公司连续多年服务支撑的“2020年全国大众创业万众创新活动周”北京分会场活动启动。北京市领导、市区各相关部门负责人及创新创业企业代表等200余人出席。本届“双创周”北京分会场首次采用线上、线下相结合方式，以线上云平台为主体，设置云上展厅、活动直播、双创档案馆、企业探秘等专区，采用3D虚拟显示技术集中展示100余个重点项目，线下同步举办创新创业沙龙、政策发布解读和项目路演等20余场活动。北京分会场聚焦“创新引领创业，创业带动就业”主题，突出“十三五”规划收官、决胜全面建成小康社会、统筹推进疫情防控和经济社会发展等年度特点，围绕创新引领、复工复产、精准助力“战疫”、稳定就业、需求对接等内容，举办启动仪式、展览展示、专题活动等一系列活动。

（唐旭磊）

【工业院咨询公司入选北京市科技服务业促进专项拟支持单位】 10月21日，工业院咨询公司入选2020年度北京市科技服务业促进专项（“工程技术服务机构”方向）拟支持单位，这是工业院咨询公司首次获得专项政策支持。工业院咨询公司以“北京大学多模态跨尺度生物医学成像设施工程咨询项目”进行申报并入选。

（唐旭磊）

【拉萨一体化项目数据中心（一期）项目通过竣工验收】 12月18日，由工业院京龙公司监理的全球海拔最高的国际级数据中心、西藏首个大数据存储中心——宁算科技集团拉萨一体化项目数据中心（一期）项目通过竣工验收。该项目位于海拔3670米的西藏拉萨市国家级高新区信息产业园内，总建筑面积2.72万平方米，可容纳3000多组机柜。

（唐旭磊）

【中关村产业研究院成立】 12月23日，北京中关村科技产业研究院有限公司注册成立，位于北京市海淀区海淀大街38号楼7层，注册资金1000万元。股东为北京国际工程咨询有限公司（持股36%）、北京中关村科技服务有限公司（持股34%）、北京中发创智咨询顾问中心（有限合伙）（持股30%）。

（吕朋悦）

【《中关村发展集团布局重点产业图谱》完成】 2020年，中关村产业研究院研究并完成了中关村发展集团在大信息、大健康、大智造三大产业12个细分领域的重点布局产业图谱。图谱阐释了集团依托专业园区，服务汇聚各领域领军人才团队、新型研发机构，通过搭建科技服务平台，提供股权投资和创新金融服务，帮助科技创新成果转化，引导促进大信息、大健康、大智造产业聚集发展，系统性地展示了集团服务创新链、产业链与供应链的过程，是对集团创新生态集成服务商角色的集中展现。

（吕朋悦）

科技论坛

【概况】 2020 年，集团组织中关村论坛、“芯动北京”中关村 IC 产业论坛、中关村工业互联网产业生态建设发展论坛、中关村生命科学园发展论坛、信用中关村高峰论坛等 53 场，参加论坛 48 场。

（伍孟然）

【第四届“芯动北京”中关村 IC 产业论坛举办】 8 月 14 日，由中国半导体行业协会集成电路设计分会、中关村集成电路设计园等有关单位联合主办的第四届“芯动北京”中关村 IC 产业论坛在中关村集成电路设计园举办。论坛以“助力新基建、开创芯动能”为主题，围绕疫情后全球集成电路产业变局与应对、供应链调整与产业安全，以及“新基建”带来的新应用与集成电路新机遇深入探讨当前形势下中国集成电路产业应对方法。议程包括开幕式、高峰论坛，以及“技术”“投资”“人才”三大分论坛。开幕式上举行中关村新基建 IC 项目技术、产品新成果发布，“北京市工业芯片创新中心”揭牌仪式以及企业入驻仪式，以北京兆易创新科技股份有限公司、北京探境科技有限公司为代表的 9 家集成电路企业的新产品、新技术在开幕式上发布。三大平行分论坛邀请数十位半导体领域资深从业专家、高校客座教授、投资专家莅临现场交流分享。

（刘烨）

【中关村工业互联网产业生态建设发展论坛举办】 9 月 7 日，由中关村管委会、石景山区政府主办，中关村智汇产业技术研究所承办，中关村工业互联网产业联盟、中关村工业互联网产业园、中关村社会组织联合会、中国信息通信研究院等单位支持的中关村工业互联网产业生态建设发展论坛在亚洲金融大厦举办。论坛旨在以工业互联网生态建设发展为重点，汇聚国内外工业互联网领域生态企业，聚焦前沿、引领未来，夯实中关村工业互联网产业发展基础，推动制造业高质量发展，提升产业影响力，促进中关村工业互联网产业生态和谐共生发展。论坛围绕工业互联网网络、平台、软件、安全、AI 赋能 5 个环节，探讨交流人工智能、智能制造、智能软件等技术与工业场景的深度结合，邀请用友网络、旷视科技、树根互联、东土科技以及奇安信集团等工业互联网重点企业进行案例分享。

（李军伟）

【首届中国科技资源与产业服务高峰论坛举行】 12 月 3 日，由中关村发展集团和全国科研仪器服务联盟主办的首届中国科技资源与产业服务高峰论坛在丰台中都科技大厦举行。论坛以“融合创新、协同赋能”为主题。与会代表围绕技术需求对接、高校成果转化、产业技术服务、产业融合发展等方面进行交流。由中关村轨道交通联合首批 13 家产业服务机构共建的中关村轨道交通产业服务平台揭牌。

（赵睿）

【2020 中关村大数据日暨数字经济融合创新发展论坛举办】 12 月 11 日，由中关村管委会、中国科协科学技术传播中心和中关村发展集团主办，中关村软件园和中关村大数据产业联盟承办，北京服务外包企业协会和北京大数据研究院协办的“2020 中关村大数据日暨数字经济融合创新发展论坛”在中关村软件园举办。论坛以“开源共享 生态赋能”为主题，聚焦全球数字经济发展格局变化和中国开源生态体系构建。会上，中关村管委会发布《中关村数字经济引领发展路线图》，中关村智用人工智能研究院发布《AI-Rank 面向产业应用的 AI 开源评测基准》；“科创中国”开源创新示范基地（中关村软件园）举行揭牌仪式；AI 标准评测和数据分享平台（中关村软件园）、新一代人工智能底层开源深度学习平台、计算机视觉开源开放协同创新平台等中关村高精尖产业协同创新平台获得中关村管委会授牌；中关村大数据产业联盟倡议发布《中关村数字经济健康发展公约》。

（李军伟）

【2020 信用北京暨（第六届）信用中关村高峰论坛举办】 12 月 22 日，由中关村发展集团、中关村企业信用促进会、北京市中小企业公共服务平台联合主办，中关村金服、中关村科技担保、华夏幸福创新中心、中关村轨道交通等 7 家单位联合承办的“2020 信用北京暨（第六届）信用中关村高峰论坛”在北京华夏幸福创新中心召开。本届论坛以“数字经济&服务业开放高地与信用经济创新动能”为主题，承接全国信用体系建设总体部署，全面展示北京社会信用体系建设、中关村科技金融创新与信用应用成果，邀请业界同仁，共同探讨信用体系建设发展思路。论坛同期还举办了“信易贷”平台北京站上线启动仪式，包括中关村科技担保在内的 14 家守信服务联合推进机构共同发起诚信倡议，北京信用科技产业创新中心授牌，北京市企业创新信用领跑企业领取亮信证书等活动。

（吴璇）

科技园区发展

中关村发展集团年鉴

YEARBOOK OF ZHONGGUANCUN DEVELOPMENT GROUP

2021

综　述

2020 年，集团围绕“中关村社区”品牌，聚焦北京市“三城一区”和中关村示范区“一区多园”建设，有序推动科技园区发展模式转型，制订实施集成服务全覆盖北京各区三年行动计划，加快创新资源向各园区汇聚。截至 2020 年底，集团所属京内特色园区数量 16 个，科技园区开发建设累计投资额 1198 亿元，建设竣工科技载体 411 万平方米，运营面积 226 万平方米，入园企业 2000 余家。

*有序退出土地一级开发，加快打通园区投融资新模式。*坚持“一区一企一策”，完成北京中关村石景山园发展有限公司、海开地产两家区企共管公司改革重组。退出怀柔科学城、中关村石景山园土地一级开发，实创高科、中关村京西发展、中关村延庆园公司实现土地入库或上市，年内退出土地一级开发 497.3 万平方米。加快打通园区投融资新模式，构建“基金融资—项目投资—委托运营—REITs 退出”业务链条，完成北京中关村中发投资建设基金（有限合伙）设立，以中关村软件园 16.7 万平方米物业参加全国首批基础设施公募 REITs 试点。

*积极推进产业园区向创新社区转变。*塑造“中关村社区”品牌，探索可复制的运营模式；中关村软件园开展“科技向北”创新之源大赛等活动，营造“科技 + 人文”创新生态；中关村生命科学园举办“20 周年成果展”系列活动，引入《科学》杂志，促进创新要素对话融合；中关村前沿技术研究院、中关村集成电路设计园、中关村医疗器械园等园区通过举办产业论坛、项目路演、投融资对接等活动，营造创新社区氛围，提升创新资源汇聚能力。

*加快布局园区新基建。*启动实施“科创领域新基建”引领工程，搭建医药健康产业数字化平台，为园区提供精准招商和企业服务数字化工具；中关村软件园建设“AI+ 园区智慧服务大脑”，组织 5G 智慧园区场景赛；中关村前沿技术研究院开放国内首条 5G 自动驾驶测试道路，对接建设智能网联汽车、智能应急装备、无人机等应用场景。

*不断提升产业组织和服务能力。*中关村软件园构建“孵化 + 加速 + 投资 + 产业组织”运营模式，新增落地独角兽企业嘀嘀无限、启科量子等 25 家重点企业；中关村生命科学园服务昌平国家实验室等重大科研项目入驻；中关村集成电路设计园建立“一平台三节点”服务体系，引入北京市工业芯片创新中心，落地独角兽企业地平线、声迅电子等 25 家企业；中关村医疗器械园统筹推进一、二期产业发展，引入百奥赛图、大有生物等 24 家重点企业；中关村前沿技术研究院获批挂牌中关村（房山）高端制造前沿技术创新中心，完成无人机森林灭火项目，引入亮道智能、史河科技等 21 家重点企业；中关村微纳能源服务保障中科院北京纳米研究所整建制迁入怀柔科学城，建立一站式服务“插线板”模式，落地中科纳清等创新企业；中关村京西发展利用“云招商”手段引入“智能 +”企业，智能文创园先导园入驻率达到 80%；工业院设立亦庄分公司，承接未来科学城生命谷项目，积极服务“三城一区”发展；中关村延庆园起步区建设取得突破；光谷“城市科技前沿技术创新中心”入驻企业罗克佳华实现科创板上市；丰科建推进增材制造共享中心建设；实创高科、中关村电子城、兴昌高科积极促进分园复工复产和产业提升。为支撑北京重点新城发展，集团在丰台区合作设立中关村轨道交通，积极参与南中轴大红门片区“腾笼换鸟”项目，与石景山区合作建设工业互联网产业园，与大兴区、亦庄经济技术开发区合作推动中日国际合作产业园。2020 年，集团帮助北京 16 个区落地高精尖产业项目 332 个，开发投资总额约 30 亿元，京内自持与托管运营创新空间面积达到 226 万平方米，入驻企业 2000 余家，

运营成熟园区地均企业收入、每万人专利授权数、人均研发经费投入强度分别是中关村示范区平均水平的3.3倍、1.7倍和2倍，有力支撑了“三城一区”和“一区多园”高质量发展。

探索与园区双创主体共成长机制。围绕产业链，做强服务链、技术链，延伸园区链，拓展资本链，获取权益、兑现收益，通过“以股权换租金”，签订“认股权”协议等路径与双创主体共成长。新设中关村集成电路设计园、中关村生命科学园、中关村软件园等园区配套投资基金。围绕产业、人才、机制、运营模式等核心方向，推动孵化器全面革新，以中关村软件园孵化器、中关村生命科学园孵化器为试点进行体制机制、股权结构改革。

助力园区企业新冠肺炎疫情防控与复工复产。建立“园区—楼宇（社区）—企业”联防联控体系，通过“日报告”“零报告”“双报告”制度，保证园区安全；累计为1000余家中小微企业减免租金1.4亿余元，减租降费面积47.24万平方米，规上企业复工率达100%；“线上+线下”联动，建立“金种子”企业库，助力企业渡过难关。中关村医疗器械园王晓琼获“北京市抗击新冠肺炎疫情先进个人”称号。

（晋同祥）

中关村软件园

【概况】中关村软件园是中关村示范区中的新一代信息技术产业高端专业化园区、北京建设世界级软件名城核心区，是北京市唯一同时拥有国家软件产业基地、国家软件出口基地称号的国家级双基地，拥有由国家部委、北京市授予的产业园区荣誉几十项，集聚了能源、交通、通信、金融、国防等国民经济重要领域的行业应用领军企业，在云计算、移动互联、大数据、人工智能、量子科学、新型IT服务产业等方面率先形成全国领先的特色产业集群，呈现出典型的现代服务业高端形态。园区由北京中关村软件园发展有限责任公司建设运营，位于海淀区东北旺，东邻上地信息产业基地，南靠规划绿化带及北大生物城，西接东北旺苗圃，北至东北旺北路，占地面积260万平方米。

2020年，园区企业总收入3366亿元，总利润432亿元，纳税总额154.7亿元，进出口总额135亿元；每平方千米产值1294.7亿元，居全国领先地位；每万元GDP消耗0.0087吨标准煤；企业研发经费投入381.3亿元，研发投入占比达11.3%；企业新增专利9803件、注册商标1727件、软件著作权3315件；企业参与制定国家标准55项、行业标准18项、地方标准24项。新增落地独角兽企业嘀嘀无限，头部企业天融信、高途云集、启科量子、曙光腾龙等25家重点企业。

截至2020年底，园区集聚联想（全球）总部、百度、腾讯（北京）总部、新浪总部、滴滴总部、亚信科技、科大讯飞（北京）总部、华胜天成、文思海辉、博彦科技、软通动力、中科大洋、启明星辰、中核能源、广联达、IBM等700余家国内外知名IT企业总部或全球研发中心，总部经济达80%以上。其中，上市企业（含分支机构）70家、中国软件百强企业16家、三资企业47家。园区企业共拥有分支机构1060家。其中，中国大陆分支机构803家、港澳台分支机构67家、国外分支机构190家。园区企业共获国家级科技进步奖励45项，其中国家科技进步奖特等奖1项、国家科技进步奖一等奖7项，科技成果转化526项。园区企业在园从业人员9.45万人，其中外籍人员4105人，硕士及以上员工占比17%，研发人员占比57%。园区高端人才128人，其中院士17人、长江学者14人、国务院特殊津贴获得者16人；园区企业累计申请知识产权65632项。

（李军伟）

【中关村软件园获评“2019 年中国最具活力软件园”】 1 月 8 日，由中国软件行业协会主办的“2020 中国软件产业年会”在国家会议中心开幕。会议以“软件定义的时代——数字、融合与生态”为主题，来自政府部门、研究机构、行业组织、企业等的代表千余人参会。中关村软件园与园区企业广联达科技股份有限公司、软通动力信息技术（集团）股份有限公司、博彦科技股份有限公司、神州数码信息服务股份有限公司等组团参加。年会分为“生态体系构建”“融合创新发展”“数字经济时代”3 项议题，组织了以“新工科、新产业、新趋势”为主题的圆桌对话。大会同期还举办了发布会、3 场平行分论坛、优秀软件企业成果展、软件之夜等活动。会上发布多个奖项，中关村软件园获评“2019 年中国最具活力软件园”。

（李军伟）

【中关村软件园首个小型消防站揭牌】 1 月 14 日，中关村软件园小型消防站揭牌仪式暨马连洼地区第四届消防技能比武活动在中关村软件园举行。消防站配备站长 1 名、专职消防员 20 名、厨师 3 人、司机 2 人，配备消防车 1 辆；守护范围以中关村软件园 2.6 平方千米为核心，并覆盖周围 3—5 平方千米的区域。揭牌仪式后，备防人员同步进驻。海淀区政府、海淀消防支队、马连洼街道、上地街道、中关村软件园、北京中关村鸿嘉物业服务有限公司等单位相关人员参加。

（李军伟）

【中关村软件园开展园区企业疫情应对调研】 从 2 月 2 日起，中关村软件园面向园区 50 家大中型企业、150 家有代表性的小微企业，通过不同形式开展疫情应对调研。接受调研企业总产值 2393.7 亿元，覆盖 180369 人。其间，共召集 5 个线上视频调研专场，涵盖大型互联网和软件产品、计算机与电子产品、行业 IT 服务等多个行业。中关村软件园开展此次调研，是为了全面了解疫情对园区企业生产经营产生的影响，即在新形势下，企业如何主动调整、创新求变，采取了哪些有力举措，推出了哪些创新的业务模式，以及企业对政府相关政策出台有哪些期待，在科技服务方面有哪些需求和建议等。此次调研得到企业的重视，大中型企业的高管提前准备了资料，以视频会议的形式参加调研，提出当前企业面临的各种问题、对策，以及对突破困境、谋求创新发展的新思考、新建议。

（李军伟）

【中关村软件园联合组织空中双选会】 3 月 30 日—5 月底，中关村软件园人力资源联盟联合海淀人力资源公共服务中心、教育部全国就业指导中心等单位陆续举办了“云上揽英才”“24365 中关村专场”等多场空中双选会。累计组织 1274 家企业开放了约 13 万个岗位，主要以区块链数据挖掘、卫星数据应用、物联网数据分析等高端技术类岗位为主，招聘信息覆盖全国 2000 多所高校，解决了企业疫情期间的招聘难题，缓解了不少应届毕业生的求职压力，成为教育部应对最难就业季的重要举措之一。

（李军伟）

【AR 眼镜排查甄别车辆在园区应用】 3 月，AR 眼镜排查甄别车辆在中关村软件园出入管理中得到应用，成为园区防疫抗疫举措之一。在检测过程中，AR 眼镜的智能系统可以利用 AR 第一视角识别功能，在距离目标 8—18 米的远距离条件下，以秒级来甄别来往车辆，比闸机工作效率更高，白天、夜间、阴天都可以准确、快速地辨别园区车辆，而且不用刻意观看眼镜的显示屏幕，通过提示音就可以知道是否应该放行。另外，AR 眼镜在对车牌进行识别排查的同时，可以将实时拍摄的图像回传到后台，为事后回溯、还原现场提供取证依据。中关村软件园大数据平台为 AR 眼镜的智能识别提供了支撑，该平台以园区、企业、车主的互动为核心，从“互联 + 融合 + 智慧 + 协同”的角度出发，在互联互通、数据交换与共享基础上，为 AR 眼镜提供交通流量、企业、员工等维度的数据，实现对路面入园车辆的实时监控与快速识别，提高车辆通行效率，强化管控力度。

（李军伟）

【“Z-ONE 护航计划”启动】 5 月 7 日，海淀区上地街道与中关村软件园举行创新合伙人签约仪式，并联合启动“Z-ONE 护航计划”。“Z-ONE 护航计划”中的“Z”代表中关村软件园，“ONE”代表上地街道与中关村软件园齐心协力、赋能区域经济发展。“Z-ONE 护航计划”将依托中关村软件园专业领先的服务资源，向上地地区企业开放智能政策服务平台、人力资源联盟服务平台、产学研合作平台、共性技术支撑平台、知识产权公共服务平台、企业创新服务平台、国际化服务平台七大服务平台，赋能企业发展。七大平台对于企业具有很强的针对性和适用性，有利于引领企业持续创新，实现健康发展，并能为区域带来更多资源，进一步推动园区与区域的协同发展，激发创新创业活力。上地街道办事处还与中关村软件园签署《创新合伙人框架合作协议》。海淀区政府、上地街道办事处、中关村软件园等单位相关负责人及企业的代表参加。

（李军伟）

【中关村软件园创新服务驿站揭牌】 5 月 22 日，中关村软件园创新服务驿站揭牌，旨在打造企业综合服务平台，解决企业发展过程中的各种诉求，成为科技型企业的一站式服务中心。创新服务驿站先期落地于中关村软件园孵化器，并首批引入中关村发展集团科技金融集成产品，面向企业提供集科技担保、科技租赁、创业投资、科技信贷、企业上市等在内的金融服务，实现零距离“无缝对接”，提高中小微企业贷款可获得性。首批入驻的科技金融服务机构包括中关村金服、中关村科技担保、中关村科技租赁、中关村小贷、北京中关村瞪羚投资基金管理有限公司、北京市中金小额贷款股份有限公司、启元资本、中信建投、建设银行、交通银行、民生银行、北京银行等。

（李军伟）

【中关村软件园联合举办专家院士进园区活动】 5 月 25 日，中关村软件园、中关村智酷、中关村工业互联网产业园联合举办中关村软件园大讲堂——专家院士进园区活动。主会场设在北京中关村软件园，分会场设在山西智创城省级双创中心，采取线上、线下同步方式，共有约 3000 人参与。大讲堂邀请中国工程院院士、国内工业互联网领域专家邬贺铨以“新基建下的工业互联网新趋势”为主题发表演讲。本次活动属于中关村软件园科技服务体系的品牌活动。通过加强著名专家和园区企业的直接交流，增强园区产学研合作的力度和深度，以加强政产学研、科技成果转化合作，促进在园企业、北京乃至全国大信息产业加速发展。

（李军伟）

【中关村软件园组织 13 家企业参观北京城市副中心设计小镇】 5 月 26 日，中关村软件园组织前沿基金、Star VC、慧科教育科技集团有限公司、北京开课吧科技有限公司、光大兴陇信托有限责任公司、深圳市厚德前海基金管理有限公司、华诚大地投资有限公司、中星盛达投资有限公司、北京九星智元科技有限公司、北京中视星驰文化传媒有限公司、东阳华海时代影业传媒有限公司、北京艺铭文化艺术传播有限公司、华诚博远工程技术集团有限公司等13家企业组团参观北京城市副中心设计小镇。通州区政府、中关村通州园管委会等单位有关负责人与企业相关人员一同参观设计小镇和创新中心的项目建设与发展情况，并进行了座谈。（北京城市副中心设计小镇位于北京行政副中心核心区以南，邻近行政办公区、城市绿心、环球影城、张家湾古镇，占地面积约5.4平方千米。）

（李军伟）

【中关村软件园获批“科创中国”试点园区】 5月，中关村软件园获批“科创中国”首批试点园区（第一批试点唯一园区），经中国科协、“科创中国”试点城市北京挂点组、中关村管委会、北京市科协等单位共同研究，试点明确了“建设开源生态”的发展目标，充分发挥中关村在深化创新驱动、推动高质量发展中的引领带动作用，打造科教新区、创新社区、产业园区“三区联动”的开源创新生态。年内，试点围绕建设开源生态目标，积极推进开源生态集群培育、共性技术平台建设、创新联合体建设、中关村5G创新应用大赛、国际交流合作等工作，被中国科协等单位授予“科创中国”开源创新示范基地，并入选2020年“科创中国”试点建设典型案例和产学研融通组织榜单。

（李军伟）

【中关村政策宣讲会线上举办】 6月24日，企业政策服务专场——中关村政策宣讲会在中关村软件园线上直播平台“智播厅”举办。中关村青年政策宣讲团成员通过讲政策、举案例、谈体会，对政策内容进行宣讲解读，主要针对中关村科技型小微企业研发费用支持资金申报、中关村“千帆计划”等进行讲解。中关村小微企业研发费用支持是为贯彻落实《进一步支持中小微企业应对疫情影响保持平稳发展若干措施》，面向成立时间在5年（含）以内（2015年1月1日至2019年12月31日），从业人员100人以下，2019年度的研发费用在20万元（含）以上、收入1000万元以下的中关村高新技术企业（或在示范区范围内注册的国家高新技术企业），符合要求的中小微企业即可通过此项申报得到相应的资金支持。“千帆计划”核心内容可概括为“百十千万”，即大企业提供百亿元订单，孵化器等科技服务机构提供10亿元服务包、千余名创业导师，以解决科技型中小微企业订单不足、成本高等突出困难。

（李军伟）

【15家入驻企业入选“专精特新”中小企业名单】 7月21日，由市经济和信息化局组织开展的2020年度第一批北京市“专精特新”中小企业名单公布。中关村软件园入驻企业北京奥特美克科技股份有限公司、北京达美盛软件股份有限公司、北京中科汇联科技股份有限公司、飞天联合（北京）系统技术有限公司、北京捷通华声科技股份有限公司、北京汉王鹏泰科技股份有限公司、北京睿呈时代信息科技有限公司、北京指掌易科技有限公司、曙光节能技术（北京）股份有限公司、北京数字绿土科技有限公司、北京并行科技股份有限公司、北京亚信数据有限公司、北京华捷艾米科技有限公司、北京人和易行科技有限公司、基石酷联微电子技术（北京）有限公司等15家企业入选。

（李军伟）

【中关村软件园承办5G创新应用大赛智慧园区赛道】 7月29日，由中关村管委会、市科委、市经济和信息化局、市通信管理局主办的2020年中关村5G创新应用大赛启动，面向全球企业、团队征集5G创新应用项目。大赛以“聚焦‘新基建’、赋能新场景、培育新业态”为主题，特别设置两个主赛道、五大分赛道，中关村软件园承办了智慧园区赛道。智慧园区赛道以“5G新势力·智慧赋能园区”为主题，包括无人驾驶、无人配送、园区安全等。该赛道是为各种5G先锋场景的创造者、5G时代新生活方式的引领者和倡导者搭建的交流展示平台。大赛还为优秀企业准备最高500万元的资金支持，推动企业落地分园，提供市场对接和推广服务、投融资服务、空间落地支持、展览展示等各种实用的支持和服务。10月30日，中关村5G创新应用智慧园区场景赛决赛在中关村软件园国际会议中心举行，20家5G创新应用企业围绕智慧园区应用场景,会聚精彩“5G+”应用。经过激烈角逐，北京路凯智行科技有限公司获一等奖。

（李军伟）

【2020年中关村5G创新应用大赛举办】7月29日—12月18日，2020年中关村5G创新应用大赛在北京举办。来自全国17个省（市）177家单位的265个项目参赛，涉及智慧工厂、机器视觉、远程控制、远程运维、协同设计、无人巡防、工业安全等7个领域。本届大赛以“聚焦‘新基建’、赋能新场景、培育新业态”为主题,围绕5G核心技术及智慧园区、智能物流、无人机、智慧工地、工业互联网等5G创新应用场景，在全球范围内征集优秀案例并展开评选。大赛赛程设置包括项目征集、资格审查、分赛道预赛、分赛道决赛、总决赛及颁奖展示等五大环节，根据疫情防控要求，采用线上、线下相结合的方式进行。12月18日，大赛总决赛及闭幕式在中关村首钢园举行。总决赛由中关村管委会、市科委、市经济和信息化局、市通信管理局主办，中国工业报社、市应急管理局、房山区政府、延庆区政府、石景山区政府、城市副中心管委会发改局联合主办，来自智慧园区、智能物流、工业互联网、无人机等六大专题赛道的7个优秀项目晋级总决赛。北京慧拓无限科技有限公司凭借“智慧化5G无人矿山整体解决方案”（中关村软件园推介项目）获一等奖，北京得到运通科技有限公司、北京佰才邦技术有限公司获二等奖，北京清研宏达信息科技有限公司、理工全盛（北京）科技有限公司、中国联合网络通信有限公司北京市分公司、北京路凯智行科技有限公司（中关村软件园推介项目）获三等奖。30余家被遴选出来的优秀项目团队现场展示了5G创新应用的最新成果，一批最前沿的5G技术创新成果及应用场景解决方案进行了展示。大赛期间，78个参赛项目与运营商开展实质性业务合作，26个参赛项目与产业链上下游达成市场合作，如北京智行者科技有限公司、新石器慧通（北京）科技有限公司等3家企业的自动驾驶、无人配送解决方案落地中关村软件园应用示范；北京得到运通科技有限公司、北京拓疆者智能科技有限公司等智慧工地解决方案同广联达科技股份有限公司开展深度业务对接；灵动科技（北京）有限公司、北京工业大学等的项目在京东物流亚洲一号物流基地示范应用。大赛闭幕式上，中关村管委会同中国联合网络通信有限公司北京市分公司、中国移动通信集团北京有限公司、中国电信股份有限公司北京分公司分别签署了战略合作协议。北京市政府、中关村管委会、石景山区政府、市通信管理局、市经济和信息化局、中关村软件园等单位相关负责人参加活动。

（李军伟）

【中关村软件园搭建专属就业平台】7月—8月，中关村软件园联合中国教育电视台、全国高等学校学生信息咨询与就业指导中心主办《一职为你》大学生求职就业全媒体互动直播栏目，携手9家园区企业举办多期中关村软件园专场，为应届毕业生提供专属就业岗位。活动中，东软集团（北京）有限公司、北京同城必应科技有限公司（闪送）、北京天融信网络安全技术有限公司、天津小屋信息科技有限公司（贝壳找房）、联想（北京）有限公司、度小满科技（北京）有限公司、北京华胜天成科技股份有限公司、深信服科技股份有限公司等企业现场开启云宣讲、“一对一”面试，展现高新企业人才观、发展观，以及对于人才引进的渴求。《一职为你》中关村软件园专场活动全网点击收看超过1000万人次，参与企业中的上市公司市值达到2000亿元以上。（《一职为你》栏目4月11日起在中国教育电视台一频道、三频道、四频道以及网络新媒体端同步上线。栏目以高校大学生为关注主体，依托融媒体采编制作优势，整合就业指导机构、市场求职招聘机构、招聘企事业单位等资源，搭建毕业生求职就业双向沟通渠道。栏目每期邀请招聘专家为学生们解答职场疑惑，求职者可从企业理念、发展方向、薪资待遇、工作环境等角度向 HR 直接咨询。）

（李军伟）

【“Z 计划”项目启动】 8 月 4 日，由中关村发展集团、中关村软件园联合投资机构、大信息产业头部企业举办的面向创新创业的“Z 计划”项目在中关村软件园启动。“Z 计划”为集团培育“金种子”企业行动计划的一部分，目的在于挖掘出创新创业的“金种子”，并给予其持续支持，以大力激发科技创新活力，促进产业要素在园区生态内的有效互通，为双创主体助力、提供支撑。“Z”即“Z-ONE”，意为中关村联合权威专家和各方机构一致行动，形成合力，帮助“种子”资源渡过难关。“Z 计划”以“创新之源大赛”和“双创加速营”为载体，结合“新基建”建设诉求，重点关注大数据、人工智能、5G 三个细分垂直领域，挖掘、筛选一批拥有核心技术、市场竞争力和应用前景的创新创业项目，通过双创加速营为项目赋能，提供落地孵化、产业加速、投融资对接等服务。赛营合一的活动设计旨在吸引、挖掘、培育、加速一批具有高成长性的优质项目，促进其进入发展的“快车道”，同时搭建起优质项目与头部企业链接的桥梁。“Z 计划”的实施吸引了 12 个“创新之源大赛”的双创项目落地“双创加速营”，链接 20 家投资机构全程参与，有效对接中关村软件园大企业资源。其中，一等奖创业团队获得总价值 100 万元的专业孵化服务包，以及办公场地优惠、创业导师辅导、市场平台推广、公共 IT 平台支撑等服务。中关村管委会、中关村发展集团、清华大学、北京大学、北京航空航天大学、中科院自动化所、中关村软件园等相关单位负责人，园区企业、金融机构、新闻媒体等的代表 100 余人参加。

（李军伟）

【中关村软件园获评市级文化产业园区示范园区】 8 月 21 日，在 2020 年度北京市级文化产业园区授牌活动上，中关村软件园凭借科技与文化的深度融合，以及高新技术产业区独有的创新、创意能力，被授予“2020 年北京市级文化产业园区示范园区”称号，并获得北京市文化改革和发展领导小组办公室发放的牌匾。此次认定评审工作自 3 月启动，由市委宣传部组织开展，旨在构建北京市多层次、立体化的文化产业空间体系，打造特色文化元素，丰富首都文化底蕴。

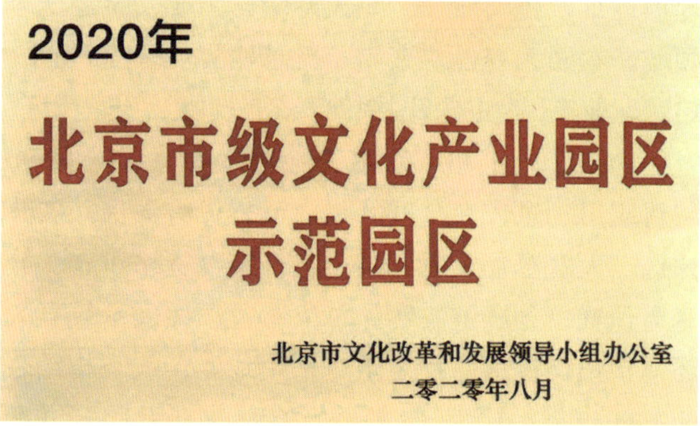

（李军伟）

【中国“互联网 +”大学生创新创业大赛国际展示交流中心启用】 8 月 28 日，中国“互联网 +”大学生创新创业大赛国际展示交流中心启用暨服务大赛研讨会在中关村软件园举行。教育部高等教育司、上海交通大学、中关村软件园、中关村智酷等单位相关负责人，美国著名社会学家 Mark Levine 参加活动。交流中心由中关村软件园和中关村智酷共同建设并运营，位于中关村软件园核心区域软件广场 D 座，总建筑面积 1300 平方米，是大学生创新创业大赛唯一的国际展示交流中心。展厅设计将“中云智车”“光珀科技”“罗化新材料灯具”“全息 3D 智能炫屏”“光触媒空气净化”等历届大赛中选拔出的优秀项目与“小满粮仓”“我知盘中餐”等助力乡村振兴的优秀项目融入其中。此外，交流中心还开放 800 平方米特别设置项目投资对接区、项目国际交流合作区、项目孵化办公区等服务功能区，为更好地促进项目对接、开展国际交流搭建平台，为高校与企业和投资机构合作架设桥梁。

（李军伟）

【中关村软件园组织企业参展服贸会】9 月 4 日，2020 年中国国际服务贸易交易会在北京国家会议中心开幕。中关村软件园组织 10 余家企业参展，分别在文化产业园区、京津冀文化协同发展等展区亮相，通过视频、实物产品、互动体验、图文等多种形式，使用全息数字投影技术，打造沉浸式情景，展示数字内容、新媒体等互联网文化产业最新创新发展成果，并以充满科技与互娱的展示体验形式布置参展空间，营造科技、时尚、人文氛围，彰显科技创新赋能文化产业的主题。软通动力信息技术(集团）股份有限公司的文物 3D 全息投影、文化旅游云平台，网易有道信息技术（北京）有限公司的有道词典笔专业版和有道精品课，北京中科大洋科技发展股份有限公司的“5G + 4K/8K”融媒演播车，精彩旅图（北京）科技发展有限公司的 3D 旅游地图等最新产品和技术参展，涉及电子信息等领域。博彦科技股份有限公司举办“新思维智世界——博彦科技 25 周年数字化创新服务专题论坛”，围绕数字经济、金融科技、新基建等行业热点进行交流和探讨。

（李军伟）

【中关村软件园获批国家数字服务出口基地】9 月 8 日，在国家数字服务出口基地建设动员部署会暨数字贸易专家座谈会上，中关村软件园等首批 12 个园区获商务部、中央网信办及工业和信息化部授予的“国家数字服务出口基地”称号。其中，中关村软件园是北京市唯一获评的园区。国家数字服务出口基地是为贯彻落实《中共中央国务院关于推进贸易高质量发展的指导意见》，把握数字经济发展的重大机遇，加快发展数字服务出口，构建国际竞争新优势而启动建设的“特色服务出口基地”，目的是通过建设一批以数字服务出口为导向、具有较强带动作用的基地，加快服务出口数字化转型，培育数字服务出口新主体，积极推动数字服务行业扩大对外开放，将基地打造成中国发展数字贸易的重要载体和数字服务出口的集聚区。（中关村软件园作为中关村示范区从事软件与信息服务业的专业园区，是北京市同时具备国家软件产业基地、国家软件出口基地资质的高科技园区，已形成一个创新活跃、良性发展、不断更新迭代的数字服务新生态。中关村软件园将推动数字证书、电子签名等的国际互认，试点数据跨境流动，建设国际信息产业和数字贸易港，探索建立以软件实名认证、数据产地标签识别为基础的监管体系。）

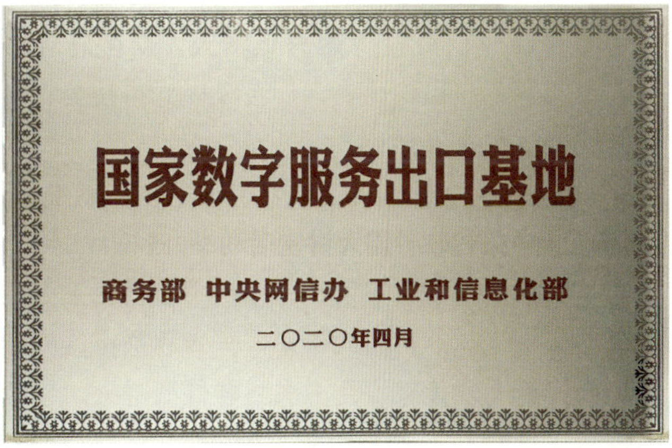

（李军伟）

【2020 创新之源大会举行】9 月 22 日，由中关村软件园主办，中关村软件园孵化器、北京中经智元科技发展有限公司、北京银行中关村分行承办的“科技力量，创变未来”2020 创新之源大会在中关村软件园举行。大会旨在通过引入金融活水，助力缺乏资金的初创企业发展，让科技创新项目落地孵化、产业加速、投融资对接，打造创新创业生态的闭环。活动现场，中关村软件园发布“Z 计划”，

该计划由中关村软件园、中关村软件园孵化器联合投资机构、大信息产业头部企业，面向创新创业项目推出，以“创新之源大赛”和“双创加速营”为载体激发科技创新活力，赛营合一，助力科技创新“金种子”的优质孵化，为双创主体提供充分助力和支撑；宣布设立5亿元规模的“Z计划”专项基金，为“金种子”企业提供充足的金融助力；中关村软件园和中关村软件园孵化器共同发布“5G +”创新服务平台和基于AI的智慧园区大脑。会上介绍了创新之源大赛的情况，安芯网盾（北京）科技有限公司的安芯网盾内存保护系统、北京行晟科技有限公司的低成本5G通信基站天线、北京火眼目测科技有限公司的下一代5G视频平台解决方案等12家企业优质项目进入决赛，涵盖无人车、SAI算能中心、微波医学影像、RISC−V等多个前沿科技领域，行晟科技项目获本季创新之源大赛一等奖。获奖企业将得到中关村软件园包括品牌推广、创业辅导、科技金融、人才服务、资源对接等服务项目在内的专业孵化包。会上，进入创新之源决赛的12家企业与中关村软件园进行了项目落地签约。中关村管委会、中关村发展集团、中关村软件园、北京量子信息科学研究院等相关负责人，众多行业领袖、专家学者和机构代表，近百家优秀科技公司及数十家媒体代表参加。

（李军伟）

【创享汇·中关村软件园大讲堂活动举办】 9月24日，由中关村软件园、市知识产权保护中心联合主办的创享汇·中关村软件园大讲堂——专利预审维权和知识产权资助政策宣讲在中关村软件园举办。会议围绕企事业单位专利预审备案流程、条件及材料，知识产权资助政策及知识产权资助金申报流程等进行讲解。来自北京千方科技股份有限公司、北京深思数盾科技股份有限公司、北京远度互联科技有限公司等园区内外40余家企业的50余人参加。

（李军伟）

【9家入驻企业上榜北京民营企业“1+4”百强名单】 10月10日，在2020北京民营企业百强发布会上，北京市工商业联合会发布“2020北京民营企业百强榜单”，同时发布“民营企业科技创新百强”“民营企业文化产业百强”“民营企业社会责任百强”“民营企业中小百强”4个榜单。中关村软件园入驻企业联想控股股份有限公司、百度公司、新浪公司、软通动力信息技术（集团）有限公司、博彦科技股份有限公司、广联达科技股份有限公司、亚信科技（中国）有限公司、北京万集科技股份有限公司等8家企业上榜民营企业百强；百度公司、新浪公司、广联达科技股份有限公司、软通动力信息技术（集团）有限公司、亚信科技（中国）有限公司、博彦科技股份有限公司、瑞斯康达科技发展股份有限公司、北京万集科技股份有限公司等8家企业上榜科技创新百强榜单。

（李军伟）

【15家入驻企业入选北京软件和信息服务业综合实力百强名单】 11月17日，北京软件和信息服务业协会发布《2020北京软件和信息服务业综合实力百强企业报告》，聚焦北京市行业内业务规模大、效益好、自主创新能力强的优秀软件企业，以企业的规模、效益和研发创新3个方面为主要依据，形成北京软件和信息服务业综合实力百强企业名单。中关村软件园入驻企业百度在线网络技术（北京）有限公司、腾讯科技（北京）有限公司、亚信科技（中国）有限公司、北京千方科技股份有限公司、软通动力信息技术（集团）股份有限公司、广联达科技股份有限公司、启明星辰信息技术集团股份有限公司、神州数码信息服务股份有限公司、北京天融信科技有限公司、贝壳找房（北京）科技有限公司、北京华胜天成科技股份有限公司、北京文思海辉金信软件有限公司、博彦科技股份有限公司、北京数字政通科技股份有限公司、北京康邦科技有限公司等15家企业入选。

（李军伟）

【VR智能驾驶体验培训基地揭牌】 11月26日，中关村软件园智慧应用场景发布暨Zpark & 东方时尚VR智能驾培基地揭牌仪式在中关村软件园举行。中关村软件园与东方时尚驾校签署战略合作协议，双方将合力打造集绿色生态展示区、智能驾驶体验培训基地及交通安全文化科普区等于一体，独具智慧园区特色的网红打卡地。根据协议，中关村软件园为东方时尚驾校提供VR智能驾驶培训体验及招生基地，全智能化驾驶培训将智能、绿色、友好、便捷、高效的学车新体验融入智慧园区，有助于驾驶人在学习过程中养成规范、安全的驾驶习惯，推动前沿技术在驾驶培训领域的深层次应用。活动中，由中关村软件园联合东方时尚驾校创意打造的智能驾驶体验区首次开放。市公安局公安交通管理局、中关村软件园、东方时尚驾驶学校股份有限公司、北京千种幻影有限公司等单位相关负责人参加。

（李军伟）

【中关村创新领航者计划暨2020金种子实训营开学典礼举办】 11月28日，由中关村智酷主办的中关村创新领航者计划暨2020金种子实训营开学典礼在中关村软件园举办。活动现场，“中关村创新领航者计划”启动。该计划由中关村软件园发起、中关村智酷运营，旨在发掘、培育创新创业领航型人才，打造创新创业的“成长大本营”。“中关村创业服务+”金种子实训营是集合中关村政策、资本、人才等资源，面向中关村“金种子”优秀企业创始人开展、围绕学员真实需求量身定制、独具中关村特色的加速营。首期实训营从新一代信息技术、医疗与大健康、硬件与先进制造、新材料等领域遴选出40余家优秀企业的42位学员进行实训课程，助力“金种子”加速成长壮大。实训营课程跨度6个月，每个月集训一次，打造集“导师咨询+实操训练+产业分析+资源赋能+合作探索”于一体的“金种子”企业服务体系，助力学员能力成长、资源进阶和企业创新发展。在实训营举办期间，包括北京博清科技有限公司、北京矩视智能科技有限公司、北京百炼智能科技有限公司等多家学员企业获得过亿元新一轮融资，学员企业总市值近200亿元。中关村管委会、中关村发展集团、中关村软件园、中关村智酷、时代集团公司等单位相关负责人，企业家导师代表，“金种子”企业代表等相关人员参加。[“金种子工程”于2011年启动，10年共遴选出10批“金种子”企业1596家，涌现出北京爱奇艺科技有限公司、北京旷视科技有限公司等数十家明星企业和驭势科技（北京）有限公司、北京灵犀微光科技有限公司等近40家中关村前沿技术企业。]

（李军伟）

【创新之源北欧项目路演活动举办】 12月3日，创新之源大会国际篇之北欧项目路演活动在中关村软件园孵化器路演大厅（线下）与中关村软件园智播厅（线上）举办。本次活动由中关村软件园主办，中关村芬兰创新中心和中关村软件园孵化器承办，北京服务外包企业协会和瑞典In–Nordic公司协办，北京捷通华声科技股份有限公司特约支持，是“科技向北”系列活动国际化运作的重要成果之一。中关村软件园作为“科创中国”的试点园区，本次路演还是“科创中国”传播助力系列路演的第71场活动，为促进科技经济深度融合发展。活动以“科创力量 链接世界”为主题，遴选来自北欧的创新高科技项目，搭建“线上+线下”双线融合路演平台，面向业界进行展示，并邀请国内外顶尖专家连线互动，共同探讨前沿科技创新，探讨参与路演的国际项目与国内资源和市场的对接等。活动汇聚来自瑞典的优质高科技项目、创新产品进行路演展示，涉及生物技术、数据服务、装备制造等领域。中关村软件园、中关村软件园孵化器，以及来自5家投资机构的专家等 40 余人参加线下活动，6 家北欧科技企业代表采用线上跨国参会，千余名创新创业者、投资者和“科技发烧友”在线参与活动。

（李军伟）

【中关村软件园工作站调解室成立】 12 月 10 日，市知识产权局、市司法局在北京铜牛电影产业园联合举办知识产权纠纷人民工作站调解室授牌仪式。中关村软件园等第一批 7 家知识产权纠纷人民工作站调解室获授牌。知识产权纠纷人民调解工作室挂牌后，将统筹知识产权行业优势资源，推进诉源治理，实现知识产权纠纷人民调解工作覆盖延伸、关口前移。服务内容包含对接行业性、专业性知识产权纠纷人民调解组织，运用专业知识，高效便捷调解知识产权纠纷，防止纠纷激化，降低维权成本；宣传知识产权法律、法规、规章和政策，预防知识产权纠纷发生；向相关部门反映所在区域知识产权纠纷和调解工作的情况。市知识产权局、市司法局、市高级人民法院、各相关区知识产权局、区司法局、朝阳法院等单位的相关负责人，以及知识产权纠纷人民调解委员会、新成立的调解工作室、知识产权公共服务区中心、工作站及企业等的代表参加活动。

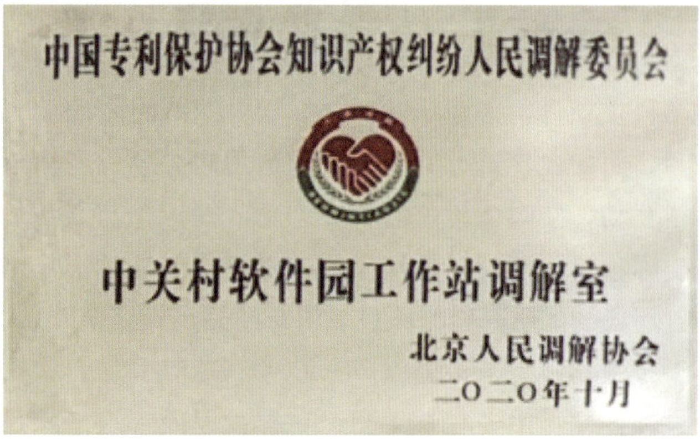

（李军伟）

【北京市数据跨境流动安全管理试点政策对接会举行】 12 月 18 日，由市委网信办、市商务局、市经济和信息化局主办，海淀区委网信办、中关村软件园、北京服务外包企业协会承办的北京市数据跨境流动安全管理试点政策对接会在中关村软件园举行。北京市数据跨境流动安全管理试点工作主要针对中关村软件园、金盏国际合作服务区、自贸区大兴机场片区等区域，聚焦人工智能、生物医药、工业互联网、跨境电商等关键领域，立足企业数据跨境流动实际需求，在确保安全的基础上，开展政策创新、管理升级、服务优化等试点试行。中关村软件园是北京市唯一“三位一体”的国家数字服务出口基地、数字贸易试验区和国际信息产业与数字贸易港，承担着“两区”先行先试任务。对接会上，围绕数据跨境流动安全管理试点、数据分级分类保护、数字贸易试验区等内容进行政策解读，国家互联网应急中心有关专家重点对个人信息出境安全评估的流程、办法、标准进行了讲解。

（李军伟）

【北京城市副中心设计小镇创新中心开园】 12 月 25 日，以“数智引领，创新未来”为主题的“北京城市副中心设计小镇创新中心开园仪式”在设计小镇创新中心举行。设计小镇位于通州张家湾工业区，毗邻城市绿心和环球影城，是城市副中心产业发展的重要承载区，从建设到开园，历时 2 年。创新中心位于小镇西北角，作为设计小镇先行启动区，是设计小镇首个以城市科技和创新设计为产业定位的特色园区。占地面积 15 万平方米，规划总建筑面积 24 万平方米，包括 26 栋办公及配套用房。创新中心是中关村管委会和城市副中心联合打造的首个创新设计和城市科技特色产业园，由中关村软件园和北京通州科技创新投资发展有限公司共同运营，在应用场景搭建、产业联盟生态建设等方面不断探索创新，并将在城市科技、城市设计、京津冀协同发展等领域，搭建一系列的平台，为设计小镇注入新的活力。开园仪式上，《北京城市副中心促进张家湾设计小镇产业发展暂行办法》发布。中关村管委会和通州区将联合在入驻奖励、办公用房、企业影响力、配套服务、人才服务等方面提供政策支持。

（李军伟）

【“科技向北”系列活动举办】 2020 年，中关村软件园组织“科技向北”系列活动。活动以“科技 + 文化”双核驱动，组织“产业 + 科技 + 音乐 + 电竞 + 美食 + 运动”10 余项活动。例如：(1) 2020 创新之源大会。以创新之源大赛为出发点，聚焦新一代信息技术领域，重点关注大数据、人工智能、5G 等细分垂直领域，从 300 余个项目中筛选出 10 余个优质创新项目，广泛链接政府、资本、机构等力量，创建“双创加速营”，为企业赋能，提供项目落地孵化、培训指导、产业加速、投融资对接等服务，助力优质项目发展进入“快车道”。(2) 中关村 5G 创新创业大赛——智慧园区场景赛与工业互联网专题赛。围绕聚焦“新基建”战略、赋能新场景、培育新业态等主题，依托中国自动化学会的专家资源，在大赛活动设置、项目评审、技术指导等方面提供智力支持，推动开源核心技术在人工智能、5G、工业互联网、智能网联等领域推动场景化应用，在全市形成行业示范引领。(3) 中关村工业互联网高峰论坛。邀请专家分享关于工业互联网的洞察报告，举办中关村互联网产业园开园仪式，并同步举办入驻企业签约仪式。(4) 智 ·SPACE。在软件园打造集智慧交通、移动购物、自动驾驶、4D+VR 体验于一体的智慧园区新体验。(5) 科技向北音乐节。是中关村地区首次举办的规模大、参加人员多的户外音乐节。(6) 科技向北电竞赛。首次邀请王者荣耀女子职业战队、CMEL 中国移动电竞超级联赛女子总冠军 aGirl 女子职业电竞俱乐部，以及园区外的强大团队，与园区战队一起，呈现一场参赛规模大、参赛企业质量高、活动组织专业的跨园区电竞比赛。32 支企业战队 [包括园区内企业曙光信息产业股份有限公司、北京快手科技有限公司、路孚特（中国）科技有限公司、北京同城必应科技有限公司、北京立思辰科技股份有限公司等，以及园区外企业北京金山云网络技术有限公司、北京三快在线科技有限公司（美团）等] 128 位个人精英挑战者参加，1000 余名观众现场观赛，体验模拟赛车黑科技，与智能机器人互动。斗鱼、虎牙两大游戏直播平台全程直播，100 余万网友线上观战。(7) Zpark 运动季。从 8 月—10 月相继举办了创意骑跑、莫比乌斯 ·running 奇趣科技跑、乘风破浪 ·rowing 赛艇挑战赛、荧光夜跑、骑跑两项等特色活动，以及网球、篮球、羽毛球、乒乓球、足球等 10 项赛事，总参与规模约 4000 人，包括百度在线网络技术（北京）有限公司、联想控股股份有限公司等数十家园内外企业和互联网企业参与。(8) 食 ·TIME & 繁花绽。以美食、音乐、啤酒、炸鸡为主要元素，在软件园打造一个释放心情和交流互动的放松空间。园区近 200 家企业参与，共同回顾“繁花绽”过往 10 年的影像。

（李军伟）

【中关村软件园为中小微企业减免房租 5000 万元】 2020 年，中关村软件园落实疫情防控政策，统筹抓好防控、复工、稳定发展各项工作，通过减免房租、科技金融、人才服务等方式助力企业复工复产和稳健发展。年内共分 3 批为园区内 500 余家中小微企业减免租金 5000 万元。

（李军伟）

中关村生命科学园

【概况】中关村生命科学园专注于生命科学基础研发和原始创新，率先在科技园区产业规划建设、产业组织服务、科研项目转化、孵化服务等方面探索出创新发展新路径，形成以基础研究为核心，从研发、中试、生产到临床应用的生物医药体系完整的产业链、创新链、服务链。园区以北京生命科学研究所、北京市药品检验所为基础支撑平台，以北大国际医院为临床试验平台，依托生物芯片北京国家工程研究中心、蛋白质药物国家工程研究中心等7个国家级工程化产业项目和美国健赞、瑞士先正达、丹麦诺和诺德等8家国际著名生物技术企业的研发中心，集生命科学研究、企业孵化、中试与生产、成果评价鉴定、项目展示发布、风险投资、国际交流、人员培训于一体的国际一流的生物技术园区。园区由北京中关村生命科学园发展有限责任公司建设运营，位于昌平区，东起京藏高速公路，西至京新高速公路，北到南沙河，南到回南北路。园区一期工程占地面积130万平方米，建设用地面积103.49万平方米，建筑面积52万平方米；园区二期工程占地面积119万平方米，建筑面积83万平方米。

2020年，园区企业总产值2006.92亿元，总利润172.89亿元，纳税总额117.97亿元，进出口总额15.93亿元；投入研发经费53.99亿元，较2019年增长51.66%，占技工贸总收入的2.69%。企业新增专利914件、注册商标178件、软件著作权414件；参与制定国家标准65项、行业标准21项、地方标准57项。园区新增入驻优质企业12家。

截至2020年底，园区共有企业555家，其中上市企业20家、三资企业53家。园区企业共拥有分支机构152家，其中中国大陆分支机构133家、海外分支机构19家。园区企业从业人员2.1万人，其中中级职称以上2471人，外籍人员172人，留学归国人员822人，硕士及以上员工占比26.30%，研发人员占比33.22%。园区共有高端人才206人，其中院士21人、长江学者4人、国务院特殊津贴获得者63人。园区企业累计申请知识产权8969项。

（石壹）

【万泰生物等联合研发出新型冠状病毒抗体检测试剂盒】2月16日，中关村生命科学园入驻企业北京万泰生物药业股份有限公司与深圳市三医院、厦门大学共同研发出采用新检验原理和方式的新型冠状病毒抗体检测试剂盒。此前，检测新型冠状病毒使用最广泛的方法是核酸检测，需要挨个进行样本检测，最快3—4小时出结果。此次研发的新型冠状病毒抗体检测试剂盒，利用双抗原夹心酶联免疫法可以每批检测100—200份，通过采集外周血来检测，1小时左右出结果，明显改善了新冠肺炎疑似患者核酸检测速度慢、采样复杂、敏感性不高、需要高等级生物安全措施等“痛点”。（万泰生物成立于1991年4月，于2002年9月入驻中关村生命科学园，是从事生物诊断试剂与疫苗研发及生产的国家高新技术企业。）

（石壹）

【博奥生物等研制的新型冠状病毒检测试剂盒获批上市】2月22日，由博奥生物集团有限公司联合清华大学、四川大学华西医院共同设计研发的包括新型冠状病毒在内的“呼吸道病毒（6种）核酸检测试剂盒（恒温扩增芯片法）”获国家药监局第二批新型冠状病毒应急医疗器械审批批准。该产品在国家卫生健康委高级别专家组组长钟南山院士、专家李兰娟院士指导下完成研发，应用于疫情防控前线，为众多患者及一线医务人员提供快速、精准、有效的诊断。这是国内首个新型冠状病毒芯片检测系统。使用该检测系统，只需采集口拭子、咽拭子等分泌物样本，在 1.5 小时内便可一次性检测 6 种呼吸道常见病毒。该试剂盒采用的胶体金法，在患者感染的第七天或发病的第三天就能够检测出 IgM 抗体，对患者进一步确诊很有帮助。（博奥生物成立于 2000 年 9 月，于 2001 年 12 月入驻中关村生命科学园。公司以生物芯片为核心技术平台，是首批遗传病诊断、产前筛查与诊断、植入前胚胎遗传学诊断、肿瘤诊断与治疗项目高通量基因测序技术临床应用的试点单位，研发出全球第一张耳聋基因筛查芯片。）

（石壹）

【卓诚惠生等研制的新冠试剂列入 WHO 应急使用清单】 5 月 19 日，北京卓诚惠生生物科技股份有限公司与中国医学科学院病原生物学研究所联合研发出的 2019 新型冠状病毒（2019–nCoV）核酸检测试剂盒（PCR 荧光探针法）被列入世界卫生组织（简称 WHO）应急使用清单，可供其他国家和地区采购，采购期限为 1 年。该产品临床实验室反馈灵敏度高、稳定性好。（卓诚惠生成立于 2010 年 5 月，于 2013 年 1 月入驻中关村生命科学园，是一家专注于为医疗卫生领域病原微生物检测提供解决方案的国家高新技术企业。）

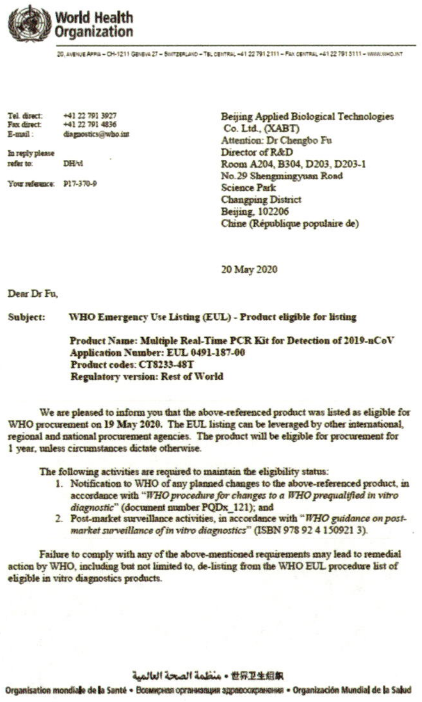

World Health Organization

20, AVENUE APPIA – CH-1211 GENEVA 27 – SWITZERLAND – TEL CENTRAL +41 22 791 2111 – FAX CENTRAL +41 22 791 3111 – WWW.WHO.INT

Tel. direct: +41 22 791 3927
Fax direct: +41 22 791 4836
E-mail: diagnostics@who.int

In reply please refer to: DH/vl

Your reference: P17-370-9

Beijing Applied Biological Technologies
Co. Ltd., (XABT)
Attention: Dr Chengbo Fu
Director of R&D
Room A204, B304, D203, D203-1
No.29 Shengmingyuan Road
Science Park
Changping District
Beijing, 102206
Chine (République populaire de)

20 May 2020

Dear Dr Fu,

Subject: WHO Emergency Use Listing (EUL) - Product eligible for listing

Product Name: Multiple Real-Time PCR Kit for Detection of 2019-nCoV
Application Number: EUL 0491-187-00
Product codes: CT8233-48T
Regulatory version: Rest of World

We are pleased to inform you that the above-referenced product was listed as eligible for WHO procurement on **19 May 2020**. The EUL listing can be leveraged by other international, regional and national procurement agencies. The product will be eligible for procurement for 1 year, unless circumstances dictate otherwise.

The following activities are required to maintain the eligibility status:

1. Notification to WHO of any planned changes to the above-referenced product, in accordance with "*WHO procedure for changes to a WHO prequalified in vitro diagnostic*" (document number PQDx_121); and
2. Post-market surveillance activities, in accordance with "*WHO guidance on post-market surveillance of in vitro diagnostics*" (ISBN 978 92 4 150921 3).

Failure to comply with any of the above-mentioned requirements may lead to remedial action by WHO, including but not limited to, de-listing from the WHO EUL procedure list of eligible in vitro diagnostics products.

منظمة الصحة العالمية • 世界卫生组织
Organisation mondiale de la Santé • Всемирная организация здравоохранения • Organización Mundial de la Salud

（石壹）

【泛生子挂牌上市】 6 月 19 日，中关村生命科学园入驻企业北京泛生子基因科技有限公司在纽约纳斯达克交易所挂牌上市，股票代码为“GTH”。首次公开发行 1600 万股美国存托股（ADS），每股公开发行价格为 16 美元，合计募资约 2.6 亿美元（超额配售选择权前）。上市募集资金将用于公司技术和产品研发、市场开拓，以及满足营运资金和一般公司用途。（泛生子成立于 2015 年 5 月，于 2016 年 2 月入驻中关村生命科学园，主要关注癌症的精准治疗，并通过分子生物学和数据科学领域的先进技术来改善癌症的治疗方法，其产品服务组合覆盖从早期筛查到诊断治疗建议，再到持续监测和持续治疗的全过程癌症护理。）

（石壹）

【移动方舱实验室落地中关村生命科学园】 6 月 24 日，由百世诺（北京）医疗科技有限公司与日照三奇医疗卫生用品有限公司合作推出的移动方舱实验室北京 1 号落地中关村生命科学园，并通过市卫生健康委验收。实验室由 3 个集装箱箱体组成，每个分别为 9 米 ×9 米规格，面积为 81 平方米，其中实验舱面积 54 平方米，单日检测能力可达 1 万人份以上。组成实验室的箱体可以分开运输、现场组装。方舱实验室由临检中心专家指导设计，严格按照生物安全二级标准建设，符合临床基因扩增实验室的设计要求。同时，配备了防护服、N95 口罩等个人防护用品，符合生物安全三级防护标准，完全符合国家卫生健康委新型冠状病毒实验室检测的各项技术要求。除了可以快速提升检测能力外，方舱实验室还具有很强的环境适应性。在温度方面，可适应零下

40 摄氏度到零上 45 摄氏度的环境；在海拔方面，海拔 5000 米的高原地区也可保证内压稳定。部分方舱 2.0 版还配置太阳能发电、储能系统，无须外接电力，野外即可就地运行。

（赵语涵）

【北京生命科学研究所科研成果孵化转化基地启用】 6 月 29 日，北京生命科学研究所科研成果孵化转化基地启用典礼在中关村生命科学园举行。基地位于中关村生命科学园医药科技中心 5 号楼，可为入驻的生物医药研发机构、科研院所、医药企业等提供研发与中试、办公、学术报告、会议以及配套餐饮等功能。百济神州（北京）生物科技有限公司和华辉安健（北京）生物科技有限公司为入驻该基地的首批企业。（中关村生命科学园与北京生命科学研究所于 2019 年签署战略合作协议。根据协议，中关村生命科学园为北京生命科学研究所科研成果孵化转化基地提供空间载体，通过定向投资若干实验平台和专用平台的方式，支持北京生命科学研究所创新项目落地孵化、科研转化及中试研发，保障北京生命科学研究所科研转化项目在园区落地生产；建设中关村生物医药中试平台，建设规模为 1 个 2000L、1 个 1000L 和 2 个 200L 的一次性生物反应器，中试平台每年可满足园区 60% 的生物药中试需求。北京生命科学研究所将支持、鼓励其拥有自主知识产权的科研项目优先入驻中关村生命科学园，与各方共同努力为科研项目落地北京实现产业转化创造条件。）

（石壹）

【百济神州的安加维® 在中国上市】 7 月 1 日，中关村生命科学园入驻企业百济神州（北京）生物科技有限公司宣布安加维®（地舒单抗注射液）在中国上市。这是继百济神州和安进公司在 1 月达成全球肿瘤战略合作后，百济神州首款在中国开启商业化上市的药品。安加维® 于 2019 年 5 月获国家药品监督管理局（NMPA）批准，用于治疗不可手术切除或者手术切除可能导致严重功能障碍的骨巨细胞瘤（GCTB），包括成人和骨骼发育成熟（定义为至少 1 处成熟长骨且体重≥ 45kg）的青少年患者。（百济神州于 2011 年 1 月在中关村生命科学园注册成立，主要以开发和商业化创新型分子靶向肿瘤免疫药物来治疗癌症。）

（石壹）

【细胞与基因治疗创新中心启动】 7 月 31 日，细胞与基因治疗创新中心启动暨签约仪式在中关村生命科学园举行。创新中心是北京清华工业开发研究院、英国 Catapult 细胞与基因治疗创新中心、日本神户细胞疗法研发中心等国际顶尖科研机构合作，中关村生命科学园与北京清华工业开发研究院旗下的北京荷塘生华医药科技有限公司共建的服务于创新药物研发和临床实验的创新孵化平台，面向临床前至临床早期的细胞与基因治疗创新药研发，打造符合 GMP 规范的关键技术研究、核心工艺研发、中试生产的研发支撑体系，培育孵化创新药创业企业，为创新药物研发和临床实验的研究机构及企业提供专业服务。创新中心拥有 7000 平方米的细胞与基因治疗研发与中试平台、3000 平方米的硬科技孵化器，建设符合国际生物制药 GMP 标准，同时符合中国 NMPA、美国 FDA、欧盟 EMA 等的生产质量管理规范。中关村发展集团、北京清华工业开发研究院相关负责人参加。（北京清华工业开发研究院是北京市政府和清华大学共建的事业单位，承担清华大

学科技成果在北京地区的转化和产业化。北京荷塘生华医药科技有限公司是清华工研院与行业领军企业共同发起设立的科技公司，负责细胞与基因治疗创新中心的建设和运营。）

（石壹）

【中国创新创业大赛北京赛区生物医药行业赛举办】 9 月 2 日，第九届中国创新创业大赛北京赛区生物医药行业赛暨第六届北京创新创业生物医药与人工智能领域主题赛决赛在中关村生命科学园举办。该大赛由中关村发展集团、中关村生命科学园、中关村生命科学园孵化器、北京创业孵育协会主办，北京脑科学与类脑研究中心、北京四方共创生产力促进有限公司联合承办。大赛于 5 月启动，共征集基因检测、抗体新药、诊断系统、癌症筛查、影像设备、核酸检测系统及产品等 80 余项。有 15 支参赛队伍晋级决赛，最终超目科技（北京）有限公司、北京图湃影像科技有限公司、北京星亢原生物科技有限公司、北京达影科技有限公司、安影科技（北京）有限公司、北京环球利康科技有限公司、华夏英泰（北京）生物技术有限公司等 7 家企业获奖。获奖企业代表北京参加全国生物医药行业总决赛。

（石壹）

【中关村医药健康大数据交易平台启动】 9 月 18 日，在 2020 中关村论坛全球医药健康大数据平行论坛上，中关村医药健康大数据交易平台启动。该平台由北京市大数据中心、中关村科学城管委会联合中国技术交易所、清华大学北京信息科学与技术国家研究中心、中关村生命科学园共同发起，由东华医为科技有限公司、中电长城网际系统应用有限公司、第四范式（北京）技术有限公司以及中关村生命科学园内的 30 余家企业参与搭建。该平台旨在助力打造医药健康领域的大数据“交易市场”，已上线首批通过大数据中心审核的数据，并逐步吸纳越来越多的医疗机构、科研机构、药厂、医疗器械企业、保险公司等，不断丰富平台生态。

（石壹）

【中国（北京）自由贸易试验区科技创新片区挂牌】 9 月 27 日，中国（北京）自由贸易试验区科技创新片区昌平组团挂牌仪式在中关村生命科学园举行。昌平区政府及有关部门负责人和中关村生命科学园企业代表等参加揭牌仪式。根据《国务院关于印发北京、湖南、安徽自由贸易试验区总体方案及浙江自由贸易试验区扩展区域方案的通知》（国发〔2020〕10 号），中国（北京）自由贸易试验区涵盖科技创新、国际商务服务和高端产业 3 个片区。其中，科技创新片区面积 31.85 平方千米，包含中关村科学城部分区域和中关村生命科学园周边区域，重点发展新一代信息技术、生物与健康、科技服务等产业，打造数字经济试验区、全球创业投资中心、科技体制改革先行示范区。

（石壹）

【泛生子研发的肝细胞癌早筛液体活检产品获美国 FDA 认定】 9 月 30 日，中关村生命科学园入驻企业北京泛生子基因科技有限公司自主研发的基于高通量测序（NGS）的肝细胞癌早筛液体活检产品 HCCscreen 获得美国 FDA 授予的“突破性医疗器械”认定。这是中国首家癌症精准医疗企业的早筛液体活检产品获此认定。美国 FDA 的“突破性医疗器械”认定旨在确定那些具备潜力、能够更有效地诊断或治疗危及生命的重大疾病、解决未被满足的临床需求的医疗器械。此次被认定的产品适用于人群乙肝病毒感染、肝硬化等肝细胞癌高风险人群。抽血就可以及早发现肝癌病症，这源于泛生子自主研发的创新技术 Mutation Capsule，该技术可以同时检测外周血中游离 DNA 的多种甲基化和基因突变信息。根据此前对 297 名患者进行检测的实验数据，这一肝癌早筛产品实现了 92% 的灵敏度、93% 的特异性。

（石壹）

【李文辉获巴鲁克 · 布隆伯格奖】 11 月 12 日，北京生命科学研究所研究员、清华大学生物医学交叉研究院教授李文辉博士凭借其在推动乙肝科研和治疗方面作出的杰出贡献获巴鲁克 · 布隆伯格奖。[2012 年 1 月，李文辉团队发现乙肝和丁肝病毒入侵人体细胞的共同受体——NTCP（牛黄胆酸钠共转运蛋白）。同年 11 月 13 日，相关论文在科学期刊 Elife 在线发表。肝病学界认为，该研究对乙肝基础和应用领域有重大和深远影响。]

（石壹）

【昌平国家实验室挂牌】 11 月 24 日，昌平国家实验室在中关村生命科学园挂牌。该实验室创新国家实验室运行机制，赋予新时期国家实验室新内涵，探索国家实验室建设和运行的新思路，为“十四五”国家战略需求提供科技支撑，有利于对接世界科技前沿领域，有利于促进北京市和中关村生命科学园基础研究、应用研究与产业转化的融合发展，加速提升园区企业的原始创新能力，极大促进科研成果转化落地。

（石壹）

【医药科技中心投入使用】 2020 年，中关村生命科学园医药科技中心投入使用。该项目于 2016 年 12 月开工建设，2019 年 8 月底竣工并完成备案，是中关村生命科学园专业配套设施之一，是园区公共服务支撑系统的重要组成部分。服务对象为各类型高新技术生物医药研发机构，包括生物医药研发与试验，办公、学术报告与会议，停车（人防）等配套功能。项目总用地规模 7.75 万平方米，容积率 2.20，绿地率 35%，建筑密度 35%，地下车位约 932 个。项目总建筑面积约为 19.58 万平方米（其中地上 12.48 万平方米、地下 7.10 万平方米），包含 6 个单体项目，每个单体项目 1.5 万—3.3 万平方米。该项目定位于生命科学、生物医药的研发、孵化、中试、办公空间。项目建成后，保障了北京脑科学与类脑研究中心、清华大学技术转移中心、山东瑞康医药、北京生命科学研究所转化基地等一批重大项目入驻，为其提供科研转化基地。华辉安健（北京）生物科技有限公司、百济神州（北京）生物科技有限公司等 8 家企业已入驻医药科技中心。

（石壹）

【新生巢公司成立】 2020 年，刘毓文团队成立生命科学园运营公司——北京新生巢生物医药科技产业运营有限公司，并将中关村生命科学园医药科技中心 2 号楼作为新生巢公司的首批运营载体。新生巢公司已完成楼内 13 家企业的引进工作。

（石壹）

【邵峰院士团队转化项目炎明生物入驻 1 号楼】 2020 年，邵峰院士团队北京炎明生物科技有限公司入驻中关村生命科学园医药科技中心 1 号楼 7、8 层。炎明生物致力于天然免疫在抗细菌和抗肿瘤免疫中的分子机制研究，取得了多项国际领先的原创性研究成果，发现了多个全新的天然免疫受体，发现并阐明了细胞焦亡（炎性坏死）的分子机制，特别是首次发现的细胞焦亡的执行蛋白（gasdermin 家族蛋白），已成为全球新药研发的热门靶点。

（石壹）

【饶毅教授团队科研转化项目原基华毅入驻4号楼】 2020年，北京原基华毅生物科技有限公司入驻中关村生命科学园医药科技中心4号楼8、9层。原基华毅以神经系统药物研发为主营方向，打造激酶和G蛋白偶联受体（GPCR）两大药物开发平台。围绕两大平台，目前有7条在研管线，分别为：生物钟调节药物的开发（包括时差紊乱综合征、神经退行性疾病相关节律紊乱）、睡眠调节药物（包括发作性嗜睡、失眠）、激酶抑制剂在癌症治疗上的作用、高血压药物的肾素—血管紧张素—醛固酮系统抑制剂类药物、消化道相关GPCR受体药物研发。

（石壹）

【中关村生命科学园推动闫家洼排水渠治理工程】 2020年，中关村生命科学园推动闫家洼排水渠治理工程，内容包括防洪工程、景观提升工程。工程实施后可提高排水渠行洪能力，恢复水工建筑物功能，改善排水渠及两岸水生态环境，随着凉水河两岸经济发展的带动，排水渠的治理将有效提高周边投资环境、生态环境。（闫家洼排水渠起点位于北清路以南1000米处，后沿规划京新高速公路继续向北延伸至玉河南路南侧，再折向东，在生命园西环路以西170米处穿过玉河南路，后向北汇入南沙河。全长3000米，流域面积4平方千米。根据北京城市总体规划和北京市防洪规划，闫家洼排水渠主要负担中关村生命科学园及周边农村地区的雨水排除，规划其功能为防洪排水渠。排水渠治理起点为现状排水渠生命科学园中路处，终点入南沙河，治理排水渠平面位置与规划京新高速平行，位于规划京新高速公路与生命科学园西路之间的绿化用地内，昌平区内全长211.521米，海淀区内全长926.683米，为郊野段排水渠，两侧绿化隔离带宽均为20米。）

（石壹）

【中关村生命科学园补齐园区配套短板】 2020年，中关村生命科学园推进临时污水处理设施施工建设，创新大厦电力增容工程完成竣工验收，园区内3座临时危废收集站投入使用。配套设施方面，通过北京沿海绿色家园世纪房地产开发有限公司股权收购取得中关村生命科学园18号地块开发权，建设昌平国家实验室配套科学家公寓。对接北京市首都公路发展集团有限公司，就北清路快速化改造工程协商增加G6到G7之间由西向东匝道，缓解中关村生命科学园片区交通拥堵问题。对中关村生命科学园一、二期规划范围内主要破损道路进行局部整修。建设公共服务设施，解决小微企业实验室危废品消纳问题，提升园区营商环境。建设绿地停车场，在提升园区品质的同时解决园区道路拥堵及停车难问题。主持修建临时污水处理设施，对园区市政管网进行维系养护，解决园区污水排放以及雨季污水倒灌问题。建设园区地理信息可视化系统，对园区大市政管网系统进行综合。推动园区智慧消防、智慧交通系统建设。推动园区垃圾分类工作，针对园区环境薄弱部位，集中建设垃圾收集站，改善园区人员密集部位环境脏乱差问题。

（石壹）

【中关村生命科学园为中小微企业减免房租7319.73万元】 2020年，中关村生命科学园为百济神州（北京）生物科技有限公司、华辉安健（北京）生物科技有限公司、帕潘纳（北京）科技有限公司、北京拓界生物医药科技有限公司、中玉金标记（北京）生物技术股份有限公司、北京科信美德生物医药科技有限公司、北京质肽生物医药科技有限公司等入驻企业减免租金7319.73万元，帮助企业渡过难关。

（石壹）

中关村集成电路设计园

【概况】 中关村集成电路设计园立足国家、北京市及中关村加快集成电路设计产业发展的战略要求，以实现经济效益与社会效益双赢为导向，以推动集成电路设计产业创新发展为动力，按照“IC 设计产业生态运营平台 跨界融合创新综合服务商”的战略定位，聚集创新要素，吸引高端人才，优化营商环境，创新管理体制，促进园区高质量发展，与双创主体共成长，抢占未来先机，努力建成世界一流的集成电路设计园和创新高地。园区由北京中关村集成电路设计园发展有限责任公司建设运营，位于海淀区北清路中关村壹号南区，占地面积 6 万平方米，建筑面积 22 万平方米。2020 年，园区企业总收入 310 亿元，其中集成电路设计产值 280 亿元。园区新增入驻企业 29 家、服务机构 31 家、认股权企业 23 家，实现首个“认股权 + 基金投资”成功案例。芯创空间一期提前满员入驻，中关村芯学院入围北京市高精尖产业提升培训机构。截至 2020 年底，园区累计入驻兆易创新、地平线、豪威科技等 80 余家集成电路龙头企业。其中，上市企业（含分支机构）5 家、准上市企业 7 家，独角兽企业 2 家。园区企业从业人员 8044 人，硕士及以上员工占比 45.3%，研发人员人数占比 56.6%。园区共有高端人才 19 人，其中，国务院特殊津贴获得者 1 人、创新创业领军人才 1 人。园区企业累计申请知识产权 8389 项。

（刘烨）

【中关村集成电路设计园企业服务管家制度上线】 3 月 27 日，中关村集成电路设计园企业服务管家制度上线。“企业服务管家制度”面向企业全生命周期打造全过程的服务价值链，基础服务主要包括政策服务、综合服务、公共服务、装修服务、生活服务等企业日常所需的运营服务和物业服务；产业服务主要针对集成电路设计企业的专业化服务，包括技术指导、创业孵化、投融资、人才培训等定向定制化服务内容；投融资服务针对芯片设计企业早中晚全生命周期的投融资需求，提供基金直投、认股权池、科技金融 3 项服务产品；技术服务针对集成电路技术壁垒高、设备成本高两大核心难点，推出涵盖 EDA 租赁、流片、封测等 6 项服务。截至 2020 年底，共有 22 位服务管家与企业代表进行对接，实施“一对一”的企业管家式服务，并做出服务承诺，责任到人，服务到位。年内，服务园区企业 50 家，在工商注册、公租房、产权办理、产业补贴等方面落实企业服务需求 63 项。

（刘烨）

【文安智能陶海入选“2020 全球科学企业家”】 4 月，亿欧智库发布《2020 全球科学企业家研究报告暨 G50 & 200 人物榜单》。中关村集成电路设计园入驻企业北京文安智能技术股份有限公司创始人兼董事长陶海入选“2020 全球科学企业家”。亿欧智库对科学企业家的时代背景和发展现状进行梳理，重点研究了国内外过去三年具有融资动向的新兴企业管理者背景，基于学术背景、创新能力、所在企业实力、社会贡献四大维度，评选出“2020 全球科学企业家 50 人物榜单”“2020 全球科学企业家 200 人物榜单”。（文安智能成立于 2005 年 6 月，2017 年底入驻中关村集成电路设计园，是专注于人工智能视觉技术与产品自主研发的先行者。）

（刘烨）

【中关村集成电路设计园获科技型企业集中办公区认定】 5 月 20 日，中关村集成电路设计园通过海淀区创业期科技型企业集中办公区联席会审核，获“海淀区创业期科技型企业集中办公区（第九批）”认定。海淀区创业期科技型企业集中办公区是指由独立机构运营、专业为科技型创业企业提供办公服务的场所，集中办公区认定在行业内具有很高含金量。

（刘烨）

【永信至诚获评“2019年中国网络安全产业联盟优秀会员单位”】 7月2日，在2019年度中国网络安全产业联盟会员大会暨换届大会（线上）上，中关村集成电路设计园入驻企业北京永信至诚科技股份有限公司获评“2019年中国网络安全产业联盟优秀会员单位”荣誉称号。（永信至诚成立于2010年9月，2017年12月入驻中关村集成电路设计园，是一家专业的网络安全公司，主营业务包括政企网络安全产品、政企网络安全服务及互联网安全业务。）

荣誉证书

北京永信至诚科技股份有限公司：

贵单位在2019年积极支持联盟工作，表现突出，被评为“2019年中国网络安全产业联盟优秀会员单位”，特发此证，以资鼓励。

中国网络安全产业联盟
二零二零年七月

（刘烨）

【兆易创新推出SPI NOR Flash—GD25/GD55 B/T/X系列产品】 7月3日，中关村集成电路设计园入驻企业北京兆易创新科技股份有限公司宣布，推出国内首款容量为2Gb、高性能SPI NOR Flash—GD25/GD55 B/T/X系列产品。该系列可提供512Mb至2Gb的不同容量选择，支持高速4通道以及兼容JEDEC xSPI和Xccela规格的高速8通道，主要面向需要大容量存储、高可靠性与超高速数据吞吐量的工业、车载、AI以及5G等相关应用领域。此次推出的GD25/GD55 B/T/X系列产品提供512Mb、1Gb和2Gb的容量选择，分别采用3.3V和1.8V供电，具有多达18个主要型号的组合，并支持多种封装形式。GD25X/55X和GD25LX/55LX产品系列是国产首款超高速8通道SPI NOR Flash产品，最高时钟频率达到200MHz，数据吞吐率达到业界最高水平的400Mb/s。各项规格、指标符合最新的JEDEC xSPI以及Xccela联盟的标准规范。（兆易创新成立于2005年4月，2017年12月入驻中关村集成电路设计园，是一家研发存储芯片设计的企业。）

（刘烨）

【中关村集成电路设计园特色商街2020消费季举办】 8月21日—10月8日，由中关村集成电路设计园商业联盟主办、为期49天的中关村集成电路设计园特色商街2020消费季举办。本届特色商街消费季融美食、科技、文化、潮玩、电影等诸多元素于一体，推出应用高精尖的智能仿生技术的飞行机器人——“出头鸟”；推出集成“新能源车”“服务机器人”“AI大脑”三重优势，专注于提供物流运输、无人配送等的移动空间服务——“新石器AI无人车”，携手中关村集成电路设计园特色美食商家推出啤酒、美食等。消费季共推出10场特色文艺演出、49场露天电影，园区近50家商家等30余万人次参与。

（刘烨）

【地平线入驻中关村集成电路设计园】 10月9日，北京地平线信息技术有限公司入驻中关村集成电路设计园仪式在中关村集成电路设计园举行，入驻人员400余人。（地平线成立于2015年12月，致力于边缘人工智能芯片的研发，自主研发兼具极致效能与开放易用性的边缘人工智能芯片及解决方案，

可为智能驾驶以及更广泛的通用AI应用领域提供全面开放的赋能服务，是目前国内唯一一家实现车规级人工智能芯片量产前装的企业。）

（刘烨）

【芯海择优入驻中关村集成电路设计园】10月，中关村芯海择优科技有限公司入驻中关村集成电路设计园。（芯海择优成立于2020年10月，是北京市工业芯片创新中心的运营主体，芯海择优围绕工业芯片这一推动传统工业经济转型升级的增长点，致力于打造技术创新和应用创新双循环的发展生态，以应用驱动工业芯片的进口替代，共同推进工业芯片技术替代进程。）

（刘烨）

【地平线入选毕马威“芯科技”新锐企业50强】11月6日，毕马威在第三届中国国际进口博览会上首次发布《中国“芯科技”新锐企业50报告》及“第一届‘芯科技’新锐企业50评选”榜单。中关村集成电路设计园入驻企业北京地平线信息技术有限公司入榜。评选针对中国芯片领域致力于推进通信终端及网络、感知系统、数字处理及逻辑运用，以及物联网实体应用的高成长企业，通过线上模型和线下专家团队综合评选机制，评选优质创业企业。

（刘烨）

【豪威科技等推出针对双模摄像头应用的解决方案】11月10日，中关村集成电路设计园入驻企业北京豪威科技有限公司与美国安霸股份有限公司以及Smart Eye（驾驶眼动仪）联合推出汽车行业首个针对双模摄像头应用的完整解决方案。该方案能够在监控驾驶员的同时捕捉乘员图像，进行单向视频会议。它采用豪威科技为汽车行业研发的首款OV2312图像传感器，其双模全局快门可在弱光条件下同时捕捉RGB彩色图像和红外（IR）图像；美国安霸股份有限公司的CV22AQ CVflow® 计算机视觉处理器能同时处理双路捕捉，然后运用Smart Eye的算法来分析驾驶员的状态并提醒车辆注意任何不安全的指示，如驾驶员困倦等。同时，方案支持驾驶员和驾驶室监控的全方位实施，包括安全应用、增强现实显示以及具有深度神经网络和人工智能的内部传感，其单向视频会议功能使远程会议人员可以看到车内人员，而汽车仅接收会议音频，以免分散驾驶员的注意力。（豪威科技成立于2015年7月，2019年11月入驻中关村集成电路设计园，致力于图像传感芯片设计。）

（刘烨）

【豪威科技等推出全球最小的全封装晶圆级相机模块】11月16日，中关村集成电路设计园入驻企业北京豪威科技有限公司和Almalence Inc.在美国加利福尼亚州圣克拉拉举办的Compa Med展上宣布一项联合解决方案。该解决方案将豪威科技的晶圆级Camera Cube Chip ™技术与Almalence独特的超分辨率算法相结合，能够有效地将OVM6948的背面照明分辨率提高至1.5倍，达到300×300，并将其信噪比（SNR）提高8dB，总计达到约42dB，能够解决当前医学成像解决方案中摄像头尺寸和分辨率之间的矛盾。这是目前全球最小的全封装晶圆级相机模块，尺寸为0.65毫米×0.65毫米，Z高度为1.158毫米。OVM6948 Camera Cube Chip模块已开始试产和量产。

（刘烨）

【中微创新中心揭牌】12月3日，中微创新中心揭牌仪式在中关村集成电路设计园举行。中微创新中心由天津市滨海新区微电子研究院和中关村集成电路设计园公司共同发起，旨在承接院地合作科技成果转化项目，聚焦微波毫米波、智能制造、新材料等产业技术方向，开展企业引进孵化和“最后一千米”工作。中关村集成电路设计园、芯创空间、中关村芯学院和天津市滨海新区微电子研究院等单位

相关负责人参加揭牌仪式。

（刘烨）

【中以创新中心揭牌】 12 月 3 日，中以创新中心签约与揭牌仪式在中关村集成电路设计园举行。中以创新中心旨在引进以色列优质创新资源，开展中以国际人才培训、中以国际项目孵化等多方面的合作，有助于进一步加强园区国际化合作与交流，加速园区引进更多世界一流技术成果，早日建成世界一流集成电路产业园。中关村科学城管委会、中关村集成电路设计园、芯创空间、北京鸿杉投资管理有限公司等单位有关负责人参加揭牌仪式。

（刘烨）

【地平线产业化成果获“吴文俊奖”】 12 月 11 日，中国人工智能学会发布 2020 年度“吴文俊人工智能科学技术奖”（简称“吴文俊奖”）100 项成果的获奖名单。其中，中关村集成电路设计园入驻企业北京地平线机器人技术研发有限公司“车规级智能驾驶人工智能处理器研发及产业化”成果获第十届吴文俊人工智能专项奖芯片项目一等奖。此次获奖名单汇集了来自产学研界的各类人工智能项目成果，经历了提名推荐、网络评审、会议初评和终评答辩等环节，最终从技术突破程度、经济社会效益、生态环境效益等多维度综合评判决出。2020 年是“吴文俊奖”首次在半导体、集成电路和软件、微电子等领域开创性设立人工智能专项芯片奖励。

（刘烨）

【中关村集成电路设计园参加中国集成电路设计业年会】 12 月 11 日，中国集成电路设计业 2020 年会暨重庆集成电路产业创新发展高峰论坛（IC CAD 2020）“IP 与 IC 设计（二）”分论坛在重庆悦来国际会议中心举行。作为本届 IC CAD 重点分论坛，集成电路设计各领域众多企业家分享探讨了 IP 与 IC 设计产业发展。中关村集成电路设计园、和舰芯片制造股份有限公司、上海睿赛德电子科技有限公司、华夏芯（北京）通用处理器技术有限公司等 10 家 IC 领域的企业代表发表主题演讲，从 5G 应用差异化竞争、芯片设计云计算发展、高端通用异构芯片技术等方面分享实践经验与心得。大会以分会场的形式举办了“EDA 与 IC 设计创新”“IP 与 IC 设计”“FOUNDRY 与工艺技术”“先进封装与测试”“重庆集成电路创新发展论坛”“资本与 IC 设计业”“DAC 2021 推介会”等专题技术论坛，多名集成电路领域合伙人、企业管理者发表主题演讲。

（刘烨）

【中关村集成电路设计园为中小微企业减免房租 648 万元】 2020 年，中关村集成电路设计园针对符合条件的 54 家入驻企业和商户给予租金减免，减免额度达 648 万元，帮助企业纾困解忧、共渡难关。

（刘烨）

中关村高端医疗器械产业园

【概况】 中关村高端医疗器械产业园（简称中关村医疗器械园）重点发展高端医疗器械研发总部、新型高端医疗器械生产制造、医疗器械企业孵化成长、医疗器械支撑服务等四大产业。园区由中关村医疗器械园有限公司建设运营，位于大兴生物医药产业基地三期中部、生物医药国际企业花园用地范围内，东至宝参南街，西至明川大街，南至庆丰西路，北至永旺西路。园区规划占地面积约 19.17 万平方米（一期约 8.73 万平方米、二期约 10.44 万平方米），建筑面积约 38.24 万平方米（一期约 18.47 万平方米、二期约 19.77 万平方米）。2020 年，园区总收入 10 亿元，收入过亿元企业 4 家，上市企业（含分支机构）3 家；纳税总额 0.99 亿元；研发经费投入 1.8 亿元。园区新增入驻企业 20 家。截至 2020 年底，园区共有企业 72 家；园区企业从业人员约 1500 人，其中留学归国人员 23 人；园区共有高端人才 26 人，其中院士 3 人；园区企业累计申请知识产权 739 项，知识产权授权 332 项。

（王轶欣）

【热景生物等研发成功新型冠状病毒抗体检测试剂盒】 1 月，中关村医疗器械园入驻企业北京热景生物技术股份有限公司、生物应急与临床 POCT 北京市重点实验室，以及合作攻关团队联合研发成功新型冠状病毒（2019–nCoV）IgM 抗体检测试剂盒（胶体金免疫层析法）和新型冠状病毒（2019–nCoV）IgM 抗体检测试剂盒（上转发光法）。2 月 4 日，首批试剂发往武汉火神山医院，助力疫情防控。3 月 10 日，新型冠状病毒（2019–nCoV）抗体检测试剂盒（胶体金免疫层析法）、新型冠状病毒（2019–nCoV）抗体检测试剂盒（上转发光法）、新型冠状病毒（2019–nCoV）抗体检测试剂盒（酶联免疫法）、新型冠状病毒（2019–nCoV）核酸检测试剂盒（PCR– 荧光探针法）取得 CE 认证，批量生产。5 月，新型冠状病毒（2019–nCoV）抗体检测试剂盒（上转发光免疫层析法）获得国家药品监督管理局颁发的医疗器械注册证（注册证编号：国械注准 20203400523）。胶体金法检测抗体试剂盒采用双抗原夹心法原理，可同时检测临床样本中新型冠状病毒总抗体（包含 IgM 和 IgG 抗体），无须仪器设备，适合现场筛查，可在 15 分钟内快速筛查冠状病毒。上转发光法试剂盒同样采用双抗原夹心法原理，适配热景生物自主知识产权的高精度 POCT 上转发光免疫分析仪，可同时检测临床样本中新型冠状病毒总抗体（包含 IgM 和 IgG 抗体），并在 15 分钟内检测新型冠状病毒。双抗原夹心法不受类风湿因子等因素的干扰，可以更好地防止漏检，缩短诊断窗口期，具有更高的特异性和灵敏度，同时节省操作时间和成本、方便快捷，减少交叉污染。（热景生物成立于 2005 年 6 月，于 2017 年 12 月入驻中关村医疗器械园，是一家从事研发、生产和销售体外诊断仪器和试剂的生物高新技术企业。）

（王笑航、李向东）

【中关村医疗器械园获“中关村硬科技孵化器”认证】 2 月 26 日，中关村医疗器械园有限公司收到中关村管委员会授予的“中关村硬科技孵化平台”认证。硬科技孵化器的主要功能是依托专业化的运营团队、服务内容和技术平台，为科技型创业项目和企业提供产品研发、工业设计、小批量试制、中试熟化、检验检测、产业对接等专业服务，推动硬科技创业，促进高精尖产业发展。

（崔浩）

【北检润和执行生物安全柜检测任务】 2 月，中关村医疗器械园入驻企业北检润和（北京）技术服务有限公司配合海淀区疾病预防控制中心开展生物安全柜紧急检测任务。之后，北检润和持续为各级疾控、医疗机构和生产企业提供专业高效的检测服务，包括各级疾控和医疗机构的生物安全柜性能检测以及口罩、防护服、体外诊断试剂等生产企业的洁净间性能检测。（北检润和成立于 2017 年 10 月，于同年 11 月入驻中关村医疗器械园，是一家医疗器械第三方医疗器械检测研发机构，拥有专业的医疗器械研发检测技术平台。）

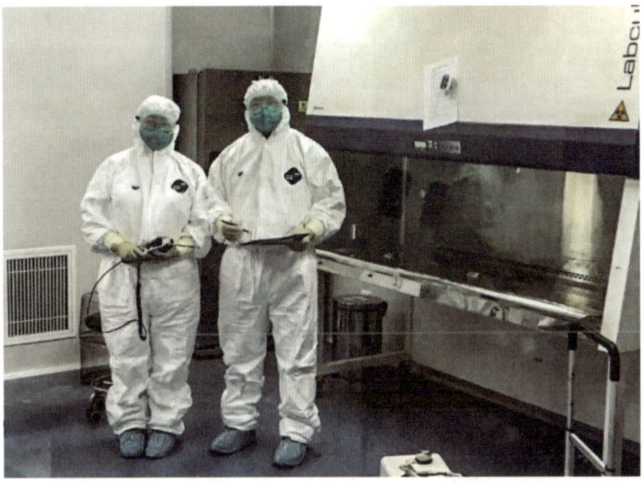

（张旭、胡志国）

【医疗器械流通服务平台入驻园区】 4 月 1 日，医疗器械流通服务平台中关村普世（北京）药械供应链有限公司入驻中关村医疗器械园。中关村普世作为中关村医疗器械园“工程化 + 检测认证 + 临床注册 CRO+ 小试生产 CDMO+ 销售流通 CSO”全产业链服务的最后一环，主要负责医疗器械的渠道建设、物流平台的搭建以及终端配送业务的开展，有效解决北京创新医疗器械企业市场化品牌建设难、产品商业化周期长和物流成本高等问题，实现创新医疗器械快速商品化。（中关村普世成立于 2020 年 4 月，是一家医疗器械销售、供应链管理的企业。）

（王宇、张旭）

【中关村医疗器械园（二期）项目开工】 4 月 17 日，由中关村医疗器械园、中交第四公路工程局有限公司主办的中关村医疗器械园（二期）项目开工仪式在大兴生物医药产业基地举行。二期项目总规划用地面积 10.44 万平方米，总建筑面积 19.77 万平方米，拟投资 11.9 亿元，建成后总体量将形成 40 万平方米的高端医疗企业产业聚集区，达产后可实现年产值 100 亿元，带动就业超 5000 人，成为聚焦医疗领域高端环节及前沿技术的医疗产业园区。中关村发展集团、大兴生物医药产业基地、中关村管委会、中关村医疗器械园、中交第四公路工程局有限公司等单位相关负责人参加。

（王海鑫、田野）

【中关村医疗器械园获首都绿化美化花园式单位称号】 4 月，北京市政府、首都绿化委员会公布“首都绿化美化花园式单位”名单，中关村医疗器械园名列其中，成为首都唯一一家入选的产业园区。中关村医疗器械园坚持以“创新、协调、绿色、共享、智慧”为特色，以“土地集约利用”的立体园区、“网络系统覆盖”的健康园区、“遵循优势资源”的低碳园区、“高效实施运维”的智慧园区为目的，以绿色生态为特色和亮点，重点打造能源综合利用、水资源综合利用、废弃物管理、智能化管理等生态技术系统，成为北京市绿色生态、低碳节能的功能典范。园区绿化面积达 2.67 万平方米，绿化覆盖率 30%。有乔木 918 株、灌木 1040 株、草坪面积 9977.62 平方米、花卉面积 1.67 万平方米、屋顶绿化面积 898 平方米，并建有 969 平方米的

绿茵停车场。

（张旭、高慧）

【热景生物新型冠状病毒检测试剂获医疗器械注册证】5 月 25 日，中关村医疗器械园入驻企业北京热景生物技术股份有限公司研发的“新型冠状病毒(2019–nCoV）抗体检测试剂盒（上转发光免疫层析法)”获国家药品监督管理局颁发的医疗器械注册证。该产品采用双抗原夹心法原理，可依托热景生物上转发光技术平台完成新型冠状病毒总抗体的检测。双抗原夹心法受干扰因素少，可有效减少假阳性，更好地防止漏检，缩短诊断窗口期，具有更高的特异性和灵敏度，同时节省操作时间和成本、方便快捷，减少交叉污染。产品提供 5 人份 / 盒、20 人份 / 盒、40 人份 / 盒的包装规格，主要组成部分包括新型冠状病毒抗体检测卡、样本稀释液、参数卡等。

（王笑航、李向东）

【九芝堂美科干细胞新药进入临床试验阶段】7 月 6 日，中关村医疗器械园入驻企业九芝堂美科（北京）细胞技术有限公司与首都医科大学附属北京天坛医院签署《临床试验协议》。该试验是一个评估向缺血性脑卒中患者单次注射缺血耐受人骨髓间充质干细胞的多中心、盲法、随机、安慰剂对照的安全性、耐受性和初步疗效的Ⅰ/Ⅱa 期研究。受试人群主要是临床诊断为缺血性脑卒中超过 6 个月，需要他人协助才能行走，或不能独立完成一般日常生活活动的患者。本次临床试验所用缺血耐受人骨髓间充质干细胞（it–hMSC）产品由美国 Stemedica Cell Technologies,Inc. 生产。该产品源自健康年轻成人供者骨髓，全程在模拟人体真实生理环境——低氧条件下培养，性能优于常氧条件下培养的干细胞，被 Life technology 评价为“同类最佳”，且增殖能力强，可减轻缺氧对组织的损伤，减少细胞凋亡并抑制炎症。该产品对缺血组织的耐受能力强，可促进缺血性纹状体中的神经前体细胞向神经元分化、持续招募增殖细胞并改善神经血管重构。（九芝堂美科成立于 2018 年 3 月，同时入驻中关村医疗器械园，是一家从事干细胞新药研发、生产、销售的生物高新技术企业。）

（王笑航、李向东）

【中科搏康无创脑血氧监护仪获医疗器械注册证】7 月 9 日，中关村医疗器械园入驻企业中科搏康（北京）医疗器械有限公司自主研发的 BRS–1 无创脑血氧监护仪获北京市药品监督管理局颁发的医疗器械注册证。BRS–1 无创脑血氧监护仪依托中科院自动化研究所脑网络组研究中心孵化后开展的科技成果转化产品，在欧洲科学院外籍院士、脑网络组研究中心主任蒋田仔指导下完成，可无创、持续、实时、准确地监测脑、外周局部组织及四肢末梢的血氧饱和度，可作为脑及局部组织氧供和氧耗状态的早期预警及评价指标，协助医护工作者优化脑及局部组织的氧供、氧耗平衡方案，为脑部缺血缺氧的早期预警增加了判别途径和切实手段，血氧监测期间不会对患者造成生理和心理上的痛苦和伤害，数

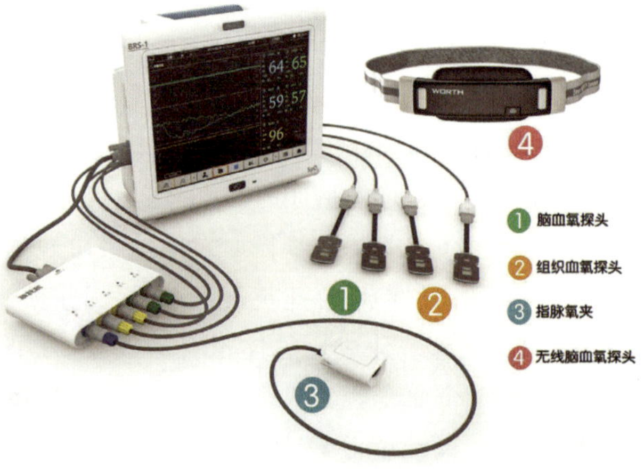

（中科搏康研发的无创脑血氧监护仪）

据采集不存在滞后且不会间断。设备还创新采用数据无线传输方式，配合智能终端，用于移动转运、封闭空间等特殊场所；设备中的无线脑血氧监测头带采用穿戴式设计，可应用于高空、深海、高原等低氧极端环境，保证特殊环境、特殊任务下工作人员的颅脑血氧水平。（中科搏康成立于2017年10月，同年11月入驻中关村医疗器械园，是一家从事脑血氧监测仪研发、生产、销售的高新技术企业。）

（王笑航、李向东）

【大有生物入驻中关村医疗器械园】7月，大有华夏生物医药集团有限公司的全资子公司北京大有生物医药有限公司入驻中关村医疗器械园，是一家致力于免疫治疗前沿药物研发的生物科技创新的企业，首期建设包括大有生物实验室、智能药物发现GMP平台、大有生物转化医学研究院以及生物分子影像中心，远期建设包括北京大有生物大分子国际创新中心等。（大有生物成立于2016年，由龙玺集团与世界著名免疫学家、肿瘤学家陈列平教授共同创办，是专注肿瘤免疫领域全新靶点药物研发的科技公司。公司以陈列平教授在肿瘤免疫治疗领域的前沿研究为核心，与耶鲁大学等高校合作，吸纳聚集全球顶尖科学家，通过科研成果转化平台，携手陈列平教授共同研发生产靶向肿瘤微环境全新靶点的大分子药物。）

（张旭、胡志国）

【百奥赛图入驻中关村医疗器械园】8月1日，百奥赛图基因生物技术有限公司入驻中关村医疗器械园。（百奥赛图成立于2009年11月，为全国最大的模式动物提供商之一，旨在为全球生物医药领域客户提供从靶点到IND申报的一站式新药研发服务。经过10年发展，百奥赛图从单一的基因编辑模式动物定制服务的业务模式，转变成以稳定、高效基因编辑技术平台为依托，集模式动物定制化服务、重要模式动物产品开发与规模化繁殖与供应、体内药理药效评价服务、抗体药物研发外包服务于一体的高科技生物医药企业。）

（崔浩）

【中关村“金种子”企业路演分会场活动举办】9月8日，由中关村管委会主办，中关村大兴园管委会协办，中关村企业家顾问委员会、中关村创业生态发展促进会、中关村融创企业开放创新促进会、中关村医疗器械园承办的中关村“金种子”企业路演——中关村医疗器械园医疗器械和生物医药综合分会场活动在中关村医疗器械园举办。活动现场，北京优迅医疗器械有限公司、北京博昊云天科技有限公司、北京安智因生物技术有限公司、北京东方百泰生物科技股份有限公司、北京惠大生物科技有限公司、北京天星博迈迪医疗器械有限公司、国科卓越（北京）医药科技研究有限公司、北京丹大生物技术有限公司、北京致成生物医学科技有限公司等9家优质企业先后进行医药器械和生物医药综合领域路演汇报。来自中关村企业家顾问委员会、中关村创业生态发展促进会、中关村融创企业开放创新促进会的5位路演评审专家分别从技术先进程度、知识产权能力、协同创新能力、合作伙伴及企业成长性、团队构建情况、企业及个人获奖情况、参与抗疫情况等7个维度对参赛企业打分，并针对企业项目进行专业点评，提出指导性建议。评审结束后，中关村管委会依据专家打分情况，根据各产业领域的企业排名，确定医药器械和生物医药综合领域中关村“金种子”企业名单。认定为中关村“金种子”企业的，优先享受中关村示范区各类资源。

（张旭、胡志国）

【濡新科技发布有创同步咳痰机】9月18日，中关村医疗器械园入驻企业濡新（北京）科技发展有限公司发布“CoughSync100有创同步咳痰机”。该产品是在以色列技术基础上进一步研发改进、生产的，获国家药品监督管理局颁发的《中华人民共和国Ⅲ类医疗器械注册证》（国械注册20203080594），这意味着CoughSync100开启在国内市场的推广应用。CoughSync100是全球首款用于帮助ICU有创机械通气患者进行自动、无创痰液引流的设备。该设备与呼吸机并联、同步工作，在不影响呼吸机正常使用的同时，可替代大部分ICU临床气道清理所普遍采用的有创的手动吸痰管吸痰操作。CoughSync100不仅为ICU有创机械通气患者和临床医护人员提供了一种更为安全、高效的气道廓清技术手段，更预示着ICU呼吸管理市场的一个新的细分领域的出现。同时，该产品采用在线机械吸排气技术（IL-MIE)，可以通过模拟自然咳嗽来清理气道，在不影响呼吸机正常工作的前提下，实现ICU有创机械通气患者气道分泌物的自动化、无创引流，极具针对性地避免了目前ICU临床气道护理使用的手动负压吸痰管吸痰术的各种弊端。(濡新科技成立于2013年6月，2019年9月入驻中关村医疗器械园，致力于研发、生产和销售具有创新性的呼吸和气道管理类医疗器械。)

(王笑航、张雷)

【启慧生物新一代彩超诊断仪获医疗器械注册证】 9月18日，中关村医疗器械园入驻企业北京启慧生物医药有限公司研发的Kivi Sonic® 全新一代彩色多普勒超声诊断仪MIPO8获北京市药品监督管理局颁发的医疗器械注册证（注册编号：京械注准20202060353)。MIPO8为极限尺寸全身应用超声诊断设备，基本涵盖大型彩超机的全部功能。MIPO8搭载浅表小器官探头、腹部探头以及心脏探头，采用8英寸专业医用高清显示屏、64物理通道处理器，支持全数字宽带波束形成器51200数字处理通道，具备高智能化图像处理技术。其内置的AI人工智能辅助诊断系统，可自动标记病灶特征的范围位置，提高诊断精准度，配备的影像云平台系统支持影像管理、远程会诊、远程教学、云存储等智能功能，能充分满足临床医学的可视化、便携化、智能化要求，主要为基层广大用户随时随地快速筛查诊断提供硬件保障。(启慧生物成立于2016年6月，2017年12月入驻中关村医疗器械园，是一家以“精准超声系统解决方案”为核心的创新型产品研发和产业化的企业。)

(张旭、张琦)

【热景生物等研发的快速检测产品在欧洲上市】 9月底，中关村医疗器械园入驻企业北京热景生物技术股份有限公司与生物应急与临床POCT（北京市）重点实验室联合研发的手持型抗原检测设备UPT-3A-1800-mini上转发光免疫分析仪（掌上型）及配套开发的新冠抗原检测试剂盒在欧洲上市。该产品作为“掌上型”抗原检测设备，仪器小巧，具有无创采样、检测快速、灵敏度高、无须专业的技术人员操作、适合不同应用场景等特点，可在医疗机构、边境口岸、社区、学校等多个场所用于疑似患者辅助诊断及重点人群辅助排查，可促进患者早期诊断与及时干预。抗原检测可早期检测感染，操作简单，试剂成本低，比核酸检测更快、效率更高、更经济，运输也更方便，比抗体检测诊断感染更早，可在采样现场进行检测，只需15—20分钟即可获得结果。

(王笑航、张雷)

【中关村医疗器械园安全生产专项整治三年行动工作推进会召开】 10月13日，中关村医疗器械园组织园区企业召开安全生产专项整治三年行动工作推进会、第四季度安全生产及消防安全工作部署会暨“119”消防宣传月动员部署会。北京奥精医药科技有限公司、北京热景生物技术股份有限公司、北京阿迈特医疗器械有限公司、北京华脉泰科医疗器械有限公司、九芝堂美科（北京）细胞技术有限公司、百奥赛图（北京）生物工程有限公司、北京启慧医疗器械有限公司、北京通和立泰生物科技有限公司等多家企业和物业机构代表参加。会议宣传贯彻全国安全生产专项整治三年行动11个实施方案主要内容和相关安全生产知识，引导企业对照“消防安全突出风险自查自改表”查找自身企业安全隐患，筑牢区内各单位灾害防范意识，落实消防安全工作责任，健全安全生产管理制度，完善安全风险防控机制，助力中关村医疗器械园全体成员以安全有序的状态迎接“119”宣传月。

(王晓琼、刘陆)

【高端医疗器械产业知识产权战略布局研究成果专题汇报会召开】 10月15日，高端医疗器械产业知识产权战略布局研究成果专题汇报会及中关村政策宣讲会在中关村医疗器械园召开。会上，医疗器械产业发展现状和趋势、产业链专利分布、专利预警、前沿技术和关键核心技术分布等课题承担单位对课题的成果内容、进展情况等进行汇报，中关村管委会产业处现场宣讲相关支持政策。来自中关村示范区各分园医疗器械领域的孵化器、技术转移机构、社会组织、金融机构、各类服务机构、特色园区运营机构等单位的近50名代表参加会议。

（崔浩）

【濡新科技获医疗器械生产许可证】11 月 30 日，中关村医疗器械园入驻企业濡新（北京）科技发展有限公司获市药品监督管理局颁发的医疗器械生产许可证（京食药监械生产许 20200089 号）。市药品监督管理局专家团队依照《医疗器械监督管理条例》及相关法规要求，对濡新科技包括检验检测技术与设备、生产环境、设备设施、洁净厂房、人员管理、管理体系文件、质量控制在内的多项建设内容进行现场核查。经评定，专家们一致认为濡新科技已具备生产医疗器械的条件且符合相关法规要求，予以该企业医疗器械生产许可现场核查通过。

（崔浩）

【华科精准微型手术机器人获批进入特别审批通道】12 月，中关村医疗器械园入驻企业华科精准（北京）医疗科技有限公司自主研发的神经外科导航定位系统 Q300 获批进入国家创新医疗器械特别审批通道。Q300 是一款国内首创的神经外科微型手术机器人，可在手术室中辅助医生快速、精准、安全地进行脑部手术，并可在急诊室或病房执行紧急手术。Q300 轻量化的机身和快捷的操作体验，克服了传统神经外科穿刺架手动调整、定位耗时长、精准度不足、存在旷量等短板，可缩短术前准备、临床干预时间，为脑出血病人进行抽血引流，大大降低手术机器人对手术环境条件的要求。Q300 不需要传统机械臂的安装基座，可灵活地安装在头架或手术床的任何地方，操作中可保证和头部相对位置关系始终不变，从而消除传统产品使用过程中头部位移导致的误差。Q300 采用独创的视觉伺服自动定位技术，通过外置红外光学定位装置对产品的定位进行伺服引导，确保定位精度，实现运动过程的全自动控制。Q300 兼具微型导航定位机器人和独立的导航系统双重功能：小机械臂和导航系统合在一起就是微型导航定位机器人，可进行神经外科的微创手术定位；小机械臂和导航系统分开，导航系统就是一个独立的产品，可独立做神经外科的开颅手术，实时导航。Q300 集成尖端的硬件、软件、激光配准、光学跟踪和影像处理技术，能在手术中实现精准实时的手术指引。Q300 拥有尺寸小、运动控制扭矩小等优势，运动中不会造成机械臂碰撞伤害，产品固定好后，机器人的运动仅会沿着患者头部之外的一个平面，没有与患者头部碰撞的安全风险，操作风险和难度远小于传统神经外科手术机器人。Q300 智能安全易用的特点可助力释放基层医院活力，使快速、精准、高效甚至高难度手术在基层实施成为可能。（华科精准成立于 2015 年 8 月，2019 年 11 月入驻中关村医疗器械园，自主研发的“神经外科手术机器人导航系统”已被国家食品药品监督管理局认定为“创新医疗器械”，并批准进入创新医疗器械特别审批通道，其多模态影像手术规划软件已在全国近 50 家三甲医院试用。）

（王笑航、张雷）

【中关村医疗器械园为中小微企业减免房租约 560 万元】2020 年，中关村医疗器械园共为 56 家中小微企业减租降费约 560 万元，切实帮助园区企业渡过疫情难关。

（崔浩）

中关村新兴产业前沿技术研究院

【概况】中关村新兴产业前沿技术研究院（简称中关村前沿技术研究院）是中关村发展集团与房山区合作打造的智能制造领域特色产业园，是国内第一个真正具备5G自动驾驶研发、开放道路测试能力的示范区，是中关村示范区唯一授权以“高端制造为主题的特色园区”。研究院产业定位以工业4.0与互联网跨界融合为主方向，聚焦无人机、智能网联汽车、智能机器人、医工交叉等智能装备，以及新能源、新材料等前沿技术领域。园区由北京中关村前沿技术产业发展有限公司建设运营，位于房山区北京高端制造业基地核心区，占地面积15.3万平方米，建筑面积22.77万平方米。其中，园区一期东至智慧东街，南至弘安路，西至智慧西街，北至广茂路，占地面积12万平方米，建筑面积16.88万平方米；二期东至规划六路绿地西边线，南至石厦路绿地北边线，西至项目用地西红线，北至项目用地北红线，占地面积3.3万平方米，建筑面积5.89万平方米。2020年，园区总收入5亿元，收入过亿元企业1家，纳税总额1000万元；每平方千米产值22亿元；企业研发经费投入1.7亿元；企业新增专利50件；新增入驻企业13家。截至2020年底，园区共有企业31家；园区企业在园从业人员约1000人，研发人员占比50%；园区有院士1人；园区企业累计申请知识产权1833件。

（李芝芝）

【达闼科技捐赠5G云端医护机器人抗疫】1月30日，中关村前沿技术研究院入驻企业达闼科技（北京）有限公司携手中国移动将捐赠的5G云端医护助理机器人、5G云端消毒清洁机器人、5G云端送药服务机器人和5G测温巡查机器人发往武汉同济天佑医院和上海第六人民医院，承担远程看护、测量体温、消毒、清洁和送药等工作，有效减少人员交叉感染，提升病区隔离管控水平。在中国移动4G/5G网络的承载下，基于达闼科技云端智能架构的HARIX云端大脑和VBN机器人专网，可以快速、灵活、安全地支持全国区域的疫情防控机器人的部署和运营。（达闼科技成立于2015年12月，2017年1月入驻中关村前沿技术研究院，是全球首家云端机器人运营商。）

（李芝芝）

【中关村前沿技术签订研究院一期委托运营协议】3月5日，中关村前沿技术与北京高端制造业基地管委会签署中关村前沿技术研究院一期委托运营管理合同，受托运营16.88万平方米载体空间，基地管委会每年给予公司经营费，公司负责产业组织、产业服务及产业生态建设。（中关村前沿技术研究院一期总建筑面积16.88万平方米，产权方为北京高端制造业基地管委会下属企业北京高端制造业基地投资开发有限公司。）

（李芝芝）

【2020年首次投融资路演活动举办】4月28日，由北京高端制造业基地管委会和中关村前沿技术共同举办的“同心抗疫情，携手促发展”——北京高端制造业基地优质项目2020年投融资路演活动启动仪式暨首次路演活动在中关村前沿技术研究院举办。此次路演活动有15家企业报名参加。经过主办方筛选，北京田园奥瑞生物技术有限公司猪冻精

银行项目、北京英泰诺医疗科技有限公司病员体温管理及整体解决方案项目、北京碳阳科技有限公司纳米材料开发应用项目、洛伦兹（北京）科技有限公司固态激光雷达项目、北京煜邦数码科技有限公司民爆（火工品）全生命周期智能管控系统及芯片解决方案项目、北京中科纳晨科技有限公司高速智能打印系统项目、北京卫蓝新能源科技有限公司固态电池项目及北京正信宏业科技有限公司高空特种无人机项目等8个企业项目参加了本次路演。北京启航投资管理有限公司、中关村协同创新基金、深圳市达晨财智创业投资管理有限公司、金沙江联合资本、中关村创投、深圳市创新投资集团有限公司及北京首钢基金有限公司等30余家投资机构参加。本次活动旨在有效缓解企业复工复产过程中的资金需求，搭建企业与资本对话的平台。

（李芝芝）

【高校毕业生线上招聘会举办】7月29日，中关村前沿技术研究院和房山区良乡高教园区联合举办面向高校毕业生的线上招聘会。来自良乡高教园的11所高校师生参与，包括中国社会科学院大学、北京理工大学、北京中医药大学等。活动期间，11家企业发布132个招聘岗位信息。直播过程中，工作人员带领师生线上参观园区国际会议中心、“印象里”商业配套综合服务中心和可以直接拎包入住的公寓，展示入驻企业发展情况及人才需求。此次活动是疫情期间中关村新兴产业前沿技术研究院服务园区企业的一次创新尝试，也是园区链接区域智力资源、建设人力资源服务平台、打造创新生态服务体系的抓手。（房山区良乡高教园区作为北京市委、市政府确定的两个大学园区之一，是一个以高等教育为中心，融学习、工作、居住于一体的现代化学园，位于房山区良乡新城东区，距中关村新兴产业前沿技术研究院15千米，总占地面积670.67万平方米。）

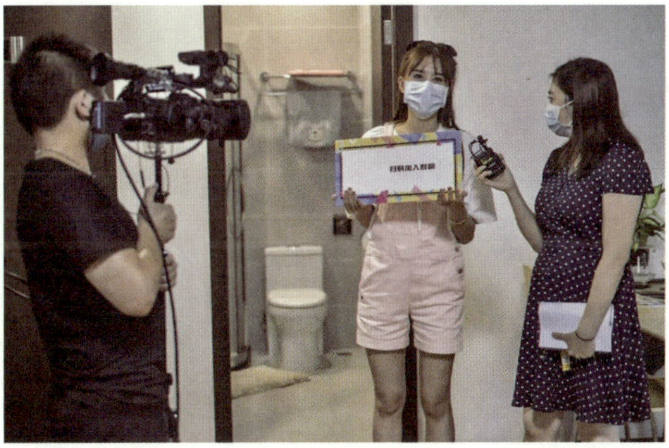

（李芝芝）

【达闼科技入选2020胡润全球独角兽榜】8月4日，胡润研究院发布了2020胡润全球独角兽榜，列出了全球2000年之后成立的、价值10亿美元以上的非上市公司。中关村前沿技术研究院入驻企业达闼科技(北京)有限公司入选，估值达70亿元。2020年，全球独角兽企业有586家，北京有93家独角兽企业上榜。此次入围榜单的独角兽企业平均成立于9年前，80%提供软件及服务，60%面向消费者，5%属于传统行业，颠覆最多的行业是金融服务、零售、传媒娱乐、企业管理解决方案、医疗健康、物流和汽车行业。

（李芝芝）

【驭势科技获LT“创新应用奖”】8月11日—12日，以“新生长”为主题的第九届中国物流技术峰会在上海举行，会上公布第九届LT中国物流技术奖。中关村前沿技术研究院入驻企业驭势科技（北京）有限公司“L4级无人物流车在智慧机场的应用”获“创新应用奖”。第九届LT中国物流技术奖设4个类别奖项，共收到200余家国内外物流技术与装备类、应用类企业、机构和个人报名参赛。LT大奖从评选到公布，历时7个月，经过2000余家专业用户初审与30余名专家终审，从“创新性、实用性、经济性、环保性、示范性”五大维度遴选产生。“L4级无人物流车在智慧机场的应用”是全球无人驾驶

技术在机场物流领域的首个商业化成果。从技术维度，该应用案例率先突破了无人驾驶领域的关键技术——“去掉安全员”，在保障安全、高效和经济的基础上，填补了全流程、全场景无人物流的技术空白，让无人驾驶技术在物流领域的规模化应用成为可能。从商业维度，驭势科技率先推动了物流技术的无人化、智能化变革，以完全无须驾驶员、安全员的无人驾驶物流车，帮助客户解决痛点，创造了“降本增效”的价值。（驭势科技成立于2016年2月，同年5月入驻中关村新兴产业前沿技术研究院，是一家致力于用AI驾驶打造面向未来的出行和物流公司。）

（李芝芝）

【中关村融资租赁与知识产权对接会举办】 8月18日，由中关村前沿技术主办的中关村融资租赁与知识产权对接会在中关村前沿技术研究院举行。本次对接会旨在拓宽园区入驻企业及意向企业融资渠道，协助企业制定知识产权运营发展战略，助力企业降低成本、快速发展。座谈会上，中关村科技租赁与北京IP两家专业科技服务机构为参会企业分别介绍了“租赁+服务”业务模式及融资租赁解决方案，以及知识产权质押融资产品——智融宝，并为企业进行了知识产权实务培训。会议结束后，多家公司与两家服务机构进行互动对接并达成明确的合作意向。本次活动是中关村前沿技术落实集团业务协同，建立利益共享机制，助力打造集成服务生态的一次有效尝试。来自无人机、智能机器人、自动驾驶、新能源及医工交叉等领域的20余家高精尖企业近50人参加活动。

（李芝芝）

【贷款担保业务对接会举办】 9月22日，中关村前沿技术举办贷款担保业务对接会。会上，中关村科技担保、建设银行、北京银行、中关村银行、华夏银行、兴业银行、招商银行、交通银行等8家单位分别推介了担保、信贷产品，介绍了服务模式，并针对企业所属行业领域和发展阶段为企业答疑解惑。会后，部分企业与金融机构进行了交流，达成初步融资意向。本次活动旨在搭建园区科技金融服务平台，拓宽企业融资渠道，降低融资成本，助力中小型科技企业快速发展。来自中关村前沿技术研究院入驻企业及高端制造业基地的特种机器人、无人机、高端智能装备及新能源等领域的13家高精尖企业，以及9家金融服务机构近60人参加活动。

（李芝芝）

【航景创新获“创客中国”京津冀中小企业创新创业大赛三等奖】 9月29日，由北京市经济和信息化局、北京市财政局、中关村科学城管委会、天津市工业和信息化局、天津市财政局、河北省工业和信息化厅、河北省财政厅联合主办的“创客中国”首届京津冀中小企业创新创业大赛暨“创客北京2020”创新创业大赛在北京落幕。大赛以“创客北京 创见未来”为主题，以激发创新潜力、集聚创业资源、营造“双创”氛围为宗旨，着力为中小企业和创客打造交流展示、产融对接、项目孵化的平台，发掘和培育一批“专精特新”优秀企业和优秀团队，催生新产品、新技术、新模式和新业态。大赛共收到报名参赛项目2843个，其中企业组项目1947个、创客组项目896个，最终96个项目获奖。中关村前沿技术研究院入驻企业北京航景创新科技有限公司进入大赛决赛，其“大载荷森林灭火无人直升机系统”项目获大赛企业组三等奖。该项目系统具有24小时不间断响应、快速部署、超视距长航时飞行、安全精准投送等特点，可实现复杂场景下森林火灾有效精准灭火，是城市航空灭火能力的有力补充。（航景创新成立于2008年11月，2019年3月入驻中关村新兴产业前沿技术研究院，是一家无人机系统研发及生产制造企业。）

（李芝芝）

【科技金融路演之北京高端制造业基地专场举办】 10月13日—15日，由北京博源金融科技控股有限公司、黑钻石（北京）文化传媒股份有限公司、中关村前沿技术承办的房山区科技企业融资能力提升暨科技金融路演对接系列活动——北京高端制造业基地专场举办。活动围绕房山区“科技金融创新转型发展示范区”建设开展，目的是提升科技型企业融资与金融资本的对话能力，促进科技成果与金融资本高质量对接。活动现场，7家来自人工智能、新能源、金融科技、大数据领域高精尖企业的负责人与中信国安投资有限公司、北航投资有限公司、ET智投3位点评导师，23家投资机构工作人员面对面交流，实现多元化对话交流，让企业与资本实现有效对接。现场最终促成了13个合作意向，累计意向投资总金额2000余万元。房山区多家企业代表到场观摩。

（李芝芝）

【达闼科技发布全球首款5G虚拟云端机器人】 10月14日，在工业和信息化部主办的2020年中国国际信息通信展上，中关村前沿技术研究院入驻企业达闼科技（北京）有限公司发布了全球首款5G虚拟云端机器人——Cloudia，在PT展承担导览角色。Cloudia形象可定制，可实现多种终端形态展示，具备闲聊互动、广告展示、附近餐厅指引等功能，7×24小时不间断提供智能服务，可节省人力成本，提升工作效率，帮助企业、园区、公共服务场所实现更好更完善的人性化服务。

（李芝芝）

【驭势科技获“汽车物流行业优秀技术装备供应商”奖】 10月28日，全国汽车物流行业年会在长春举办。

年会以“变·中求进，聚·势前行”为主题，旨在聚焦行业发展变革趋势，推动汽车物流行业向市场化、专业化、平台化、智能化、生态化方向转型升级。会议还对第四届汽车物流行业突出贡献专家、2020年度汽车物流行业突出贡献企业（家）、2020年度汽车物流行业优秀技术装备供应商进行颁奖。作为唯一一家受邀参与大会的无人驾驶企业，驭势科技（北京）有限公司获“汽车物流行业优秀技术装备供应商”奖。

（李芝芝）

【中关村前沿技术研究院二期开园】 10月30日，在中关村新兴产业前沿技术研究院全面运营暨智能应

急装备产业发展论坛上，中关村新兴产业前沿技术研究院二期开园仪式举办。（2018 年 3 月，中关村新兴产业前沿技术研究院在一期 16.88 万平方米创新载体的基础上，启动建设二期项目，延续一期产业定位，聚焦无人机、智能网联汽车、智能机器人等高端制造领域，形成产业衔接和联动发展。二期于 2019 年完成竣工验收。）

（李芝芝）

【中关村高端制造前沿技术创新中心启用】 10 月 30 日，在中关村新兴产业前沿技术研究院全面运营暨智能应急装备产业发展论坛上，中关村（房山）高端制造前沿技术创新中心启用仪式举办。中心旨在利用中关村前沿技术研究院部分创新载体承接中关村高端制造领域优质项目落地，打造中关村高端制造领域优质项目创新聚集的政策与人才特区。截至 2020 年底，中关村（房山）高端制造前沿技术创新中心引进北京煋邦数码科技有限公司、北京智芯传感科技有限公司、北京数字绿土科技有限公司、五维智联（北京）科技有限公司、驭势科技（北京）有限公司等 5 个入驻项目。

（李芝芝）

【中关村智能应急装备产业园揭牌】 10 月 30 日，在中关村新兴产业前沿技术研究院全面运营暨智能应急装备产业发展论坛上，中关村智能应急装备产业园揭牌仪式举办。房山区以研究院为基础规划建设中关村智能应急装备产业园，聚焦无人机、机器人、智能检测预警三大领域，围绕应急救援，构建覆盖核心技术研发、关键零部件、机器人本体和下游集成的产业链生态。

（李芝芝）

【智能应急装备产业发展论坛举办】 10 月 30 日，中关村前沿技术研究院举办“智创未来”智能应急装备产业发展论坛。中国工程院院士刘先林，清华大学未来实验室首席研究员、数字化先进制造研究中心主任马兆远，中国地质大学可持续能源实验室主任、氢阳新能源控股有限公司董事长程寒松等专家学者、业界大咖聚焦人工智能、自动驾驶等领域进行了探讨。为与会人员做了专业报告，并围绕智能装备领域的技术创新与应用等热点问题与在场企业家进行交流，共话后疫情时代智能应急装备产业发展趋势。

（李芝芝）

【产业发展顾问委员会组建】 10 月 30 日，中关村前沿技术研究院聘请刘先林、毛明、周彬、李克强、王田苗、乔红、贾一伟、文继荣、林德福、吴甘沙等 10 位行业内院士、知名专家、企业家组建产业发展顾问委员会，科学规划园区创新发展，定期研究高端装备制造领域前沿动态。11 月 30 日，中关村前沿技术研究院举办产业发展顾问委员会首次座谈会，特聘专家顾问，房山区政府、中关村发展集

团有关负责人，科研院所、高校及企业特邀嘉宾等30余人参加会议。会上，与会人员围绕园区未来重点产业布局、产业服务能力提升和发展环境改善等内容进行研讨，为园区未来发展建言献策。

（李芝芝）

【史河科技入驻中关村新兴产业前沿技术研究院二期】 10月，北京史河机器人科技有限公司入驻中关村新兴产业前沿技术研究院二期。（史河科技成立于2020年9月，是一家从事智能特种机器人自主研发的科技公司。）

（李芝芝）

【达闼科技机器人获智能硬件创新奖】 11月5日，在2020中国5G终端全球创新峰会暨第八届中国手机设计大赛天鹅奖颁奖礼上，中关村前沿技术研究院入驻企业达闼科技的Cloud Ginger Lite 5G高扩展性室内移动云端机器人获2020年度智能硬件创新奖。该款机器人采用模块设计，通过对托盘、货柜、消毒器械、电视大屏、机械臂、摄像头等配件的灵活更换，可随意变成接待员、业务员、配送员、酒店私密物品传递员、消毒员、宣传员、服务员、巡检员等多个角色，在营业厅、门诊、机场、酒店、餐厅、社区、学校、政府等场所提供服务。

（张德申）

【2020年高端制造业优质项目路演活动举办】 11月25日，由市经济和信息化局、房山区政府联合主办，房山区经济和信息化局、市工业和信息化产业发展服务中心、北京高端制造业基地管委会与中关村前沿技术联合承办的“深化产融对接、携手共创未来2020年高端制造业优质项目路演活动”在中关村前沿技术研究院举办。北京星华智联投资基金（有限合伙）、中科光荣创业投资基金管理（北京）有限公司、北京首新晋元管理咨询中心（有限合伙）等6家北京高精尖产业发展基金的子基金公司和中国银行、北京银行、招商银行等6家金融机构受邀参会，近50人参加活动。此次活动旨在市地携手为研究院高精尖企业提供深层次融资解决方案及金融服务绿色通道，降低企业融资成本，深化政银企服务对接、产融对接，推动房山区高端装备等重点产业发展。活动现场，北京史河科技有限公司等7家企业的特种机器人等项目进行了展示。

（李芝芝）

【5G自动驾驶示范区运营示范及智能网联汽车检验检测服务平台发布】 12月4日，由房山区政府、中国移动通信集团北京有限公司、中关村发展集团及襄阳达安汽车检测中心有限公司主办，北京高端制造业基地管委会、中关村前沿技术等5家单位共同承办的5G自动驾驶运营示范及智能网联汽车检验检测服务平台发布会暨重点项目签约仪式在中关村前沿技术研究院举办。活动以“加快落实‘两区’建设任务，引领科技服务创新示范”为主题。中关村发展集团、房山区政府、中国移动与国内首批获准授权的国家智能网联汽车质量监督检验中心襄阳达安共建全开放式5G自动驾驶服务平台，打造集创新研发和产业转化、智慧交通管理服务、展示及文化体验、车路协同大数据交易服务于一体的综合测试与智慧城市管理示范区，为相关车企提供包含测试认证、大数据服务、场端解决方案等在内的系列服务。在本次活动中，行业协会、高校、领军企业的专家学者分享了智能网联汽车的发展方向、行

业最新动态及应用与探索，并发布《自动驾驶末端物流轮式运载工具测试规程》《中国移动 5G 远程驾驶 2.0 白皮书》等行业标准和研究成果。

（李芝芝）

【航景创新完成无人机森林灭火重大课题任务】2020 年，中关村前沿技术研究院入驻企业北京航景创新科技有限公司牵头研发无人机携灭火弹森林灭火系统。在项目推进过程中，中关村前沿技术引入煜邦数码等 10 余家产业链上下游企业与航景创新、北京理工大学无人机所等研究院现有企业组成联合课题组，合作开展技术攻关；协调国家应急管理部及市、区应急管理局等相关部门，从测试场地、资质认证、应用市场等方面对课题组给予大力支持；对接中关村发展集团科技金融板块资源及银行等金融机构，为航景创新等课题组核心成员单位累计解决融资 5000 万元。7 月，无人机完成挂弹夜间演练，初步形成实战能力。8 月—11 月，中关村前沿技术组织课题组围绕成本控制、作战效率提升、大载荷飞机、大容量灭火弹研制等方面问题进行联合攻关。最终，无人机系统作战效率大幅提升、成本下降至原先的 60%、无人机载荷及灭火弹体量较之前提高了两倍多，项目再次实现跨越式进展。截至 2020 年底，无人机携灭火弹森林灭火系统通过上海消防研究所国家消防装备质量监督检验中心 29 项检验科目的测试，取得认证资质，并列入政府采购名单及冬奥会安保体系。此外，中关村前沿技术还以无人机项目为契机推动在房山区建立北京市首个"智能+"应急装备产业园。

（李芝芝）

【中关村前沿技术研究院为中小微企业减免房租约 1200 万元】2020 年，中关村前沿技术研究院建立高精尖项目评估机制，对符合产业定位、成长性好、税收贡献大的企业给予 1—3 年租金减免优惠。年内，共有 10 家企业受惠，减免房租约 1200 万元。

（李芝芝）

中关村·长城脚下的创新家园

【概况】 中关村·长城脚下的创新家园定位为以无人机、新能源和能源互联网、体育科技、现代园艺为产业特色的科技园区，由北京中关村延庆园建设发展有限公司建设运营。创新家园位于延庆区康庄镇，距北京城区62千米，距延庆城区9千米。总规划占地面积4.97平方千米，其中园区一期占地面积82万平方米。2020年，中关村延庆园公司与3家知名园区运营商签订战略合作协议；园区起步区一级开发工作基本完成，全面进入项目建设阶段。

（李道吉、梁少雄）

【中关村延庆园公司开展配套住宅项目调研】 5月20日，中关村延庆园公司到天津市京津中关村科技城调研学习，通过现场参观、座谈交流等形式，重点就“中关村·新世界”住宅项目的规划定位、团队组建、成本控制及销售策略等进行交流。双方就“中关村·新世界”住宅项目开发及营销模式的探索、开发过程中关键点把控、难点破题等进行了交流，并对项目成本管控、工程管理、前期手续办理、营销策略及项目资金筹措等问题进行探讨。

（夏芳）

【城市中心公园项目获延庆区防疫补贴】 6月4日，中关村·长城脚下的创新家园起步区城市中心公园项目获补贴资金。经延庆区政府、延庆区财政局审核认定，城市中心公园项目属区级重点工程，符合区发展改革委下发的《关于印发延庆区2020年重点工程和重要投资支撑项目防疫补贴措施的通知》（延发改发〔2020〕6号）中“二、补贴条件及标准（二）一季度实现开复工且完成一季度投资任务的项目，发放5万元防疫补贴”的补贴条件及标准。该笔资金将主要用于防疫物资和交通保障。城市中心公园项目位于延庆区康庄镇，西至康张路，南至康庄大道，东侧、北侧与起步区规划建筑群相接，建设规模约4万平方米。项目主要分为7个特色鲜明的区域：入口风采区、生态展示区、主题文化区、林下活动区、道路景观区、林下休闲区和过渡区。

（李道吉）

【中关村延庆园公司持续推动园区市政管线建设】 2020年，中关村延庆园公司克服疫情各方面不利影响，加快推进创新家园市政道路及地下管线工程实施，基本完成大部分道路及地下管线施工；110千伏高压线迁改工程于5月进场施工，进行电力隧道施工，35千伏迁改工程立项工作取得进展；代征绿地进场施工；除交叉作业占用区外，城市中心公园已基本完工；张山营土地整治项目进入竣工验收准备阶段。各项工程全面铺开，一批项目基本完工，园区核心区呈现出崭新的发展面貌。

（李道吉、夏芳）

中关村（京西）人工智能科技园

【概况】中关村（京西）人工智能科技园致力于建设成为以人工智能重点实验室和技术平台为支撑、行业龙头企业为引领、与中关村科学城融为一体、具有世界影响力的人工智能科技创新中心，由北京中关村京西建设发展有限公司建设运营。园区位于西山脚下，永定河畔，毗邻长安街西延线，规划占地面积 54.5 万平方米，其中产业用地面积 20.58 万平方米，地上建筑面积 55 万平方米。2020 年，园区先导园——中关村（京西）人工智能科技园·智能文创园（简称智能文创园）新增入园企业 13 家、注册落地企业 10 家，入驻率已达到可出租面积的 80%，储备认股权企业 13 家。

（邓文茵）

【中关村京西发展与工业院达成战略合作】1 月 10 日，中关村京西发展与工业院开展对接交流活动，围绕园区建设运营等长效战略合作进行交流，在加强内部资源共享、促进双方共同发展等多方面达成共识。活动现场，双方签订了全方位战略合作协议。根据协议，在主园区的建设和运营中，双方围绕园区建设运营和投融资规划编制展开合作，不断拓宽合作范围，探索更多合作模式，如可行性研究、投融资合作、规划建设、政策服务，以及共同招商、产业服务等。

（邓文茵）

【智能文创园首家企业入园】1 月 13 日，北京明创开元信息技术有限公司入驻智能文创园。（明创开元成立于 2009 年 6 月，专注于安防行业，致力于向用户提供智能化、信息化、行业化的安防整体解决方案和安防运营服务。）

（邓文茵）

【北京市门头沟区文化创意产业协会在智能文创园揭牌】1 月 15 日，北京市门头沟区文化创意产业协会揭牌仪式在智能文创园举行。市委宣传部、市文化创意产业促进中心、门头沟区委、门头沟区文旅局相关负责人分别为协会第一届理事会成员授牌并颁发聘书。北京市门头沟区文化创意产业协会是在门头沟区文旅局指导下，在门头沟区民政局注册的一个跨行业、跨部门的专业性社团组织，是门头沟区文创产业领域唯一的综合性公共服务平台。协会由门头沟区文化创意产业促进中心发起筹备，旨在促进门头沟区的文创资源与产业整合，推动门头沟区文创产业健康快速发展，加强文化创意企业交流合作。协会首批发展 48 家会员单位，中关村京西发展为协会会长单位。

（邓文茵）

【中关村京西发展与中关村至臻环保签约】4 月 27 日，中关村京西发展与中关村至臻环保（原名为西藏神州瑞霖环保科技股份有限公司）战略合作签约仪式在智能文创园举行。双方就环境咨询、环境监测（检测）、环保工程设计与施工、环境污染治理等方面的生态环境类服务建立全面战略合作关系，共同携手推进绿色园区建设和区域生态治理。根据协议，中关村至臻环保将为中关村（京西）人工智能科技园及其入园企业提供专业的、全方位的生态环保服务。

（邓文茵）

【《中关村（京西）人工智能科技园一期可行性研究方案》编制完成】 5月，《中关村（京西）人工智能科技园一期可行性研究方案》编制完成。方案阐述了项目的战略背景、产业背景、区位背景，分析了投资项目的必要性；根据空间产品的定位以及对周边市场的调研分析，客观评估了投资一期项目的规划情况、区位条件、产业基础、工作基础；基于中关村（京西）人工智能科技园整体发展目标，明确一期项目的发展目标，研究确定项目产业组织方案、园区空间功能规划方案、产业服务方案及园区运营模式；制定合理的开发建设时序，明确土地入市计划、摘地计划、建设计划，根据建设计划估算项目总投资并制定合理的资金支出计划，明确项目融资规模、结构，还款计划；对照周边市场情况、评估投资收益情况，明确项目投资回收期、净现值、内部收益率等财务指标；分析一期项目可为区域带来的社会效益、经济效益，分析项目面临的风险并提出相应措施。

（邓文茵）

【线上文创市集启动】 7月1日，由门头沟区文化和旅游局主办，门头沟区文化创意产业促进中心、门头沟区文化创意产业协会与智能文创园共同承办的线上文创市集启动。线上文创市集汇聚门头沟区特色文化产业资源，通过平台以直播等新媒体形式传播永定河文化、红色文化、非遗文化、旅游资源、特色民宿、优秀文化园区、企业和项目等，融合创新的文化消费形式与高品质的文化创意产品，为各类文创资源提供市场对接和交流合作的平台，同时为园区企业提供推广和宣传。同日，由门头沟区文化创意产业协会负责运营的抖音号“门头沟文创市集”同步开启。

（邓文茵）

【“云招商”推介会举办】 7月16日，智能文创园举办“云招商”推介会，进行线上直播招商。推介会重点围绕中关村（京西）人工智能科技园开展园区云推介、云宣传、云签约、云授牌等内容，展现中关村（京西）人工智能科技园的招商政策、未来规划及园区三大类49项产业服务清单。“云招商”活动在宣传推介中关村（京西）人工智能科技园的同时，也为入园企业提供了展示平台。北京英田影视文化股份有限公司、美世华菲文化传媒（北京）有限公司、更读智慧众创咨询服务（北京）有限公司、北京奇迹智旅科技有限公司等企业参与直播。活动现场，北京万数科技有限公司、图林科技（北京）有限责任公司作为首批“云签约”企业入驻园区。活动同时还举办了门头沟文创金服工作站、全球AI文创大赛专家工作站挂牌仪式。

（邓文茵）

【光韵文化项目入选北京文创大赛北京赛区百强】 8月14日，《北京日报》发布“歌华传媒杯·2020北京文化创意大赛北京赛区百强项目（企业）公告”。智能文创园入驻企业光韵文化传媒（北京）有限公司参赛项目“大三里云‘书’”获2020北京文化创意大赛门头沟·智能文创园分赛场永定河文化特别奖，并入选北京文化创意大赛北京赛区百强项目（企业）。“大三里云‘书’”以门头沟区斋堂镇大三里村为空间组织形式，进行老旧民宅升级改造，打造集藏书、研学、科学文化交流、旅游休闲于一体的生态文化休闲综合体，是“游”养“学”相结合的文旅融合项目，解决退休专家学者、高级知识分子的图书存放和学术成果传承面临的困难。

（邓文茵）

【全球 AI 文创大赛决赛暨颁奖典礼举行】 9 月 23 日，由清华大学文化创意发展研究院、清华大学人工智能研究院、清华大学艺术与科技创新基地、中关村京西发展等联合主办的 2019—2020 全球 AI 文创大赛（中国区）决赛暨颁奖典礼在智能文创园举行。大赛以推动人工智能科技与文化创意产业融合发展为主题，为从事 AI 科技、艺术创作的研发机构、商业团体、产业从业者搭建跨界融合的学习交流平台、创新展示平台、潜力项目孵化平台。本届大赛自 2019 年 6 月启动征集以来，吸引 150 余家创新团队报名，70 余个项目参加初赛线上路演，路演项目涵盖文旅、教育、音乐、美术图像、影视动画、广告传媒、数字创意、AR/VR/3D 等 10 余个行业领域。决赛环节共有 15 家企业和 9 个创意项目组展开路演。最终，网易伏羲实验室获一等奖，悉见科技有限公司、物灵科技有限公司获二等奖，小猫慧读科技有限公司等获三等奖。本届大赛为 AI 文创企业提供创新创业支持，推介了门头沟区支持产业集聚的“门十条”最新政策，发布园区服务包，并给予进入决赛的企业落地智能文创园优惠的服务。

（邓文茵）

【中关村京西发展推进石龙五期土地一级开发】 2020 年，石龙五期土地一级开发项目取得关键进展，剩余地上物拆除工作全部完工。剩余 6 座高压塔拆除工作于 4 月完工，10 千伏架空电缆迁改工程于 8 月 27 日通电，剩余 1 户滞留户于 9 月 24 日拆除，项目现场已实现场清地净，所有产业用地已具备入市条件。市政工程于 4 月完成勘察工作并取得勘察成果，6 月完成相关工程施工图设计，10 月取得市政道路工程规划许可证并向门头沟区审计部门报审道路工程清单控制价。截至 2020 年底，石龙五期项目首批 12.6 万平方米用地实现入库，另有 15.4 万平方米用地已获门头沟区政府同意入市。

（邓文茵）

【23 家企业落地智能文创园】 2020 年，小蝇伯图（北京）医疗器械有限公司、北京至格科技有限公司等 13 家企业入驻智能文创园，北京星率智能科技有限公司、北京丹瑞生物技术有限公司等 10 家企业注册落地智能文创园，入驻率达到可出租面积的 80%。

表 11　2020 年智能文创园新增入园企业一览表

序号	新增入园企业
1	小蝇伯图（北京）医疗器械有限公司
2	北京至格科技有限公司
3	北京中柏创业化工产品有限公司
4	北京夏禾科技有限公司
5	小村瑄城村网络科技（北京）有限公司
6	北京微链道爱科技有限公司
7	中国平安财产保险股份有限公司北京分公司
8	图林科技（北京）有限责任公司
9	北京万数科技有限公司
10	北京彪光核韵文化发展有限公司
11	美世华菲文化传媒（北京）有限公司
12	北京马栏文化传媒有限公司
13	精诚工坊电子集成技术（北京）有限公司

表 12　2020 年智能文创园新增注册企业一览表

序号	新增注册企业
1	北京星率智能科技有限公司
2	北京丹瑞生物技术有限公司
3	京之阳文化传媒有限公司
4	北京至臻弘创环保科技有限责任公司
5	北京奇迹智旅科技有限公司
6	北京洁新冠生物科技有限公司
7	北京海创时代文化传媒有限公司
8	北京钟灵毓秀文化管理咨询有限公司
9	北京热芒科技有限公司
10	北京京西龙智管理咨询合伙企业

（邓文茵）

【中关村京西发展储备认股权企业 13 家】 2020 年，中关村京西发展与 13 家新增入园企业在入驻协议中达成认股权合作事宜，初步形成了企业自入驻园区始，以空间服务、产业服务换取认股权的创新投资模式。

（邓文茵）

【中关村（京西）人工智能科技园一期项目建筑方案设计启动】 2020 年，中关村京西发展启动中关村（京西）人工智能科技园一期项目建筑方案设计工作。园区一期项目首批入市地块为人工智能科技园东南门户，规划用地面积 4.76 万平方米，地上规划建筑面积 12.6 万平方米，作为园区起步区，重点打造孵化、宣传展示、5G 应用测试、商务配套等服务平台。

（邓文茵）

【中关村京西发展与中御国际达成战略合作意向】 2020 年，中关村京西发展与中御国际达成战略合作意向，双方将按照“优势互补、全面合作、统筹推进”的原则，依托各自资源优势，合作推进中御国际项目的建设运营工作，实现项目的高标准规划设计、高品质建设和高水平运营管理。

（邓文茵）

【中关村京西发展为中小微企业减免房租约 6.5 万元】 2020 年，中关村京西发展为 2 家入园企业北京金永源医疗器械有限公司、北京明创开元信息技术有限公司各减免 1 个月房租，约 6.5 万元，为中小微企业解难纾困。

（邓文茵）

中关村工业互联网产业园

【概况】 中关村工业互联网产业园是中关村发展集团与石景山区政府共同打造的工业互联网产业集聚区与世界级特色产业园，分为先导区、核心区、拓展区。先导区位于长安街西延长线北侧，建筑面积2.5万平方米，由中关村软件园负责运营；核心区选址于石景山园西井地块，占地面积9.3万平方米，规划建筑面积30.8万平方米，以商务办公、科研设计业态为主；拓展区涵盖新首钢高端产业综合服务区等石景山区其他产业集聚区。2020年，中关村工业互联网产业园先导园开园运营。

（刘波涛）

【中关村工业互联网创新解决方案峰会举办】 1月9日，由中国工业报社和中关村工业互联网产业联盟联合主办的2020年中关村工业互联网创新解决方案峰会在中关村工业互联网产业园先导园举办。峰会以“工业互联网引领制造业高质量发展”为主题，旨在进一步落实中国工业互联网发展的相关政策，探索工业互联网制造业中的应用牵引推广，促进中关村工业互联网产业发展，推动制造业高质量发展。峰会上，中关村发展集团、用友网络科技股份有限公司、航天云网科技发展有限责任公司、北京东方国信科技股份有限公司等工业互联网企业分别介绍了工业互联网平台相关创新解决方案，北汽福田分享了福田汽车工业互联网实践经验。大会还举行了“2020年工业互联网万企行”启动仪式。中国工业经济联合会、中关村管委会、中关村石景山园管委会等单位相关负责人及部分工业互联网企业代表参加会议。

（李军伟）

【共建中关村工业互联网产业园对接会召开】 6月11日，石景山区委、区政府及相关委办局负责人到中关村发展集团调研对接双方共建中关村工业互联网产业园事宜。双方就加速推进中关村工业互联网产业园进行交流。

（李南慧、晋同祥）

【中关村工业互联网产业园承办5G创新应用大赛工业互联网赛道】 7月29日，由中关村管委会、市科委、市经济和信息化局、市通信管理局主办的2020年中关村5G创新应用大赛启动，面向全球企业、团队征集5G创新应用项目。大赛以“聚焦‘新基建’、赋能新场景、培育新业态”为主题，特别设置两个主赛道、五大分赛道，中关村工业互联网产业园承办工业互联网赛道。工业互联网赛道重点围绕智慧工厂、机器视觉、远程控制、远程运维、协同设计、无人巡防、工业安全等“5G＋工业互联网”创新应用场景，面向全球公开征集“5G＋工业互联网”创新应用项目。

（李军伟）

【中关村工业互联网产业园先导园开园】 9月25日，中关村工业互联网产业园开园仪式举行，与首批入驻企业、服务机构签约。在开园仪式现场，还举办了中关村工业互联网产业高峰论坛。论坛以“智能生态、制造引擎”为主题，由中关村软件园主办、中关村工业互联网产业园承办。中关村管委会，石景山区委、区政府，中关村发展集团，中关村软件园等单位有关负责人，以及来自中科院、北京理工大学、中电工业互联网、华为、阿里、腾讯、东土科技、树根互联、海尔科技等单位的100余人参加论坛。

（李军伟）

【5G创新应用大赛中关村软件园工业互联网专题赛决赛闭幕】 11月6日，2020年中关村5G创新应用大赛中关村软件园工业互联网专题赛决赛在中关村工业互联网产业园闭幕。本次赛事由中关村管委会、市科委、市经济和信息化局、市通信管理局、中国工业报社主办，中关村石景山园管委会、中关村软件园、中关村工业互联网产业园、中国信息通信研究院承办，中关村工业互联网产业联盟、中国通信工业协会两化融合委员会协办。大赛以“5G新应用赋能工业转型”为主题，共吸引百余家科技企业报名，重点发掘并孵化一批“5G＋工业互联网”特色应用项目在中关村落地聚集，加快5G融合传统产业建设速度，为“5G＋工业互联网”产业发展按下“快进键”。此次入选项目特色突出、技术先进，展示“5G＋工业互联网”的关键场景和相关应用，释放出智能制造体系下的全新发展机遇。来自北京交通大学、方信资本、启航资本、讯飞资本、树根互联等机构的专家进行现场评审。最终，北京慧拓无限科技有限公司获专题赛决赛一等奖。

（李军伟）

【中关村工业互联网产业园核心区首期项目摘地】 12月14日，中关村工业互联网产业园核心区首期项目摘地，标志着中关村工业互联网产业园建设取得重大突破。本次摘地项目位于石景山区苹果园地区，是核心区一期项目，建设用地2.87万平方米，规划建筑面积11.47万平方米。

（李南慧、晋同祥）

【中关村工业互联网产业园为中小微企业减免房租7.85万元】 2020年，中关村工业互联网产业园落实疫情防控政策，助力园区中小微企业复工复产，为1家企业减免房租7.85万元。

（李军伟）

中国科学院北京纳米能源与系统研究所园区建设项目

【概况】中国科学院北京纳米能源与系统研究所园区建设项目（简称纳米能源所）主要从事纳米能源和纳米自驱动系统研究，创立了压电电子学和压电光电子学两个学科，拥有摩擦纳米发电机、自驱动传感、海洋蓝色能源和稳定电压电源灯 4 项核心技术，创立了“新时代能源与传感”的科学概念。园区由北京中关村微纳能源投资有限公司建设运营，位于北京雁栖经济开发区（怀柔科学城），占地面积约 4.47 万平方米，建筑面积 10.8 万平方米。2020 年，纳米能源所整建制迁入园区，成为怀柔科学城第一个整建制搬迁入驻项目。截至 2020 年底，纳米能源所园区从业人员 584 人，其中留学归国人员 29 人，硕士及以上员工占比 79.69%，研发人员占比 14%；有院士 1 人；获得专利 316 件。

（程麒宇）

【中试孵化楼竣工验收】5 月 27 日，中试孵化楼完成竣工验收。施工单位项目经理、监理单位项目总监、设计单位项目负责人、勘察单位项目负责人等到场参与验收工作。在验收会议上，五方责任主体一致同意中试孵化楼竣工验收。中试孵化楼总建筑面积 2.3 万平方米，地上 6 层、地下 2 层，包括中试用房、产业孵化用房及配套用房。按照合作协议，中试孵化楼部分空间提供给王中林院士及团队。11 月，以王中林院士与纳米能源所为基础的 Maxwell 创新科普实验园入驻中试孵化楼 4 层。截至 2020 年底，中关村微纳能源与北京华创宇为科技有限公司、北京科天科技有限公司等 8 家企业签订入孵协议，共引进新客户 14 家，入驻率达到 63%。

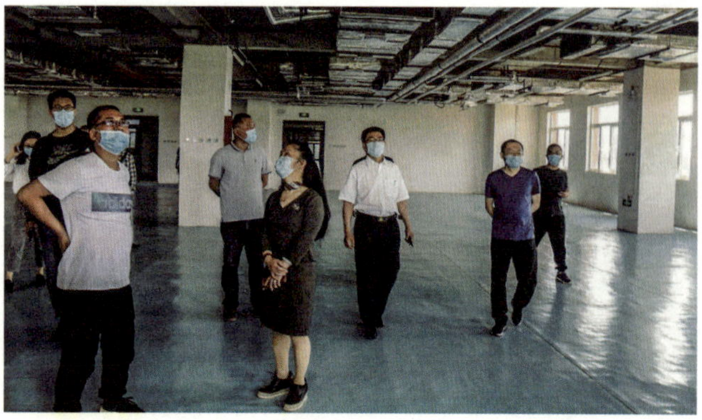

（程麒宇）

【纳米能源所入选全国科技创新研究机构 50 强】5 月 30 日，由国家知识产权局知识产权发展研究中心支持指导、八月瓜创新研究院主持完成的“全国科技创新百强指数报告 2020（企业、高校及研究机构篇）”在京发布。纳米能源所跻身全国科技创新研究机构 50 强，位列第 26 位，北京区域前 10 位。该报告通过采集、整理、分析来自国家知识产权局、国家统计局、世界知识产权组织、自有平台专利数据库等多方数据，根据科学性、完整性、综合性、可操作性、可比性、导向性等原则，构建起系统的科技创新指数评价体系，从创新能力、创新影响力、创新市场化、创新成效等 4 个方面对全国企业、高校和研究机构的技术创新实力进行评价。

（程麒宇）

【纳米能源所整建制入驻怀柔科学城】9 月 27 日，中科院北京纳米能源与系统研究所整建制搬迁入驻怀柔科学城仪式在怀柔园区举行。纳米能源所位于怀柔科学城中心区南部，建筑面积 10.8 万平方米，项目功能布局由科研区、生活区、中试孵化区构成。纳米能源所是中科院第一个整建制搬迁至怀柔科学城的，是中科院参与怀柔国家综合性科学中心建设的具体行动，是对科技体制、机制创新的重要探索。北京市政府、中科院相关负责人参加。

（程麒宇）

【Maxwell 创新科普实验园开园】11 月 10 日，Maxwell 创新科普实验园开园和授牌仪式在纳米能源所举行，标志着怀柔科学城首个科普园入驻开园。Maxwell 创新科普实验园是以王中林院士与纳米能源所为基础，立足于纳米能源研究领域的前沿科技成果展示平台。开园仪式上，怀柔区政府授予Maxwell 创新科普实验园“怀柔区科普示范教育基地”称号。

（程麒宇）

【首届优秀科技成果推介会举办】 11 月 26 日，由中关村微纳能源主办、中关村天合科技成果转化促进中心承办的以“汇聚怀柔、创孵未来”为主题的优秀科技成果推介会在中关村微纳能源举行。北京怀柔科学城负责人介绍了怀柔科学城情况，中关村微纳能源负责人介绍了园区建设和运营情况，并与中关村天合签订了战略合作协议。双方将重点围绕新材料、新能源技术领域，共同在科技成果转化、企业需求撮合、科技项目对接等方面开展深度合作，共同打造纳米新材料科技成果转化育成平台。本次推介会采取现场推介和视频介绍的方式，集中展示了来自中科院纳米能源所、中科院化学所、北京机科国创轻量化科学研究院、Unlimited Power 公司、皮克斯公司等的“红外光谱工业气体泄漏检测系统”“基于虚拟仿真的碳纤维部件共享制造关键技术”“甲酸储氢与放能的新能源电池系统”“耐高温低介电热固性树脂及复合材料应用研究”“摩擦电纳米空气消杀净化产品的开发”“机动车尾气净化除尘技术”等 6 项科技成果项目，与会人员进行现场点评、交流和互动。本次推介会是中关村微纳能源围绕新材料、新能源、仪器设施等领域打造的科技成果系列交流会的第一场活动。通过开展科技交流活动，汇聚创新资源、聚集高端产业，促进科技成果转化。来自怀柔科学城管委会、怀柔区政府相关委办局、怀柔区相关乡镇政府、企业、科研院所、投资机构、金融机构以及新闻媒体等 60 余人参加活动。

（程麒宇）

【北京地区广受关注学术成果系列报告会举办】 12 月 22 日，市科协联合怀柔区政府、怀柔科学城管委会、中关村发展集团在怀柔科学城举办北京地区广受关注学术成果系列报告会（新材料领域）走进怀柔科学城专场。报告会现场为国家杰出青年基金获得者、清华大学教授王训、曲良体，国家杰出青年基金获得者、中科院化学所研究员郭玉国，北京理工大学教授陈人杰，中科院纳米能源所研究员李舟等 5 位作者颁发了“北京地区广受关注学术成果作者”证书。5 位专家进行了汇报。与会院士专家、线上线下的科技工作者分别围绕报告、当前科学研究中面临的瓶颈和壁垒、学术成果和应用场景展开了交流研讨。本场报告会由中关村微纳能源、纳米能源所、北京化学会共同承办，采取线上、线下相结合的方式进行。来自中科院、清华大学、北京理工大学、北京师范大学、相关科研院所、相关企业的代表等 100 余人现场交流。中国科学报、北京电视台等多家新闻媒体进行了报道。《科协频道》进行了线上直播，包括海外华人、港澳台同胞等在内的 46.6 万余人次线上观看直播并参与互动交流。

（程麒宇）

中关村永丰产业基地（新）

【概况】中关村永丰产业基地（新）致力于打造集研发、中试、孵化、技术服务、技术交易、总部、展示、高端生产于一体的国际一流导航与位置服务和新材料产业中心，重点推进航海导航产业、北斗二代导航系统、位置服务、地理信息系统、新材料等五大产业集群以及其他相关产业的发展，由北京实创高科技发展有限责任公司开发建设。基地坐落于海淀区北部地区，位于北京市建设“两轴两带多中心”的海淀科技创新中心，是中关村发展区的核心，是中关村科技园区规划发展的重点项目之一，也是中关村高新技术成果转化和产业化的重要平台。基地占地面积 458.52 万平方米，建设用地 233.63 万平方米，建筑面积 381.23 万平方米。2020 年，中关村永丰产业基地（新）园区开发建设持续推进。

（王博）

【海淀区集中医学观察中心启用】1 月 29 日，海淀区集中医学观察中心启用。观察中心位于实创酒店，实创高科成立专班负责做好观察中心服务保障工作，包括一线服务人员组、对外组、保障组及行政组，建立健全疫情防控服务保障工作组织体系和工作机制。各小组的主要工作包括：对一线隔离区人员提供送餐、消毒、打扫等服务；对设施设备、场地、物品每天消毒；对污水处理量和含氯浓度进行每日测量及上报；对生活、医用垃圾清运车、救护车等车辆进行多次消毒；对医用库存物资进行盘点并寻找货源渠道采购物资；对酒店物资外出采购人员及采购的物品消毒及入库等。

（王博）

【永丰产业基地（新）园区开发建设】2020 年，实创高科持续推进永丰产业基地（新）园区开发建设。永丰产业基地（新）J 地块部分宗地达到收储条件，联合中关村生命科学园研究制定 J 地块工作方案；市政道路建设扎实推进，G、H、C 地块支路、唐家岭路、永丰北环路等 19 条道路共 15.41 公里完成移交工作，D、E 地块皇后店北一街等 5 条支路开工建设；C4C5 公租房项目部分楼宇不动产权证手续办理完毕，配套幼儿园内部装修完工。

（王博）

【实创高科建成 5G 基站 423 个】2020 年，实创高科以科技化、智能化系统建设为切入点，聚力提升城市服务品质和效能。深入研究人工智能、大数据、物联网等技术在智慧城市、智慧社区领域科技场景应用，紧密围绕新基建，与北京电信等公司合作建成 5G 基站 423 个并投入使用。

（王博）

上地信息产业基地

【概况】上地信息产业基地是中国第一个以电子信息产业为主导，集科研、开发、生产、经营、培训、服务于一体的具有可持续创新能力的综合性高新技术产业园区，由北京实创高科技发展有限责任公司运营。基地位于海淀区，以信息路为主轴，南至上地南路，北至后厂村路，西至上地西路，东至上地东路，占地面积243.2万平方米。基地建成后，联想、百度、用友、神州数码、浪潮、华为等高科技企业先后入驻，分别设立研发中心或公司总部。经过30年的开发建设，上地信息产业基地已成为全国企业和产业聚集显著、经济效益增长迅速、技术创新活跃的区域之一。2020年，上地信息产业基地开发建设持续推进。

（王博）

【“马上清（青）西”片区政协委员工作站揭牌】8月5日，由海淀区政协主办的“马上清（青）西”片区政协委员工作站揭牌仪式在实创高科举行。“马上清（青）西”站是首批7种形式25家授牌的工作站中唯一一家以片区形式建立的工作站，涵盖海淀留学人员创业园、中关村软件园2家特色园区、特色楼宇站，马连洼、上地2家依托地区小组成立的区域站，以及李洁、芮玉奎、孙菽艺3家个人工作站。工作站以马连洼、上地、清河、青龙桥和西北旺5个地区政协委员活动小组及实创高科的政协委员为主体，同时邀请北部办有关负责人和片区内的全国及北京市政协委员参加，是片区内政协委员聚焦“马上清（青）西”地区，宣传中共政策、密切联系群众、广泛凝聚共识、反映社情民意、参与基层协商、服务群众需求的履职平台。工作站的成立将集各位委员的集体智慧共同促进“马上清（青）西”片区的改造、提升、发展，实创高科作为“马上清（青）西”片区及上地地区的实施主体，在区政协、北部办和“四街一镇”的领导下，以高质量的发展促进上地地区高品质的城市建设，在上地地区形成“两新两高”的落地实践，把上地地区建设成为高品质城市的典范和标杆。

（王博）

【上地原联想园区提升改造示范项目获国际奖项】12月，北京上地原联想园区提升改造示范项目获2020年国际风景园林师联合会（IFLA）——经济效益荣誉奖。上地原联想地块街区提升改造项目位于上地信息产业基地内，西至创业路，东至上地东路，北至联想大厦，南至上地五街。项目对原联想大厦东、南、西三侧人行道，公共绿地等街景进行提升改造，于2019年5月10日开工，2019年6月18日竣工。通过实施联想提升改造项目，示范和引领整个区域的城市更新提升，实现有限空间的无限提升，实现人与城市的交融，打造属于上地的城市温度，在交通组织提升上取得一定成效，在服务园区的基础上实现环境提升，在规范公共标识、加强智慧管理等精细化管理方面进行有益尝试。自提升改造运营后，效果显著，区域和项目价值均得到有效提升。[风景园林师联合会（IFLA）于1948年在英国剑桥成立，是受联合国教科文组织指导的国际风景园林行业的最高组织，现有52个国家的风景园林学会会员。IFLA Asia-Pac LA奖旨在提高人们对风景园林设计这一职业的认知和认可度，它在塑造城市和环境走向更美好、更有弹性的未来方面发挥了关键作用。]

（王博）

【重塑信息路重要节点工程提升方案出台】2020 年，为深入推进“马上清（青）西”城市提升行动计划，提升地区环境品质和城市活力，打造样板道路，形成区域形象新名片，市级投资第三批公共试点项目重塑信息路重要节点工程的 U 型路和两公园空间环境改善规划提升方案出台。根据规划方案显示，U 型路要打造成温暖的街道空间，让 U 型街既是使用者的街道，也是城市的街道；并构建慢行网络，享受步行；补充休闲配套，完善功能；树立科技形象，展示文化。上地公园主要打造成科技与艺术结合的城市地标、智慧与生态结合的上地绿心。憩园主要打造成智慧与人文结合的生活公园、环保与科技结合的现代公园。

（王博）

中关村朝阳园西区

【概况】中关村朝阳园西区是中关村朝阳园的一部分，由北京中关村电子城建设有限公司开发建设。朝阳园西区位于朝阳区东北部，占地面积约3平方公里，东至京顺路，南至望京北路、望京东路，西至广顺北大街，北至京包铁路，是中关村科技园区发展新一代移动通信、计算机与网络、信息服务、生命科学等的重要基地，也是施耐德、默沙东、爱立信、安捷伦、诺基亚等世界500强企业总部及研发中心的聚集地。近年来，阿里、美团、完美世界等自主创新企业落户园区，形成国际研发与自主创新并行发展的新格局。

（王萌萌）

【园区企业捐赠防疫物资】1月，中关村朝阳园西区多家入园企业参与疫情防控工作。新奥集团股份有限公司1月23日捐赠1000万元及大量医疗物资支援抗疫；1月29日向湖北省咸宁市中心医院捐赠2326套一次性使用无菌手术包（内含具有防护作用的手术衣5000套），向湖北省黄冈市捐赠15万副医用手套；1月30日向湖北省武汉长江航运总医院捐赠10万副医用手套；1月31日通过河北省红十字会向湖北武汉等地抗疫一线医护人员捐赠1000万元。摩托罗拉系统（中国）有限公司与翰林汇信息产业股份有限公司、武汉市瑞胜科技有限公司合作，携手壹基金向武汉及周边20所医院捐赠2000台对讲机。康普通讯科技（中国）有限公司为武汉雷神山医院提供综合布线系统产品，以保障网络通畅；在武汉封城，全市城市公交、地铁、轮渡、长途客运等暂停运营的情况下，康普人仅用1天时间完成调货、配送等所有工作，将产品送达雷神山医院项目现场。爱立信（中国）通信有限公司于1月23日当晚配合武汉移动和武汉联通紧急开通4个基站；1月24日，爱立信武汉客户服务团队组织由18名工程和优化技术人员组成的2支通信工程突击队，参与武汉火神山医院的通信建设，仅用2天时间就同运营商携手完成建设任务，为武汉火神山医院提供通信服务。

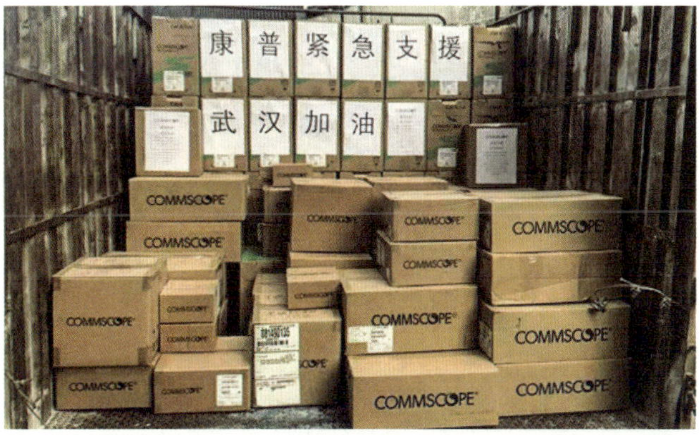

（王萌萌）

【中关村朝阳园西区E5研发中心三期项目竣工移交】7月1日，中关村电子城与完美世界股份有限公司举行中关村朝阳园西区E5研发中心三期项目竣工移交仪式，标志着该项目进入使用运营阶段。（中关村朝阳园西区E5研发中心三期项目于2016年12月30日开工建设。项目用地面积4.03万平方米，总建筑面积14.18万平方米，其中地上建筑面积9.24万平方米、地下建筑面积4.94万平方米。）

（王继兵）

【金科环境入驻中关村朝阳园西区】11月11日，金科环境股份有限公司入驻中关村朝阳园西区揭幕仪式在摩托罗拉大厦举行。金科环境作为专业从事水深度处理及污废水资源化的国家高新技术企业，依托自主研发的膜通用平台装备技术、膜系统应用技术、膜系统运营技术等三大核心技术，为用户提供水处理技术解决方案、运营服务以及资源化产品，致力通过资源化解决中国的水污染和水短缺问题，并取得了较好的市场地位。4 月，金科环境上市科创板 IPO。金科环境重视技术创新，自主研发的膜通用平台装备技术已获得多项国内外专利，可实现行业内多数厂家膜元件在通用平台装备中的通用互换以及单体装备大型化，降低了水厂的建设成本和运营成本。来自北控水务（中国）投资有限公司、清华大学、威立雅（中国）环境服务有限公司、北京碧水源科技股份有限公司、中国膜工业协会、中国水利企业协会脱盐分会、中国城镇供排水协会排水分会、E20 环境平台等水务环保企业（组织）的代表近 40 人参加揭幕仪式。

（金科环境的膜通用平台装备）

（王萌萌）

【B12 项目一期 2 号楼五方验收完成】 12 月，B12 项目一期 2 号研发楼通过五方验收，并取得“人防工程的竣工验收备案通知单”“建设工程档案验收意见书”等审批手续。（B12 项目一期 2 号研发楼位于中关村朝阳园西区 B12 地块内，于 2018 年 3 月开工建设，该项目东侧为来广营中街，南侧为容创路，西侧为 B12 一期 3 号研发楼，北侧为 B12 一期 1 号研发楼，用地面积 3 万平方米，总建筑面积 3.65 万平方米，其中地上建筑面积 2.50 万平方米、地下建筑面积 1.15 万平方米，项目主体为研发办公空间。）

（张勇）

【中关村朝阳园西区为中小微企业减免房租 1133.08 万元】 2020 年，中关村朝阳园西区完成 19 家中小微企业租金减免工作，减免房租 1133.08 万元。

（王萌萌）

中关村昌平园东区和西区

【概况】 中关村昌平园东区和西区是中关村昌平园的一部分，由北京兴昌高科技发展有限公司开发建设。昌平园东区东至滨河西路、振昌路，南至京密北路、凯创路，西至南丰东路、滨河东路，北至昌怀路，占地面积476.3万平方米，分6期开发建设；昌平园西区是中关村昌平园发展建设的起步区，东至龙水路，南至白浮泉路、京密引水渠，西至京藏高速，北至振兴路，规划占地面积435.9万平方米，分5期开发建设。2020年，持续推进昌平园东区开发建设，拓展自持物业，以3411万元购买昌平科技园星火街6号院5号厂房、6号楼等2幢房地产及其所占用的国有出让土地使用权。

（马佳斌、张建兰）

【兴昌高科竞得昌平园星火街新项目】 5月26日，兴昌高科以3411万元价格竞得中关村昌平园星火街6号5幢等2幢房地产及其所占用的国有出让土地使用权。该项目位于中关村昌平园西区范围内，占地面积6621.48平方米，土地性质为M1一类工业用地，土地使用权终止日期为2043年6月3日。地上建筑5号、6号房产总面积5935.8平方米，其中6号楼为3层，建筑面积5101.73平方米；5号房屋为单层，建筑面积834.07平方米。兴昌高科于7月10日取得不动产权证书。8月13日在昌平区人民法院主持下完成物业、安保交接并顺利入驻。

（张建兰、周婷婷）

【兴昌高科推进化庄棚户区改造】 7月，化庄棚户区改造项目取得市水务局关于本项目水土保持补偿费免缴手续的办理工作和市政道路雨污水工程初设成果。12月3日，昌平区政府审议通过腾退补偿方案及相关细则；12月27日，化庄社区棚户区改造和环境整治项目腾退工作启动；12月28日，召开化庄棚改腾退工作安保方案会。该项目安置房规划总用地面积3.51万平方米，建设规模9.67万平方米（地下3.7万平方米、地上5.97万平方米），房源659套。根据北京市工地复工要求，完成项目复工防疫改造验收。至2020年底，主体结构全部封顶，正在进行外墙、公共部分装修，室内装配式精装和电梯安装等工程。（昌平区城南街道化庄社区棚户区改造和环境整治项目位于中关村科技园区昌平园西区东南部区域。总占地面积36万平方米，其中涉及住宅158宗，总安置人口853人。）

（吴茜、姚锦阳）

【景文屯村滞留户自治助拆工作】 9月—10月，兴昌高科配合中关村昌平园东区范围内南邵镇景文屯村村委会拔钉专班及属地政府相关部门开展景文屯村滞留户自治助拆工作，对滞留户建立“一户一档”，并制订工作计划。截至2020年底，兴昌高科完成京密北路及东区四期联储项目范围内484户住宅（建

筑面积 11.88 万平方米）、108 处非住宅（建筑面积 34.80 万平方米）的拆除工作。

（吴茜、周婷婷）

【昌平园东区开发建设】2020 年，中关村昌平园东区建设完成南丰东路（景兴街—景荣街段）临时路，完成中关村昌平园东区交通信号灯移交工作；4 月 30 日、5 月 21 日完成与京密北路项目中景文屯东街 20 号、景文屯东街 18 号的拆迁补偿协议签订工作和回迁安置工作；10 月 13 日完成景文屯村滞留住宅 3 户、非住宅 1 处的签约和拆除工作。

（吴茜、姚锦阳）

【兴昌高科配合做好土地看护工作】2020 年，兴昌高科继续配合城南街道做好土地看护工作。累计清理土地近 6000 平方米并苫盖。同时对管辖范围内环境做好治理工作，配合城南街道对西区五期范围内 7 万平方米土地上的渣土进行清理并苫盖工作；完成民办园土地范围内绵山村 3.8 万平方米土地清理及苫盖工作。

（吴茜、周婷婷）

【兴昌高科为中小微企业减免房租 190 余万元】2020 年，兴昌高科对 44 家自持房产承租并符合条件的服务业小微企业和个体工商户 2 次减免 2、3、4 月份租赁费用，共计 192.87 万元。

（李华、周婷婷）

中关村丰台园东区二期、东区三期和西区Ⅰ

【概况】中关村丰台园东区二期、东区三期和西区Ⅰ由北京丰台科技园建设发展有限公司建设运营。东区二期构建以轨道交通、航空航天、智能制造为主要的产业结构布局。东区三期构建“两轴一带双中心”的空间格局，成为北京市首个《中心城城市设计导则编制办法（试行）》试点示范区。西区Ⅰ以低碳生态和功能混合为主要原则，成为中国第一个可实施的生态示范区。东区二期南至六圈路，东至丰科路，西至铁路保温车辆段，开发面积165万平方米，建筑规模为230万平方米。东区三期南至六圈路，北至南四环路，东至张新路，西至丰科路，总用地面积181万平方米，规划建筑规模为475万平方米。西区Ⅰ用地范围南至小喇叭河、园博园一路，北至京周公路新线，东至梅市口路，西至长辛店北一路。规划用地面积约167万平方米，规划总建筑面积209万平方米。2020年，园区重点项目全面落实，开发建设有序推进。

（刘伟）

【泽信公馆项目获詹天佑金奖】11月，由丰科建下属企业北京丰南嘉业房地产开发有限公司开发建设的泽信公馆项目获中国土木工程詹天佑奖优秀住宅小区金奖。（泽信公馆项目于2015年7月25日和2016年1月25日分两期开工建设，共建有商品房378套和公租房130套。该项目在建设中投入大量资金用于工程规划设计与新材料新技术应用，采取了包括外挂陶土板和插入式楼梯模板施工等创新工法，获得LEED绿色建筑项目认证。）

（刘伟）

【西区Ⅰ土地一级开发建设取得进展】2020年，中关村丰台园西区Ⅰ A、B地块经丰台区政府同意，将征地补偿标准调整为每亩40万，完成安置补助费的测算、《征地补偿安置协议》签订、补偿款支付与公示；完成社会稳定风险评估工作，并取得丰台区政法委复函；完成土地权属审查和勘测定界工作，取得首钢集团、卢沟桥村等相关各方的确权文件。征得市园林局同意，制定A、B地块内一道绿隔还补和树木伐移方案，并将还补期延长至5年；完成B地块考古勘探，取得考古上市函及工作报告。在成本核算方面，按丰台区政府常务会审议要求，完成成本审计报告初稿。

（刘伟）

【西区Ⅰ规划设计完成初步方案】2020年，中关村丰台园推进西区Ⅰ规划设计工作。在市政工程方面，根据已有控规批复稳定指标，编制完成道路、供水、再生水、污水、雨水、电信等基础设施的初步方案，开展地形图勘测和管线探测。在生态城建设方面，向丰台区政府专题会议汇报了西区Ⅰ生态城及大市政规划建设工作情况，基本确定了生态城落地方案。马草河故道跨河桥项目已列入丰台区发展改革委2021年政府投资计划，并取得丰台区规自分局“多规合一”的意见函。

（刘伟）

光谷科技园

【概况】光谷科技园（光机电一体化产业基地）定位于发展高新技术产业研发和高端制造业，逐步形成三大产业格局：以李宁、天宇朗通为代表的总部型企业集聚区，以岱摩斯、比亚迪模具等为代表的现代制造业集聚区，以北京经开国际企业大道 III、枢密院、北京总部等园中园项目为代表的园中园企业集聚区。园区由北京光谷科技园开发建设有限公司建设运营，位于北京市东部发展带台湖镇中关村通州园，环渤海经济发展圈的核心位置，紧邻通州新城核心区，与北京经济技术开发区一路之隔，占地面积 7.9 平方千米。2020 年，104、109 地块项目转让工作，北神树村拆迁扫尾，北神树一期安置房产权证办理及二期安置房竣工验收工作等取得新进展。

（张环宇）

【华科泰生物研发出新型冠状病毒抗原检测试剂盒】2 月 8 日，光谷科技园入驻企业北京华科泰生物技术股份有限公司与天津大学生命科学学院等单位联合研发出 2019-nCoV 新型冠状病毒抗原荧光免疫层析快速检测试剂盒。试剂盒可在 15 分钟内检测出是否为新型冠状病毒，能极大缩短检测时间；同时试剂盒具有高灵敏度，病毒蛋白检测达到 pg 级，为病毒感染的早期筛查提供简便灵敏的手段。实验结果显示，新型试剂盒检测限、灵敏度、线性系数等性能指标均满足对病毒抗原检测的有效性要求。（华科泰生物成立于 2007 年 1 月，2016 年入驻光谷科技园，是一家专注于定量免疫检测的高新技术企业，专业从事体外诊断试剂及仪器的研发、生产和销售。）

（王志影）

【丹大生物研制成功快速检测 2019 新型冠状病毒 IgM/IgG 试剂盒】2 月 9 日，光谷科技园入驻企业北京丹大生物技术有限公司与解放军总医院联合研制出快速检测 2019 新型冠状病毒 IgM/IgG 试剂盒。试剂盒具有即时检测、检测样本覆盖面广、试剂常温保存和运输、操作简单、精确定量，有助于感染者的病情监测及预后判断等特点，适用于疑似人群及高危人群的筛查及流行病学调查，为新冠肺炎疫情防控工作提供支撑。（丹大生物成立于 2013 年 7 月，同年入驻光谷科技园，是一家国家高新技术企业和中关村高新技术企业、北京市“专精特新”中小企业、北京市“金种子”企业，拥有员工百余人，其中研发人员占 50% 以上。）

（王志影）

【中丽制机首台医用防护服压条机机电联调试车成功】2 月 23 日，光谷科技园入驻企业北京中丽制机工程技术有限公司实现医用防护服压条机机电联调试车一次成功。2 月 24 日，公司开始首批 60 台套量产工作，交付国家有关部门统一调配，驰援抗击疫情防护物资生产前线。（中丽制机原名北京化纤机械厂，于 2005 年入驻光谷科技园。中丽制机是国家级高新技术企业、化纤机械制造和工程技术服务的龙头企业，中国化纤装备行业的主要研发和生产基地。）

（中丽制机生产车间）

（王志影）

【中丽制机获中关村示范区资金支持】6 月 22 日，

中关村管委会发布《关于对2019年中关村首台(套)、首购产品示范应用项目资金支持单位进行公示的通知》，决定给予45家企业的45个中关村首台（套）、首购产品示范应用项目资金支持。光谷科技园入驻企业北京中丽制机工程技术有限公司获中关村示范区提升创新能力、优化创新环境支持资金支持。

（王志影）

【奥达公司提供生产口罩的基础原料】2020年，光谷科技园入驻企业中国石化催化剂有限公司北京奥达分公司成立由公司党政主要负责人任组长的疫情防控领导小组，组织制订生产计划，分派人员24小时驻厂值守，280名员工倒班作业，24小时不间断生产作为基础防疫原料的聚丙烯催化剂，生产约460亿只口罩或11.5亿套防护服的基础原料。（奥达公司成立于1993年4月，2001年入驻光谷科技园，是国内品种和牌号最全、产量最大的聚烯烃催化剂生产商和服务商，产品广泛应用于抗击疫情急需的医用口罩、防护服、创口贴等医疗卫生产品。）

（王志影）

【光谷科技园推进104、109地块项目转让工作】2020年，光谷科技园推进104、109地块项目转让工作。104、109地块项目总建设用地面积9.68万平方米。104地块主体结构、防水、回填土施工已完成；109地块已完成正负零、地下部分防水、回填土施工。转让方案已通过集团审批及备案工作。

（张环宇）

【光谷科技园推进北神树二期安置房竣工验收工作】2020年，光谷科技园组织通州区建委质监站对北神树二期安置房进行两次消防预验收，并按照通州区建委提出的消防验收整改意见进行整改；到通州区城建档案馆进行档案预验收，取得《北京市规划和自然资源委员会通州分局建设工程档案验收意见书》。

（张环宇）

【光谷科技园2条道路复工】2020年，光谷科技园兴光四街（嘉创二路至支路二，全长约627米）和支路二（兴光一街至兴光五街，全长约890米）开展复工建设。兴光四街完成道路内的雨水管线、污水管线、给水管线、中水管线、电力管线铺设，道路路面摊铺，人行步道铺装，交通划线及路灯的安装调试工作；支路二北段（兴光一街至兴光二街，全长约180米）完成道路内的给水管线、中水管线、电力管线铺设，道路路面摊铺，东侧人行步道铺装，交通划线及路灯安装调试工作。

（张环宇）

【光谷科技园推进通马路征拆工作】2020年，光谷科技园协助配合北京经济技术开发区开展通马路（嘉创路—潞西路）征拆工作，已完成一级开发实施方案的编制及可行性研究报告的编制工作，经开区土储中心已将立项申请上报至北京经济技术开发区管委会、北京经济技术开发区经济发展局，待审批完成即可开展拆迁、征地工作。

（张环宇）

【光谷科技园为中小微企业减免房租27.62万元】2020年，光谷科技园为华驰动能（北京）科技有限公司、普能微电子科技有限公司、宏诚创新科技有限公司等3家中小微企业累计减免租金27.62万元，为企业纾困解难。

（王海燕）

金桥科技产业基地

【概况】金桥科技产业基地（北京国家环保产业园区）由北京金桥科技产业基地开发有限公司建设运营，位于通州区马驹桥镇，占地面积 1306 万平方米。一期规划面积 7 平方千米，北至景盛北三街，西至环景西二路，南至景盛南四街，东至环宇东四路；二期规划面积 606 万平方米，北至景盛南四街，南至规划路，东至环宇东四路，西至规划环景西二路。2020 年，金桥科技产业基地总产值 137 亿元，收入过亿元企业 23 家，企业总利润 6 亿元，纳税总额 9.5 亿元。金桥科技产业基地依托联东 U 谷新增引入符合入驻要求的企业 26 家。

（位于金桥科技产业基地的联东 U 谷）

（宋爱建）

【金桥科技产业基地支持企业复工复产】2020 年，金桥科技产业基地结合疫情常态化防控，向企业宣传市、区金融、减税等各项帮扶政策并协助符合条件的企业申报，协助萌蒂（中国）制药有限公司、北京信邦同安新能源科技股份有限公司等 200 余家企业解决用工、防疫物资、房租减免等需求问题。对接防疫物资重点供应企业中驭（北京）生物技术有限公司，协助其办理生产资质、环评手续和电力增容等手续，并帮助解决原材料、劳动力和员工住宿等难题，全力保障企业恢复生产，保障口罩生产供应。

（宋爱建）

【金桥科技产业基地各类工程项目加快实施】2020 年，金桥科技产业基地完成柴务村安置楼二期项目人防验收和配套幼儿园规划验收，取得二次供水设施卫生许可证，开始办理规划、消防、竣工备案验收及电力报装等手续；完成郭村安置楼项目竣工结算，开始办理地库人防工程复验手续；完成部分供水管网升级改造，供水主管道增设阀门，实现供水管道分区分片分段控制；完成金桥科技产业基地范围内约 3000 米步道修缮。

（宋爱建）

【金桥科技产业基地推动区域协同发展】2020 年，根据北京市政府关于亦庄新城 225 平方千米范围由北京经济技术开发区统一规划和开发建设的文件精神，金桥科技产业基地整体纳入亦庄新城规划范围。为加快推进区域协同发展工作，金桥科技产业基地落实马驹桥镇和亦庄经济技术开发区的工作对接机制，与亦庄开发区各部门开展沟通对接，建立了统筹协调和日常对接的长效对接机制。一方面，按照马驹桥镇与亦庄开发区地区协同事务局建立的“每月调度、每周会商、两日沟通、按需联系”的四级联系机制开展对接，由其统筹协调，金桥科技产业基地全力配合，确保各项重点工作顺利推进；另一方面，在具体工作的日常推进过程中，直接与开发建设局、行政审批局、营商合作局、财政审计局等职能部门进行沟通对接，提升办事效率。

（宋爱建）

【金桥科技产业基地推动 7 家企业落地】2020 年，北京凯芯新材料科技有限公司、北京江丰电子材料有限公司、北京九州恒盛电力科技有限公司、北京亦庄京广科技创新有限公司、智通物联网通过亦庄经济技术开发区审核项目拟落地金桥科技产业基地，凯德石英、江丰电子项目于 12 月 8 日通过“招拍挂”取得意向土地，九州恒盛意向地块于 12 月 30 日挂牌，其他项目意向地块一级开发手续均按要求推进。

（宋爱建）

区域协同创新

中关村发展集团年鉴

YEARBOOK OF ZHONGGUANCUN DEVELOPMENT GROUP

2021

综 述

2020 年，集团以京津冀协同创新为重点，精选合作城市、整合创新资源、搭建合作平台，推动一批重大项目落地。截至 2020 年底，区域协同创新合作城市及区域 30 余个，协同创新平台 35 个。

推进京津冀协同发展重点项目。推进天津滨海—中关村科技园、宝坻京津中关村科技城、雄安新区中关村科技园等京津冀协同发展重点项目。天津滨海—中关村协同创新示范基地签约企业 419 家；京津中关村科技城引入南开中学，注册企业达 283 家；配合中关村管委会编制雄安新区中关村科技园发展规划，石家庄中关村 · 鹿泉协同发展中心开业。

以北京为中心、国内合作城市为节点的创新网络体系正在形成。中关村信息谷已成立运营 27 个子公司（包含 2 个合资公司），轻资产服务城市超过 30 个（项目覆盖保定、徐州、南宁、天津、银川、长春、滁州、新泰、沈阳、苏州、南阳、青岛、广州、莱芜、成都、济南、湖州、潍坊、三明等）；中关村协同发展 Z-LINK⁺ 产业组织模式初步实现商业化落地。

协同创新资本效能持续发挥。探索区域资本合作新模式，新增管理廊坊蓝天基金、生命科学园产业发展基金 2 支基金，累计出资 12 支子基金，总规模 40.93 亿元，实现超 4 倍资金放大。

（陈常雷）

协同创新平台

【概况】集团区域合作业务开展以来，服务国家战略发展、助力北京国际科技创新中心建设，发挥遍布全国的协同创新网络功能，发现、筛选和服务优质项目落地。2020 年，中关村信息谷累计在全国服务超过 30 个城市及区域，托管运营载体面积超过 131 万平方米，合作土地面积 60 平方千米；服务创新型企业超过 1.2 万家，落地 3400 余家。以北京为中心、国内合作城市为节点的创新网络体系正在组建。年内，拓展了广州、苏州、三明等落地项目，赤峰、大连、重庆等筹备项目。

中关村协同发展新增运营 Z–LINK⁺ 中关村协同创新中心，实现 5 个区域会员入驻，3 家会员企业签约服务。

（何玉斌、滕琦诺）

表 13　2020 年中关村协同创新平台一览表

序号	名称	运营方
1	京津中关村科技城	天津京津中关村科技城发展有限公司
2	中关村协同创新智汇园	合肥中关村协同产业发展有限公司
3	中关村·鹿泉协同发展中心	石家庄中关村协同发展有限公司
4	Z–LINK⁺ 中关村协同创新中心	中关村协同发展投资有限公司
5	保定·中关村创新中心	保定中关村信息谷科技服务有限责任公司
6	徐州·中关村创新中心	徐州信息谷资产管理有限责任公司
7	南宁·中关村创新示范基地	南宁中关村信息谷科技服务有限责任公司
8	天津滨海—中关村科技园	天津中关村科技园运营服务有限公司
9	济南·中关村信息谷创新中心	济南中关村领创空间科技服务有限责任公司
10	银川·中关村创新中心	银川中关村信息谷科技服务有限责任公司
11	南宁·中关村科技园	南宁中关村信息谷中交科技发展有限责任公司
12	沈阳·中关村信息谷创新中心	沈阳领创空间科技服务有限公司
13	湖州·中关村信息谷创新中心	湖州领创科技服务有限责任公司
14	新泰·中关村信息谷创新示范基地	新泰中关村信息谷科技服务有限责任公司
15	长春·中关村创新中心	长春中关村信息谷科技服务有限责任公司
16	天津滨海—中关村协同创新示范基地	天津中关村信息谷科技服务有限公司
17	怀柔科学城创新中心	雨林生态（北京）科技服务有限责任公司
18	滁州·中关村发展协同创新中心	滁州中关村信息谷科技服务有限责任公司
19	潍坊·中关村信息谷创新中心	潍坊中关村信息谷科技服务有限责任公司

（续表）

序号	名称	运营方
20	青岛·中关村信息谷创新中心	青岛中关村信息谷科技服务有限责任公司
21	沈阳·中关村智能制造创新中心	沈阳中关村信息谷科技服务有限责任公司
22	南阳·中关村信息谷创新中心	南阳中关村信息谷科技服务有限责任公司
23	广州·中关村信息谷创新中心	广州中关村信息谷科技服务有限责任公司
24	苏州·中关村信息谷创新中心	苏州中关村信息谷科技服务有限责任公司
25	成都·中关村信息谷创新中心	中关村信息谷（成都）科技服务有限责任公司
26	中关村（通州）城市科技前沿技术创新中心	中关村前沿科技与产业服务联盟
		北京光谷科技园开发建设有限公司
27	保定·中关村创新产业园	保定中关村园区开发有限公司
28	保定·中关村创新基地	保定中关村信息谷科技服务有限责任公司
29	银川中关村创新创业科技园产业基地	银川中关村信息谷科技服务有限责任公司
30	三明·中关村科技园	三明中关村科技园运营服务有限责任公司
31	雄安—中关村科技园（筹备）	—
32	顺义·中关村信息谷创新中心（筹备）	—
33	大连·中关村信息谷创新中心（筹备）	—
34	重庆·中关村信息谷协同创新中心（筹备）	—
35	赤峰·中关村信息谷科技创新基地（筹备）	—

京津中关村科技城

【概况】京津中关村科技城成立于 2016 年，位于天津市宝坻区，由天津京津中关村科技城发展有限公司运营管理。园区规划面积 1450 万平方米，东至电子商务与现代物流产业基地西边界，西至朝霞路，南至北环路，北至京哈高速公路防护绿带南边界。科技城计划分 4 期开发建设，定位于打造中关村全球创新要素汇集地、京津冀协同发展微中心、京东高质量产城融合示范区。2020 年，京津中关村科技城被列入天津市 2020 年度重点工作，并获天津市政府批复设立。截至 2020 年底，京津中关村科技城注册办公企业 312 家；累计培育“专精特新”企业 2 家，规模以上企业 2 家；入驻企业营业收入突破 50 亿元；入驻企业知识产权数量 103 件；共孵化 3 家企业和团队；8 家企业获得国家高新技术企业认定。

（京津中关村科技城鸟瞰）

（李颖）

【京津中关村科技城被纳入天津市 2020 年重点工作】2 月 19 日，《天津市人民政府关于切实做好 2020 年市政府重点工作的通知》发布。天津市政府第 92 次常务会议确定了 2020 年市政府重点工作，将《政府工作报告》部署的工作任务分解为 148 项。其中，第 6 条提出，深入实施京津冀协同发展重大国家战略：加快“微中心”等承接载体布局建设，持续推进国家自主创新示范区建设，支持滨海—中关村科技园创新发展，提升宝坻京津中关村科技城、武清京津产业新城、北辰国家级产城融合示范区、天津健康产业园、宁河京津合作示范区项目聚集能力，推进西站地区开发建设。

（京津中关村科技城外景）

（李颖）

【京津中关村科技城新政细则发布】3 月 23 日，京津中关村科技城新政细则发布暨宝坻区重大项目线上签约仪式举行，通过“屏对屏”“线连线”的方式开展项目签约。仪式上，《关于天津市支持重点平台服务京津冀协同发展的政策措施（试行）》发布，该措施将在天津滨海—中关村科技园和宝坻京津中关村科技城试点实施，对符合天津产业发展定位的北京转移来津项目在优化子女教育保障、便利医疗医保服务等方面予以全力支持。京津中关村科技城管委会负责人向与会人员介绍了京津中关村科技城整体规划和产业组织情况，并进一步解读天津市宝坻区《关于天津市支持重点平台服务京津冀协同发展的政策措施（试行）》的实施细则。实施细则在全面落实措施的基础上，结合宝坻区及京津中关村科技城实际，对相关要求作出了细化调整。全文共 9 章，对办理各项事务的内容和范围、程序和方式、组织实施等作出明确规定，提供了操作性很强的细致条款。随后，重点项目集中签约仪式举行。北京

光环新网科技股份有限公司等 10 家公司签约落地京津中关村科技城。

（李颖）

【5G 智能网联创新智慧城建设启动】 4 月 10 日，京津中关村科技城 5G 智能网联创新智慧城建设方案汇报研讨会举行。根据规划，京津中关村科技城将联合中国移动、中国联通、中国电信三大运营商和中国铁塔公司及其他智能网联生态合作伙伴，加快推进 5G 通信基础设施和车联网车路协同示范应用场景，以智能网联车路协同应用场景带动“5G + 新基建”，以 5G 新基建赋能科技城带来关联产业集聚，进而形成乘数效应促进 5G 智能网联创新智慧城的建设。5G 智能网联创新智慧城主要建设内容分为智慧大脑工程、传统基础设施数字化和智能化改造、车路协同应用场景、5G 智能网联创新产业载体和大数据、云计算新型基础设施建设等五大板块。为加快京津中关村科技城 5G 智能网联创新智慧城建设，会议特成立智能网联汽车车路协同联合工作组，宝坻区委、区政府主要负责人担任工作组组长，工作组办公室设在京津中关村科技城管委会，工作组将协同业界各方全力推进 5G 智能网联创新智慧城建设，为宝坻区城市能级提升和产业转型升级注入新动力。天津市宝坻区发展改革委、合作交流办、工业和信息化局、财政局、公安局、交通局，中国移动，中国联通，中国电信，国家电网，中国铁塔等单位负责人，以及京津中关村科技城相关人员参加会议。

（杨旭）

【南开中学落户京津中关村科技城】 5 月 7 日，宝坻区政府与天津市教委、宝坻区教育局与和平区教育局分别签署教育合作框架协议，宝坻区教育局与天津市南开中学、天津市实验小学分别签署合作协议，开展教育合作共建办学，一批名校优质资源将落户宝坻，天津市南开中学也将在京津中关村科技城区域内开展合作办学。教育合作框架协议签署后，京津中关村科技城将围绕南开中学的落户，高标准建设、打造科技城教育板块，使南开中学成为助力科技城引进首都资源、引进优质人才的重要平台。作为国家级重点中学，南开中学将依托并助推京津中关村科技城教育板块打造，充分发挥南开中学优质教育资源开展示范合作办学。

（李颖）

【“云游宝坻”之中关村 · 新地址直播活动举行】 8 月 9 日，由央视网、中国人与生物圈国家委员会、天津市政府新闻办公室联合主办的“云游美丽中国”之宝坻京津中关村科技城大型线上直播活动举行。云主播带网友一同走进宝坻京津中关村科技城。在“云游宝坻”的第一站——中关村协同发展中心，展示了京津中关村科技城的发展面貌，介绍了科技城的战略地位、发展优势与规划布局。在“云游宝坻”的第二站——北京市计量检测科学研究院，介绍了卫星导航在交通、农业、测绘、渔业、救灾等多行业应用产品的计量测试校准研究，尤其是在网约车和共享单车计量校准方面的研究成果。在“云游宝坻”的最后一站——北大科技园，在云端为网友带来了创业分享。直播活动在央视网、津云、斗鱼同步进行直播，累计直播观看量 310 余万人次。

（李颖）

【5G 智能网联创新智慧城建设方案发布】 8 月 15 日，由天津市宝坻区政府主办，天津市宝坻区发展改革

委、天津市宝坻区工业和信息化局、京津中关村科技城共同承办的2020中国智能网联产业发展论坛暨京津中关村科技城5G智能网联创新智慧城研讨会在天津市宝坻区举办。论坛主题为“以智能网联汽车落地应用场景建设为主线，带动京津中关村科技城关联产业积聚”。活动现场，京津中关村科技城发布了5G智能网联创新智慧城建设方案。创新智慧城将以“最智慧的路、欢迎最聪明的车”为启航，布局一张全域覆盖的5G新一代通信基础设施网络，搭建智能驾驶园区应用示范平台和城市开放道路车联网（C–V2X）应用示范场景，建成集智能网联汽车产业公共服务、智能网联示范推广实训、中关村5G智能网联创新园于一体的创新共享平台。论坛上，京津中关村科技城与中国信息通信研究院、大唐高鸿数据网络技术股份有限公司、北京百度网讯科技有限公司、北京四维图新科技股份有限公司、北京智行者科技有限公司5家重点企业围绕智慧城市、智能网联汽车签订战略合作协议，就智能网联车路协同规划及相关场景建设开展合作。来自政府部门、智能网联汽车行业领军智库、权威机构、相关企业等百余人参加论坛。

（杨旭）

【京津中关村科技城入驻项目联合开工仪式举行】 9月25日，京津中关村科技城入驻项目联合开工仪式暨宝坻区产业项目集中签约仪式举行。此次集中开工、签约的企业共20家，累计投资额达38.39亿元，涵盖新能源新材料、智能制造、生物医药与健康等多个领域。本次活动中，京津中关村科技城内天津瑞科自动化技术有限公司、兴达奇智联（天津）机电技术有限公司等6家企业参加开工仪式，北京市计量检测科学研究院、美城行动股份有限公司等8家企业与京津中关村科技城进行集中签约。天津市宝坻区委、区政府及相关部门代表和企业代表200余人参加活动。

（王佳）

【天津中关村高端医疗产业园项目落地】 10月29日，天津中关村医疗器械园竞得天津市宝坻区京津中关村科技城内津宝（挂）G2019–043、津宝（挂）G2020–013两个地块，标志着天津中关村高端医疗产业园项目落地。本次竞得的7.78万平方米地块将用于建设天津中关村高端医疗产业园一期项目，共由9栋楼组成。天津中关村高端医疗产业园是中关村在医疗健康领域打造产业服务生态、进行京津冀区域布局的一项重要举措，更是中关村实现京津产业园区联动、区域互补协同的节点性战略行动。（2017年，中关村医疗器械园与中关村科技城公司签署合作协议，双方将共建天津中关村高端医疗产业园项目，共同推动京津两地高端医疗器械领域的协作与发展。）

（王佳）

【京津中关村科技城获天津市政府批复设立】 11月

27 日，《天津市人民政府关于同意设立京津中关村科技城的批复》发布。整体开发建设周期 15 年，整体运营周期 30 年。在整体运营周期内，预计投资额约 1100 亿元，创造税收约 1600 亿元，吸引常住人口 8 万人，提供就业岗位约 12 万个，聚集大量高端产业及高精尖人才。京津中关村科技城实质性起步区依托于天宝工业园，本次天津市政府单独批复设立京津中关村科技城，是对京津中关村科技城过往发展的重要肯定与激励。（2013 年 11 月，中关村管委会、中关村发展集团与宝坻区政府签署《战略合作框架协议书》，共建京津中关村科技城。2016 年 12 月，科技城建设运营主体中关村科技城公司成立，由中关村协同发展投资公司和宝坻区共同出资组建。2017 年，科技城进入实质性建设。2018 年、2019 年、2020 年连续三年被纳入天津市政府重点工作。）

（李颖）

【京津中关村孵化器被认定为天津市科技企业孵化器】 12 月 21 日，京津中关村孵化器被认定为智能装备制造类市级专业孵化器。京津中关村孵化器运营办公场地为中关村协同发展中心，占地面积 1.4 万平方米，可满足中小型企业对于空间独立性和私密性的使用需求。孵化器专职运营人员 11 人，创业导师团队 5 人，形成集产业运营人员、财务人员、银行从业人员、园区运营人员、产业招商人员于一体的管理团队。（中关村协同发展中心作为科技城产业生态搭建及外部运营的综合服务基地，在 Z—LINK^{+} 科技金融、人力资源、知识产权、中关村品牌活动、创业孵化等 5 个方向进行实践，构建孵化基础服务加速成长。通过全方位服务入孵企业，打造具有中关村特色的高品质、高效率孵化平台。）

（郭文芳）

中关村协同创新智汇园

【概况】 中关村协同创新智汇园成立于 2018 年 11 月，位于安徽省合肥市包河区，由合肥中关村协同产业发展有限公司（简称合肥中关村协同发展）运营管理。园区一期占地面积约 9.13 万平方米，总建筑面积约 22 万平方米，建成独立办公楼 15 栋、综合配套服务楼 2 栋、包河区规划招商展示馆及会议服务中心 1 栋，形成“一心、两轴、四组团”，是包河区构建“都市、科技、生态”创新产业社区的示范样板。园区发挥中关村在“大智造、大信息”上的引领地位，结合包河区现有产业优势，重点谋划打造智能·网联产业集群，开创中关村的“合肥模式”。2020 年，中关村协同创新智汇园新增入驻企业 27 家，产业链覆盖环境感知、决策控制、车载计算平台、车联网 –V2X、高精度地图及信息安全等多个领域。截至 2020 年底，中关村协同创新智汇园累计入驻科技企业 60 余家，其中国家高新技术企业 15 家、规模以上企业 4 家、合肥市重点产业链入库企业 18 家、独角兽企业 1 家、院士工作站 2 家、科技型中小企业 17 家、大数据企业 4 家。

（中关村协同创新智汇园外景）

（石红）

【集黎电气入驻中关村协同创新智汇园】 2 月 20 日，安徽集黎电气技术有限公司和合肥中关村协同发展线上签署协议，集黎电气入驻中关村协同创新智汇园。（集黎电气是国家高新技术企业，致力于服务电气行业，为各种工业、商业、民用及市政等场所提供优质的高低压电气保护类产品。2020 年 10 月，集黎电气“池州学院配电系统电压质量提升工程”项目入选国家节能中心重点节能技术典型应用案例。）

（石红）

【合肥市智能网联汽车创新中心揭牌】 7 月 21 日，为推进合肥市智能网联汽车产业高质量发展，加快合肥市国家级车联网先导区建设，合肥市智能网联汽车创新中心揭牌。创新中心由合肥中关村协同发展、工业和信息化部电子第五研究所、合肥工业大学汽车工程技术研究院、合肥市包河城市建设投资有限公司联合发起组建，是合肥市经济和信息化局授权的市级智能网联汽车开放道路测试第三方管理机构，也是支撑安徽省、合肥市智能网联汽车政策法规制定、示范区先导区顶层设计的重要机构。

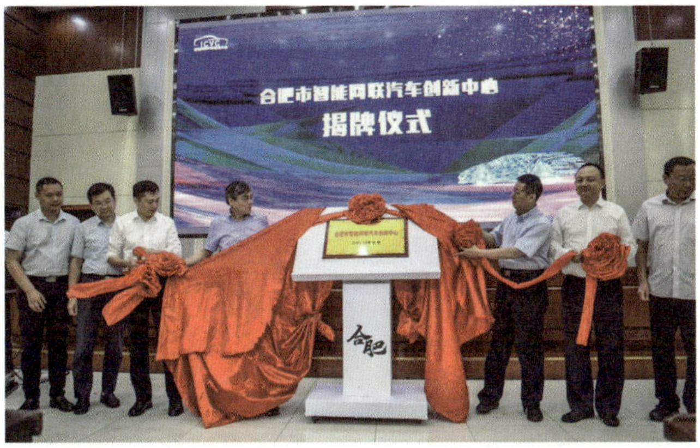

（石红）

【中关村协同创新智汇园入驻北京 Z–LINK⁺ 离岸创新中心】 8 月 7 日，中关村协同创新智汇园入驻北京 Z–LINK⁺ 离岸创新中心（后更名为 Z–LINK⁺ 中关村协同创新中心）。双方就产业顶层策划、产业资源链接、产业数据分析等方面展开合作，为中关村协同创新智汇园“类中关村”生态系统建设提供新动能。

（石红）

【星云互联入驻中关村协同创新智汇园】 8 月 11 日，安徽星云互联科技有限责任公司入驻中关村协同创新智汇园。（星云互联是一家集研发、制造、销售 V2X 产品、新一代智能交通系统、智能网联汽车技术和服务于一体的创新型高科技企业。）

（万鹏）

【域驰智能入驻中关村协同创新智汇园】 8 月 18 日，安徽域驰智能科技有限公司入驻中关村协同创新智汇园。（域驰智能由宏景智驾与江淮汽车合资设立，是智能汽车域控制器研发生产项目的运营主体。）

（万鹏）

【楚航科技入驻中关村协同创新智汇园】 9 月 19 日，合肥楚航科技发展有限公司入驻中关村协同创新智汇园。（楚航科技是一家基于毫米波雷达的高级辅助驾驶系统 ADAS 和自动驾驶系统领域的高科技创新型企业，其研发的主要产品为 77GHz 车载毫米波雷达。）

（万鹏）

【合肥中关村协同发展赴芜湖机器人产业集群调研】 9 月 22 日，合肥中关村协同发展携产业合作伙伴一行赴芜湖机器人产业集群调研，北科天绘（合肥）激光技术有限公司、安徽蓝柏教育科技有限公司、仓擎智能科技（上海）有限公司等多家企业及机构参与本次调研。双方就细分领域的项目合作达成初步共识，为未来区域产业协同发展打下良好基础。

（石红）

【合肥中关村协同发展与合肥学院签订战略合作协议】 9 月 29 日，合肥中关村协同发展与合肥学院签订战略合作协议，双方将就物流实验室、课题申报与研发、合肥都市圈产业联盟、实习基地等进行深入合作，切实落地校企合作。

（万鹏）

【合肥中关村协同发展加入合肥市大数据产业创新战略联盟】 10 月 16 日，合肥中关村协同发展受邀加入合肥市大数据产业创新战略联盟，成为理事长单位之一。（2017 年 6 月 9 日，由中科院合肥技术创新工程院作为主要发起单位发起成立合肥市大数据产业创新战略联盟。该联盟致力于建立政府和企业之间的桥梁与纽带，打造产、学、研、用高度融合的大数据产业链，开展大数据产业发展战略性研究，促进合肥市大数据产品研发、服务、应用等领域的沟通、合作和交流，实现合肥市大数据产业的健康有序发展。）

合肥市大数据产业创新战略联盟
BigData industry innovation strategic alliance of Hefei
会员证书
合肥中关村协同产业发展有限公司：
根据本联盟章程有关规定，核准你单位为本联盟理事长单位。
合肥市大数据产业创新战略联盟

（洪豆）

【合肥中关村协同发展获点津奖】11 月 13 日，2020 世界智能网联汽车大会暨第八届中国国际新能源和智能网联汽车展览会在北京中国国际展览中心闭幕，合肥中关村协同发展获本次大会“优秀智能汽车产业服务机构——点津奖”。本次获奖也是公司连续第二年获“优秀智能汽车产业服务机构”奖。

（万鹏）

【新侨驿站揭牌】11 月 16 日，安徽省首个园区新侨驿站——中关村协同创新智汇园新侨驿站揭牌。新侨驿站作为连接侨资企业和侨界群众的桥梁和纽带，发挥园区侨界代表智力密集、联系广泛等优势，积极参与经济建设和产业发展。截至 2020 年底，园区智能网联企业共 43 家，其中有侨资背景的企业 9 家，管理层和骨干核心人员中侨领侨胞超过 23 人。

（万鹏）

【3 家入园企业上榜中国智能网联创新企业 TOP 100】12 月 17 日，高工智能汽车产业研究院（GGAI）对外发布“2020 年度中国智能网联创新企业 TOP 100 榜单”，中关村协同创新智汇园入驻企业北京星云互联科技有限公司、南京楚航科技有限公司、杭州宏景智驾科技有限公司 3 家企业入围。

（万鹏）

【“Z 智库”落地】12 月 18 日，中关村协同创新智汇园品牌日共享沙龙暨 Z 计划智库签约仪式举行，并发布《合肥中关村 2020—2021 年度品牌白皮书》。同时，合肥中关村协同发展品牌“Z 智库”落地。Z 智库的成立，将为合肥智能网联汽车产业建设与园区企业品牌传播提供智囊服务，助力中关村“合肥模式”跃上新能级。

（石红）

中关村 · 鹿泉协同发展中心

【概况】中关村 · 鹿泉协同发展中心成立于 2020 年 9 月，位于河北省石家庄鹿泉区上庄镇科瀛智创谷。中心运营面积 7118.39 平方米，由石家庄中关村协同发展有限公司（简称石家庄公司）运营。中心围绕鹿泉区“1+3”主导产业，重点引入电子信息、数字安全与应急、智能制造和科技服务类企业，提供商务办公、创新创业、科技孵化、展览展示、科技金融、技术转化、产业加速等多功能服务，并重点打造科技金融服务平台、集成电路产业服务平台、新工业化服务平台三大“一站式”特色服务平台。2020 年，中关村·鹿泉协同发展中心引入中电科安全科技河北有限公司、河北从兴科技有限公司、河北庄联科技有限公司、河北中盾应急救援有限公司、河北科盛汽车科技有限公司等 11 家企业入驻，前沿基金、启航基金、中关村协同创新基金、中关村科技担保、中关村科技租赁、北京 IP 等十几家机构在此建立了工作服务站。

（中关村·鹿泉协同发展中心外景）

（汤跃昌、曹伟）

【华维国创落地鹿泉军鼎产业园】 6 月 12 日，石家庄公司主导推进北京华维国创电子科技有限公司落地鹿泉军鼎产业园。（华维国创为国家高新技术企业、双软认证企业，主营 SMT 全自动生产线研发、生产、销售。该企业符合鹿泉电子信息主导产业方向。）

（汤跃昌、曹伟）

【创泽机器人选址鹿泉冀商硅谷产业园】 8 月 21 日，由石家庄市政府主办、石家庄市投促局承办的石家庄战略性新兴产业重点合作项目签约仪式在石家庄举行，共有 16 个重大项目签约，计划总投资 172.2 亿元。其中，由石家庄公司主导引入的山东创泽智能机器人集团股份有限公司与石家庄市鹿泉区政府签订合作框架协议，创泽机器人拟在鹿泉打造集生产、制造、研发于一体的华北区域总部。签约仪式结束后，创泽机器人一行参观了中关村·鹿泉协同发展中心（科瀛智创谷），并与石家庄公司进行了座谈，就启动创泽智能机器人集团研发销售中心入驻中关村·鹿泉协同发展中心等工作进行了沟通交流。

（汤跃昌、曹伟）

【石家庄鹿泉（北京）产业合作恳谈会举办】 8 月 28 日，由石家庄市鹿泉区政府主办，中关村协同发展、石家庄公司协办的“一‘鹿’同行——2020 年石家庄鹿泉（北京）产业合作恳谈会”在北京举行。来自京冀两地数百位政企协界代表参加会议，共同探讨区域产业创新与合作发展。会上，中关村·鹿泉协同发展中心做了项目发布，科瀛产业园、军鼎科技园、融智科技园、冀商硅谷产业园分别做了招商发布；中关村·鹿泉协同发展中心与中关村科技担保、中关村科技租赁、中发前沿投资等 8 家科技服务机构签署合作协议，各家机构入驻中心开展业务。此次活动旨在依托中关村平台，为鹿泉区搭建链接高端创新资源的新区域经济赛道，助力鹿泉区产业创新力、影响力提升，赋能鹿泉创新发展。

（汤跃昌、曹伟）

【中关村·鹿泉协同发展中心开园仪式举行】 9 月 22 日，中关村·鹿泉协同发展中心在石家庄市鹿泉区科瀛智创谷举行开园仪式。中关村·鹿泉协同发展中心的建设是鹿泉区政府与中关村深化合作、落实京津冀协同发展战略的举措。启动运营后，该中心将依托鹿泉区优质的电子信息产业基础，重点打造数字安全与应急产业。开园仪式上，石家庄公司与北京航天常兴科技发展股份有限公司等 9 家从事应急产业、电子信息产业的高科技企业签署合作协议。中关村科技担保、中关村科技租赁等 9 家服务机构的工作站同时挂牌。河北省工业和信息化厅、石家庄市政府、鹿泉区委等相关负责人，中关村发展集团、中关村协同发展等中关村、石家庄公司股东方单位相关负责人，中国人民公安大学管理学院、中国产经新闻报社、中华志愿者协会应急救援志愿者委员会等专家、媒体、社会团体相关人员，多家数字安全与应急产业头部企业，以及中关村集成电路设计园、中关村芯园，中关村科技担保、中关村科技租赁、北京 IP 等服务机构的代表参加活动。

（汤跃昌、曹伟）

Z–LINK⁺ 中关村协同创新中心

【概况】 Z–LINK⁺ 中关村协同创新中心成立于 2020 年，位于北京市东城区东直门外大街 39 号院航空服务楼，由中关村协同发展负责运营管理，建筑面积 2000 平方米，依托中关村全球创新资源优势及创新服务辐射能力，打造出基于"中关村手法"的产业组织平台，通过集成中关村科技创新服务能力，贯通北京与区域之间的科技创新、产业资源交流互通，构建"类中关村"产业生态系统，为区域搭建资源链接平台，为区域创新升级注入新动能。2020 年，Z–LINK⁺ 中关村协同创新中心入驻企业 2 家，均为科技型中小企业；企业知识产权数量达到 15 件；入驻区域会员 5 家，入驻和服务企业会员 3 家。

（张艺萱）

【Z–LINK⁺ 中关村协同创新学院开放】 4 月 28 日，以"知识赋能·协创未来"为主题的 Z–LINK⁺ 中关村协同创新学院开放日暨首期公开课上线活动在中关村协同发展举办。国务院国资委、浙江海盐驻京招商局、江苏悦达纺织集团等相关人员参加。来自中关村发展集团、招商局蛇口工业区控股股份有限公司、中国交通建设股份有限公司等单位，以及各区域政府和企业、行业协会、院所、新闻媒体等数百人参加。学院开启了中关村协同发展与区域协同合作的新模式，通过中关村产业组织手法体系化的课程，长效赋能助力合作区域理念认知突破与产业发展升级。

（张艺萱）

【6 期"Z–LINK⁺ 读书会"活动举办】 4 月—12 月，中关村协同创新中心"Z–LINK⁺ 读书会"系列沙龙活动举办。活动定位于"直面大咖，传播科技文化"，分别围绕"阅读马拉松，书香中关村""探寻智能新时代""回望初心，共担使命——庆祝建党 99 周年""造物能量场""科技艺术、相约十月""分布式商业"等主题，邀请各领域大咖和书友互相交流相关主题知识与书籍，传递前沿科技信息和文化，分享工作、生活、人生等方面的读书感悟。

（张艺萱）

【3 期"Z–LINK⁺ 路演吧"活动举办】 6 月—12 月，中关村协同创新中心"Z–LINK⁺ 路演吧"系列活动举办。该活动以"中关村手法"助力区域新经济建设为目的，以产业项目对接为主题，邀请中关村，

乃至全球高精尖科技企业、科技成果服务机构、金融投资机构，以及全国 20 余家省级经济开发区、高新区政府机构，在产业投资、技术交流、市场拓展等方面促进相关企业与机构和区域政府合作，实现互利共赢。

（张艺萱）

【9 期“Z—LINK$^+$ Walker”活动举办】 6 月—12 月，中关村协同创新中心“Z—LINK$^+$ Walker”走进洛阳、天津宝坻、石家庄鹿泉系列活动举办。该系列活动基于区域实际需求，围绕“中关村科技创新服务”“中关村耐心资本”“中关村智慧园区”等主题，有针对性地组织中关村，乃至国际资源，为区域提供能够切实解决产业发展与服务、生态治理与保护、创新创业系统打造、科研实力提升、产业链企业落地、产业片区开发运营等方面需求的资源实地对接。

（张艺萱）

【中关村协同发展与合肥滨湖金融小镇签约】 9 月 9 日，中关村协同发展与合肥滨湖金融小镇管理有限公司签订服务协议。根据协议，中关村协同发展结合在园区全生命周期统筹开发管理产业组织运营等方面的核心优势，围绕投融资规划、开发模式规划、产业规划及组织运营策略等主题，定制化打造“金融＋科技园区六位一体规划编制”培训课程，为合作区域园区输出中关村经验。9 月 18 日，中关村协同创新学院兴泰控股专题培训班在合肥兴泰控股集团开班，中关村协同发展、中关村协同创新学院相关负责人开展主题授课。兴泰控股集团、合肥滨湖金融小镇项目近 100 人参加培训。

（张艺萱）

【Z—LINK$^+$ 中关村协同创新中心开放】 10 月 28 日，Z—LINK$^+$ 中关村协同创新中心开放仪式在北京举行，中关村发展集团及各子公司负责人参加。创新中心由北京中心和区域中心组成。

（张艺萱）

【中关村 · 石家庄鹿泉协同发展中心入驻】 10 月 28 日，中关村 · 石家庄鹿泉协同发展中心入驻 Z—LINK$^+$ 中关村协同创新中心。石家庄鹿泉区委及相关委办局、中关村协同发展，以及石家庄公司相关负责人参加入驻仪式。中关村 · 石家庄鹿泉协同发展中心将作为承接要素的平台，提升鹿泉创新活力与承载力，助力鹿泉产业不断迭代和升级。

（张艺萱）

【Z-LINK⁺ 思享汇活动举办】 11月25日，Z-LINK⁺思享汇第17期“中关村手法助力区域新经济建设——中关村科技政策和科技服务篇”主题沙龙活动在中关村协同创新中心举办。活动邀请相关专家做中关村科技创新政策主题分享。14家区域政府、13家中关村科技服务机构参加现场交流。

（张艺萱）

【Z-LINK⁺ 数字经济产业论坛举办】 12月12日，由中关村发展集团、招商局蛇口工业区控股股份有限公司、中国交通建设股份有限公司指导，中关村协同发展主办的“智＋领 WE 来”Z-LINK⁺数字经济产业论坛暨2020年中关村协同发展合作伙伴大会在Z-LINK⁺中关村协同创新中心举行。来自国家部委、会员城市的负责人，以及数字经济产业相关知名院士专家、领军企业家、投资机构代表等120余人参加活动。活动以推动中关村数字经济产业技术与各区域转型的需求互动为目的，致力将中关村Z-LINK⁺产业协同创新服务平台方案辐射到合作区域，助力京地数字经济发展迈上新台阶，为双循环新发展格局作出更大贡献。

（张艺萱）

【5期中关村协同创新学院垂直产业系列课举办】 12月，中关村协同创新学院聚焦“数字经济”“集成电路和5G技术”“产业服务”打造垂直产业系列课，邀请北京东方嘉威信息咨询有限公司、对外经济贸易大学国家对外开放研究院教育与开放经济研究中心、北京半导体行业协会、北京昂瑞微电子技术有限公司和北京天驰君泰律师事务所等单位行业专家和实战企业家开展线上、线下同步主题授课。

（张艺萱）

保定·中关村创新中心

【概况】 保定·中关村创新中心成立于2015年，位于河北省保定高新区电谷国际商务中心，由保定中关村信息谷科技服务有限责任公司（简称保定中关村信息谷）负责运营管理。中心运营面积6.2万平方米，定位于新一代信息技术、战略性新兴产业、人工智能三大产业，以输出管理和品牌运营的轻资产合作的“保定模式”，打造“类中关村”创新生态体系。2020年，保定·中关村创新中心新增签约企业51家，获“国家级小型微型企业创业创新示范基地”“河北省（保定·中关村）知识产权保护服务工作站”认定。20余家入驻企业获“河北省科技型中小企业”“知识产权”评估认证，2家入驻企业获国家高新技术企业认证，1家入驻企业获“专精特新”企业认证。截至2020年底，保定·中关村创新中心累计入驻科技企业384家。

（保定·中关村创新中心外景）

（滕琦诺）

【保定·中关村创新中心雨林空间获批2019年度国家级众创空间】 3月24日，科技部火炬中心发布《关于2020年度拟确定为国家备案众创空间名单的公示》，保定·中关村创新中心雨林空间获批国家级众创空间。（雨林空间于2017年底启动，主要面向成长型小微企业及创业团队，依托“开放＋独立”“线上＋线下”的载体形式，在共享空间内提供助推企业发展的要素，形成以空间为入口，“选种＋投资＋孵化＋服务”的品牌化管理模式。）

（滕琦诺）

【保定·中关村创新中心获评对接京津服务雄安示范园区】 4月，《保定市开发区改革发展领导小组关于认定特色示范园区的通知》发布，保定·中关村创新中心获评对接京津服务雄安示范园区。保定市开发区改革发展领导小组在各县（市、区）开发区推荐上报基础上，相关单位根据重点培育和特色园区发展情况，严格按照组织申报、筛选、研究等程序，并报保定市政府批准，认定8个园区为保定市特色示范园区。

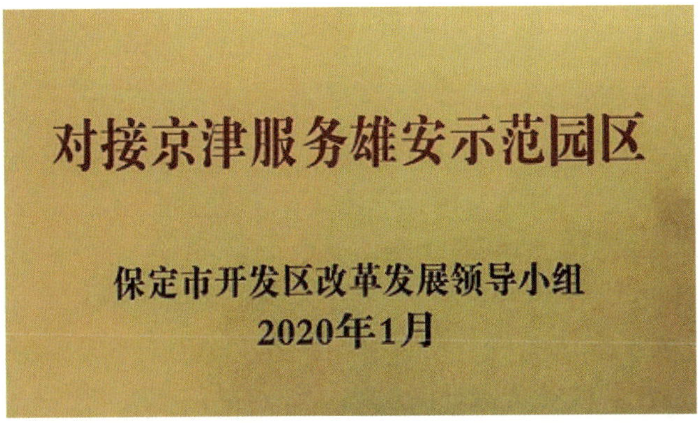

（滕琦诺）

【“保定直播”落地保定·中关村创新中心】 6月15日，保定市政府召开“保定直播”新闻发布会。“保定直播”以“政府主导、资源整合、政策引领、宣传保定、利益共享”为主旨，由保定市政府主导。该项目在保定·中关村创新中心落地实施，开启全网PK式直播形式。直播现场运用“虚拟直播间”技术，打造场景化直播、科技直播。该直播通过线上推介的方式，帮助企业打通线上渠道，解决当下销售难题，把保定的县域特色产业、特色资源在全国范围进行宣传、推广。

（滕琦诺）

【保定数字经济产业发展与合作研讨会举办】 8月27日，由保定国家高新区管委会、中关村信息谷主办，保定·中关村创新中心承办的保定数字经济产业发展与合作研讨会举办。会上，与会企业代表就企业主营业务、技术亮点、落地需求等方面做简要介绍；参会领导认真听取企业诉求，详细解答企业提出的关于税费优惠、土地政策、人才培养等方面的问题。在了解园区规划的基本情况后，与会嘉宾以保定·中关村创新中心—数字产业园顶层设计为切入点，围绕区位优势、功能分区、载体类型、配套设施等方面展开研讨。国家信息中心信息化和产业发展部、保定国家高新区招商服务局、北京艾科城工程技术有限公司、深圳建科院、中关村信息谷、北京汇智博远咨询管理有限公司、保定中关村信息谷相关负责人，以及23家数字经济领域企业代表出席研讨会。

（滕琦诺）

【保定·中关村创新中心获知识产权保护服务工作站认证】 8月，经河北省知识产权保护中心的批准，河北省（保定·中关村）知识产权保护服务工作站获批设立。工作站由保定市市场监督管理局指导，保定中关村信息谷运管。

（滕琦诺）

【保定国家高新区第三届创新创业大赛决赛举办】 10月13日—14日，由保定国家高新区管委会主办，科技创新超市、创业学院、孵化器联盟协办的保定国家高新区第三届创新创业大赛决赛及颁奖典礼在保定·中关村创新中心举行。决赛现场，来自智能制造、新一代信息技术、新材料、生物医药等战略性新兴产业领域的49家企业代表进行了项目路演、评委问答等。最终，评选出18支获奖队伍。其中，保定·中关村创新中心推荐项目“高效纳米超硬涂层技术”获大赛二等奖，保定·中关村创新中心获大赛优秀组织奖。保定国家高新区管委会、保定市科技局、保定高新区党工委、中关村天合科技成果转化促进中心等单位负责人参加。

（滕琦诺）

【2020企业组织创新峰会举办】 10月28日，由中关村信息谷主办，保定中关村信息谷、北京汇智博远管理咨询有限公司承办，保定国家高新区创业学院协办的2020企业组织创新峰会在保定·中关村创新中心举行。本次峰会以“数字新经济 产业新未来”为主题，聚焦保定创新发展、绿色发展、高质量发展，以及保定·中关村创新中心—数字经济产业园规划建设等话题，共话数字经济产业发展态势，推动数字经济与实体经济的融合，促进产业领域项目对接合作。国务院发展研究中心、中科院、ABB中国区、紫光集团有限公司、京东集团、国家新一代AI开放创新平台智能供应链产业研究院、美的集团等单位的专家、学者、企业高管做主题分享和经验交流，为传统产业的数字化转型提供决策参考。峰会现场，

18 个项目签约，涵盖智能制造、生物医药、新一代信息技术等产业领域。生物饲料开发国家工程研究中心、云笈智能科技（天津）有限公司等 10 家企业与保定·中关村创新中心签署意向入驻协议。会议通过“现场 + 直播”相结合的方式召开，来自保定市政府相关部门，以及北京、河北的知名企业、科研机构等单位的 200 余人现场参会，9000 余人通过视频在线参与本次活动。

（滕琦诺）

【保定·中关村创新中心获批国家小型微型企业创业创新示范基地】 10 月 30 日，工业和信息化部公布“2020 年度国家小型微型企业创业创新示范基地名单”，共有 117 家基地通过审核。保定·中关村创新中心获批 2020 年度国家小型微型企业创业创新示范基地。示范基地有效期 3 年。

（滕琦诺）

徐州·中关村创新中心

【概况】 徐州·中关村创新中心成立于 2015 年 10 月，位于江苏省徐州市泉山区，由徐州信息谷资产管理有限责任公司（简称徐州信息谷）负责运营管理。中心运营面积 25.45 万平方米，包括创新中心、文化创意产业先导基地和中关村信息谷创新汇。定位于信息技术、节能环保、科技金融、智能制造、生物医药及科技文化等六大产业，是中关村在京津冀以外地区设立的首个区域创新中心。2020 年，徐州·中关村创新中心新增签约入驻企业 54 家，续签客户 34 家，新增意向企业 20 家，获批徐州市中小企业公共服务示范平台。截至 2020 年底，徐州·中关村创新中心累计入驻科技企业 270 家。

（徐州·中关村创新中心外景）

（滕琦诺）

【博雅慧聚 AI 红外测温系统助力科技防疫】 1 月，徐州·中关村创新中心入驻企业博雅慧聚科技发展有限公司推出 AI 红外测温系统，通过非接触精准、快速测温，帮助企业、园区应对复工后的疫情防控。该系统无须改变人员正常通行方式，利用“AI+ 红外线热成像”方式、技术，通过前端红外相机鉴别出人群中每个人的温度，借助 AI 技术实现自动捕捉人脸，实现公共场所无接触式远距体温监测。

（滕琦诺）

【长三角区域新能源项目云端对接会举办】 4 月 28 日，中关村信息谷长三角区域新能源项目云端对接会举办。本次活动旨在协同企业在疫情的新形势下寻求发展突破，抢抓生态文明建设机遇，将区域协同发展、资源互通与企业服务紧密结合，建立长三角区域常态化对接机制。中关村信息谷长三角区域上海、徐州、滁州、湖州等项目公司，地方政府招商部门相关负责人，全国工商联新能源商会 13 家企业参与此次活动。

（滕琦诺）

【知识产权保险项目推广会举行】 5 月 28 日，由江苏淮海科技城管委会、中国人民财产保险股份有限公司主办，徐州·中关村创新中心承办的徐州市知识产权保险项目推广会在徐州·中关村创新中心举行。本次活动旨在响应国家知识产权局号召，运用现代金融保险手段促进科技创新和知识产权保护的运用，构建行政仲裁、法律救济和经济补偿三大知识产权保护体系，以金融保险的经济补偿作为行政执法和司法保护的有益补充，助力科技成果转化，加快促进新旧动能转换，从而助推经济转型升级。江苏淮海科技城、中国人民财产保险股份有限公司徐州分公司相关负责人，创新中心 40 余家企业相关人员参加。

（滕琦诺）

【艾易西新型冠状病毒杀菌除菌新材料研发成功】 6 月，徐州·中关村创新中心入驻企业艾易西（中国）环保科技有限公司研发的新型冠状病毒杀菌除菌新材料，经江苏省疾控中心认证，灭活病毒率大于 99.99%。年初，艾易西向防疫一线捐赠价值 400 余万元的空气净化设备，并组织科研攻关团队，研发出 AS–Sorb 净化过滤材料，可在 30 秒内杀灭超过 99.99% 的新型冠状病毒，并建成投产年产 3000 吨 AS–Sorb 媒介的生产线。

（滕琦诺）

【中矿奥特麦工业产品入选工业互联网 App 优秀解决方案】6 月，徐州·中关村创新中心入驻企业徐州中矿奥特麦科技有限公司封闭式储煤场安全检测 App 应用解决方案入选工业和信息化部 2019 年工业互联网 App 优秀解决方案。方案采用先进的智能前端获取煤场实时数据，系统性地实现了封闭煤场的提质、安全、降本、协同、增效的管理目标。在应用上，该工业 App 在安全检测、智能盘料、无人堆取料等方面取得诸多创新性经验。中矿奥特麦是一家致力于为目标用户提供数字化封闭式储煤设施管理平台解决方案的高新技术企业，已获得国家发明专利 4 件、实用新型专利 14 件、软件著作权 12 件、高新技术产品 10 项、软件产品 1 项、注册商标 2 件、行业标准 1 项。

（滕琦诺）

【徐州·中关村创新中心五周年成果发布会举办】10 月 16 日，2020 中国徐州第 23 届投资洽谈会泉山分会场暨徐州·中关村创新中心五周年成果发布会举办。本次活动以“非凡五载 扬帆远航”为主题，由徐州市泉山区政府、江苏淮海科技城管委会、中关村信息谷联合主办，徐州信息谷承办。活动现场举行了徐州·中关村创新中心颁奖典礼。南京富士通南大软件技术有限公司徐州分公司、江苏灵匠信息科技有限公司、徐州拓普互动智能科技有限公司、江苏闪信信息科技有限公司、江苏邵悦电子商务有限公司、江苏徐工电子商务股份有限公司、江苏云仟佰数字科技有限公司、徐州立顺康达医药科技有限公司、江苏弗瑞仕环保科技有限公司、艾易西（中国）环保科技有限公司获“十佳优秀企业”称号。

（滕琦诺）

【中关村信息谷协同创新平台启动】10 月 16 日，在 2020 中国徐州第 23 届投资洽谈会泉山分会场暨徐州·中关村创新中心五周年成果发布会上，中关村信息谷协同创新平台启动。创新平台是中关村信息谷以全国协同创新网络和创新资源优势为依托建立的产业服务线上平台，包括产业对接、资本对接、科技服务、政策申报四大板块，旨在构建区域创新资源互通体系，为政府招商引资、企业创新发展拓展区域创新资源对接空间提供更高效的资源匹配服务。创新平台的共享办公板块依托中关村信息谷全国 30 余个落地城市载体，为科技创业团队提供物理办公载体，实现线上预约，线下使用，针对会员提供洽谈、会议、办公等多种灵活空间及无线网络、共享办公设备、会务支持等。

（滕琦诺）

【中关村协同创新平台获评徐州市中小企业公共服务示范平台】11 月，徐州市工业和信息化局公布 2020 年度徐州市中小企业公共服务示范平台认定名单，全市共 4 家企业获评，中关村信息谷协同创新平台位列其中。

（滕琦诺）

南宁·中关村创新示范基地

【概况】 南宁·中关村创新示范基地成立于2016年7月，位于广西壮族自治区南宁市高新区，是南宁·中关村科技园的组成部分，由南宁中关村信息谷科技服务有限责任公司（简称南宁中关村信息谷）负责运营管理。基地建筑面积14.43万平方米，产业定位为智能制造、信息技术、生命健康、科技服务。基地分为南宁·中关村创新示范基地和创新示范基地（相思湖区）两部分，分别位于南宁高新区核心地带、高新区科教文卫区。2020年，南宁·中关村创新示范基地新增海康威视、欣巴科技、领骏智能、香港三润、态金科技、北斗天衡等113家高科技企业，帮助地方政府引进4个产业化项目；获“广西大数据产业示范园区”；获2020年度国家级科技企业孵化器认定。截至2020年底，南宁·中关村创新示范基地入驻科技企业358家，其中，引进及培育的科技型中小企业60家、国家高新技术企业42家、广西瞪羚企业7家（含2家培育入库）、规模以上企业14家，获知识产权650项，获国家、自治区及南宁市支持的科研项目60多项，累计有6家企业获自治区科技进步奖。

（南宁·中关村创新示范基地外景）

（滕琦诺）

【2020年南宁中关村生态大会举办】 1月10日，2020年南宁中关村生态大会（第三届）在南宁·中关村创新示范基地举行。大会由广西中关村企业联盟、南宁创新创业联盟主办，南宁中关村信息谷承办。会上发布了《强生态、强创新、强首府——2020年南宁·中关村科技园助力首府高质量发展报告》。活动当天，广西滴滴出行科技有限公司、广西捷佳润农业科技有限公司、广西慧云信息技术有限公司等10家企业获“2019年度南宁中关村企业突出贡献奖”，东软集团（南宁）有限公司、广西圣尧航空科技有限公司等企业被评为“2019年度南宁中关村科创企业十强”，广西冠标科技有限公司等企业入选“2020年度南宁中关村创新小苗培育计划”，纳安丹吉（中国）农业科技有限公司、广西珞桂节能环保研究院有限公司等企业入选“2020年度南宁中关村创新小树培育计划”。会上，南宁中关村信息谷授予黑马学院南宁分院、广西税媒科技有限公司等10家企业“2019年度南宁中关村最佳服务商”称号。南宁中关村信息谷还分别与南宁科技企业孵化基地、南宁众创空间等9家企业签订《2020年服务商合作协议》，进一步提升基地服务入驻企业的产业服务水平。来自广西壮族自治区科技厅、广西贸促会、南宁市政府及相关部门负责人，南宁中关村入驻企业代表和南宁中关村信息谷合作伙伴共350余人参加大会。

（滕琦诺）

【南宁中关村企业创新能力提升线上专题培训举办】 2月20日，由南宁创新创业联盟主办、南宁中关村信息谷承办、南宁众创空间科技有限公司协办的“南宁创新创业联盟邕城创新汇”第九十四期“合力抗疫 协同创新”南宁中关村企业创新能力提升线上专题培训举办。培训通过直播方式阐述了高科技企业、瞪羚企业及科技型中小企业等科技项目相关优惠政策、申报条件和申报要点，详细解读了疫情环境下政府出台一系列扶持政策对企业带来的利好及意义，辅导企业做好2020年度科技项目申报工作。150余名来自信息技术、高新技术服务等领域的企业代表参加培训。

（滕琦诺）

【三帝科技3D打印助听器获产品最佳设计】 3月11日，由中科院《互联网周刊》、社科院信息化研究中心、ENET研究院、未来智库/战略咨询（筹）联合主办的“2019年度人物、产品、品牌评选”结果揭晓，南宁·中关村创新示范基地入驻企业南宁三帝科技有限公司研制的3D打印助听器获评2019年度助听产品最佳设计，并与英特尔、腾讯、阿里等登上《互联网周刊》与ENET研究院联合发布的“2019最具创新力的黑科技TOP 20”榜单。3D打印助听器是三帝科技自主研发的一款根据听力障碍者的听力损失情况及其耳部生理结构而定制化设计和制作的产品，缩短了制作时间。产品体积小，佩戴起来隐蔽且不易掉落；产品使用的医用级别材料能够提升助听器强度，防止因长期佩戴而引起的肌体过敏问题。

（滕琦诺）

【富勒星推出新型无机富勒烯润滑油添加剂】 3月，南宁·中关村创新示范基地入驻企业广西富勒星科技有限责任公司推出新型无机富勒烯润滑油添加剂（机油宝），通过中国石油昆仑润滑油平台的测试。该润滑油的特种添加剂是获诺贝尔化学奖的明星材料“纳米王子”富勒烯家族新一代拓展成员。它具有独特的纳米级自修复能力，有减震耐磨、超润滑、耐极端工况等多重功能，并有世界上现已知最强纳米吸能性能。添加了无机富勒烯纳米颗粒的新型润滑油，可具备快速降低摩擦系数、减少磨损、有效延长换油周期、减少尾气和PM2.5颗粒排放等功能。该款新型产品适用范围广，可涵盖现有大部分发动机油产品序列，提高了石油产品的使用率，减少用户开支，并减少排放和能源消耗带来的环境污染问题。富勒星推出的新一代高性能润滑油添加剂产品已与中石油旗下昆仑润滑油、京东汽车线下体验店供货商等开展合作业务，获康乾大成千万级投资。其他相关衍生产品还包括新型农村过滤净水器、富勒烯增强纳米抗菌口罩、新型富勒烯日用护理套装以及富勒烯美白护理面膜等。

（滕琦诺）

【南宁中关村信息谷与桂林银行签订协议】 5月29日，由广西贸促会、桂林银行股份有限公司主办，广西国际商会、广西各市贸促会承办的“广西外贸企业银企对接会”在广西贸促会举办。共有20个项目签约，包括战略合作项目7个、项目合作13个，总授信金额128.5亿元。活动现场，南宁中关村信息谷与桂林银行签订《金融服务战略合作协议》。根据协议，桂林银行以南宁·中关村创新示范基地作为重要平台依托，为创新企业等提供安全高效的综合金融服务，支持创新企业发展壮大，解决创新企业融资困难。来自广西贸促会、自治区商务厅、自治区地方金融监督管理局、广西银保监局、中信保广西分公司、桂林银行股份有限公司、各设区市贸促会及各外贸企业等的代表120余人参会。

（滕琦诺）

【智能制造产业发展论坛暨专家服务企业活动举办】 8月20日，由南宁市中小企业服务中心主办，南宁先进技术育成中心、广西双创宝企业咨询服务有限公司、广西南宁先进育成科技产业服务中心有限公司承办，南宁中关村信息谷等协办的南宁市智能制造产业发展论坛暨专家服务企业活动在南宁·中关村创新示范基地举办。论坛上，武汉理工大学汽车工程学院教授、与会专家、学者分别做“智能网联汽车与智能制造”“自动打包系统在人造板行业全新应用”“大数据、人工智能及5G技术赋能智能化制造”“国产焊接机器人智能化应用与未来”“移动创造价值——用智慧领航物流变革”的主题演讲及分享，就智能制造概念及各个细分领域的智能制造技术及系统应用做了解析。本次论坛旨在普及智能制造理念，加强智能制造企业与用户之间的沟通交流，提升南宁市智能制造水平。来自南宁市电子信息、生物医药、先进装备制造、新能源新材料等多个领域企业及高校科研院所代表约 100 人参加论坛活动。

（滕琦诺）

【南宁产业创新赋能大会举办】 8 月 21 日，由南宁高新区管委会主办、创业黑马科技集团股份有限公司承办的“南宁产业创新赋能大会暨 2020‘新基建’产业独角兽峰会”在南宁·中关村创新示范基地举办。南宁市政府、南宁高新区管委会、南宁市科技局、南宁市工业和信息化局、南宁市大数据发展局、南宁市创新创业联盟、南宁高新区孵化器联盟、南宁中关村信息谷负责人，以及南宁头部企业、知名企业家、投资人、权威媒体等 100 余人参加活动，共同探讨产业独角兽培育之道，并现场揭晓“南宁·新基建产业独角兽新锐 TOP 20”上榜企业。

（滕琦诺）

【广西艾科普完成 11 个核酸检测实验室建设项目】 8 月 27 日，由南宁·中关村创新示范基地（相思湖区）入驻企业广西艾科普高新技术有限公司实施的玉林福绵区人民医院核酸（PCR）检测实验室建造项目交付，标志着广西艾科普在百色、玉林、来宾等市县规划建设的 11 个 PCR 项目竣工并投入使用。PCR 项目严格按照生物安全二级实验室标准建设，均设有试剂储备室、普通标本制备室、新冠标本制备室、核酸扩增室、产物分析室及高压灭菌间 6 个工作间；配备了超净工作台、核酸提取仪、荧光定量核酸检测仪、B2 级生物安全柜、超低温冰箱、高压灭菌器、高速冷冻离心机等实验室检测所需的设备；采用净化通风、空调负压、废水处理和门禁监控等系统。检测区域覆盖周边 10 个市县，服务 420 余万人。

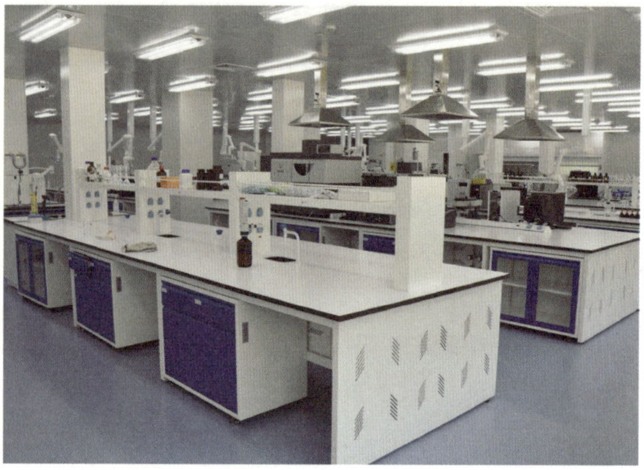

（广西艾科普实验室）

（滕琦诺）

【4 家企业入库广西瞪羚企业培育库】 9 月 9 日，《自治区科技厅关于 2020 年广西瞪羚企业培育库入库企业名单的公告》公布，南宁·中关村创新示范基地入驻企业广西益江环保科技股份有限公司、广西云瑞科技有限公司、广西夏阳环保科技有限公司、广西英伦信息技术股份有限公司等 4 家企业入库。截至 2020 年底，基地累计培育 3 家广西瞪羚企业及 4 家瞪羚企业培育库入库企业。

（滕琦诺）

【慧云信息入选 2020 中国新科技 100 强榜单】 9 月 16 日，《互联网周刊》发布“2020 中国新科技 100 强”榜单，从各领域行业中遴选出实现可持续增长的科技型、创新型企业。南宁·中关村创新示范基地入驻企业广西慧云信息技术有限公司入选。（慧云信息是一家专注于农业互联网领域的国家高新技术企业、农业农村部认定的全国农业农村信息化示范基地、瞪羚企业、国家双软认证企业。公司致力于将“人工智能、物联网、大数据”技术与农业生产经营相结合，提供业界领先的“智慧农业”解决方案，促进农产品安全与品质提升，帮助农民最大化土地产值与利润。）

（滕琦诺）

【5家企业入选第八批入库科技型中小企业名单】 9月28日，广西壮族自治区科技厅公布2020年第八批入库科技型中小企业名单，南宁·中关村创新示范基地入驻企业广西富勒星科技有限责任公司、广西云瑞科技有限公司、广西镀宝环保科技有限公司、广西中带路新能源科技有限公司、广西一号农服航空科技有限公司等5家企业入选。

（滕琦诺）

【南宁·中关村创新示范基地获评数字经济产业基地】 10月16日，在南宁举办的数字广西建设推进电视电话会议上，“壮美广西子云”“数字经济产业基地”等10个方面数字广西建设优秀成果名单公布。南宁·中关村创新示范基地获评数字经济产业基地。

（滕琦诺）

【中国—东盟高新技术产业合作发展大会举办】 11月13日，在第17届中国—东盟商务与投资峰会系列活动框架下，以“携手布局新基建，协同创新进东盟”为主题的“2020中国—东盟高新技术产业合作发展大会”在南宁·中关村创新示范基地举办。大会由东南亚国家联盟主办，南宁中关村信息谷承办。在项目签约环节，南宁中关村信息谷科技园项目、南宁·中关村创新示范基地重点引进项目、中关村信息谷科技园意向入驻企业签约。随后，广西壮族自治区科技厅、广西贸促会、南宁市科技局、南宁市工业和信息化局、南宁市人力社保局、南宁市金融办、南宁市大数据发展局、南宁高新区经济发展局与南宁中关村信息谷等9家单位共同启动南宁高新区双创服务云平台。来自广西壮族自治区政府、南宁市政府、南宁高新区等相关部门的负责人，中外科学界、金融界的知名人士，北京中关村及区内外高新技术企业、瞪羚企业、签约企业等的相关负责人和各国领事馆官员200余人参加活动。

（滕琦诺）

【6家企业入选第十一批入库科技型中小企业名单】 11月17日，广西壮族自治区科技厅公布2020年第十一批入库科技型中小企业名单，基地入驻企业广西双博机械科技有限公司、广西纳维天使医疗器械有限公司、广西襄蓝现代农业发展有限公司、南宁产峰科技发展有限公司、广西襄蓝环保投资有限公司、广西厚溥教育科技有限公司等6家企业入选。至此，南宁·中关村创新示范基地内的科技型中小企业已达到60家。

（滕琦诺）

【南宁—中关村深圳协同创新中心战略合作协议签订】 11月27日，2020南宁投资贸易洽谈会暨重大项目签约活动在南宁举办。此次完成签约项目49个，投资额155亿元，其中现场签约项目20个、“云签约”项目29个，涵盖电子信息、先进装备制造、生物医药、数字经济、新能源、特色农业等产业。南宁中关村信息谷与南宁市科技局、南宁高新区管委会、南宁经开区管委会签订《南宁—中关村深圳协同创新中心战略合作协议》。位于深圳市南山区的协同创新中心，由南宁中关村信息谷建设并运营，定位打造南宁市在粤港澳大湾区的“飞地科技企业孵化器”，将建设集科技招商、人才引进、政策展示、项目预孵化、创业服务等于一体的综合性科技招商服务平台。协同创新中心租用建设场地2351.28平方米，由路演展示厅、公共会议室、公共会客室、开放办公场地、独立办公场地等功能区组成。

（滕琦诺）

【2020年南宁市工业大数据产业发展论坛举办】 12月3日，由南宁市委人才办、南宁市工业和信息化局主办，南宁市中小企业服务中心、南宁中关村信息谷协办，广西和泽盛教育科技有限公司承办的2020年南宁市工业大数据产业发展论坛在南宁·中关村创新示范基地举办。论坛旨在通过搭建交流平台，推动创新人才、创新技术和创新思维服务支撑工业大数据产业发展，为南宁市产业转型升级和高质量发展集思广益、贡献更多智慧力量。会上，行业专家、企业家探讨了工业大数据的前沿技术、创新应用及发展路径、制造流程再造等。云宝宝大数据产业发展有限责任公司、浪潮集团企业服务事业部、南宁富桂精密工业有限公司相关人员分别就“工业大数据时代的挑战与机遇”“工业互联网助力工业数据深度应用”“数据赋能工业 共创智造未来”等进行了专题讲解。

（阮晓莹）

【首届中国—以色列全球创新合作发展南宁论坛举办】 12月20日—21日，由以色列全球领导人联合会（GIL）、海法创新中心、“海智基地”中国（广西）—以色列技术转移促进中心主办的首届中国—以色列全球创新合作发展南宁论坛暨中国（广西）—以色列科技创新合作高峰论坛在南宁·中关村创新示范基地举办。论坛主题为“创新中以科技合作，助力科创中国·南宁建设”，主要包括高层论坛、主题研讨会、项目推介及科技成果展等板块。论坛采取“线上线下相结合、两地远程互动”的方式举行。与会人员通过视频连线的形式，就广西与以色列在创新创业、现代农业、医疗健康、生态环保、互联网、物联网智能制造、新材料、金融、教育等多个领域进行了研讨交流。在高峰论坛上，来自中以双方的20多位专家学者、企业家和特邀的政府官员，分别进行了主题研讨。

（滕琦诺）

【雨林空间获评国家级科技企业孵化器】 2020年，雨林空间入围科技部公布的2020年度国家级科技企业孵化器名单。

（滕琦诺）

天津滨海—中关村科技园

【概况】 天津滨海—中关村科技园成立于2016年11月，位于天津市滨海新区，由天津中关村科技园运营服务有限公司（简称天津中关村科技园）负责运营。园区规划面积1030万平方米，围绕新一代信息技术、生命与生物科技、科技服务的产业定位，全力打造具有滨海特色的“类中关村”创新创业生态系统。2020年，天津滨海—中关村科技园入驻企业112家。截至2020年底，入驻企业419家。

（天津滨海—中关村科技园外景）

（滕琦诺）

【蓝星清洗落户天津滨海—中关村科技园】 5月，北京蓝星清洗有限公司与天津经开区管委会签署投资合作协议，将公司总部基地和研发中心迁到天津经开区天津滨海—中关村科技园，成为天津滨海—中关村科技园落户的首家北京整体搬迁央企。蓝星清洗拟在经开区设立研发中心及全国项目总部，投资10亿元，主要从事车用化工新材料、工业新材料产品的研发、生产、销售以及航空清洗材料领域的研发及制造。

（滕琦诺）

【深化合作项目启动会暨科技人才供需对接会举办】 7月13日，由天津滨海新区科学技术局、天津科技大学、天津滨海—中关村科技园区办公室主办，天津中关村科技园承办的“深化合作项目启动会暨科技人才供需对接会”在天津滨海—中关村协同创新示范基地举办，为全面推进天津滨海—中关村与天津科技大学的产学研深度融合提供助力。活动现场，“科技人才工作站”揭牌。工作站聘请34位天津科技大学各学院导师作为科技特派员，并带着专利、带领团队下驻企业开展技术研究工作。园区入驻企业天津卡雷尔机器人技术公司、科芯（天津）生态农业科技有限公司、天地智控（天津）科技有限公司、天津石墨烯工程创新中心等介绍了各自企业情况，同时与高校学生结合企业发展实践，分享了智能科技企业的技术探索、发展前景以及各自在企业的成长历程，同时从企业纳才角度就高校如何培养更符合企业需要的人才与天津科技大学的师生进行了讨论。天津市科技局、天津市滨海新区科技局、天津滨海—中关村科技园区、天津科技大学及各学院相关负责人，中关村信息谷、天津中关村科技园等相关人员参加对接会。

（滕琦诺）

济南·中关村信息谷创新中心

【概况】 济南·中关村信息谷创新中心原名中关村领创空间（济南），成立于2017年7月，位于山东省济南市高新技术创业服务中心，由济南领创空间科技有限责任公司负责运营管理。中心运营面积2万平方米。运用“互联网+”概念，与济南高新区管委会共同聚集整合“双创”资源，以医药健康、先进制造、大数据为核心，搭建线上虚拟服务平台和线下实体服务框架，在全国打造可示范、可复制的宜业、宜创型创新中心。2020年，济南·中关村信息谷创新中心新增入驻企业24家。截至2020年

（济南·中关村信息谷创新中心外景）

底，济南·中关村信息谷创新中心累计入驻60余家企业和团队，举办双创活动60余场，辐射创业者3000余人次；4家企业获国家高新技术企业认定，1家企业获济南市瞪羚企业认定。

（滕琦诺）

【济南·中关村信息谷创新中心获批国家级众创空间】 3月24日，科技部火炬中心发布《关于2020年度拟确定为国家备案众创空间名单的公示》，济南·中关村信息谷创新中心继获批山东省众创空间、济南市科技企业孵化器后，被认定为国家级众创空间。

（滕琦诺）

【互联网医疗对接会举办】 5月21日，由济南市投资促进中心、济南市卫生健康委等指导的互联网医疗对接会在济南·中关村信息谷创新中心举办。本次活动旨在促进"大众创业、万众创新"，助力济南市打造"四个中心"，建设"大强美富通"的现代化国际大都市。活动采取线上直播交流方式，医数未来（北京）科技有限公司、北京推想科技有限公司、医渡云（北京）技术有限公司3家医疗健康企业进行了线上路演，对合作项目进行了介绍。济南市投资促进中心、济南市卫生健康委等相关负责人就参会企业的需求提出问题，并进行"一对一"交流。

（滕琦诺）

【"中关村信息谷杯"工业软件开发技术大赛颁奖】 12月22日，由山东省工信厅、山东省新旧动能转换综合试验区建设领导小组办公室、山东省总工会、山东省人力资源和社会保障厅主办，济南·中关村信息谷创新中心等承办的"中关村信息谷杯"2020山东省软件产业高质量发展政策宣贯暨山东省工业软件开发技术大赛颁奖仪式在济南举行。大赛以"融合、创新生态"为主题，聚焦工业软件，面向企业、高校、科研院所进行征集，历时1个月，有13件作品入围。决赛现场通过项目演示和现场答辩的形式进行，最后评选出1个一等奖、2个二等奖、3个三等奖和部分优秀奖。其中，由济南·中关村信息谷创新中心选送的基于数字孪生系统的泵组制造业工业物联网系统平台（济南金孚瑞）及CQA药品生产企业集中QA管理系统（山东耀智科技）获大赛优秀奖。

（滕琦诺）

银川·中关村创新中心

【概况】 银川·中关村创新中心成立于2017年12月，位于宁夏回族自治区银川市西夏区，由银川中关村信息谷科技服务有限责任公司（简称银川中关村信息谷）负责运营管理，运营总面积9.98万平方米，布局新一代信息技术、"互联网+N"战略，包括"互联网+医疗""互联网+教育""互联网+人力资源"等产业。2020年，新增入驻企业80家，开展各类创新创业赛事、政策培训、产业发布会，捕捉电商、主播风口，孵化电商创业团队、网红主播分享课等，全年共举办62期。截至2020年底，银川·中关村创新中心入驻企业305家。累计举办"创意创新在银川"等各类创新活动211期，路演企业涵盖信息技术、科技金融、人工智能、ICT、智能制造、互联网+医疗与教育等产业。提供专业科技服务259次，服务企业、机构、政府数量3850个，合作专业机构数量136个，孵化创业团队40余家，服务创业

（银川·中关村创新中心外景）

团队 985 家 15540 人。20 家入驻企业获宁夏回族自治区科技型中小企业称号，4 家入驻企业获国家级科技型中小企业称号。

（滕琦诺）

【智联招聘银川运营中心揭牌】 1 月 14 日，银川·中关村创新中心入驻企业智联招聘银川运营中心举行揭牌仪式。宁夏回族自治区党委组织部、自治区退役军人事务厅、自治区人力资源和社会保障厅、银川市委人才工作局、银川人才协会、中国铁塔宁夏分公司等单位相关负责人及银川市部分企业负责人出席。仪式上，与会人员就人才相关工作展开座谈讨论。

（滕琦诺）

【7 家企业获自治区科技型中小企业称号】 4 月 9 日，根据《宁夏回族自治区科技型中小企业备案管理办法》，通过企业申请、审核评审、公示备案等程序，银川中关村信息谷与入驻银川·中关村创新中心的宁夏储芯科技有限公司、宁夏共享能源有限公司、宁夏恒力祥自控工程科技服务有限公司、宁夏华嵌信息科技有限公司、宁夏井智科技有限公司、四季青（宁夏）保鲜技术研究院有限公司及银川安翰互联网医院有限公司等 7 家企业通过宁夏回族自治区科技厅审核，获自治区科技型中小企业称号，并在宁夏技术市场路演大厅完成授牌。

（滕琦诺）

【银川（西安）离岸孵化器揭牌仪式举行】 10 月 15 日，“创新合作·协同发展”银川（西安）离岸孵化器揭牌仪式在西安市碑林区中铁·第壹国际举办。银川（西安）离岸孵化器总面积约 400 平方米，依托中关村优势资源，结合西安科技研究、高等教育、国防科技工业和高新技术产业等特点，促进西安与银川形成人才、资本、技术、市场、供应链等资源的双向通和资源共享，开展招商引资、招才引智，同时为两地科技企业提供培训及咨询服务，促进与国内外异地科技企业交流互动。以“黄河经济带发展战略”为契机，促进优质科技项目“就近就地孵化、成果银川转化”，搭建区域招商引资、政企合作、招才引智、成果转化的“空中走廊”，将异地培育的科技项目或团队引入银川与西安，联动推进两地经济高质量发展。

（滕琦诺）

【银川（徐州）、（苏州）离岸孵化器揭牌仪式举行】 10 月 16 日，“创新合作·协同发展”银川（徐州）离岸孵化器、银川（苏州）离岸孵化器揭牌仪式暨项目合作推进会在徐州·中关村创新中心举办。银川（徐州）、（苏州）离岸孵化器依托中关村优势资源，结合长三角地区科技研究、高等教育、科技工业和高新技术产业等优势特点，将促进徐州、苏州两地与银川形成人才、资本、技术、市场、供应链等资源的双向通和资源共享，为长三角地区开展招商引资、招才引智，同时为银川本地科技企业提供培训及咨询服务，搭建科技成果转化“空中走廊”，促进与国内异地科技企业交流互动，将异地培育的科技项目或团队引入银川与徐州、苏州。

（滕琦诺）

【三和数码入选 2020 年全国地理信息产业百强企业】 10 月 22 日—24 日，在南宁市召开的 2020 中国地理信息产业大会上，对 2020 中国地理信息产业百强企业、最具活力中小企业、地理信息科技进步奖、地理信息产业优秀工程奖等进行了表彰，银川·中关村创新中心入驻企业天水三和数码测绘院有限公司获“全国地理信息产业百强企业”荣誉称号，这也是三和数码连续5年蝉联此项称号。同时，三和数码承接的“天水市不动产登记事务中心不动产数据整合项目”获2020地理信息产业优秀工程银奖。

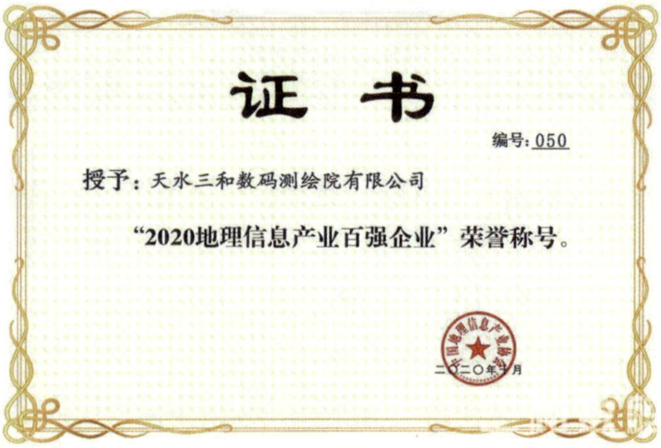

（滕琦诺）

南宁·中关村科技园

【概况】 南宁·中关村科技园成立于2018年4月，位于广西壮族自治区南宁市高新区，由南宁中关村信息谷科技服务有限责任公司（简称南宁中关村信息谷）负责管理运营。科技园包括南宁·中关村创新示范基地、创新示范基地（相思湖区）、创新示范基地产业园，园区占地面积7平方千米。其中，南宁·中关村创新示范基地位于南宁高新区核心地带，创新示范基地（相思湖区）位于高新区科教文卫区，创新示范基地产业园位于南宁市高新区安宁片区核心，产业定位为新一代信息技术、“信息+先进制造”、“信息+生物医药”、“信息+现代服务”。2020年，南宁·中关村科技园完成开发建设一期1.77平方千米，引进瑞声科技、浪潮、深圳世纪联合创新、北京联东U谷、香港三润、北京保福等19个产业化项目。截至2020年底，南宁·中关村科技园拥有规模以上工业企业13家，累计实现规模以上工业产值28.2亿元。

（南宁·中关村科技园效果图）

（滕琦诺）

【浪潮南宁生产基地投运】 4月13日，浪潮南宁生产基地首台服务器和计算机产品在南宁·中关村科技园下线，标志着浪潮南宁生产基地投产。浪潮南宁生产基地是浪潮集团与广西签订的深化战略合作协议，以及与南宁市签订的产业合作协议落实执行的重要成果。基地位于南宁市高新区中关村智能制造产业园，是中国—东盟信息港建设首批重点项目之一，总投资约4亿元，3月底产线建设完工，实现产品下线。产线规划年产能为服务器5万台和PC终端35万台，规划产能满产后年产值突破50亿元。

（滕琦诺）

【瑞声科技光学传动项目开工】 6月16日，南宁高新区瑞声科技光学传动项目在南宁·中关村科技园开工。这是瑞声科技进驻南宁两年多来落户的第六个产业项目。瑞声科技光学传动项目总投资25亿元，将面向智能终端视像感知系统，打造超精密、超稳态、长变焦、低时延的传动件等精密元器件生产制造基地。（瑞声科技是工业和信息化部认定的“双料”行业单项冠军，在微型声学、精密光学、电磁传动、精密元器件、高速传输等领域拥有主要自主核心技术。）

（滕琦诺）

沈阳·中关村信息谷创新中心

【概况】 沈阳·中关村信息谷创新中心原名中关村领创空间（沈阳），成立于2018年6月，位于辽宁省沈阳市和平区三好街，毗邻东北大学，由沈阳领创空间科技服务有限公司负责运营管理，运营面积4500平方米。创新中心利用“互联网+”概念，配置创新资源，集聚高端要素，发挥协同创新驱动、品牌资源聚合、创新环境构建、产业服务完善、专业团队运营的优势，搭建线上平台和线下服务空间，营造跨区域创新创业生态系统，打造立足沈阳、引领东北的特色化区域创新发展品牌。2020年，沈阳·中关村信息谷创新中心举办活动20余场，签约项目13个。

（滕琦诺）

【沈阳·中关村信息谷创新中心获评省级众创空间】 7月，沈阳·中关村信息谷创新中心获评省级众创空间。

（滕琦诺）

【迈奇智能获沈阳智创师创新创业大赛二等奖】 12月9日，由沈阳市政府主办，沈阳市科学技术局、沈阳新松机器人自动化股份有限公司、科技部机器人产业技术创新战略联盟承办的2020沈阳智创师创新创业大赛决赛暨颁奖仪式在沈阳·中关村信息谷创新中心举办。中心孵化企业沈阳迈奇智能科技有限公司Navi Gngine机器人智能感知与导航模组项目获得本次大赛的二等奖。

（滕琦诺）

湖州·中关村信息谷创新中心

【概况】 湖州·中关村信息谷创新中心原名中关村领创空间（湖州），成立于2018年7月，位于浙江省湖州经济技术开发区，由湖州领创科技服务有限责任公司负责运营管理。中心运营面积7000平方米，定位于培育发展信息技术、高端装备、生物医药、智能制造、智能机器人、新能源汽车、光电技术、软件开发、大数据应用等新兴产业，改造提升金属新材、绿色家居、现代纺织和时尚精品四大传统优势产业。2020年，湖州·中关村信息谷创新中心新增签约企业16家。截至2020年底，湖州·中关村信息谷创新中心累计签约入驻企业29家，入驻率79.14%。

（湖州·中关村信息谷创新中心外景）

（滕琦诺）

【6家企业签约落地】 12月，浙江城视智能系统工程有限公司、浙江赛伯澳生物科技有限公司、湖州怡生乐居网络科技有限公司、浙江宏翼科技有限公司、湖州湖同街网络科技股份有限公司、湖州神威科技有限公司等6家企业重点项目签约落地湖州·中关村创新中心。

（滕琦诺）

【举办73场双创活动】 2020年，湖州·中关村信息谷创新中心共举办政策讲座、企业座谈、银企对接等双创活动73场。其中，“智汇湖州·双创云课堂”专场双创课堂活动14期，涵盖新媒体、创业投资类、企业管理、法律等。双创活动集聚信息技术、电子商务、人力资源、项目申报等创新资源与要素，实现信息、资源、企业、人才的交流互通，为园区科技服务软环境的打造做出实质性的推动。各相关单位的数百人参与线下活动，数十万人次线上观看直播。

（滕琦诺）

新泰·中关村信息谷创新示范基地

【概况】 新泰·中关村信息谷创新示范基地成立于2018年9月，位于山东省泰安市新泰市，由新泰中关村信息谷科技服务有限责任公司（简称新泰中关村信息谷）运营管理。基地规划面积270万平方米，其中50万平方米的核心区以信息创新产业为核心，聚焦新产业、新平台、新模式、新业态，融入生活、生态、生产、生命四大板块，集聚“小镇客厅”“商业文体中心”“智汇源”“金融保障中心”等一系列功能模块。2020年，新泰·中关村信息谷创新示范基地新增入驻企业15家，共举办5场线上“创新中国行·齐鲁汇”云上直播间活动、6场线下交流会活动，获“中国产业园区新驱动力峰会最具活力县域科技创新服务园区”“泰安市小型微型企业创新创业示范基地”等荣誉称号。截至2020年底，新泰·中关村信息谷创新示范基地累计入驻企业22家。

（新泰·中关村信息谷创新示范基地鸟瞰）

（滕琦诺）

【中关村企业走进新泰对接交流会举办】 6月2日，由新泰市委、市政府，中关村信息谷联合主办，新泰市商务局、新泰中关村信息谷承办的“创新中国行·齐鲁汇——中关村企业走进新泰对接交流会”在新泰市举办，中关村企业与新泰市各委办局负责人就落地政策、人才引进、产业导向等方面进行交流。新泰市委、市政府相关负责人，新泰市开发区、市政府办公室、商务局、人才办、科技局、工业和信息化局、招商中心主要负责人，中关村信息谷新泰项目负责人及中关村15家优质企业代表近50人参加活动。

（滕琦诺）

【新泰·中关村信息谷入驻“小镇客厅”】 7月20日，新泰中关村信息谷入驻“小镇客厅”。“小镇客厅”位于山东省新泰市汶阳春路，清音大桥南侧，用地面积4.1万平方米，总建筑面积3.88万平方米，依托青云山、青云湖而建，为新泰·中关村信息谷创新示范基地项目中的核心位置。“小镇客厅”项目由新泰市政府和中关村信息谷共同推动设立，包含接待展厅、教育培训中心、公共服务中心、运营管理中心、创新孵化中心等，功能定位为科技创新的加速器、产业升级的路由器、动能转换的放大器，重点突出展示、研发、小试、中试、孵化、金融、服务等功能。通过开展创新合作交流、对外合作交流、项目对接、资本对接、产业落地等内容，促进区域协同发展，推动新泰产业结构优化，为打造新兴产业提供新动力。中科院等20余家高新技术企业已签约入驻，意向签约企业30余家。

（滕琦诺）

【创新发展政企恳谈会举办】 10月23日，由中关村信息谷主办，新泰市商务局、新泰中关村信息谷承办的新泰·中关村信息谷创新发展政企恳谈会在新泰·中关村信息谷创新示范基地举办。会议以“精准对接促发展·政企合作新篇章”为主题，旨在加强企业与政府之间协同发展，创新交流与合作，持续营造招才引智环境、聚集创新资源，实现协同高效、相互衔接、优势互补的创新发展体系。新泰市各委办局及相关业务单位、知名企业家、投资人等60余人参加活动。

（滕琦诺）

【项目线上对接交流活动举办】 11月19日，新泰·中关村信息谷入驻企业万象和天（新泰）文化传媒有限公司、新泰·中关村信息谷与三明生态新城管委会、三明·中关村信息谷开展项目线上对接交流活动。会议分享了万象和天网红孵化、娱乐直播、短视频内容商业化、企业代运营服务、整合营销推广服务、新媒体营销、效果广告等情况；三明·中关村信息谷创新中心产业布局规划、产业发展定位以及未来发展规划等情况，三明在税收、人才及产业配套功能区等多方面惠企扶持政策。与会嘉宾对企业落地需求进行深入沟通，就项目开展达成多项合作共识。

（滕琦诺）

【科技政策对接会举办】 12月9日，新泰·中关村信息谷创新示范基地举办“科技政策对接，专利知识解读”政策对接会。会议围绕企业科技政策支持与知识产权运用保护等环节进行研讨。新泰·中关村信息谷科技服务有限责任公司负责人介绍了创新示范基地营商环境与运营成效，科技局负责人介绍了惠企政策及知识产权申报工作开展情况，分析新泰市专利申报增长趋势等。新泰科技局、山东重点产业知识产权联盟、产业技术研究院及50余家企业代表参加。

（滕琦诺）

长春·中关村创新中心

【概况】 长春·中关村创新中心成立于2018年11月，位于吉林省长春市高新区，由长春中关村信息谷科技服务有限责任公司（简称长春中关村信息谷）负责运营管理。中心分两期建设，一期建筑面积3.1万平方米，2018年建成并投入使用；二期建设面积7万平方米。中心重点发展新一代信息技术、智能制造、生物与生命科技、服务外包等战略性新兴产业，培育以创新为主要特征的内生动力，形成产业微集群。2020年，中心新增入驻企业13家，5家入驻企业被认定为国家高新技术企业，组织开展企业成长计划，并于全年举办2场线上讲座、8场线下沙龙。截至2020年底，长春·中关村创新中心注册企业103家，签约入驻企业33家，一期载体招商完成率68%。

（长春·中关村创新中心外景）

（滕琦诺）

【精准招商对接会举办】 6月2日，长春·中关村创新中心举办精准招商对接会。对接会上，保定市隆元达生物科技有限公司介绍了未来在长春建设隆元达东北地区运营中心、生产基地的计划，以及在工业用地、定制化工厂、融资等方面的需求。长春高新区、新发集团及长春·中关村创新中心与保定隆元达就其提出的建设计划及需求进行了座谈交流。长春新区招商一局、长春新发集团、隆元达相关负责人，以及长春中关村信息谷、保定中关村信息谷相关人员参加活动。

（滕琦诺）

【《吉林日报》报道长春中关村产业协同计划】 6月3日，《吉林日报》以“产业协同·扬创新风帆”为题，系统报道长春·中关村创新中心2020年度“产业协同计划”开展情况。“产业协同计划”是长春·中关村创新中心更好集聚资源、服务企业、发挥平台功能的有力之举，即重点针对企业迫切需求，借助中关村资源聚集与产业协同的优势，通过常态化的对接机制，在项目、市场、技术和融资等方面协助长春企业实现最优布局和精准对接。通过快速搭建合作交流、协作发展的对接平台，依托“线上+线下”联动的模式，链接产业链上下游企业合作交流，推动企业之间技术、市场等资源共享，促进融资企业和投资机构之间的高效对接，实现企业抱团取暖、合作共赢。“产业协同计划”启动以来，在不到1个月的时间内，长春·中关村创新中心就征集到了第一批次15家有需求的企业，组织5次线上“供需”精准对接活动，长春光华科技发展有限公司、吉林派诺生物公司、长春易加科技公司、长春伟瑞迪科技有限公司、润方（长春）生物科技有限公司等一批公司受益。

（滕琦诺）

【组织入驻企业参加深圳高交会】 11月11日—12日，长春中关村信息谷组织长春·中关村创新中心入驻企业代表前往深圳，参加第22届高交会未来科技峰会暨粤港澳大湾区协同创新交流会。活动通过参观调研、主题发言、对话研讨等形式，共同交流经验，以期推动中关村及合作城市与粤港澳大湾区在科技创新发展领域全面合作，实现产业协同、资源共享、优势互补、互利共赢。

（滕琦诺）

【"企业成长计划 X 星拓说"第五期举办】 12 月 19 日，由长春中关村信息谷主办、吉林省星拓科技有限责任公司承办的"企业成长计划 X 星拓说"第五期在长春·中关村创新中心举办。吉林省 20 多位企业家代表参加。"企业成长计划 X 星拓说"是由长春中关村雨林空间与星拓科技共同发起，将"星拓说"的相关创新服务内容纳入中关村"企业成长计划"服务体系。活动中，星拓科技做了题为"私域流量：用户方法增长论"的演讲，德国引诺国际创新中信重工区做了题为"中小企业融资问题实战总结"的主题分享。在"围炉思想会"环节，企业家共同探讨了互联网发展趋势如何应对及形成未来趋势应对措施的方式。

（滕琦诺）

【5 家入驻企业被认定为国家高新技术企业】 12 月，长春·中关村创新中心入驻企业中科凯瑞新能源有限公司、吉林省中天数码科技有限公司、润方（长春）生物科技有限公司、吉林省星拓科技有限责任公司、长春亿佳量子信息技术有限公司等 5 家企业被认定为 2020 年国家高新技术企业。

（滕琦诺）

天津滨海—中关村协同创新示范基地

【概况】 天津滨海—中关村协同创新示范基地成立于 2018 年 12 月，位于天津市滨海新区，由天津中关村信息谷负责运营管理。基地运营面积 8.9 万平方米，规划建设创新创业服务平台、科技服务平台、知识产权服务平台、金融服务平台、人才服务平台、市场服务平台等六大功能区，拥有孵化器、路演厅、多功能报告厅、咖啡吧、书吧、展厅等区域，集办公、服务、展示于一体。2020 年，天津滨海—中关村协同创新示范基地新增入驻企业 29 家，开展了政企对接会、政策解读会、"华科 8 陆"下午茶等创新创业活动共 19 场，活动主题涵盖企业关注的高新技术企业认定、知识产权保护、投融资等多个方面。截至 2020 年底，天津滨海—中关村协同创新示范基地入驻企业 151 家，其中，国家高新技术企业 9 家、雏鹰企业 7 家。在孵化企业知识产权数量达 1261 项。

（天津滨海—中关村协同创新示范基地外景）

（滕琦诺）

【6 家企业落户天津滨海—中关村协同创新示范基地】 3 月 6 日，中信网络有限公司、北京蓝星清洗有限公司、天津万泽教育科技有限公司、天津中敏海科有限公司、智声医科（天津）技术有限公司、天津逻灵科技有限公司等 6 家企业集体签约落户天津滨海—中关村协同创新示范基地。

（滕琦诺）

【京津冀百家企业云上交流会举办】 4 月 27 日，由天津滨海—中关村协同创新示范基地云上发起的创新中国行——京津冀百家企业云上交流会举办，来自京津冀三地的生物医药、信息技术、科技服务、科技金融等领域百位企业家连线交流。云上交流会由天津滨海新区政府、天津滨海—中关村科技园管委会、保定国家高新区管委会、沧州渤海新区管委会、中关村信息谷主办，天津中关村科技园协同保定中关村信息谷联合承办。与会人员探讨了企业的落地需求、入驻政策等，并就京津冀的科技平台搭建、创新服务能力、管理体制机制等，与参会的三地管委会负责人进行了交流。中关村管委会、天津市滨海新区商务和投资促进局、天津滨海—中关村科技园、天津市滨海新区驻中关村招商中心、河北省沧州市渤海新区管委会、河北省保定市国家高新区管委会等单位相关负责人参加会议。

（滕琦诺）

【京津冀科技网红孵化基地揭牌】 6 月 3 日，由天津滨海—中关村科技园管委会、中关村信息谷主办，天津中关村科技园和中关村协创科技发展（天津）有限公司承办的“京津冀科技网红孵化基地揭牌”活动在天津滨海—中关村协同创新示范基地举行，探索“互联网+”经济发展的新引擎。天津中关村科技园、中关村协创科技发展（天津）有限公司、北京中民嘉成投资管理有限公司三方分别签署战略合作协议，将共同建设运营京津冀科技网红孵化平台，打造电商孵化基地，发力“网红经济”，打通“线上+线下”两大平台，引领行业的创新模式，探索新常态，建立新信心，展望新发展。天津滨海—中关村在业界提出“科技网红”概念，开辟新的商业模式，以天津滨海—中关村为试验田打造“京津冀科技网红孵化基地”，通过视频直播进一步开发产业园区的功能性，同时，以“网红直播”形式为园区科技企业拓展市场与合作渠道，广泛提升天津滨海—中关村的知名度，打造以科技手段承载新兴内容的网红新经济。

（滕琦诺）

【天津滨海—中关村协同创新示范基地入选市级小型微型企业创业创新示范基地】 11月11日，《天津市工业和信息化局关于2020年认定市级小型微型企业创业创新示范基地的通知》发布，经天津滨海新区工业和信息化主管部门推荐、专家评审和公示，认定筑梦瑞格众创空间等12家基地为市级小型微型企业创业创新示范基地。天津滨海—中关村协同创新示范基地入选。

（滕琦诺）

【天津滨海—中关村协同创新示范基地签署三方合作协议】 12月1日，天津滨海—中关村协同创新示范基地、天津英中石墨烯科技有限公司与英国曼彻斯特英中协会三方签署了合作备忘录，旨在以天津与大曼彻斯特友城为合作背景，以京津冀协同发展为纽带，共同推动天津滨海中关村—曼彻斯特孵化创新平台的共建工作。三方围绕“构建新能源、低碳、环境等领域的创新生态系统，聚集并有效配置国内外技术、人才、资本等创新资源，促进国际优质科技成果产业化集群”等方面做了深入交流，并达成共识：聚焦天津滨海中关村—曼彻斯特孵化创新平台的创建和发展，以此加强中英环保技术领域的合作，打造中英合作示范项目、中英产业技术创新中心、中英产业孵化中心和中英人才交流平台。

（滕琦诺）

【京津冀协同创新发展联盟第二次成员大会召开】 12月30日，由中关村信息谷主办、天津中关村科技园运营服务公司和天津中关村信息谷科技服务公司承办的京津冀协同创新发展联盟第二次成员大会召开。来自北京德瑞智慧科技有限公司、全联城市基础设施商会政企产业合作委员会、北京蓝星清洗有限公司天津益分公司等近50家联盟单位参会，共同探讨和分析京津冀协同发展的新方向、新对策。各成员单位围绕“疫情常态化形势下如何保持企业活力”“京津冀协同发展新方向”两个议题进行讨论，通过京津冀协同创新发展联盟的力量，发挥京津冀三地政策优势，积极探索，争取先行先试，帮助企业平稳实现疫情常态化下的有机发展，为京津冀共同体发展增添新动力。（京津冀协同创新发展联盟于2017年底发起成立，是由北京、天津、河北三地主导创新发展相关的企事业单位、社团组织、高等院校、科研院所等自愿结成的跨行业、开放性、非营利性的社会组织。）

（滕琦诺）

怀柔科学城创新中心

【概况】 怀柔科学城创新中心成立于2018年12月，位于北京市怀柔区科学城中心地带的创新小镇，由雨林生态（北京）科技服务有限责任公司负责运营管理。中心运营面积3300平方米，重点发展以智能产业为核心的信息科学、生命健康和科技服务业，建设立足怀柔、服务全国、链接全球的创新服务网络体系，打造怀柔科学城创新创业服务第一品牌。2020 年，怀柔科学城创新中心对接洽谈企业 150 家，携云基因、结力能源等 25 家企业签约，初步形成信息技术、生命健康两大产业微集群。截至 2020 年底，怀柔科学城创新中心在孵企业 59 家，包括信息技术企业 21 家、智能制造企业 11 家、节能环保企业 6 家、生命健康企业 5 家、新材料企业 2 家、科技服务 12 家；其中，国家高新技术企业 8 家、中关村高新技术企业 5 家。

（怀柔科学城创新中心外景）

（滕琦诺）

【携云基因签订近 80 项商业合同】 2020 年，怀柔科学城创新中心入驻企业北京携云基因科技有限公司与解放军总医院、北京协和医院、北大人民医院、北京儿童医院、医科院血液病医院、湘雅医院、中国疾控中心等 30 家客户签订近 80 项 Bio-IT 商业合同。

（滕琦诺）

【结力能源隔热节能薄膜实现量产】 2020 年，怀柔科学城创新中心入驻企业北京结力能源科技有限公司自主研发的隔热节能薄膜实现量产，太阳能海水淡化设备和系统进入中试测试阶段，获 5 件实用新型专利、9 件发明专利，并获 2020 "创客中国" 首届京津冀中小企业创新创业大赛创客组三等奖。

（滕琦诺）

【"雁栖汇" 系列活动举办】 2020 年，怀柔科学城创新中心围绕企业税务风险防控与管理培训、北京市高精尖产业政策解读、专利基础知识介绍 & 高新技术企业申报等主题累计举办 6 期"雁栖汇"活动。"雁栖汇" 是中关村信息谷为怀柔科学城精心打造的创新服务交流平台，目的是通过活动的形式，搭建资源汇聚平台，推动各类供需信息集中高效流通，为政府、企业、机构提供跨行业的交流、学习与合作的机会，最大限度地延伸政府服务链条，为企业链接市场、政策、人才、技术、资本等发展要素。

（滕琦诺）

滁州 · 中关村发展协同创新中心

【概况】 滁州 · 中关村发展协同创新中心成立于 2019 年 6 月，位于安徽省滁州市，由滁州中关村信息谷科技服务有限责任公司（简称滁州中关村信息谷）负责运营管理。中心运营面积 8.5 万平方米，以智能制造、新一代信息技术、大健康、科技服务为产业支撑，以创新为动力，推动科技产业发展，建设以科技成果转化为核心，以政策、技术、人才、资本四大要素为支撑的长三角 "三省一市一体化" 的桥头堡和示范区。2020 年，滁州 · 中关村发展协同创新中心新增入驻企业 27 家。截至 2020 年底，创新中心入驻企业 31 家，雨林空间国际孵化器客户 45 家、储备客户 32 家。

（滁州 · 中关村发展协同创新中心外景）

（滕琦诺）

【长三角智慧社区和养老产业协同发展论坛举办】 6 月 17 日，滁州 · 中关村发展协同创新中心一周年系列活动之 "长三角智慧社区和养老产业协同发展论坛暨大健康专场路演" 举办。来自北京（网络连线）及长三角区域的大健康领域企业家、专家带来了新技术、新项目，并与长三角区域大健康产业企业、滁州·中关村发展协同创新中心入驻企业、投融资机构进行对接洽谈，促进人才、项目、技术、资本在创新中心的交流互动。滁州市南谯区民政局、滁州市琅琊区民政局、江苏省社会工作协会等相关负责人出席活动，高地城市服务产业集团等40余家企业代表参加活动。

（滕琦诺）

【滁州中关村信息谷与南航无锡研究院签约】 11月26日，"走进长三角·梦圆汇智湾"路演吧第十四期产学研合作对接洽谈会在滁州·中关村发展协同创新中心举办。来自南京航空航天大学、中科院的10位科技成果转化项目专家代表展示最新科技成果转化项目，促进产学研合作。对接会现场，滁州中关村信息谷与南京航空航天大学无锡研究院签订了战略合作协议，双方将基于市场规律，充分发挥各自的渠道、资源以及专业服务优势，形成利益共享机制，建立"产学研政金"合作平台。一方面，整合无锡研究院的科技资源，在创新中心项目内按照市场机制推动优质科技项目的挖掘、对接、实施与落地；另一方面，开展科技服务的工作模式，以滁州当地产业需求为牵引，围绕新一代信息技术、大健康、新材料、新能源等方向，实现科技与企业、市场、资本的有机融合，建设高水平研发及科技成果转移转化平台。

（滕琦诺）

【7期"走进长三角·梦圆汇智湾"路演吧活动举办】 2020年，7期"走进长三角·梦圆汇智湾"路演吧在滁州·中关村发展协同创新中心举办。该活动旨在根据滁州当地产业创新发展需求，举办系列专场路演活动，为滁州当地产业供需双方提供人才引进、知识产权转化、高新技术合作、项目孵化、投融资对接等产业生态链各个环节的专业对接服务，并促成合作项目落地。活动围绕"机器人、新材料产业领域高层次人才专场路演""物联网、人工智能产业领域高层次人才专场路演""IP产业集群、新能源企业专场路演""滁宁共建一体化电商直播产业发展""高层次人才走进滁州对接""产学研合作对接洽谈"等主题，邀请嘉宾路演、交流。

（滕琦诺）

潍坊·中关村信息谷创新中心

【概况】 潍坊·中关村信息谷创新中心成立于2019年12月，位于山东省潍坊市坊子区，由潍坊中关村信息谷科技服务有限责任公司（简称潍坊中关村信息谷）负责运营管理。中心运营面积1.1万平方米，定位为先进制造、新一代信息技术、现代农业、生命健康、新材料五大产业。2020年，北京亚信数据有限公司、北京天地连线科技有限公司、山东巴融信息科技有限公司、巴斯夫新材料有限公司等36家企业入驻创新中心，入驻率38.33%。创新中心共举办"创新大讲堂"活动6场、创新合作对接会活动2场、创新中国行活动3场；与潍坊市坊子区政府设立了"潍坊中谷健康产业投资基金"。

（潍坊·中关村信息谷创新中心外景）

（滕琦诺）

【重点项目对接会举办】 10月22日，由潍坊市财政局、潍坊市坊子区政府主办，潍坊市坊子区财政局、潍坊·中关村信息谷创新中心、国警公（潍坊）安防产业研究院承办的"中关村信息谷创新中国行走进潍坊——重点项目对接会"在潍坊·中关村信息谷创新中心举办。活动现场，潍坊市坊子区政府分别与国警公（潍坊）安防研究院、奕德盛世（北京）航空科技有限公司、宏泰宏（北京）科技有限公司签署项目合作协议。路演环节，国警公（潍坊）安防研究院、千方科技、科大讯飞、奕德盛世、宏泰宏科技 5 家重点项目进行路演，分别介绍了项目情况、未来发展及落地需求。来自公安部研究所、中国人民公安大学、安徽省公安厅的专家、负责人，潍坊市坊子区委、潍坊市财政局、潍坊中关村信息谷以及山东高速千方交通科技有限公司等单位的 40 余人参加活动。

（滕琦诺）

【潍坊中谷健康产业投资基金设立】2020 年，潍坊·中关村信息谷创新中心与潍坊市坊子区政府设立了“潍坊中谷健康产业投资基金”，在基金协会备案。基金一期规模 7228 万元，主要投资于生命健康产业领域优质的高成长性企业，通过基金投资入股被投企业，结合地方载体、政策等配套，引导项目落地。

（滕琦诺）

青岛·中关村信息谷创新中心

【概况】青岛·中关村信息谷创新中心成立于 2020 年 1 月，位于山东省青岛市高新技术产业开发区火炬路，由青岛中关村信息谷科技服务有限责任公司（简称青岛中关村信息谷）运营。中心运营面积 1 万平方米。创新中心围绕人工智能、5G 等新一代信息技术和生物与生命科技的主线，构筑服务平台高地，旨在打造一个立足青岛、联动京津冀、辐射东北亚、面向全球的国际开放平台及创新交流窗口。2020 年，青岛·中关村信息谷创新中心入驻企业 31 家，举办 11 场产业活动，其中包括大型产业论坛 3 场、专项招商对接会 4 场、产业培训及研讨会 2 场、创新创业大赛 2 场。

（青岛·中关村信息谷创新中心外景）

（滕琦诺）

【青岛·中关村信息谷创新中心揭牌】1 月 8 日—9 日，由青岛高新区管委会和中关村信息谷联合主办、青岛中关村信息谷和青岛大荣生态科技园有限公司联合承办的“创新中国行 走进青岛暨青岛·中关村信息谷创新中心揭牌仪式”在青岛红岛国际会议展览中心举行。大会邀请 500 余位企业家代表及相关人员参加活动。活动现场，青岛·中关村信息谷创新中心首批意向落地企业签约仪式举行，深之蓝水下智能科技、军研科工智能科技等 18 家企业签订入驻协议；中关村区域协同产业发展联盟启动，首批成员由北京 IP、启航投资、中关村产融合作与转型促进会等 20 家院所机构、行业协会、高精尖企业组成。北京量子体系科技股份有限公司、中关村天使投资联盟等 20 位智能科技产业领域的产学研专家成为青岛·中关村信息谷创新中心“百名双创导师”。同时，“创新中国行”还将“走进青岛暨青岛·中关村信息谷创新中心揭牌”分会场活动——企业家精准对接会在青岛·中关村信息谷创新中心举办，通过项目推介、载体考察、座谈交流、项目路演等形式，向 20 余家具有合作意向的高新技术企业推介了青岛·中关村信息谷创新中心，重点就落地政策、产业环境等企业较为关心的议题进行互动。

（滕琦诺）

【举办 3 期岛城创新行活动】3 月 26 日—4 月 16 日，3 期“岛城创新行——青岛中关村信息谷云招商洽谈会”系列活动举办。活动由山东省青岛市高新区管委会及中关村信息谷主办，青岛高新区管委会招商部与青岛·中关村信息谷创新中心承办。3 期活动分别为“人工智能 +”高端装备制造产业专场、新一代信息技术专场、生物医药专场。3 场活动为天津海之星水下机器人有限公司、北京宙心科技有限公司、北京华见机器人技术有限公司、迈思成（北京）科技有限公司、北京云道智园科技有限公司、中交智能科技股份有限公司、依蓝云（北京）科技有限公司、公链区块链技术（深圳）有限公司、上海细胞治疗集团、北京爱康维健医药科技有限公司、北京医信天下数据技术有限公司、中科蓝海（天津）科技有限公司、北京网盟医天下科技有限公司 13 家科技创新型企业搭建了精准对接平台，为营造创新产业集聚氛围迈进了更坚实的一步。

（滕琦诺）

沈阳·中关村智能制造创新中心

【概况】沈阳·中关村智能制造创新中心成立于 2020 年 1 月，位于辽宁省沈阳市铁西区核心地段，由沈阳中关村信息谷科技服务有限责任公司（简称沈阳中关村信息谷）运营，运营面积 1.4 万平方米。创新中心聚焦工业互联网、先进制造、生物医药和科技服务等关键领域，着力构建以科技成果转化为核心，以企业、人才、资本、院校、政策、文化六大要素为支撑的“类中关村”创新生态系统，打造创新要素齐备、产业高度聚集的京沈协同创新示范项目。2020 年，沈阳·中关村智能制造创新中心签约项目 54 个，入驻办公 30 家，开展线上、线下活动 60 余场；获评“市级科技企业孵化器”“省级科技企业孵化器”；被列为辽宁省 2020 年“重强抓”双百攻坚任务，位居“推进 50 个重大招商项目签约落地”首位。

（沈阳·中关村智能制造创新中心外景）

（滕琦诺）

【沈阳·中关村智能制造创新中心启动】1 月 17 日，由沈阳市铁西区政府、沈阳市科技局、沈阳经济技术开发区管委会、中德（沈阳）高端装备制造产业园管委会、中关村信息谷联合主办的“京沈协同共创未来”主题活动举办。在活动上，沈阳·中关村智能制造创新中心启动仪式举行。现场还举行了沈阳·中关村智能制造创新中心集中签约仪式。沈阳市经济技术开发区管委会与沈阳市高校、科研院所以及区内具有研发中心的企业共计 10 家签署了共建协议，与 6 家园区投资项目签约；沈阳中关村信息谷与首批入驻的 10 家企业和金融机构签订了入驻协议。同期，沈阳·中关村智能制造创新中心举办了以“对话资本 融创未来”为主题的创新项目路演活动。来自北京、大津及沈阳本地的 8 个高端创新项目专家、10 余家北京知名投资机构代表、沈阳市铁西区相关委办局负责人、企业家及媒体代表约 100 人参加了路演活动。路演期间，特邀的创业导师进行现场点评，创投机构代表与路演企业互动对话。

（滕琦诺）

【沈阳·中关村建设情况暨中关村新技术、新产品走进沈阳发布会举办】7 月 31 日，由沈阳市产业转型升级促进中心、沈阳经济技术开发区、中德（沈阳）高端装备制造产业园管委会、沈阳市高新技术企业协会和沈阳中关村信息谷联合主办的“京沈协同·筑梦未来”——沈阳·中关村建设情况暨中关村新技术、新产品走进沈阳发布会在沈阳·中关村智能制造创新中心举办。活动对沈阳·中关村项目建设情况进行发布。活动现场，沈阳经济技术开发区、中德园管委会分别与共建沈阳·中关村社会资本、银行单位签署合作协议，中关村信息谷与入驻中心基地项目签署合作协议。

（滕琦诺）

【中德（沈阳）高端装备制造创新委员会第二次会议举办】8 月 6 日，由中德（沈阳）高端装备制造创新委员会主办的中德（沈阳）高端装备制造创新委员会第二次会议在沈阳 · 中关村智能制造创新中心举行。会议以“后疫情时代中德产业创新合作的机遇与挑战”为主题，设置专业委员会项目交流、主题演讲两个阶段，采取线上、线下相结合的形式，同时在德国柏林、海德堡、慕尼黑三地设立分会场，德国嘉宾通过网络会议形式参会。会上，工业互联网、智能制造、双元制教育等专业委员会进行了项目交流，中德专家围绕中德合作新格局下的共赢之路等 3 个议题发表了主题演讲。工业互联网平台应用创新推广中心、中德企业创新孵化中心揭牌。辽宁省工业和信息化厅、德国联邦经济和能源部、沈阳市政府、德国国家科学与工程院、中德创新委员会等单位的相关人员参加会议。

（滕琦诺）

【沈阳 · 中关村信息谷创新中心获评省级、市级科技企业孵化器】11 月 6 日，沈阳 · 中关村智能制造创新中心获评“市级科技企业孵化器”。12 月 7 日，获评“省级科技企业孵化器”。

（滕琦诺）

【法国源讯公司沈阳运营中心启动】11 月 23 日，法国源讯公司沈阳运营中心在沈阳 · 中关村智能制造创新中心启动。启动仪式后，举办了“中欧工业互联网数字化转型研讨会”，就工业互联网、数字孪生、制造业服务化等主题开展技术交流和成功案例分享。（法国源讯公司总部位于巴黎，在 72 个国家和地区为包括国防、金融、健康、制造业、公用事业、政府部门、零售、电信和运输等行业在内的客户提供服务。）

（滕琦诺）

【数字力量智能科技联合共建产学研实训基地】11 月 30 日，沈阳 · 中关村智能制造创新中心入驻企业沈阳数字力量智能科技有限公司、苏州数字力量教育科技有限公司与沈阳化工大学计算机科学与技术学院签署产学研合作协议，并为“数字力量 RPA 流程自动化开发实验室”揭牌。沈阳数字力量智能科技有限公司是沈阳 · 中关村智能制造创新中心与铁西区、经开区（中德园）共同招募落户的专业 RPA（流程自动化机器人）团队。2020 年以来，沈阳数字力量智能科技有限公司连续在苏州、沈阳、北京等地建立区域团队，获得数千万元融资；6 月，入驻沈阳 · 中关村智能制造创新中心。在创新中心的协助下，与沈阳化工大学计算机科学与技术学院开展产学研合作探索，筹备实训基地建设，共建实习就业平台。

（滕琦诺）

【“5G + 医疗健康产业高峰论坛”举办】12 月 8 日，由沈阳 · 中关村智能制造创新中心入驻企业沈阳格冠科技发展有限公司、大公国际资信评估有限公司、沈阳中关村信息谷联合主办的“5G + 医疗健康产业高峰论坛”举办。10 余人次线上参与，20 余人到场。参与人员区域涵盖青海、山东、陕西、浙江、北京，以及辽宁沈阳、大连等地，与会企业涉及医疗信息化企业，医疗器械及设备生产商，医疗行业学者及专家，科技企业、人工智能、医疗机构、网络安全、农业银行、信用评估、中国移动等行业及企业，在场及线上高校的博士生导师、校方代表与各行业企业代表围绕论坛主题进行研讨，多家与格冠科技合作的医疗机构代表参与讨论。

（滕琦诺）

【54 个项目签约】2020 年，沈阳·中关村信息谷创新中心签约项目 54 个，其中新一代信息技术企业 19 家，智能制造企业 6 家，医疗健康企业 4 家，科技服务领域企业 7 家，其他新材料、节能环保、电子商务、工业互联网等行业企业 10 家；入驻办公 30 家。法国源讯沈阳运营中心、交通运输部公路科学研究院的全资公司中路高科辽宁公司、江苏先知细胞制备中心、北京农信互联东北区域总部落地创新中心，入驻企业苏州数字力量教育科技有限公司、宜科（天津）电子有限公司与当地科研院所已开展深入合作。

（滕琦诺）

南阳·中关村信息谷创新中心

【概况】南阳·中关村信息谷创新中心成立于 2020 年 10 月，位于河南省南阳市南阳中关村科技产业园，由南阳中关村信息谷科技服务有限责任公司运营管理。中心运营面积 2.16 万平方米，以大信息先进制造、电子商务为主导，科技服务业为支撑，按照“立足区域优势、着眼国际视野、强化资源对接、形成示范引领”的发展思路，构建一个“政产学研、创孵金展”，要素齐全、有机互动的“类中关村”创新生态系统，推进区域转型升级、创新发展。2020 年，南阳·中关村信息谷创新中心入驻企业 46 家。其中，引入的京东城市（南阳）数字科技电商产业基地，包含 10 余个数字商务类项目，产值达 4000 万元。共举行各类科技活动 15 场（200 人以上规模活动 3 场），总参会企业数量达 1100 余家。

（南阳·中关村信息谷创新中心外景）

（滕琦诺）

【南阳·中关村信息谷创新中心揭牌】10 月 30 日，南阳·中关村信息谷创新中心在河南省南阳市高新区揭牌。揭牌仪式上，中科院计算技术研究所大数据研究院联合实验室、潘际銮院士焊接技术研究中心、上海沪潼船舶机械有限公司、汇通达网络股份有限公司等企业代表首批入驻的 44 家企业与南阳·中关村信息谷创新中心签约。南阳市委、国家信息中心信息化和产业发展部、北京市扶贫支援办、中关村信息谷等京宛两地有关负责人，以及 200 余位北京、上海、广州、深圳等地的企业代表参加，另有 30 余家意向企业受邀参加此次揭牌活动。

（滕琦诺）

【2020 中国·南阳数字经济发展论坛举办】10 月 30 日，由南阳高新区管委会、中关村信息谷主办，南阳中关村信息谷承办的 2020 中国·南阳数字经济发展论坛在南阳市高新区举办。论坛以“创新驱动发展，数字赋能未来”为主题，邀请行业专家、企业家、高校学者，围绕数字化前沿科技发展趋势、智能工业、大数据、企业数字化发展新机遇、推动经济高质量发展、智慧城市等热点展开探讨，对在转型发展中的南阳如何“抢抓发”出谋划策。

（滕琦诺）

广州 · 中关村信息谷创新中心

【概况】广州 · 中关村信息谷创新中心成立于2020年12月，位于广东省广州白云湖数字科技城，粤港澳大湾区重要的发展腹地，是白云西部连接空港与中心城区的核心区域，由广州中关村信息谷科技服务有限责任公司（简称广州中关村信息谷）负责运营管理。中心运营面积1万平方米，着力打造广州中关村协同创新展示交易中心、雨林空间国际孵化器、科技办公区等创新交流示范窗口。2020年，广州 · 中关村信息谷创新中心签约落地企业39家，开业即实现100%入驻率，包括广州手到病除医疗科技股份有限公司互联网医院远程问诊平台、中兵高科（广东）有限公司建材大宗商品供应链金融结算平台、叠带电子商务（上海）有限公司5G直播基地、广州华大鑫盛网络科技有限公司工业4.0智能管理系统研发项目等一批优质企业项目。年内，广州 · 信息谷创新中心联合广州市白云区投促局打造“白云数字科技周”活动品牌，举办“中关村独角兽企业与白云区云上对接会”等2场线上对接活动和7场“创新中国行 · 走进中关村招商活动”。

（滕琦诺）

【广州 · 中关村信息谷创新中心启动】1月15日，广州市白云区政府与中关村信息谷签订《广州 · 中关村信息谷创新中心项目合作协议》；6月，签订《广州 · 中关村信息谷创新中心委托运营协议》。12月26日，白云湖数字科技城重大项目签约和动工仪式暨首届白云湖国际数字经济论坛、广州 · 中关村信息谷创新中心启动仪式举行。中关村信息谷、北大科技园、浪潮云等74个重大项目集中签约动工，投资额超1000亿元。其中，广州 · 中关村信息谷创新中心作为中关村信息谷在京外一线城市设立的大湾区首个创新中心，服务中关村及粤港澳大湾区企业协同发展。广州市白云区龙归街道办事处与广州中关村信息谷签订合作协议，拟在民营科技园核心区打造广州 · 中关村信息谷创新示范基地。

（滕琦诺）

苏州 · 中关村信息谷创新中心

【概况】苏州 · 中关村信息谷创新中心成立于2020年12月，位于江苏省苏州市高铁新城片区，由苏州中关村信息谷科技服务有限责任公司（简称苏州

（广州 · 中关村信息谷创新中心外景）

（苏州 · 中关村信息谷创新中心外景）

中关村信息谷）负责运营管理。中心运营面积 3.01 万平方米，定位为大数据、工业互联网、科技金融、智能驾驶、先进材料、生物医药六大产业。2020 年，苏州·中关村信息谷创新中心意向落地企业 5 家，意向签约面积 3303 平方米。

（滕琦诺）

【苏州·中关村信息谷创新中心项目签约】 5 月 14 日，中关村信息谷与苏州高铁新城签约仪式在北京举行。苏州市相城区委、苏州市相城区政府、中关村信息谷等负责人参加。根据协议，苏州·中关村信息谷创新中心首期将依托高铁新城天公大厦 3 万平方米载体，规划设置创新展示中心、雨林空间、科技企业办公、产业配套等功能空间。重点导入 5G 与人工智能、大数据与云计算等车联网产业与科技服务业创新资源。

（滕琦诺）

【苏州市高铁新城中关村信息谷高科技产业基金设立】 8 月，苏州中关村信息谷与上海通赛投资有限公司共同成立苏州市高铁新城中关村信息谷高科技产业基金。基金规模 5 亿元，以苏州高铁新城产业聚集、产业升级、产业转型为基本理念，以尖端科技行业、新基建行业的发展方向为落地目标，重点投资数字新媒体产业及大健康产业。

（滕琦诺）

三明·中关村科技园

【概况】 三明·中关村科技园成立于 2020 年 12 月，位于福建省三明市生态新城核心区，由三明中关村科技园运营服务有限责任公司负责运营管理。园区运营面积 5.24 万平方米，定位为电子商务、智能互联、生命健康三大产业。2020 年，44 家企业签约入驻三明·中关村科技园。

（三明·中关村科技园外景）

（滕琦诺）

【京闽（三明）科技合作视频会召开】 8 月 27 日，北京市政府与福建省政府联合召开京闽（三明）科技合作视频会，北京与福州两地分别设会场。会上，北京市科委、福建省科技厅、三明市政府主要负责人探讨了合作工作进展情况及下一步计划。根据《三明市人民政府与中关村发展集团战略合作协议》和《三明·中关村科技园合作协议》，此次三明市与中关村合作将包括“一园区、一基地”，其中，“一园区”即三明中关村科技园，总占地面积 29.67 万平方米，建筑面积预计 60 万平方米；“一基地”即在三明经济开发区、三明高新区金沙园、永安石墨和石墨烯产业园划出一定区域，作为三明中关村科技产业基地。北京市政府、福建省政府、北京市科委、福建省科技厅、三明市政府等有关负责人参加会议。

（滕琦诺）

【“创新中国行·科技企业走进三明”活动举办】 9 月 24 日，由三明市科学技术局、三明市卫生健康委员会、海西三明生态工贸区管委会主办，中关村信息谷承办的“创新中国行·科技企业走进三明”活动在三明市举行。三明市政府、三明市科技企业、中关村信息谷等 50 余家政府和企业代表 100 余人参加活动。参会人员分别参观了三明·中关村创新中心、沙县小吃中央厨房、金沙园规划馆、中机院海西分院、沙县小吃科技馆等，了解了三明·中关村创新中心的建设情况，三明市产业布局、特色产业基础、企业运营模式及产业定位、高端人才引进等情况，并与当地市政府相关部门进行座谈交流。北京金山云网络技术有限公司等 12 家企业分别进行了路演展示，与在场的政府、企业进行沟通交流，对企业合作方向、产品技术及业务领域等相关合作事项进行讨论；三明市政府相关负责人对各企业提出的针对性问题进行了解答。

（滕琦诺）

【三明 · 中关村科技园开园】 12 月 6 日，三明 · 中关村科技园开园暨北京科技特派员三明项目对接会举办。阿里巴巴、戴尔等来自国内的企业家、入园企业代表、创业服务机构，以及 31 名北京科技特派员参会。在签约仪式上，中关村信息谷与三明生态工贸区管委会签订运营协议；三明市政府与阿里巴巴、戴尔、中关村信息谷签订政企合作备忘录；44 家入驻三明 · 中关村科技园企业签约，总投资 58.23 亿元；13 个入驻三明 · 中关村科技园产业基地项目“云开工”，总投资 45.26 亿元，11 位北京科技特派员与三明市科技企业进行签约。福建省委、

三明市委、市政府负责人，北京市科委、中关村发展集团、北京石墨烯研究院、中关村信息谷，福建省政府办公厅、发展改革委、科技厅、工信厅、财政厅、商务厅等的有关部门负责人参加活动。

（滕琦诺）

顺义 · 中关村信息谷创新中心

【概况】 顺义 · 中关村信息谷创新中心位于北京市顺义区南法信镇。中心运营面积 1.4 万平方米，利用智库共享平台、展示中心、创新汇、雨林空间 4 个开放性支撑平台，聚集政策、资本、高端人才、创新文化、领军企业、科研院所等六大创新要素，按照“顺义研发、京外转化、全国推广、全球辐射”的工作理念，聚焦主导产业。2020 年，8 家企业签约入驻顺义 · 中关村信息谷创新中心。

（顺义 · 中关村信息谷创新中心外景）

（滕琦诺）

【政企对接座谈会举办】 5 月 8 日，由顺义区投资促进服务中心、金融服务办公室、南法信镇政府联合主办，中关村信息谷承办的顺义 · 中关村信息谷创新中心政企对接座谈会在顺义 · 中关村信息谷创新中心举办。本次活动旨在“搭建政企对接平台，赋能科技企业发展”，为企业“找人、找钱、找资源、找市场”，减少疫情所带来的损失。在企业推介交流环节，北京盛开互动科技有限公司、北京中城智德智慧科技有限公司、中科希达（北京）科技有限公司、太轻松（北京）健康管理有限公司、北京尚隐科技有限公司、北京富乐喜科技有限公司、晶瓷（北京）新材料科技有限公司等负责人重点围绕团

队背景、产品特色、未来规划等方面进行介绍，表达落地诉求，并就智慧城市建设、电商直播、投资基金等问题与政府负责人进行沟通交流。本次活动有效搭建起了政企对接的桥梁，为科技企业发展赋能加速。顺义区政协、顺义区投资促进服务中心、顺义区南法信镇政府相关负责人，16 家科技企业及 12 家金融机构等相关人员近 50 人参加。

（滕琦诺）

大连 · 中关村信息谷创新中心

【概况】2020 年，中关村信息谷筹备设立大连 · 中关村信息谷创新中心。创新中心位于辽宁省大连市金普新区，定位数字经济、生命健康、智能制造、科技服务等领域。

（滕琦诺）

【大连 · 中关村信息谷创新中心项目签约】5 月 11 日，中关村信息谷与大连市金普新区管委会就大连 · 中关村信息谷创新中心项目签署《筹备期合作协议》，就项目未来运营及合作事宜进行洽谈。双方通过合作，新区搭好台、做好服务，充分发挥各自优势，在东北老工业基地转型升级等方面共同引领新高地，实现新突破。中关村信息谷与金普新区构建务实高效的工作体系，逐步形成优势互补、协同发展的良好局面。

（滕琦诺）

【大连 · 中关村信息谷创新中心公众号开通】6 月 17 日，大连 · 中关村信息谷创新中心公众号开通，分为“金普创新汇”“投资金普”“园区要闻”等多个板块，全方位、多角度地报道园区新闻及大连市金普新区招商政策及投资环境。此外，创新中心多次被金普电视台、掌上金普、《大连日报》等媒体进行报道，示范效应初显。

（滕琦诺）

重庆 · 中关村信息谷协同创新中心

【概况】2020 年，中关村信息谷筹备设立重庆 · 中关村信息谷协同创新中心。创新中心位于重庆市渝北区，聚焦数字经济、科技金融和科技服务业等领域，打造数字经济协同创新交流平台与展示窗口，建设软件产业示范项目集群，成为重庆新兴产业聚集样板和西部创新发展示范区。

（滕琦诺）

【重庆 · 中关村信息谷协同创新中心项目启动】8 月 26 日，在中关村数字经济协同创新推介会上，重庆 · 中关村信息谷协同创新中心启动。活动由重庆市渝北区与中关村信息谷主办，以“智汇渝北 · 数享未来”为主题，聚焦数字经济发展前沿趋势，共谋发展大计，畅叙合作友谊，携手促进智能产业蓬勃发展，合力创造数字经济美好未来。渝北区委负责人介绍了渝北区营商投资环境，重点推介了软件和信息服务业等“五个千亿级”产业集群。中关村信息谷推介了重庆 · 中关村信息谷协同创新中心环境。重庆市政府、重庆市工业和信息化部、重庆市招商投资局及中关村发展集团相关负责人，渝北区有关部门负责人，工信海威（北京）信息科技有限公司、麒麟软件有

（重庆 · 中关村信息谷协同创新中心外景）

限公司等中关村企业代表共 200 余人参加推介会。

（滕琦诺）

赤峰·中关村信息谷科技创新基地

【概况】 2020 年，中关村信息谷筹备设立赤峰·中关村信息谷科技创新基地。创新基地位于内蒙古自治区赤峰市，定位新一代信息技术、智能制造、现代服务等，是赤峰市政府与中关村信息谷为推进京蒙创新协作、推动赤峰市供给侧结构性改革和产业转型升级合作而建设的项目。

（滕琦诺）

【赤峰·中关村信息谷科技创新基地项目签约】 10 月 12 日，中关村信息谷与赤峰市政府就赤峰·中关村信息谷科技创新基地项目签约。内容分为前期筹备阶段和运营管理阶段，筹备期为协议签订之日起 6—10 个月。筹备期内，中关村信息谷承诺组建至少 5 人的赤峰项目前期服务团队，不定期组织企业考察，围绕园区产业及发展方向，引入不少于 10 家意向落地企业。

（赤峰·中关村信息谷科技创新基地外景）

（滕琦诺）

协同创新基金

【概况】自2015年起，集团与区域地方政府协同合作，开展股权投资、资产管理、投资顾问等业务，通过母基金管理、子基金管理、项目投资、产业组织等工作，完善和优化合作区域科技金融环境和产业结构，打造“类中关村”科技创新生态。2016年3月，集团首支市场化母基金——北京中关村协同创新投资基金母基金设立。2020年，中关村协同创新基金新增管理廊坊蓝天基金1支母基金和生命科学园产业发展基金、廊坊中宏蓝图基金2支直投基金；新增投资项目20个。截至2020年底，北京中关村协同创新投资基金管理有限公司在管基金7支，其中，母基金2支，直投基金5支，基金规模超过44亿元。母基金包括中关村协同创新基金和廊坊蓝天基金：中关村协同创新基金规模20.01亿元，下设13支子基金（项目覆盖北京、保定、南宁、衢州、乌兰察布、新泰、南阳、宝坻、徐州、静海、金坛、德州），累计投资项目146个；廊坊蓝天基金规模6.91亿元，下设6支子基金。

（叶梅、韩娜）

表14　2020年协同创新母基金一览表

序号	母基金名称	基金管理公司	基金设立时间
1	北京中关村协同创新投资基金（有限合伙）	北京中关村协同创新投资基金管理有限公司	2016.03.09
2	廊坊市蓝天事业发展股权投资基金合伙企业（有限合伙）	北京中关村协同创新投资基金管理有限公司	2020.04.27

表15　2020年协同创新母基金投资子基金一览表

序号	子基金名称	基金管理公司	基金设立时间
北京中关村协同创新投资基金（有限合伙）			
1	衢州中关村复朴协同创业投资基金（有限合伙）	广州复朴道和投资管理有限公司	2017.06.21
2	泰安市茂榕清泽股权投资基金合伙企业（有限合伙）	珠海茂榕清和投资基金管理有限公司	2017.11.23
3	保定基石连盈创业投资基金中心（有限合伙）	北京基石创业投资管理中心（有限合伙）	2017.11.27
4	北京协同科创创业投资管理中心（有限合伙）	北京中关村协同创新投资基金管理有限公司	2018.02.24
5	南宁水木愿景创业投资中心（有限合伙）	北京水木国鼎投资管理有限公司	2018.03.16
6	南阳中关村协同创新创业资产管理中心（有限合伙）	南阳中关村协同创业投资基金管理有限公司	2018.05.03
7	乌兰察布市高榕三期投资合伙企业（有限合伙）	西藏高榕资本管理有限公司	2018.07.06
8	天津中关村磐谷图灵股权投资基金合伙企业（有限合伙）	北京磐谷创业投资有限责任公司	2019.02.28
9	天津合勤科技智能制造产业创新投资合伙企业（有限合伙）	北京合勤资本管理有限公司	2019.03.07

（续表）

序号	子基金名称	基金管理公司	基金设立时间
10	徐州云荷投资合伙企业（有限合伙）	北京云和方圆投资管理有限公司	2019.03.13
11	江苏中关村中诺协同投资基金合伙企业（有限合伙）	北京中诺同创投资基金管理有限公司	2019.11.11
12	德州两仪幂方康健创业投资合伙企业（有限合伙）	幂方资本管理（北京）有限公司	2019.12.27
13	北京中关村生命科学园产业发展基金（有限合伙）	北京中关村协同创新投资基金管理有限公司	2020.12.22
廊坊市蓝天事业发展股权投资基金合伙企业（有限合伙）			
1	廊坊安鹏股权投资基金合伙企业（有限合伙）	深圳市安鹏股权投资基金管理有限公司	2020.08.11
2	廊坊市岩睿翔股权投资基金合伙企业（有限合伙）	北京黑岩资本管理有限公司	2020.09.18
3	廊坊市复朴奥飞协同股权投资基金合伙企业（有限合伙）	北京复朴道和投资管理有限公司	2020.12.02
4	廊坊市同清延发股权投资基金合伙企业（有限合伙）	延安振兴发展产业投资基金管理有限公司	2020.12.18
5	廊坊市中宏蓝图股权投资基金合伙企业（有限合伙）	北京中关村协同创新投资基金管理有限公司	2020.12.28
6	廊坊市邦新信股权投资基金合伙企业（有限合伙）	中成国邦投资基金管理（北京）有限公司	2020.12.28

【中关村协同创新基金获评中国最具成长性有限合伙人】1月10日，在融资中国2020（第九届）资本年会暨颁奖盛典上，融资中国公布2019年度股权投资领域榜单。其中，中关村协同创新基金获“中国最具成长性有限合伙人”奖项。榜单从综合实力、募资能力、资管能力、投资能力、退出情况、诚信情况及媒体视角7个方面筛选出国内年度顶尖人物、机构、企业等。

（叶梅、韩娜）

【鑫君特完成数千万元A轮融资】1月14日，北京直投子基金协同科创基金和区域合作子基金泰安茂榕子基金共同投资的深圳鑫君特智能医疗器械有限公司宣布完成数千万元A轮融资。本轮融资由晨兴创投领投，原投资人弘晖资本跟投。浩悦资本担任独家财务顾问。本轮融资主要用于加速公司智能手术机器人产品的研发及商业化。

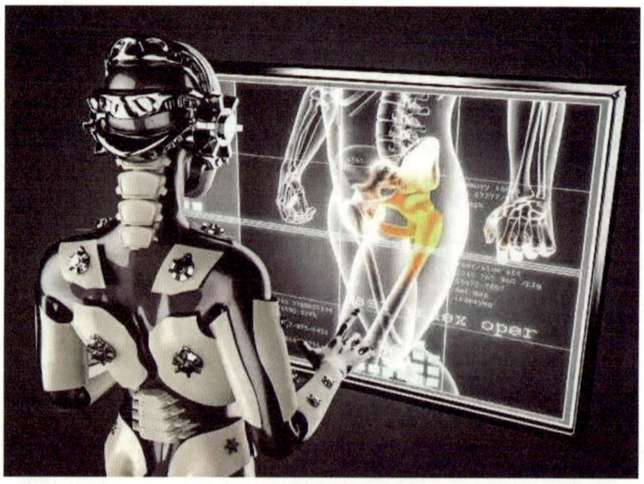

（动脉网）

【天壕投资发起设立珞珈白衣天使基金】1月24日，北京直投基金和徐州子基金共同投资的天壕新能源股份有限公司董事长陈作涛参与发起设立“珞珈白衣天使基金”，并代表天壕投资集团捐赠500万元。

新冠肺炎疫情发生后，陈作涛与各方武汉大学校友共同发起倡议，在武汉大学基金会下设立珞珈白衣天使基金，专项用于补贴和奖励武汉大学附属医院一线医护人员和研究人员。

（叶梅、韩娜）

【2家投资企业加入抗疫灭毒倡议联合行动】2月1日，由华大集团、松禾资本等百余家生命科学领域企业发起“抗疫灭毒联合行动倡议”，呼吁全国范围、尚有余力、心系疫情的生命科学领域中的行业中坚、创业精英，整合专业资源和科技人才，用科技创新力量打赢抗疫保卫战。北京直投子基金投资的成都齐碳科技有限公司、德州幂方子基金投资的微岩医学科技（北京）有限公司参加倡议联合行动。倡议发起方根据当地疾控部门的具体需求和指引，通过人员培训、仪器借用、试剂捐赠、资源共享等方式，协助湖北以及全国其他有迫切需求的区域尽快建立或者升级新型冠状病毒检测实验室，并优先保障武汉的供给。

（叶梅、韩娜）

【柯渡医学助力雷神山医院建设】2月1日，由泰安茂榕子基金投资的上海柯渡医学科技股份有限公司接到武汉雷神山医院部分设备安装、调试命令，要求在2月5日一天之内安装、调试完数台高压注射器。柯渡医学动用自身科技储备——阿基米德远程专家系统与AR眼镜，实时在线调动分布在全国的专家资源，通过基于AR技术的瞳影眼镜等远程可视化手段，快速解决现场故障和技术难题，减少了派往前线的工程师人数。

（叶梅、韩娜）

【衢州复朴子基金投资芯百特】2月18日，衢州复朴子基金投资企业广西芯百特微电子有限公司宣布完成数千万元A轮融资。本轮融资由衢州复朴子基金领投，UMC资本、湖北小米长江产业基金跟投，融资用于现有产品的量产以及新产品的研发。（芯百特成立于2018年，主要从事射频集成电路的研发和销售，并布局5G通信、WiFi6、AIoT等先进应用。）

（叶梅、韩娜）

【微岩医学研发出家用型核酸检测试剂盒】2月，由德州幂方子基金投资的微岩医学科技（北京）有限公司研发出一种能够居家自检、方便使用的检测技术和产品——新型冠状病毒（2019–nCoV）核酸检测试剂盒（家用自测法）。该检测试剂盒操作简单易行，受检者只需自行采集痰液或咽拭子，通过保温杯和热水加热后肉眼观察颜色变化，即可判定检测结果。由于无样本运输、管理等环节，大幅降低了扩散和污染风险，规避了感染操作人员的问题，同时还能缓解医院的检测压力。

（叶梅、韩娜）

【中关村协同创新基金获抗击新冠肺炎先进集体称号】3月8日，由中国科技金融促进会风险投资专业委员会、中国母基金联盟主办的“2020中国股权投资行业开年大会”以线上直播的方式举办。大会发布《中国母基金100指数报告》《中国母基金行业疫情下面临的困难和问题调查报告》，启动中国股权投资行业“云募资月”，并进行了中国股权投资行业抗击新冠肺炎表彰及2020中国优秀女性投资人表彰。中关村协同创新基金获“中国股权投资机构抗击新冠肺炎先进集体（母基金）”称号。

（叶梅、韩娜）

【德州幂方子基金投资爱思迈生物】3月11日，广州爱思迈生物医药科技有限公司宣布完成数千万元

A+ 轮融资，德州幂方子基金参与投资，其他投资机构还有 KIP 韩投伙伴、国科产投、才金资本等。本轮融资主要用于爱思迈生物医药的双抗药物研发及推进其针对乳腺癌的双抗创新药临床试验申报等。（爱思迈生物成立于 2016 年 5 月，是专注于肿瘤免疫双特异性抗体药物研发的创新药企业，已开发多款双抗产品，覆盖乳腺癌、胃癌、慢性淋巴细胞白血病等多种适应证。）

（叶梅、韩娜）

【捷通华声智能外呼机器人入选疫情防控信息平台】 3 月 11 日，由工业和信息化部科技司指导、中国人工智能产业发展联盟建设的“人工智能支撑新冠肺炎疫情防控信息平台”上线，启动抗疫人工智能产品和解决方案信息征集和推广工作，为人工智能产业界与需求方提供技术交流和供需对接便利。由南宁水木子基金投资的北京捷通华声科技股份有限公司的捷通华声灵云智能外呼机器人入选平台。外呼机器人依托捷通华声自主研发的语音识别、语音合成、语义理解等人工智能技术，能够主动致电目标人群，帮助社区落实好防控巡访、疫情调查、疫情通知、康复健康报告等人口排查和防病宣传教育工作。外呼机器人不仅信息传递效率更高，而且能够避免工作人员线下调研、排查被感染的风险。外呼任务结束后，系统还以报表形式自动统计任务完成情况、信息分类等相关数据，便于相关负责人快速掌握疫情防控进展。外呼机器人还针对医疗领域相关音频与文本语料进行模型训练，对疫情相关知识、医学专业词汇、疫情高发地名等进行学习训练，标准普通话语音识别准确率达 95%，通用语义理解准确率在 90% 以上。

（叶梅、韩娜）

【微岩医学通过新型冠状病毒核酸检测室间质评】 3 月 27 日，国家卫生健康委临床检验中心公布《2020 年全国新型冠状病毒核酸检测室间质量评价结果报告》，由德州幂方子基金投资的微岩医学科技（北京）有限公司通过室间质评。质评活动共检测 12 个样本（其中 10 号样本不计入成绩），微岩医学实验中心所检测结果与预期结果完全一致，满分通过测评。

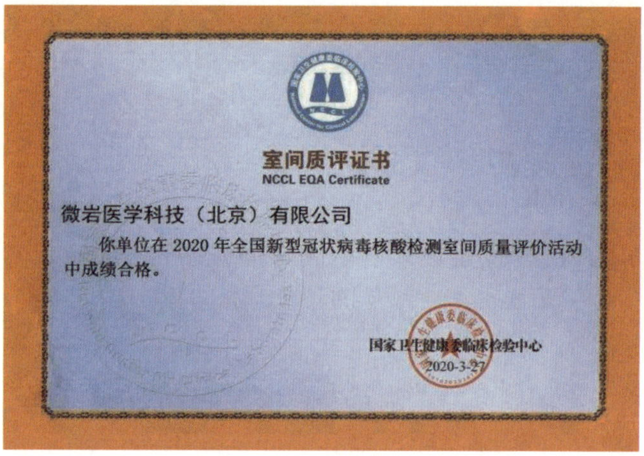

（叶梅、韩娜）

【新泰子基金投资欧谱曼迪科技】 4 月 10 日，广东欧谱曼迪科技有限公司宣布完成近亿元 C 轮融资。本轮融资由新泰子基金、广东国科和荷塘创新、九拓投资共同参与，融资主要用于研发与扩大规模。（欧谱曼迪成立于 2013 年 7 月，主要专注于硬式内窥镜领域。）

（叶梅、韩娜）

【德州幂方子基金投资求臻医学】 4 月 20 日，求臻医学科技（北京）有限公司宣布获数亿元 B 轮融资。本轮融资由上海联和领投，德州幂方子基金、和亚化医、弘晖资本、达泰资本等跟投。融资主要用于肿瘤多基因检测产品注册及 IVD 产业化，推进肿瘤伴随诊断检测和数据分析智能化，打造肿瘤精准医疗闭环。（求臻医学成立于 2017 年 11 月，致力于成为全球领先的肿瘤精准医学全流程产品及服务提供商。）

（叶梅、韩娜）

【中关村协同创新基金入选守信红名单】 6 月 30 日，中国科技金融促进会风险投资专业委员会与中国母基金联盟发布第二批私募股权基金管理人守信红名单，中关村协同创新基金凭借在诚实守信、合法合规等方面的优异表现入选。守信红名单旨在推动私募股权投资全行业发挥信用记录和信用约束的作用，对私募股权基金业务活动进行自律管理。守信红名单通过材料审查、数据搜集、实地调研、电话访谈、对基金管理人合法合规性调查等环节，并经过公开公示最终确定。

（叶梅、韩娜）

【捷通华声灵云软件入选中关村防疫抗疫示范项目】 7月3日，中关村管委会、市发展改革委、市科委、市经济和信息化局、市财政局联合印发《关于发布2020年度防疫抗疫领域中关村首台（套）重大技术装备试验、示范项目的通知》，认定14家在抗击新冠肺炎疫情期间作出突出贡献的科技企业申报的15个项目。其中，南宁水木子基金投资企业北京捷通华声科技股份有限公司的“灵云全智能客户服务解决方案系统软件”项目获认定。该系统软件是捷通华声基于自主研发的语音识别、自然语言处理等人工智能技术，以及深耕客服领域多年的实践经验，总结研发出的一套完整的一体化解决方案，全面覆盖智能客服、智能语音导航、智能外呼、智能语音质检、实时坐席辅助等应用场景。疫情防控期间，灵云全智能客户服务解决方案配合一线政府部门、医疗机构以及社区，进行大量的疫情排查、轨迹追踪和人群的宣教等工作，提高了疫情防控时效。

（叶梅、韩娜）

【中关村协同创新基金入选2019年度影响力投资机构TOP 10榜单】 7月10日，在2020年企业发展之道暨GPLP犀牛财经年会上发布2019年度影响力投资机构TOP 10榜单，中关村协同创新基金入选。年会由犀牛财经旗下GPLP联合北京创业投资协会及国内多家产业投资机构、国内知名学者机构和权威媒体共同发起设立，旨在从独立第三方的视角客观公正地讨论投资领域的各种问题，评选出对行业具有贡献的人物和投资机构，为风险投资行业的发展建言献策。

（叶梅、韩娜）

【中关村协同创新基金入选2020市场化母基金最佳回报TOP 30榜单】 7月19日，由中国科技金融促进会风险投资专业委员会和中国母基金联盟主办的2020中国母基金峰会在深圳市举行。会上发布峰会年中通报表扬名单，中关村协同创新基金入榜2020市场化母基金最佳回报TOP 30，排名第18位。同时，中关村协同创新基金多个区域合作子基金管理机构名列其中：德州幂方子基金管理机构幂方资本入榜2020早期基金最佳回报TOP 30，乌兰察布高榕子基金管理机构高榕资本入榜2020 VC基金最佳回报TOP 50，新泰子基金管理机构茂榕资本入榜2020 PE基金最佳回报TOP 30，衢州复朴子基金管理机构复朴投资入榜2020最佳新锐基金TOP 30。峰会还对入榜中国股权投资基金管理人守信红名单的机构予以表彰，中关村协同创新基金作为入榜单位获颁证书。

（叶梅、韩娜）

【保定基石子基金投资长扬科技】8 月 6 日，长扬科技（北京）有限公司宣布完成 1.5 亿元 C 轮融资。保定基石子基金参与投资，其他联合投资机构还包括中海创投、联创永宣、中信证券投资有限公司、再石资本、丰厚尚德。本轮融资主要用于巩固和加强长扬科技技术领先优势、公司日常运营及重大项目支持，提升公司在工业互联网安全、工业信息安全、工业安全态势感知和安全 AI 大数据应用等方面的技术创新能力。（长扬科技成立于 2017 年 9 月，是专注于工业互联网安全、态势感知和安全大数据应用的创新型高新技术企业。）

（叶梅、韩娜）

【欧谱曼迪获创变之星总决赛冠军】8 月 12 日，在以“超越与共生”为主题的“2020 正和岛（江西）创变者年会”上，由新泰子基金投资的广东欧谱曼迪科技有限公司携“4K 极清荧光内镜系统”，在工业无人机、数据中台、智慧医疗、“互联网 + 创新”等决赛展演实力项目中脱颖而出，获得创变之星 A 组总决赛冠军。本届评选由正和岛与正和岛投资联合主办，聚焦人工智能、大健康、产业互联等黄金赛道，邀请投资大咖与产业机构领袖，组建了 8 支战队。经过为期 3 个月的线上征集、战队海选、队内 PK、晋级较量等 4 轮竞争，最终大赛从 200 余个创新项目中遴选 8 家优秀企业。

（叶梅、韩娜）

【上海神力公司项目获中国交运协会科技奖特等奖】8 月 13 日，2019 年度中国交通运输协会科学技术奖表彰大会在青岛召开，由南宁水木子基金投资的上海神力科技有限公司联合中通客车控股股份有限公司、同济大学等单位共同完成的“燃料电池商用车关键技术研究及产业化应用”项目获中国交通运输协会科学技术奖特等奖。

（叶梅、韩娜）

【华卫恒源获清华校友三创大赛健康医疗大赛最高奖】8 月 14 日，第五届清华校友三创大赛健康医疗全球总决赛在天津市武清区举办。本届大赛共有来自清华园、京津冀、长三角、粤港澳、中原、海峡、西南、东北、北美及欧洲赛区的 61 支团队参赛。由南宁水木子基金投资的华卫恒源（北京）生物医药科技有限公司项目“具有疫豁免能力的重编程细胞及其应用”获健康医疗成长组最高奖项——十强奖。本项目利用成纤维细胞进行体外重编后获得人源 Sertoli 细胞。作为一种平台类技术，相关产品可作为移植细胞的载体或基因工程细胞株，巧妙避开移植细胞和宿主间 HLA 配型限制，扩大移植细胞使用范围，或用于局部改善自身免疫性功能缺陷。

（叶梅、韩娜）

【求臻医学通过肿瘤体细胞突变高通量测序检测质评】8 月 17 日，国家卫生健康委临床检验中心公布了《2020 全国肿瘤体细胞突变高通量测序检测生物信息学分析室间质量评价统计》结果，由德州幂方子基金投资的求臻医学科技有限公司及其旗下子公司均以满分成绩通过。

（叶梅、韩娜）

【长扬科技入选“新基建成长企业 100 强”榜单】 8 月 26 日，在全球新经济年会（GNEC）在线会议上，亿欧智库发布了《2020 新基建展望——新战略、新动力、新格局》报告，并从商业落地能力、科技创新能力、团队运营能力、媒体传播能力等维度以营业收入为划分标准，评选出“新基建成长企业 100 强”。该榜单覆盖 5G、AI、大数据、物联网、区块链等新基建相关行业。由保定基石子基金投资的长扬科技（北京）有限公司凭借在工业互联网安全领域的跨越式发展、突出的技术能力和覆盖主要工业行业的落地案例，入选“2020 新基建成长企业 100 强”榜单。

（叶梅、韩娜）

【中关村协同创新基金入选股权投资有限合伙人 TOP 50 榜单】 8 月 27 日，在由第一财经主办的 2020 第一财经股权投资峰会上，第一财经公布 2020 年度股权投资有限合伙人 TOP 50 榜单等系列榜单。该评选活动从团队构成、机构化程度、业绩回报、社会责任等多个维度出发，围绕机构的制度建设、投资策略、经济效益等主题，发掘出一批创新领先、成绩突出的股权投资机构。其中，中关村协同创新基金入选 2020 年度股权投资有限合伙人 TOP 50 榜单。

（叶梅、韩娜）

【纽迪瑞科技入选“粤港澳大湾区最具创新力榜单”】 8 月 28 日，由北京直投基金投资的深圳纽迪瑞科技开发有限公司入选“粤港澳大湾区最具创新力榜单”分榜单“科技与制造 TOP 30”。共同登榜的企业还有腾讯、华为、比亚迪等以科技创新为核心竞争力的优秀企业。“粤港澳大湾区最具创新力榜单”由南方财经全媒体集团指导，快公司（Fast Company）、无冕财经、广州市品牌质量创新促进会共同主办。每月推出一个有 30 家公司进入初选的子主题分榜单。

（叶梅、韩娜）

【亿华通 YHTG 系列产品被评定为新技术新产品】 8 月 30 日，市科委、市发展改革委等部门印发《关于公示 2020 年第一批（总第十二批）北京市新技术新产品（服务）名单的通知》（京科高发〔2020〕159 号），由南宁水木子基金投资的北京亿华通科技股份有限公司的氢燃料电池发动机 YHTG30、YHTG40、YHTG60 产品被评定为新技术新产品。

（叶梅、韩娜）

【求臻医学入选 2020 中国创业企业新苗榜】 8 月 31 日，由证券时报社主办的第八届中国创投“金鹰奖”暨中国创业企业“新苗榜”榜单发布，由德州幂方子基金投资的求臻医学科技（北京）有限公司凭借强劲的发展势头、卓越的创新技术及产品入选“2020 中国创业企业新苗榜——年度新锐企业”，成为肿瘤精准医疗领域唯一入选该榜单的企业。

（叶梅、韩娜）

【中关村协同创新基金入选最具竞争力市场化母基金 TOP 20 榜单】 9 月 4 日，投资家网旗下投资家研究院发布“2020 中国基金合伙人年度系列榜单”，中关村协同创新基金入选“2019—2020 年度最具竞争力市场化母基金 TOP 20”榜单。

（叶梅、韩娜）

【中关村协同创新基金获 2020 中国 LP 峰会两项荣誉】 9 月 9 日，由中国科技金融促进会风险投资专业委员会和中国母基金联盟主办的 2020 中国 LP 峰会在北京举行。会上发布 2020 中国 LP 峰会通报表扬名单，中关村协同创新基金获“2020 最佳 LP TOP 100”和“2020 最具 LP 投资潜力 GP TOP 100”两项荣誉。

（叶梅、韩娜）

【中关村协同创新基金入选中国投资机构软实力 LP 100 榜单】 9 月 10 日—11 日，由母基金周刊、厦门市地方金融监督管理局主办的 2020 中国母基金峰会暨第二届鹭江创投论坛在厦门市举行。会上发布中国投资机构软实力 LP 100 榜单，中关村协同创新基金入选榜单。

（叶梅、韩娜）

【华卓精科获评北京市知识产权示范单位】9月14日，市知识产权局公布2020年度北京市知识产权试点示范单位名单。由南宁水木子基金投资的北京华卓精科科技股份有限公司凭借完善的知识产权战略规划、专业的知识产权管理规范，以及持之以恒的科学研发投入，获评2020年度北京市知识产权示范单位。华卓精科及其子公司共获已授权专利177件，其中发明专利139件、美国专利5件，并建立规范的知识产权管理体系，获知识产权管理体系认证证书。

（叶梅、韩娜）

【寄云科技入选新基建之王“工业互联网领域”TOP 50】9月16日，36氪新基建之王“工业互联网领域”TOP 50企业榜单发布，这是36氪从资本价值力、研发与创新力、产业影响力3个维度评选出的新基建工业互联网领域表现最为突出的50家企业。由保定基石子基金投资的工业互联网服务商北京寄云科技有限公司入选。寄云NeuSeer工业互联网平台将工业设备、边缘计算、物联网、大数据以及云计算等技术紧密结合在一起，为工业客户提供从传感器数据采集、实时数据存储和转换、数据分析和建模，到工业大数据的深度处理和分析等的多维度平台服务，平台连续3年入选工业和信息化部工业互联网产业联盟发布的《工业互联网白皮书》，并通过“工业互联网平台可信服务评估”。（寄云科技成立于2017年6月，是一家专注于工业互联网的高科技企业。）

（叶梅、韩娜）

【齐碳科技发布国产首台四代基因测序仪】9月21日，中关村协同创新基金投资企业成都齐碳科技有限公司发布四代纳米孔单分子基因测序仪QNome-9604，这是中国首台自主研发的四代纳米孔单分子基因测序仪。同时发布的还有测序芯片QCell-3841和测序试剂盒Qeagen-8，三者配合可以达到150k以上的超长读长，8小时稳定产出500M，适用于微生物检测、扩增子测序等快速灵活的使用场景，可分离式芯片设计极大地降低了单次使用成本。QNome-9604读长更长，更适合检测基因组结构变异，进行宏基因组测序；可以实时输出测序结果，可用于即时检测和快速诊断；可直接检测过孔核酸，能检测DNA甲基化、RNA及其修饰；文库制备简单，便于提供一站式解决方案；仪器小巧便携，能把基因测序从专业实验室里解放出来，走进基层、社区，随时随地现场检测，具有消费级应用的潜力。

（叶梅、韩娜）

【清影华康完成Pre-A轮股权融资】9月，由南宁水木子基金投资的北京清影华康科技有限公司完成千万级金额的Pre-A轮股权融资，由薄荷天使基金领投、启迪之星创投共同投资。本轮融资主要用于新产品的研发及建设发展型团队。

（叶梅、韩娜）

【志道生物完成超亿元B轮融资】10月12日，由德州幂方子基金投资的北京志道生物科技有限公司宣布完成超亿元B轮融资，由沂景资本、乔景资本和昌发展共同投资。本轮融资主要用于抗肿瘤长效细胞因子药物的临床前药学、药理毒理学研究，临床I、II期国际多中心研究。

（叶梅、韩娜）

【微岩医学获中关村“金种子”企业称号】10月13日，中关村管委会官网公布第十批“金种子”企业名单，由德州幂方子基金投资的微岩医学科技（北京）有限公司入选。

（叶梅、韩娜）

【灵云智声一体机被评为国内先进水平】10月15日，由南宁水木子基金投资的北京捷通华声科技股份有限公司获中国软件行业协会证书，其研发的灵云智声一体机经评审，在智能办公产品的功能和性能方面达到国内先进水平。灵云智声一体机是捷通华声针对日常办公、演讲汇报、问询审讯、多人会议等多种语音场景设计研发的一款高度集成化软硬一体智能产品，应用了行业领先的语音识别、机器翻译、声纹识别等AI技术，支持多语种识别及互译，提供智能语音输入法、字幕、投屏、音视频转写、离线翻译等多种特色功能，可全方位提升工作效率。

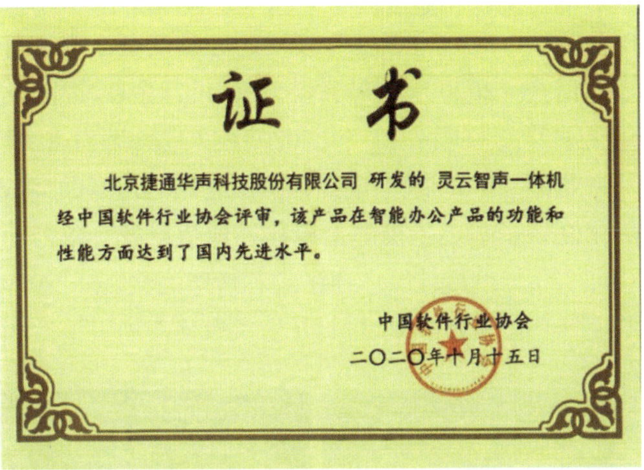

证书

北京捷通华声科技股份有限公司 研发的 灵云智声一体机 经中国软件行业协会评审，该产品在智能办公产品的功能和性能方面达到了国内先进水平。

中国软件行业协会

二〇二〇年十月十五日

（叶梅、韩娜）

【清影华康入选“2020中国医疗大健康创新企业榜单”】 10月17日—18日，由创业邦主办的2020 DEMO CHINA创新中国总决赛暨秋季峰会在成都市举行。由南宁水木子基金投资的北京清影华康科技有限公司凭借在医学影像领域的多年深耕入选创业邦“2020中国医疗大健康创新企业榜单”。

（叶梅、韩娜）

【昂星微电子获中国创新创业大赛厦门赛区三等奖】 10月19日—20日，第九届中国创新创业大赛、2020年“创客中国”中小企业创新创业大赛（厦门赛区）、第六届“白鹭之星”创新创业大赛暨两岸创新创业邀请赛决赛举行，北京直投基金投资的北京忆芯科技有限公司全资子公司厦门昂星微电子有限公司凭借“NVMe企业级SSD主控芯片”项目获大赛成长组企业三等奖。

（叶梅、韩娜）

【宏业基入选“2020深圳企业500强”榜单】 10月20日，深圳市企业联合会、深圳市企业家协会联合发布“2020深圳企业500强”榜单。由保定基石子基金投资的深圳宏业基岩土科技股份有限公司上榜，位列榜单第344位，较2019年上升2位，展现了宏业基作为深圳，乃至大湾区在基建行业业务范围广泛、科研技术成熟、资产结构良好的综合实力。

（叶梅、韩娜）

【芯百特获中国创新创业大赛广西赛区第一名】 10月20日，第九届中国创新创业大赛广西赛区暨2020年广西创新创业大赛总决赛在南宁市落幕。由衢州复朴子基金投资的广西芯百特微电子有限公司凭借“新一代无线通讯用射频前端芯片”项目，通过现场答辩、当场亮分，从技术、市场、团队、财务等多维度获得专家评审团的认可，获广西赛区成长组第一名。

（叶梅、韩娜）

【2家投资企业获中国创新创业大赛北京赛区一等奖】 10月21日，第九届中国创新创业大赛北京赛区暨北京银行杯中国·北京创新创业大赛季（2020）颁奖典礼在中关村国家自主创新示范区展示中心举行。南宁水木子基金投资的超目科技（北京）有限公司和北京图湃影像科技有限公司获大赛一等奖。

（叶梅、韩娜）

【微米生物新型冠状病毒抗原检测试剂获欧盟 CE 准入】 10 月 28 日，由德州幂方子基金投资的广州市微米生物科技有限公司 COVID–19 Antigen Detection Reagent（Colloidal Gold method）[中文名称：COVID–19 抗原检测试剂（胶体金法）] 及其他相关产品获得欧盟 CE 认证。经欧盟 CE 认证表明该产品符合欧盟医疗器械管理的相关政策要求，具备欧盟市场的准入条件。

（叶梅、韩娜）

【乌兰察布高榕子基金投资必示科技】 10 月 28 日，北京必示科技有限公司宣布完成近 1.5 亿元 B 轮融资，由红杉资本中国基金领投，中关村协同创新母基金参投的乌兰察布高榕子基金跟投，其他跟投机构还包括顺为资本、明势资本、东方富海。本轮融资用于新一代 AIOps 产品的研发创新，推进产品化和场景化的升级，扩展团队规模和市场销售推广，推进智能运维行业的能效变革，成为企业数字化建设的加速器。（必示科技成立于 2016 年 11 月，是一家企业数据服务提供商，从事大数据平台搭建和数据分析工具开发。）

（叶梅、韩娜）

【移芯通信芯片获“中国芯”优秀技术创新产品奖】 10 月 28 日—29 日，2020 年第十五届“中国集成电路产业促进大会”在杭州临安举办。大会以“芯之所向，业之所至”为主题，以应用牵引为目标，围绕集成电路热点，为国内集成电路企业搭建产品展示的平台。大会同期现场还揭晓了“中国芯”优秀产品征集结果。该评选由工业和信息化部电子信息司指导、中国电子产业发展研究院（赛迪研究院）组织，共收到来自 165 家芯片企业 247 款芯片产品的报名材料。由衢州复朴子基金投资的上海移芯通信科技有限公司自主研发的超高集成度 NB–IoT 芯片 /EC616 以优异的市场表现和产品质量获 2020 年第十五届“中国芯”优秀技术创新产品奖。

（叶梅、韩娜）

【3 家投资企业获“2020 年度硬核中国芯”奖】 11 月 3 日，在 2020 年度硬核中国芯领袖峰会暨评选颁奖盛典上，“2020 年度硬核中国芯”评选活动结果公布。其中，北京直投基金投资的苏州汉天下电子有限公司获“2020 年度最具潜力 IC 设计企业奖”，北京忆芯科技有限公司获“2020 年度最具潜力 IC 设计企业奖”和“2020 年度最佳国产存储芯片产品奖”，衢州复朴子基金投资的上海移芯通信科技有限公司获“2020 年度最佳国产通讯类芯片产品奖”和“2020 年度最具创新精神 IC 设计企业奖”。

（叶梅、韩娜）

【柯林布瑞获评中国最具商业潜力数据智能 Cool Vendor】 11 月 14 日，由工业和信息化部中国中小企业发展促进中心支持、北京甲子光年科技服务有限公司主办的 2020“甲子引力”中国科技产业趋势第一弹暨科技产业融合大会在北京召开。会议汇聚数百位科技企业创始人、投资人及众多专家学者，共同探讨疫情后企业在数据智能、企业服务、金融科技、智慧城市、智能交通等诸多领域的发展机遇与可能。德州幂方子基金投资的上海柯林布瑞信息技术有限公司凭借在医疗大数据领域近 10 年的经验积累与自身优势，入选“甲子 20——2020 中国最具商业潜力的 20 家数据智能 Cool Vendor”

榜单。

（叶梅、韩娜）

【2 家投资企业入选全球 50 家聪明公司榜单】 11 月 19 日，《麻省理工科技评论》发布 2020 年“50 家聪明公司”榜单。其中，北京直投基金投资的成都齐碳科技有限公司和天津磐谷子基金投资的合肥本源量子计算科技有限责任公司入选。齐碳科技上榜理由是：国内第一家自主研发第四代纳米孔基因测序仪并稳定获得测序数据的高科技公司，填补了国内新一代基因测序技术领域的空白，让即时检测的基因测序技术走进千家万户。本源量子上榜理由是：研制出中国第一台工程化超导量子计算机“悟源”，其量子芯片、量子测控、量子软件、量子云、量子计算机控制系统、量子计算软件系统均为自主研发。

（本源量子的超导量子计算原型机“悟源”）

（叶梅、韩娜）

【德州幂方子基金投资烨辉医药】 11 月 23 日，烨辉医药科技（上海）有限公司宣布完成 B+ 轮融资。德州幂方子基金参与投资，翰颐资本、金浦投资、楹联健康基金、银盛泰等机构共同投资。本轮融资主要用于加速公司规模和管线的建设。（烨辉医药成立于 2018 年，聚焦肿瘤领域，以“产品引进 + 自主研发”相结合的模式，致力开发创新药物以填补治疗空白。）

（叶梅、韩娜）

【脑陆科技入选“2020 年度十大创新力公司”】 11 月 28 日，第四届全球青年创新大会在北京举办。大会的主题是“新经济 · 新引擎”，由工业和信息化部、科技部创新中心、中关村管委会、上海张江高科技园区、中国质量万里行促进会品牌建设委员会、中国北京（海淀）留学人员创业园、中国产业创新联盟等支持，由创新观察网联合国内 62 家行业媒体、98 家创投机构联合发起举办。来自北京、上海、深圳、天津、杭州等 20 多个城市的 800 多位企业代表出席大会。衢州复朴子基金投资的北京脑陆科技有限公司因其先进的应用技术能力和强劲的未来发展潜力获“2020 年度十大创新力公司”。同时入选的有深圳市大疆创新科技有限公司、北京旷视科技有限公司等 10 家行业领先企业。

（叶梅、韩娜）

【汉天下完成数亿元 B 轮融资】 11 月，由北京直投基金、衢州复朴子基金投资的苏州汉天下电子有限公司宣布完成数亿元 B 轮融资。本轮融资由元禾原点、精确资本领投，TCL 创投、联通基金产业资本参与，杭州金投、善金资本、中新产投、纳川资本、元禾辰坤跟投，北京直投基金以及衢州复朴子基金、清控银杏、同创伟业持续增资。融资用于推进公司高性能滤波器产品的研发、市场推广及扩大再生产，提升产品竞争力及品牌价值，为后续 5G 商业化提供高性能的国产射频器件。

（叶梅、韩娜）

【必示科技获“2020 年度最具独角兽潜力创新企业”】 12 月 2 日—4 日，NFS2020 年度 CEO 峰会暨猎云网创投颁奖盛典（New Force Summit 新势力品牌峰会）在北京举行。活动以“逆势生长”为主题，重点关注新经济体系及新产业结构下成长起来的新生力量，并举行一年一度的颁奖盛典。乌兰察布高榕子基金投资的北京必示科技有限公司凭借在逆势下的高质量增长获“2020 年度最具独角兽潜力创新企业”奖项，成为唯一入选的智能运维产品研发企业。

（叶梅、韩娜）

【长扬科技入围“全球智能制造科技创新 TOP 50”】 12 月 9 日—12 日，在“WIM 2020 世界创新者年会”上，亿欧智库发布“全球智能制造科技创新 TOP 50”榜单，旨在提供智能制造领域有前途并对未来生态系统具有助推力的初创企业。该榜单筛选了全球在上一年有融资活动或杰出表现的、处于早期或中期（融资轮次以 B、C 轮为主）的初创企业，并按照终端应用、工业网络安全、工业软件、工业互联网、工业大数据、工业人工智能应用、工业机器人、增材制造等 8 个细分领域进行梳理。保定基石子基金投资的长扬科技（北京）有限公司入围，被评为近年来在智能制造这一垂直领域极具潜力的初创企业之一。

（叶梅、韩娜）

【3 家投资企业入选清科 V50 榜单】 12 月 10 日，清科 Venture50（简称 V50）完成评选并发榜。北京直投基金投资的北京忆芯科技有限公司、衢州复朴子基金投资的上海移芯通信科技有限公司入选投资界硬科技 V50，微岩医学科技（北京）有限公司入选大健康 V50。清科 V50 由清科集团 2006 年创办，历经 10 余年的发展，已成为高成长企业投资风向标。清科 V50 针对企业不同发展阶段，设立不同的榜单，聚集万家创业项目，邀请数百家投资机构、逾千位投资人评审，带动资本对高成长企业的关注与发掘。2020 V50 榜单增设了“硬科技”“新消费”“大健康”等行业榜单，从行业维度深度挖掘具有行业风向标意义的未上市企业。榜单的评选自 5 月起历时半年，截至 2020 年 11 月，活动累计参选企业 7 万余家，帮助企业融资超过 270 亿美元。

（叶梅、韩娜）

【2020 年直投基金合伙人年会举办】 12 月 15 日，中关村协同创新基金在中关村生命科学园主办直投基金合伙人年会，向直投基金合伙人汇报中关村协同创新直投基金一年来所取得的成就，展望未来发展。来自市经济和信息化局、中关村管委会、中关村发展集团和国调基金、北京科创母基金、北京高精尖产业发展基金、亦庄国投等国家及北京市引导基金、上市公司、被投企业以及中国人民保险、太平保险、国寿资本等各类金融机构的百余位嘉宾参会。与会人员共同探讨如何构建科技创新生态，迎接科技创新的未来。北京齐碳科技有限公司、深圳纽迪瑞科技开发有限公司、北京微焓科技有限公司等企业代表进行了主题分享。

（叶梅、韩娜）

【生命科学园产业发展基金成立仪式举行】 12 月 15 日，在 2020 年直投基金合伙人年会上，北京中关村生命科学园产业发展基金成立仪式举行。基金由中关村协同创新基金联合中关村生命科学园、中关村医疗器械园和河北金汇通企业集团共同发起设立，基金管理人为中关村协同创新基金，总规模 5 亿元，主要为北京以及合作区域河北秦皇岛的优质医疗健康企业提供资金支持。该基金的成立是落实北京市关于设立北京中关村生命科学园产业发展基金调研指示精神的重要举措，也是京津冀协同发展的新模式。基金的设立体现了中关村发展集团各板块资源的协同作用，发挥中关村发展集团整体生态优势，加大对生命科技领域中小微企业的“耐心资本”供给，同时将中关村创新创业生态传播至以京津冀为代表的合作区域，实现协同共赢。

（叶梅、韩娜）

【脑陆科技完成近亿元融资】 12 月 18 日，由衢州复朴子基金投资的北京脑陆科技有限公司宣布完成近亿元融资，投资方为济南生技医疗产业发展母基金及多家市场投资机构。本轮融资主要用于推进核心脑机芯片从自研到自产的落地，增强核心硬件的研发与生产能力。

（叶梅、韩娜）

【中关村协同创新基金入选最佳国资市场化母基金 TOP 30 榜单】 12 月 19 日—20 日，由中国科技金融促进会风险投资专业委员会和中国母基金联盟主办的“2020 中国母基金 50 人论坛”在北京举办。来自政府部门、行业协会、150 多位主流母基金负责人、20 多位领先保险资管、30 多位其他类 LP，以及新闻媒体等方面的代表 200 余人参加，共同探讨新形势下的股权投资行业发展之路。论坛同期还举办了“超级对话：LP 与 GP 的生态布局”“母基金的赋能哲学和破局之道”“ESG 的投资机会与执行——做有担当的资本”“穿越周期的投资启示录”等多个圆桌论坛，分别从不同角度对行业的热点、难点等方面进行了探讨和交流。论坛揭晓 2020 中国母基金 50 人论坛通报表扬名单，中关村协同创新基金入选“中国最佳国资市场化母基金 TOP 30”榜单。

（叶梅、韩娜）

【诚益生物完成新一轮超亿元融资】12月22日，由德州幂方子基金投资的新药研发企业上海诚益生物科技有限公司宣布完成新一轮超亿元融资。元禾原点和康禧全球投资基金共同领投，华盖资本、清松资本及现有股东国药资本参与投资。本轮融资主要用于支持多个代谢类新药项目的临床试验、临床前研究及研发管线的持续推进。诚益生物所具备的以临床需求为导向、差异化研究为突破点的核心研发能力是其能得到多家知名投资机构信任和支持的基石。诚益生物将在本轮融资的支持下转化为临床阶段公司，加快多种创新药的临床开发，早日为病患带来创新性的解决方案。

（叶梅、韩娜）

【捷通华声获中国AI金雁奖】12月22日，在由中国电子商会人工智能委员会主办的“2020中国人工智能年会暨中国AI金雁奖颁奖典礼”上，为在人工智能领域取得突出成绩、作出卓越贡献的个人和企业，以及代表着中国未来人工智能发展的新生力量颁发奖项。南宁水木子基金投资的北京捷通华声科技股份有限公司获“2020人工智能企业大奖”“2020智能政务应用奖”“2020语音识别技术奖”3个奖项。本届中国AI金雁奖评选活动吸引200余家人工智能企业报名参加。活动从6月开启，历经初审、复审到终审，层层严格选拔；专家评审团由欧洲科学院院士郭毅可、加拿大工程院院士杨军、挪威工程院院士容淳铭等行业专家领衔组成。

（叶梅、韩娜）

【智联友道入选“支持高校在线教育突出贡献企业”】12月26日—27日，由教育部产学合作协同育人项目专家组主办，中教全媒体（北京）文化传媒有限公司、慧科教育科技集团有限公司承办的2020年教育部产学合作协同育人项目对接会在北京举行。会议吸引来自全国近400所高校、200余家企业的约800名代表参会。本次对接会还通过新浪教育、中教全媒体在线进行线上同步直播，会议当天约60万人次在线观看。会议设立了项目对接分会场，围绕信息、通信、电子、建筑、制造、管理、生物等领域进行现场对接交流。保定基石子基金投资的北京智联友道科技有限公司入选疫情期间“支持高校在线教育突出贡献企业”。

（叶梅、韩娜）

【廊坊蓝天基金投资6支子基金】2020年，廊坊蓝天基金投资廊坊安鹏股权投资基金合伙企业（有限合伙）、廊坊市岩睿翔股权投资基金合伙企业（有限合伙）、廊坊市复朴奥飞协同股权投资基金合伙企业（有限合伙）、廊坊市同清延发股权投资基金合伙企业（有限合伙）、廊坊市中宏蓝图股权投资基金合伙企业（有限合伙）、廊坊市邦新信股权投资基金合伙企业（有限合伙）等6支子基金。

（叶梅、韩娜）

国际创新网络

中关村发展集团年鉴

YEARBOOK OF ZHONGGUANCUN DEVELOPMENT GROUP

2021

综　述

2020 年，集团积极稳妥推进海外布局，强化海外平台投融资功能，与全球科技创新前沿地区开展合作，建设国际创新网络枢纽，共同致力于为培育经济增长新动能、构建人类命运共同体提供科技支撑和智力支持。

*优化海外创新中心布局。*做实中关村国际统筹平台，不断强化海外投融资功能。完成境外美元公募债发行，集团向全球发行 3 亿美元高级无抵押债券，期限为 3 年。深化中关村硅谷创新中心、中关村波士顿创新中心全面融合，伦敦创新中心取得重要实质进展，新增跨境孵化创新创业项目 85 个。

*海外基金系建设初见成效。*推动中关村国际创新母基金的设立；达闼科技专项投资基金、中关村盛景美国母基金、丹华基金、英国 Fuel Venture 基金在融资、投资收益、利息分配等方面整体表现平稳，收益良好。联合之路资本等团队筹备设立全球硬科技投资基金。

*广泛链接汇聚海外创新资源。*深化“中芬创新企业合作委员会”工作，成功申请“北京—赫尔辛基联合创新中心建设”项目，引入德国亥姆霍兹联合会、弗劳恩霍夫应用研究促进协会等 15 家国际顶级服务机构，成功引进英国著名 IPU 芯片独角兽企业 Graphcore 等 40 个海外创新项目和 30 名外籍创新人才。

*高标准承办中关村论坛。*牵头成立了由顶尖科学家、知名企业家、国际会展专家组成的论坛专家咨询委员会，为论坛顶层设计和发展建言献策；联合若干深耕科技会展行业的顶尖机构共同设立混合所有制的运营公司中关村国际会展，圆满完成 2020 年中关村论坛承办任务。策划开展全年性系列活动，提升论坛国际化、专业化、市场化水平，助力“两区”“三平台”建设。

*发挥海外网络优势，助力抗击疫情。*硅谷、波士顿、德国、以色列等地的海外创新中心均密切联系合作伙伴，以不同方式积极驰援国内抗击新冠肺炎疫情，并与属地中资企业、社会组织组织各项捐助；同时做好海外创新平台防疫物资保障和一线员工心理健康支持，服务好存量离岸孵化企业。

（王传敏）

海外创新平台

【概况】 2020年，集团推进海外创新中心设立及管理专业化。美国硅谷、波士顿，以色列，德国等地的海外创新中心在服务模式转型、物业管理等方面尝试新途径、新方法，全面推进运营工作。截至2020年底，共设立中关村硅谷创新中心、中关村德国创新中心、中关村波士顿创新中心、中关村以色列创新中心暨Innonation Powerhouse（创新国度动力空间）（简称中关村以色列创新中心）4个海外创新中心。

（王传敏）

表16　2020年中关村发展集团海外创新中心一览表

单位：平方米

名称	运营时间	地址	运营面积
中关村硅谷创新中心	2016.05	位于美国硅谷核心区圣克拉拉市，周边知名高校、企业、投资机构密布，区位优势明显	7000
中关村德国创新中心	2018.05	位于德国海德堡市	420
中关村波士顿创新中心	2018.09	位于美国波士顿地区剑桥市，紧邻世界顶级学府哈佛大学、麻省理工学院、多家世界顶级科研机构，以及大批高新科技企业、孵化器与投资机构	6100
中关村以色列创新中心暨Innonation Powerhouse（创新国度动力空间）	2019.07	位于以色列特拉维夫市，紧邻中国驻以色列大使馆新址	2500

【中关村德国创新中心筹措物资支援国内抗疫】 1月25日，中关村德国创新中心响应旅德华人医师学者协会在德发起的“驰援武汉”捐款行动，募捐所得款项用于采购防疫物资捐助武汉相关医院。年内，中关村德国创新中心及其入驻团队图维医疗科技有限公司（德国）协助旅德清华校友田维维筹措2–乙基–1–丁醇等相关药物原材料发往国内，用于药物研发。

（李玺靓、苟菲）

【中国以色列商会捐赠医疗物资】 1月30日，中国以色列商会董事会会议在特拉维夫的中关村以色列创新中心召开。作为会议期间讨论和计划的最重要的问题之一，董事会成员和合作伙伴决定募集医疗物资来支持中国战胜新冠肺炎疫情。支持者在会议结束后的第一天就采取行动，并募集15万个口罩等医疗物资（包括医用口罩、N95口罩和医用手套），捐赠至湖北省黄冈市中心医院。

（龙大卫、李玺靓）

【芬兰中资企业支援国内抗疫】 1月30日，北京中关村软件园芬兰分公司作为芬兰中资企业协会会长单位及发起单位，发出《芬兰中资企业协会关于支援抗击新型冠状病毒的倡议》。吉祥航空芬兰公司在春节前即着手物资捐助工作，第一时间联系到芬兰药企的渠道商，在芬兰采购11750件医用防护服和5万个医用外科口罩，其中4800件防护服于1月28日通过吉祥航空航班由赫尔辛基运往上海，5万个口罩于1月30日运往上海，其余捐赠品也陆续发出，捐赠总价值为122590欧元。同时，吉祥航空还为捐赠国内的医疗物资提供免费运输。雅威公司（芬兰）和中工国际工程股份有限公司共同向定点收治新冠肺炎患者的武汉金银潭医院等5所医院分两批捐赠100台可杀灭病毒的医用级杀菌空气净化设备，价值190万元。芬兰大唐集团、华为技术芬兰有限责任公司、中远海运集运芬兰公司、中工国际等企业也以不同的方式统一安排捐赠事宜。

（朱梓齐、李玺靓）

【特拉维夫市政厅点亮中国红】当地时间2月11日晚，以色列特拉维夫市政府大楼外墙点亮中国红，数百名以色列各界友好人士和华侨华人、留学生聚集在拉宾广场为中国加油，以表达对中国政府和中国人民抗击新冠肺炎疫情的支持。中以两国民众还举起五星红旗和以色列国旗，用中文和希伯来语呼喊着“武汉加油、中国加油、特拉维夫爱你、以色列爱你”等口号，表达对中国抗击疫情的支持。中关村以色列创新中心、集团在以色列的合作伙伴 Innonation Powerhouse 等机构相关负责人参加了活动。

（龙大卫、李玺靓）

【中关村硅谷创新中心支援国内抗疫】2月，中关村硅谷创新中心调动自身合作伙伴资源，采购医用口罩、消杀用品等医疗耗材，对采购环节从严把关，确保供应商专业资质齐备，并筹集到近6500个N95医用防护口罩。同时，中关村北美及时通过中资企业会员网络，与中国国际航空股份有限公司等合作单位及时沟通、协调运力，确保以最快速度将物资送往国内防控一线。

（中关村硅谷创新中心鸟瞰）

（尹向）

【北美地区创新中心推出虚拟入驻服务】12月，中关村硅谷创新中心、中关村波士顿创新中心推出全新虚拟入驻服务，即一套面向常态化防疫背景下的公司海外设点、跨境办公的解决方案，旨在方便客户以最低的成本实现在美国硅谷、波士顿核心地带的设点需要。该解决方案基于创新中心内部会议室、视频会议系统等服务设施与专业化空间运营服务，有能力为客户提供工商信息注册、信件托管、通信联络和实体空间宣传展示等服务，在满足疫情期间客户以较低成本实现境外业务拓展的同时，也有效避免了人员跨境流动不便、前期物业置办成本较高、长期合同约束及传统实体办公室租赁的限制，真正为客户提供专属的境外虚拟办公解决方案。

（尹向）

【中关村以色列创新中心推进业务开展】2020年，中关村以色列创新中心克服新冠肺炎疫情影响，积极探索新业务模式，举办线上活动、拍摄商业广告，并提供离岸孵化器、挂牌及相关增值服务；成功申请中关村海外孵化器项目。截至2020年底，中关村以色列创新中心有入驻企业31家，入驻率64.4%。年内，帮助创新中心入驻企业AI面试分析系统公司“Intervyo”与智联招聘签署合作协议，其技术将在智联招聘网站的云面试模块应用。

（龙大卫、李玺靓）

【中关村伦敦创新中心设立取得新进展】2020年，集团与国内外知名机构共同合作签署《中关村伦敦创新中心战略合作协议》，确定设立架构；组织财务、税务、法律、建筑等方面的专业中介机构完成标的物业的尽职调查，形成整体投资方案。创新中心将推进与当地专业投资机构开展合作，筹备设立联合管理基金，通过合作伙伴在英国及欧洲的成熟商业网络，与当地各大高校及科研机构建立合作关系，筛选合作伙伴投资组合及储备库中的高成长性项目，合作参与原始创新商业转换的全过程，积极融入当地创新合作网络助力。

（胡晗）

【中关村德国创新中心运营工作有序开展】2020年，中关村德国创新中心通过线上论坛、线上路演、线上宣讲等方式，累计为中关村企业和中心客户提供跨境服务项目近50次。包括配合中关村智酷完成中南大学德国创新营项目；与中关村软件园合作完成“人机对话”主题和“后疫情阶段中德合作”主题跨境直播活动；邀请全球500强企业SAP全球副总裁胡安德、德国巴登符腾堡州驻中国首席代表

Bernhard Weber、德国弗劳恩霍夫协会创新研究技术联盟主席兼劳动经济和组织研究所所长威廉鲍尔 Wilhelm Bauer、德国工程院院士沃夫冈·瓦尔斯特等4位德国嘉宾参加2020中关村论坛；成功申请中关村海外孵化器项目。截至2020年底，中关村德国创新中心入驻企业9家，年内新增3家，入驻率约75%。

（李玺靓、荀菲）

【北美地区创新中心服务能力不断提升】2020年，中关村硅谷创新中心、中关村波士顿创新中心克服新冠肺炎疫情影响，响应入驻企业资产保护、空间腾退、减租降费等需求，努力为企业争取政府部门纾困政策，并根据所在地疫情防控形势筹备复工复产。继续推进“轻资产、强服务”模式，研究波士顿创新中心空间减持以及与当地共享办公服务商合营方案，提升硅谷合资公司4500 Great America Pkwy LLC重组后外方团队对运营的参与度；进一步完善创新中心产品及市场开发体系，细化路演、访谈、培训、加速等“Z系列”品牌服务方案及推广渠道；服务中美创新创业主体，支持招商局科技创新发展研究院、兰州市科技局等客户共建海外工作站；配合北京经济技术开发区等客户参加美国国际消费类电子产品展览会；通过Z-Accelerator加速器项目为近30家海外初创企业提供孵化培训。截至2020年底，中关村硅谷创新中心共有入驻企业26家，年内新增9家，共有虚拟入驻企业42家，年内新增34家，入驻率约60%；中关村波士顿创新中心共有入驻企业27家，年内新增7家，新增虚拟入驻企业15家，入驻率约40%。

（尹向）

【集团组织开展中关村海外联络处竞标工作】2020年，集团中标中关村美国硅谷联络处、美国华盛顿联络处、加拿大多伦多联络处、德国海德堡联络处、芬兰赫尔辛基联络处、澳大利亚悉尼联络处、日本东京联络处、韩国联络处等8个联络处的委托管理项目。年内，在新冠肺炎疫情影响下积极创新工作方法，围绕北京国际科技创新中心建设，与海外高层次人才与前沿技术项目保持联系，积极对接国际优质创新资源落地北京，为中关村企业搭建线上国际合作交流平台，提供各项跨境服务工作。

（徐珮琦、韩文龙）

表17　2020年中关村发展集团海外联络处一览表

序号	联络处名称	运营主体
1	美国硅谷联络处	中关村（北美）控股公司
2	日本东京联络处	北京中关村国际孵化器有限公司日本分公司
3	美国华盛顿联络处	中美科技园管理公司（US-China Science Park Management，LLC）
4	加拿大多伦多联络处	北京中关村国际孵化器有限公司海外子公司（Zhongguancun Science Centre Inc.）
5	澳大利亚悉尼联络处	北京中关村海外科技园有限责任公司澳大利亚分公司
6	芬兰赫尔辛基联络处	Beijing Zhongguancun Software Park Development Ltd. sivuliike Suomessa
7	德国海德堡联络处	Beijing Zhongguancun Science Park International（Germany）GmbH
8	韩国联络处	Zhongguancun Overseas Science Park Korea Co., Ltd.

（徐珮琦、韩文龙）

海外基金

【概况】 2020年，集团海外基金体系建设初见成效，已投基金整体表现平稳，收益良好，有效克服全球资本市场波动带来的不利影响。截至2020年底，集团共参设丹华基金Ⅰ期、丹华基金Ⅱ期、中关村盛景美国母基金、达闼科技专项投资基金、KiloAngel基金、Fuel Ventures 3基金、Fuel Ventures 4基金、之路全球美元投资基金等8支基金。

（刘伟、胡晗）

【丹华基金Ⅰ期投资收益良好】 2月，集团收到丹华基金Ⅰ期分红。截至2020年底，丹华基金Ⅰ期累计投资企业71家，其中，有2家估值超过10亿美元的独角兽公司和3家估值在5亿至10亿美元的准独角兽公司。（丹华基金设立于2013年，Ⅰ期规模9125万美元。2014年，丹华基金Ⅰ期正式开始进行项目投资。）

（尹向、唐葆兴）

【KiloAngel基金所有承诺资本完成投资】 2020年，KiloAngel基金所有承诺资本都已完成投资。截至2020年底，KiloAngel基金投资企业149家，投资金额760万美元。其中，KiloAngel基金参与投资的区块链企业The Graph，按市场公允价值计算，投资收益率达到700倍。[KiloAngel基金设立于2015年，是硅谷一线投融资平台AngelList旗下专注于天使及种子轮阶段投资的基金，基金投资项目的70%—80%源于AngelList平台，基金规模930万美元。是年，中关村国际（美国）与该基金管理方签署LP投资协议，认缴出资200万美元。2016年，KiloAngel基金正式开始进行项目投资。]

（尹向、唐葆兴）

【中关村国际（香港）出资丹华基金Ⅱ期1000万美元】 2020年，中关村国际（香港）出资丹华基金Ⅱ期1000万美元，完成集团全部认缴出资。（丹华基金Ⅱ期设立于2016年，关注硅谷地区早期优质项目，同时注重与中国市场的创新资源合作。）

（刘伟、唐葆兴）

【中关村国际（香港）出资盛景母基金200万美元】 2020年，中关村国际（香港）出资中关村盛景美国母基金200万美元，累计已出资2200万美元。[2017年9月，集团与国内知名创投机构盛景嘉成共同合作设立中关村盛景美国母基金（Peakview Capital Ⅲ,LP）。出资人包括以中关村发展集团为代表的国内知名企业、创投机构以及多家国际化专业机构投资者。]

（刘伟、唐葆兴）

【中关村国际（香港）参与达闼科技B+轮融资】 2020年，集团通过对达闼科技现状及未来发展的充分论证，决策投资其B+轮可转债，并将原持有的股份全部退出，实现超过130%的净收益率。[达闼科技（Cloud Minds）是全球首家云端智能机器人运营商，主营业务包括保密网络运营、全球高安全人工智能云网络平台运营、人工智能服务等，已成为中国机器人独角兽企业中的领军者。]

（刘伟、胡晗）

【中关村国际（香港）投资Fuel Ventures 4基金】 2020年，中关村国际（香港）决策投资Fuel Ventures旗下FV4基金，认缴400万英镑，已出资150万英镑。（Fuel Ventures是英国著名早期风险投资基金管理机构。此前，集团参与了Fuel Ventures 3基金出资。）

（刘伟）

【Fuel Ventures 3基金新增投资4个项目】 2020年，Fuel Ventures 3基金表现良好，新增投资4个项目。截至2020年底，Fuel Ventures 3基金共投资14个项目，基金整体投资价值实现了2.13倍的实际增长。

（胡晗）

【之路全球美元投资基金设立】 2020年，中关村国际（香港）、中关村北美与之路资本合作设立之路全球美元投资基金（El Camino Fund, L.P.，简称之路基金），致力于投资全球范围内成长期的硬科技项目，基金规模 1 亿美元。

（刘伟）

【集团推动设立芬兰创新基金】2020 年，集团推动在芬兰设立基金相关工作，调研了解芬兰基金管理公司，与京泰集团、中关村软件园芬兰分公司、基金合作方及中芬律师事务所沟通基金方案，并同步开展基金募资工作。

（朱梓齐、李玺靓）

创新资源链接服务

【概况】 2020 年，集团依托中关村论坛主平台，克服疫情影响，运用云上平台等新手段拓展跨境交流合作的渠道与方式，汇聚链接高端优质科技创新资源。9 月 17 日—20 日，2020 中关村论坛举办。年内，组织 40 余家企业参加美国消费电子展览会、以色列水务科技线上博览会、“寻找中国制造隐形冠军企业”和中亚线上医疗采购对接会等展会活动。

（倪黄英、韩文龙）

【中关村海外科技园组织 20 家企业参展 2020 美国国际消费电子展】 1 月 7 日—10 日，2020 美国国际消费电子展览会（简称“2020 CES”）在美国拉斯维加斯举办。为帮助企业出海，中关村海外科技园组织 20 家企业以展团形式参与现场展示，展示面积 200 平方米。本次参展活动中，中关村企业现场接待价值客户逾千家，多个产品得到投资界、媒体界、专业买家的关注，现场签订意向合同 81 份，成交额 2.73 亿元。[展览会创始于 1967 年，由美国消费科技协会（CTA）主办。本届展会第一次出现种类丰富的 5G 硬件、AI、VR/AR 等新技术，并带来新一轮消费电子产业革命。]

（韩文龙）

【空中校招之海外精英留学生专场举办】 6 月 23 日，中关村软件园与中关村海外科技园、中关村硅谷及波士顿创新中心联手举办“云上揽英才，集结中关村”空中校招之海外精英留学生专场，让海外留学毕业生能够精准对接到中关村企业。活动聚集联想集团、中国电信集团有限公司、新浪集团、神州数码集团股份有限公司、东软集团股份有限公司、亚信科技控股有限公司等 20 余家企业，面向斯坦福大学、旧金山大学、加州大学伯克利分校、乔治亚理工学院、多伦多大学等 30 余所北美重点高校本硕博毕业生 5000 余人进行空中直播招聘，并通过快手、bilibili、抖音等平台，全面发布企业岗位需求，包括管理培训生、人工智能、数据挖掘、物联网、组件研发工程师等多种职能岗位，对上岗企业实名认证、全程背书，对求职毕业生也只需通过专属二维码即可查看企业信用和相关评价。此次越洋“职通车”基于园区大数据企业库，包括国内外知名 IT 互联网企业 700 余家，北京量子信息科学研究院等一批领先院校、科研机构，为需求者打造了一条企业和毕业生双方透明、信任的双选通道。

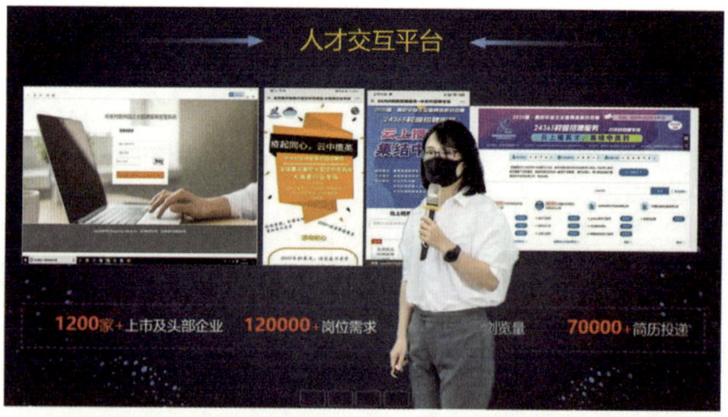

（李军伟、韩文龙）

【中日创新合作示范区平台公司组建】 7 月 30 日，集团向中关村海外科技园增资 5000 万元，由中关村海外科技园作为出资主体（占股 25%）联合北京亦庄科技有限公司、北京大兴投资集团有限公司共同设立中日创新合作示范区平台公司；9 月 14 日，中日创新合作示范区平台公司完成工商注册，命名“北京大兴国际商业服务有限公司”。

（韩文龙）

【2020 中关村论坛举办】 9 月 17 日—20 日，由科技部、中科院、中国科协、北京市政府主办，中关村论坛组委会办公室承办的 2020 中关村论坛在中关村国家自主创新示范区展示中心举办。本届论坛以“合作创新 共迎挑战”为主题，聚焦“全球疫情下的民生福祉”，深入研讨科技抗疫、生命健康、全球创新合作、科技发展前沿等国际重大议题。中共中央政治局委员、北京市委书记蔡奇致辞，科技部部长王志刚视频致辞，中科院院长白春礼、中国科学技术协会党组书记怀进鹏、市长陈吉宁、市人大常委会主任李伟、市政协主席吉林出席。200 余位全球知名专家学者（诺贝尔奖级科学家 11 人、中外院士 70 人）、400 余位著名企业家和投资人、150 余位国内外政府官员及驻华使节、40 余位国际组织及顶级学术机构负责人，以及全球产学研、政商界代表共 2600 余人通过线上或线下的方式参与论坛。论坛运用直播、全息、5G 等新科技手段，线上、线下相结合，直播和视频的观看数量达到 1.28 亿人次，相关信息阅读量超过 12 亿人次。论坛推出“会议 + 展览 + 交易 + 发布”四大板块 50 余场活动，包括 1 场开幕式、21 场平行论坛和 2 场专业论坛。开幕式上，中国工程院院士王辰、百度创始人李彦宏、2018 年诺贝尔化学奖获得者格雷戈里·温特爵士等分别发表题为“医学卫生健康事业及健康产业”“从‘黑科技’到智能经济”“携手科技合作，应对全球挑战”的主题演讲。全球科学与生命健康平行论坛围绕“科技研发与重大疫情防治”等话题展开学术交流，钟南山、陈薇院士分享“科技抗疫”攻关经验。论坛期间首次设置技术交易“大集”，汇聚“线上 + 线下”各板块 7000 余个优秀技术成果、600 余个技术需求，以及 300 余家国内外知名技术转移机构和服务机构，首单签约 1.2 亿元，签约总金额 178.48 亿元。北京国际科技产业博览会（第 23 届）首次与中关村论坛融合举办，包含展览展示、推介交易等 10 余场活动，展示 5G 通信、工业互联、智能网联汽车、生物医药、人工智能、网络安全等在科技冬奥、抗疫科技、首都文化科技融合发展等方面的前沿科技成果，众多“黑科技”让观众近距离体验科技创新的魅力，百度、小米、旷视科技、同方威视、柔宇科技等一批企业在论坛中亮相。论坛上还举办了 2020 年中关村论坛新技术新产品发布活动，200 余项成果在论坛期间首发。清华大学产业发展与环境治理研究中心、施普林格·自然发布《全球科技创新中心指数 2020》，北京为排名第 5 位的城市。

（吴亚楠、倪黄英）

【科技经济融合发展平行论坛举办】 9 月 17 日，由中国科协主办，中国科协科学技术传播中心承办，北京市科协、天津市科协、中关村软件园协办，中关村发展集团、北京银行支持的科技经济融合发展平行论坛在中关村国家自主创新示范区展示中心举办。科技经济融合发展平行论坛通过主旨报告和高峰对话等环节设置，探讨社会组织赋能创新、科技与经济、数字技术与经济社会深度融合发展等多方面议题，凝聚全球科技经济融合、数字实体经济融合发展的共识。

（李军伟）

【中俄青年创业峰会举办】 9月18日，由清华大学、中关村发展集团、莫斯科创新集群、圣彼得堡国立大学共同主办，清华大学俄罗斯研究院、中关村天使投资联盟、中关村国际会展承办，清华校友总会、中关村资本、浦俄（上海）创业孵化器、特洛伊茨克创新集群、莫斯科国立大学科技园协办的首届中俄青年创新创业与创意大赛启动发布会暨中俄青年创业峰会在清华大学举办。峰会以“变革 · 突围 · 未来”为主题。会上，6位优秀企业家及投资人做主旨演讲，共同探讨大变局下的中俄科技创新与中俄科技合作。中关村发展集团与莫斯科创新集群战略合作框架协议签约，双方将致力于在世界科学和技术的先进领域开展创新、研究与发展等方面的合作，并共同促进创业与产业发展信息系统的公共平台 i.moscow 网站、中关村易（e）创服务平台以及中关村论坛大数据平台等线上服务平台发展成为中俄企业的协作平台。峰会还启动首届中俄青年创新创业与创意大赛。

（李傲、吴亚楠）

【工业互联网论坛举办】 9月18日，由中关村管委会、市经济和信息化局及中国工业互联网研究院主办，中关村软件园协办的2020中关村论坛平行论坛——工业互联网论坛在中关村示范区展示中心举办。论坛以“新基建、新经济、新未来”为主题。论坛邀请德国工业联合会、新加坡资讯通讯发展局、瑞典商会、欧盟商会、德国人工智能研究中心、加拿大工程院等机构的10余位专家代表为工业互联网未来发展建言献策。论坛期间，市经济和信息化局发布《2020北京工业互联网发展报告》。活动采用线上、线下相结合的形式，相关领域企业、科研高校、商协学会的代表等80余人现场参会。

（李军伟）

【“智能 + 交通”论坛举办】 9月18日，由北京市民间组织国际交流促进会、北京民合国际交流基金会主办，中国交通报社、北京交通发展研究院承办，中关村海外科技园等联合支持的“智能 + 交通”平行论坛在中关村国家自主创新示范区展示中心举办。论坛旨在发挥民间对外交往工作桥梁纽带作用，促进智能交通领域国际交流与合作，服务首都“四个中心”功能建设和高质量发展。6位中外嘉宾围绕“交通大数据和智慧型城市交通大脑建设、网联汽车与无人驾驶”等前沿课题展开学术探讨。论坛还发布了《中国交通转型与创新知识平台活动计划》《边缘智能体》《重型货车超载自识别智能“天秤”系统技术》《地铁预约出行技术》等4项智能交通技术应用领域的研究成果。

（韩文龙）

【中国科创投资峰会举办】 9月18日，由中关村管委会指导，中关村发展集团、清科集团主办的中国科创投资峰会在中关村国家自主创新示范区展示中心举办。峰会汇聚科创投资大咖，围绕“大变局下的科技创新与股权投资”核心话题，嘉宾们分享洞见，前瞻趋势，解码后疫情时期的创投机遇和新挑战。峰会上，北京银行与投资机构投贷联动签约仪式举行，北京银行与中关村资本、清科集团、华盖资本、清控银杏签约，共同推动科创企业投贷联动业务创新。

（吴亚楠、倪黄英）

【全球医药健康大数据论坛举办】9 月 18 日，由工业和信息化部、国家卫生健康委指导，中关村科学城管委会、北京市大数据中心、中关村生命科学园联合主办的 2020 中关村论坛平行论坛——全球医药健康大数据论坛在中关村国家自主创新示范区展示中心举办。论坛聚集了诺贝尔化学奖获得者迈克尔·莱维特，中国工程院院士、脑与认知科学研究院院长戴琼海，中国工程院院士乔杰等多位全球医药健康和大数据专家，深入融合大信息和大健康产业板块，共同探讨全球科技前沿技术发展动向。论坛现场，由北京市大数据中心、中关村科学城管委会联合中国技术交易所、清华大学北京信息科学与技术国家研究中心、中关村生命科学园共同发起的中关村医药健康大数据交易平台启动，北京市大数据中心与北京大学第三医院达成战略合作协议，清华大学北京信息科学与技术国家研究中心与北京市大数据中心签订战略合作协议。

（石壹）

【全球视野下的知识产权运营与金融论坛举办】9 月 19 日，由中国国家知识产权局知识产权运用促进司、市知识产权局、中关村管委会、中关村发展集团主办，中关村知识产权促进局、北京 IP、中关村国际会展共同承办的“聚能赋能·共创共赢——全球视野下的知识产权运营与金融论坛”在中关村国家自主创新示范区展示中心举行。论坛发布了北京 IP 的智慧园区科创能力分析管理可视化系统，国家知识产权运营公共服务平台的 IP7+ 专利分级管理工具，北京集慧智佳知识产权管理咨询股份有限公司的 IP folder 区块链存证，北京中金浩资产评估有限责任公司的中知云知识产权价值评估，覆盖科创能力综合管理、知识产权维权保护、价值评估、专利管理等领域。本次论坛紧扣知识产权保护、知识产权金融创新、知识产权资本化运营等全球热点前沿，邀请国内外知识产权领域知名专家学者，从国际视野审视研讨了促进知识产权价值实现最大化、知识资产与金融资本有效融合的新路径。高峰对话环节围绕知识产权金融与资本运作，嘉宾们分别就国内外知识产权质押融资、专利保险、知识产权证券化、维权保护等知识产权金融创新和资本化运营方面的

有益经验和做法进行了探讨和交流。

（范芮芮）

【中关村生命科学园发展论坛举办】10 月 19 日，由中关村生命科学园主办的中关村生命科学园发展论坛 2020 暨中关村生命科学园 20 周年成果展在北京开幕。论坛主题为“数据要素引领医药健康发展新机遇”。来自世界各地的近百位专家学者和中关村生命科学园 500 余家企业代表，国际顶级期刊《细胞》（*Cell*）、《自然》（*Nature*）、《科学》（*Science*）中国业务负责人及政府相关部门负责人，通过线上线下相结合的方式，参与本次论坛揭幕仪式。本次活动分为国内与国际两个部分。其中，由科学·亚洲与中关村生命科学园合力主办的以“免疫系统的多组学研究方法”为主题的学术研讨活动，通过线上参与和直播的方式，展现世界各地专家、嘉宾围绕“感染免疫反应”“癌症”“新技术”“自身免疫和调控网络”等专题展开分享和探讨。这也是科学·亚洲连续第二年与中关村生命科学园共同举办国际化学术研讨活动，是中关村生命科学园打造国际化品牌的一项重要举措。国内部分通过线下方式展开，重点活动包括在园区内开展的 2020 全球医药健康大数据峰会、“十四五”国家科技抗疫前沿论坛、医药健康领域青年科学家论坛、全球抗疫背景下的生物医药先锋技术创新路演、中关村生命科学园企业发展论坛、“队列资源支撑医学进步”论坛暨 2020 年中国队列共享平台年会，以及在北京国际会议中心举办的 2020 中国研究型医院高峰论坛等。开幕式上，总结中关村生命科学园 20 年发展经验的《中国生命科学拓荒者》纪录片及《适应性创新》《从零开始》新书发布。北京大学第三医院、北京大学公共卫生学院、中国研究型医院学会、中国队列共享平台等医疗领域知名机构共同参与分享。

（石壹）

【2020 麻省理工北京论坛举办】11 月 6 日，由中关村发展集团、美国麻省理工学院全球产业联盟（MIT ILP）主办，中关村北美、中关村国际会展、中关村协同发展共同承办的 2020 年中关村全球创新未来峰会（Global Innovation and Future Summit，即 GIFTs）暨“2020 麻省理工北京论坛”在中国北京与美国波士顿两地举办。本次活动以“新兴技术，重启未来”为主题，是“GIFTs 走进世界高校”系列活动的重要组成部分，同时也是 2020 中关村论坛系列活动之一。论坛紧跟经济全球化、智慧城市、抗击新冠肺炎疫情等热点话题，通过主旨演讲、圆桌论坛、高端对话、创新项目路演等多个嘉宾与观众的互动环节，来自中美两国的前沿领域领军者携手区域政府、中关村科创服务机构、MIT 中国校友等 100 余位代表共同探讨疫情下科技创新发展的现状与前景，并为 8 个来自 MIT 的科技创新项目搭建投资合作对接平台，推动产学研融合，以巅峰对话引领产业未来。主旨演讲环节，专家们分别发表了“用于柔性和大功率电子设备的先进散热器的最新研究”“一带一路通向绿色的未来”“数字时代的多尺度多功能制造”“柔性材料技术进展”“新（反）常态”“数字时代的变革力量”等主旨演讲。在圆桌论坛环节，企业家代表就“未来科技与创新”“科技创新产业化与区域协同”等主题共同探讨了科技创新创业投资与发展。在高端对话环节，嘉宾们就“中美科技创新，大学与产业合作”这一话题，带来关于产学研深度融合的思考及讨论。本届论坛还邀请 8 支来自 MIT 的科技创新项目进行路演，涵盖能源、医疗、区块链等多个前沿领域。各支项目团队的研究方向与成果充分展现了 MIT 精英一代的超前思维与创业愿景。本届论坛也为这些来自 MIT 的青年创业者提供投资合作对接机会，打造创新项目落地的平台。

（代宇鹏、吴亚楠）

【中关村海外科技园组织 8 家企业参加水博会】11 月 10 日—11 日，由以色列经济部、以色列出口协会发起主办，以色列的经济工业部行政主管部门、水利部、水务局和以色列国家水务集团、以色列驻全球使领馆共同承办，中关村海外科技园协办的 2020 以色列数字水务科技线上博览会召开。中关村海外科技园组织北京睿能世纪科技有限公司、北京众能力电科技有限公司和北京智中能源科技发展股份有限公司等 8 家企业参加水博会。会上，全球专家特别针对疫情期间全球远程水资源管理的物联网解决方案的需求进行了讨论。

（韩文龙）

【中关村海外科技园联合举办 5 场线上医疗采购对接会】12 月 7 日—22 日，中关村海外科技园与北京中咨时代国际展览有限公司联合举办 5 场线上医疗采购对接会。通过 Zoom 软件线上平台，让企业与俄罗斯、乌克兰、白俄罗斯、哈萨克斯坦和巴基斯坦等 5 国采购商精准对接，中生北控生物科技股份有限公司、北京卓诚惠生生物科技股份有限公司、中科微针（北京）科技有限公司等 11 家企业报名，意向订单 3 笔。

（韩文龙）

【“寻找中国制造隐形冠军企业”系统活动启动】12 月，中关村海外科技园与环球资源联手启动“寻找中国制造隐形冠军企业”系统活动。活动旨在通过多样化的形式，促进中关村中小高科技企业创新发展。通过多轮角逐，北京凯普林光电科技股份有限公司和极智嘉科技有限公司入围。

（韩文龙）

【集团协助美国巢生实验室项目在京落地】12 月，来自美国波士顿的生命科学共享实验平台——巢生实验室（Nest. Bio Labs）项目落户北京。巢生实验室占地面积近 3000 平方米，配备专业化实验设施与运营团队。[巢生实验室是一家极度鼓励技术创新，努力为创业科学家打造集投资、孵化、研发于一体的综合性平台。平台通过自身先进的实验设备、办公空间以及专业的资源网络和创新服务支持，可支持分子生物学、生物化学、细胞生物学多学科领域的实验要求，客户可根据不同的需求选择所需要的实验仪器和实验空间，支持工业定制化的 Lab—as—a—Service（LaaS）新型模式。平台依托专业的实验室背景运营团队为入驻企业配备专业化的实验应用场景和一站式的企业落地服务，帮助项目在其全球化生态网内对接优质资源和投资。]

（尹向）

【中关村海外科技园配合引进 IPU 芯片独角兽公司】2020 年，中关村海外科技园在英国驻华使馆国际贸易部的支持下，协助英国著名 IPU 芯片独角兽公司 Graphcore 在北京注册并成为海淀区“两区”建设重点签约项目。

（韩文龙）

【AI 面试系统公司 Intervyo 与智联招聘签署合作协议】2020 年，中关村以色列创新中心入驻企业 AI 面试系统公司 Intervyo 与智联招聘签署合作协议，其技术将在智联招聘网站的云面试模块进行应用。Intervyo 将先进的人工智能技术引入人力资源管理，利用最先进的人类预测分析技术，是世界上第一个也是最先进的面试模拟模块。Intervyo 数据驱动的人类预测分析利用了面部分析、语调分析、个性洞察力、语义分析、认知能力和数据科学。这项技术能够客观高效地自动面试候选人，确定哪些候选人最适合这份工作，并对每个候选人提供完整的评估。这使得公司能够得到更好的员工，同时节省资金和时间。

（李玺靓）

【中关村海外科技园协助引进 15 名外籍人才】2020 年，集团探索外籍人才引进的工作方法，发掘渠道资源。经推荐联络，Ding Michael Luning（美国）、Shaigan Saleem（巴基斯坦）、Razu Ahmed（孟加拉国）等 15 名外籍人才分别进入闪联信息技术工程中心有限公司、北京谊安医疗系统股份有限公司等 7 家高新技术企业工作。

（韩文龙）

企业管理

中关村发展集团年鉴

YEARBOOK OF ZHONGGUANCUN DEVELOPMENT GROUP

2021

综　述

2020 年，集团按照深化国有企业改革、完善中国特色现代企业制度的要求，切实推动集团综合改革方案落地，不断提升企业治理效能，为推动集团高质量发展提供坚实的保障。

完善现代企业治理顶层设计。全面修订公司章程，通过“立、改、废、释”，推动完善企业治理制度体系。引入独立董事，建立相关专门委员会，完善董事会、监事会治理结构，做好董事会、监事会换届工作。研究制定“服务型、管理型”总部改革方案，优化调整总部“三定”方案，推动总部大部制、扁平化改革。对标 ISO 26000 国际标准，推动集团社会责任管理体系建设，发布首份社会责任报告。结合改革转型任务，启动“十四五”规划编制工作。

推进集团业务分类管控。对集团业务进行合理分类，区分公益性和商业性，建立分类考核及薪酬激励机制等绩效管理体系，积极探索与服务业态相适应的管控模式。

推进用人体制和激励机制改革试点。制定市场化用人体制和激励机制改革试点三年行动计划，覆盖 70% 的二、三级子公司；实施合伙人机制试点，中关村信息谷、中关村芯园综合改革取得积极成效。在中关村产业研究院等智力密集型企业实施多层级合伙人机制。在投资类、服务型运营主体中引入基金投资、创新咨询、医疗器械 CMO 及 CSO 平台、智能制造中试、环保产业服务等领域的市场化专业人才团队。

夯实经营管理基础能力。持续开展重大系统风险排查，提前采取针对性管控措施，取得积极成效。建立常态化经营分析调度工作机制，及时研究解决重点难点问题，保障集团平稳健康运营。加强集团内部审计管理机制与系统化管理工具创新，2020 年分级审计覆盖 24 家境内外子公司。加强人才队伍建设，通过员工挂职锻炼提升工作能力，利用“云课堂”组织 20 次服务创新大讲堂系列精品培训。强化品牌建设，面向改革要求打造系列服务品牌，开展集团成立十周年宣传活动，深入践行“创新、专业、担当、作为”文化理念，积极发挥工会等群团组织作用，员工凝聚力和获得感不断提升。

（李明明）

表 18　2020 年中关村发展集团第三届董事会一览表

序号	姓名	就职单位	职务	代表股东
1	赵长山	中关村发展集团股份有限公司	董事长	北京中关村发展投资中心
2	宣　鸿	中关村发展集团股份有限公司	总经理	北京中关村发展投资中心
3	王明兰（女）	中关村发展集团股份有限公司	党委副书记	北京中关村发展投资中心
4	郭毅可	香港浸会大学	副校长	独立董事
5	张　然（女）	中国人民大学	商学院教授	独立董事
6	刘卫亚	北京市海淀区国有资本经营管理中心	执行董事	北京市海淀区国有资本经营管理中心
7	吕　慧（女）	北京丰台科技园孵化器有限公司	财务部经理	中关村科技园区丰台园科技创业服务中心
8	宋　杰	北京亦庄投资有限公司	总经理	北京亦庄投资控股有限公司
9	赵志雄	北京科技园建设（集团）股份有限公司	董事长	北京科技园建设（集团）股份有限公司

（芦婧）

表 19　2020 年中关村发展集团董事会秘书一览表

职务	姓名	民族	政治面貌	任职年限
董事会秘书	杨彦文	汉	中共党员	2018.07—

（芦婧）

表 20　2020 年中关村发展集团第三届监事会一览表

序号	姓名	就职单位	职务	代表股东
1	郑　宏（女）	中关村发展集团股份有限公司	监事会主席	北京中关村发展投资中心
2	王　颖（女）	北京昌平科技园发展有限公司	总经理	北京昌平科技园发展有限公司
3	李学江	京泰集团	副总经理	北京北控置业集团有限公司
4	王东坡	北京首钢股权投资管理有限公司	专职董事	北京首钢股权投资管理有限公司
5	季　亮（女）	北京望京新兴产业区综合开发有限公司	党委副书记、工会主席	北京望京新兴产业区综合开发有限公司
6	魏金朝	北京工业发展投资管理有限公司	高级投资经理	北京工业发展投资管理有限公司
7	张　健	中关村发展集团股份有限公司	资本运营部部长	职工监事
8	黄　洁（女）	中关村发展集团股份有限公司	党群工作部副部长（主持工作）	职工监事
9	汤　滢（女）	中关村发展集团股份有限公司	风险管理部副部长	职工监事

（芦婧）

表 21　2020 年中关村发展集团经营班子一览表

职务	姓名	民族	政治面貌	任职年限
总经理	宣　鸿	汉	中共党员	2017.05—
副总经理	姚胜利	汉	中共党员	2013.05—
	王明兰（女）	汉	中共党员	2014.01—2020.04
	周武光	满	中共党员	2014.01—2021.02
	韩　柏	汉	中共党员	2014.01—2021.01
	曾林峰	汉	中共党员	2019.06—
总会计师	孙辉东	汉	中共党员	2020.04—
总经理助理	贾一伟	汉	中共党员	2016.10—2021.02
	段海波（女）	汉	中共党员	2017.04—2021.02

注：按任职起始时间排序。

（吴峰）

表 22　2020 年中关村发展集团内设机构一览表

内设机构	职能
党委办公室 / 集团办公室	集团党委和经营层的综合办事机构。承担集团党委重要方针政策及精神的传达和学习，党委会议及文件管理，党委重大活动及党委日常工作的组织协调等职能，以及总部办公体系运行、公共关系管理、会议管理、重大活动组织协调、信息化管理、综合文秘、督办、行政后勤管理与服务等相关工作
组织部 / 人力资源部	集团党委组织及人力资源管理的职能机构。承担集团干部个人事项申报及教育培训，干部管理，人力资源规划，岗位设置及编制管理，招聘及员工关系管理，薪酬福利管理，个人绩效管理，培训与开发，人事档案管理，博士后工作站管理，党建及思想政治教育工作，机构及编制管理等工作职能，指导子公司人力资源管理工作
宣传部 / 品牌管理部	集团党委宣传、品牌管理及企业文化建设的职能机构。承担党委政治理论宣传，思想舆论引导，意识形态管理，品牌规划及推广，企业文化体系构建及推广，媒体关系维护等相关工作职能
党群工作部	党委职能部门和服务办事机构。承担总部党建及工会工作，负责集团工会、共青团、妇联、统战等工作职能
纪检监察部	纪检、监察职能部门和纪委服务办事机构。在集团党委、纪委的领导下，组织开展党风廉政建设和反腐败工作、党风党纪党规教育培训，信访举报与案件查办、执纪问责等工作
董事会办公室	集团董事会、监事会的日常办事机构。承担集团股东关系管理及治理架构研究、集团“三会”事务管理、董事会和专门委员会建设，协助董事、监事履职，信息披露及代管投资中心业务等工作
资金财务部	集团资金统筹及日常财务管理的职能机构。承担集团财务会计及分析、预算管理、资金管理、债务融资、税务统筹、国资管理（资产评估与备案、产权登记）、融资、资金结算中心管理等工作职能；代管党委、工会、投资中心及母基金财务管理工作，指导、监管子公司财务规范管理等相关工作
战略管理部	集团战略管理与战略研究的职能机构。承担集团战略制定、监督战略实施、编制中长期规划和年度经营计划、综合统计、机构绩效管理、集团组织管控、改革综合协调等相关工作职能
风险管理部	集团风险管理体系搭建及日常风险管理的职能机构。承担集团层面风险管理、法务、合规、内部审计等相关工作职能，指导和监督子公司开展风险管理与内控体系建设工作
资本运营部	集团开展资本运作的职能机构。承担集团资本运作、并购、战略投资、股权管理等相关工作职能，以及派出董监事的业务管理、培训及履职考核职能
产业投资部 / 中关村资本	集团统筹重大项目投资与产业组织服务的业务机构。承担重大项目的挖掘、投资、管理、组织服务、风险监控、集成电路基金管理等工作职能
科技金融事业部 / 中科金	集团统筹科技金融业务的机构。承担金融业务发展规划，业务协同，业务风险监控、评估，基金系的统筹管理，金融业务信息系统建设与维护等工作职能
科技园区事业部	统筹集团科技园区发展业务的机构。承担园区发展规划业务协调、园区规划管理、工程管理、招投标及成本管理、产业服务体系建设、项目招商组织等相关工作职能
海外业务部	统筹集团海外业务拓展及运营管理的机构。承担海外项目投资与管理，海外基金的设立与运营管理，海外孵化器运营管理，海外展示推广，国际合作，人才和技术引进等工作职能，受托管理中关村海外联络处
区域合作部	统筹集团区域合作业务的机构。承担区域合作发展规划与经营计划、业务协调等工作职能

（龚健）

综合改革

【概况】 2020年，集团聚焦改革转型，聚焦四大类69项子任务，制定《中关村发展集团2020年度综合改革落地重点任务清单》；制定集成服务全覆盖北京各区三年行动计划；持续开展高质量发展评价。组织集团“十四五”规划编制工作，形成《集团“十四五”规划纲要》（征求意见稿）。开展“基于人口流动的产业形成机制”“专业科技服务体系及布局”等课题研究；完成《中关村发展集团布局重点产业图谱》，包括三大产业12个细分领域的重点产业布局。以改革为导向不断优化考核指标体系。创新完成集团首份社会责任报告和服务产品手册。

（安然、龚洋冉）

【企业社会责任报告首次发布】 9月，集团发布《中关村发展2010—2019企业社会责任报告》，这是集团首次发布社会责任报告。报告系统梳理了集团成立以来在履行企业社会责任方面的理念、思想和工作成效，集中展示集团过去10年以服务创新发展为使命取得的最新成果，以及为北京建设具有全球影响力的国际科技创新中心作出的努力。此外，报告还设置了“协力战‘疫’ 全力以‘复’”专题，反映集团在抗击新冠肺炎疫情和助力中小微企业复工复产中所做的各项工作，展现集团不负使命、勇于担当的国企形象。

（宋柳位）

【国资监管相关制度宣传贯彻会议召开】 10月30日，集团召开国资监管相关制度宣传贯彻会议，对中关村管委会下发的《中关村管委会关于中关村发展集团股份有限公司国有资产监督管理暂行办法（试行）》（中科园发〔2019〕75号）、《中关村管委会关于中关村发展集团股份有限公司境外投资监督管理暂行办法》（中科园发〔2019〕76号）等相关制度进行宣传贯彻和讲解。会议从制度出台背景、国家和北京市关于国资国企改革的相关要求、制度主要内容以及集团下一步重点工作等方面进行讲解和解读。

（安然）

【集团制定集成服务全覆盖北京各区三年行动计划】 11月，集团制定《中关村发展集团集成服务全覆盖北京各区三年行动计划（2020—2022年）》。集成服务计划提出，到2022年，实现集团集成服务全覆盖北京各区的目标，通过发挥集团作为北京市整合创新资源的市场化平台作用，向“三城一区”主平台及北京各区提供合作开展产业组织、共建特色产业基地、合作开展科技股权投资、合作构建科技金融服务体系、积极导入专业科技服务、共建高品质创新社区、配合开展人才引进、加强国际要素对接服务等多项服务，积极构建政企合作新机制。

（安然、龚洋冉）

【企业社会责任报告获金蜜蜂奖】 12月3日，在第十三届中国企业社会责任报告国际研讨会上，《中关村发展2010—2019企业社会责任报告》获金蜜蜂智库、《可持续发展经济导刊》杂志社颁发的“金蜜蜂2020优秀企业社会责任报告”奖。

（宋柳位）

【"十四五"规划专家研讨会召开】 12 月 19 日，集团召开"十四五"规划专家研讨会。会议邀请中关村企业家顾问委员会、市社科院、北京长城企业战略研究所等 9 名业内专家代表参加。与会专家就集团"十四五"发展的外部形势、战略定位、战略目标、业务体系、企业治理、国内外布局、数字化转型等方面提出了具体意见和建议。

（宋柳位）

【改革领导小组会定期召开】 2020 年，集团定期召开改革领导小组会议，研讨综合改革重要议题。截至年底，集团累计召开 7 次改革领导小组会，研究中关村金服改革方案、集团总部"三定"建议方案、集团所属企业市场化用人体制和激励机制试点工作建议方案等工作。改革领导小组由集团主要领导任组长和副组长，负责研究重大改革落地事项、统筹部署和组织改革落地、推动跨部门协同等工作；改革领导小组下设办公室（简称改革办），负责处理改革领导小组日常事务，承担改革落地综合协调、日常工作调度、督促检查和进度把控等日常工作，改革办由集团总部相关职能部门组成；根据重点改革任务安排，设立 7 个改革落地专项组，具体负责相关领域的改革落地方案设计、组织实施和协调推进工作，统筹协调本项目所涉及的各项改革任务。

（安然、龚洋冉）

【集团制定综合改革年度重点任务清单】 2020 年，集团制定改革落地任务清单，细化主要内容和目标，明确牵头领导、主责单位和协同单位，做到任务具体化、清单化、可量化。瞄准改革落地总体目标任务，制定近三年阶段目标。结合外部形势和内在条件的变化，滚动编制年度目标任务，明确年度具体任务、具体目标。

（安然、龚洋冉）

【集团通过多种形式开展综合改革方案宣传贯彻】 2020 年，集团通过多种形式进行改革宣传贯彻动员。召开集团综合改革方案宣传贯彻大会，将改革精神宣传贯彻到每个部门、每家公司，引导培育适应改革转型的创新文化，统一思想、凝聚共识、汇聚合力；通过微信、网站等多渠道媒体平台，对改革进展进行系列报道；发挥基层党组织活动、工会活动作用，提高广大干部和职工的参与度。

（安然、龚洋冉）

【集团开展年度高质量发展评价】 2020 年，为了进一步定期监测评估改革发展成效、建立高质量发展长效工作机制，在 2019 年集团第一次开展高质量发展评价的基础上，从 6 个维度 28 项指标精准评价集团高质量发展成效。评价工作历时 3 个月，最终形成《中关村发展集团 2020 年高质量发展评价报告》。

（金靖雨）

【集团开展基于人口流动与产业形成机制课题研究】 2020 年，集团联合北京师范大学专业团队、中关村产业研究院与北京国际工程咨询公司团队开展基于人口与产业组织的理论和现实规律课题研究。该课题研究人口流动与产业形成的内在机理，提出产业形成发挥作用的五大类 12 种人群及其作用机制，并对人群的行为模式、年龄特征、需求属性等进行系统研究梳理，提出量化分析指标，并以软件园、新化、硅谷等区域案例进行了验证，提出了"以人定产"的工具框架和指标体系。课题实现了经济效益转化，基于前期课题研究为国内某城市打造人才课题研究报告。

（吕朋悦）

【集团"十四五"规划编制工作取得进展】 2020 年，集团推进"十四五"规划编制工作。1 月，集团改革领导小组第二次会议原则同意《中发展"十三五"评估和"十四五"战略框架建议》、《集团"十四五"发展规划纲要》（框架稿）；2 月，启动规划编制，研究制定《集团“十四五”规划研究编制工作方案》，5月初印发实施。5月—7月，按照《集团“十四五”规划研究编制工作方案》，成立集团规划编制工作组，组织开展前期内部调研，形成10万余字的调研纪要；开展对硅谷银行等16个对标案例的研究，对标其他国有企业五年规划案例，研究中央和北京市国企改革“1+N”政策体系；组织各部门、子公司和第三方机构完成15项专项研究、6个业务板块规划和12个重点子公司规划初步成果。8月—10月，在前期调研、专项研究和子公司规划基础上，组织专业机构研究编制集团整体规划，形成《集团“十四五”发展规划纲要》（征求意见稿）。11月—12月，集团广泛征求内部各业务板块、子公司意见，面向集团体系广大员工开展“集团‘十四五’建言献策活动”，面向知名专家、企业家、服务机构、政府部门等广泛征求意见，对规划文稿进行进一步研究论证。

（宋柳位）

【服务产品手册首次发布】2020年，集团启动服务产品手册编制工作，最终汇总整理18大类160余项服务产品并对外发布。

（孙乐乐）

股东大会及董（监）事会管理

【概况】 2020 年，集团“三会”运行规范有序，现代法人治理结构不断优化。召开第二届董（监）事会换届会议，选举产生第三届董事会、监事会、董事长、监事会主席，聘任高级管理人员，董事会中引入国际知名人士和业内专家担任独立董事，下设战略发展委员会、风险管理与审计委员会；组织召开 17 次“三会”会议，审议 70 余项议案。对重大事项及时合规进行信息披露，共发布公告 12 项。

（芦婧）

【第二届董（监）事会换届会议召开】 12 月 12 日，集团第二届董（监）事会换届会议在中关村国防科技园召开。按照议程安排，先后召开第二届监事会第十八次会议、第二届董事会第六十二次会议暨 2020 年换届股东大会、第三届监事会第一次会议和第三届董事会第一次会议。会议选举产生集团第三届董事会、监事会。赵长山连任集团第三届董事会董事长，郑宏（女）当选为集团第三届监事会主席，会议续聘宣鸿为集团总经理，同时还进行了其他高级管理人员的聘任，实现了集团新老董（监）事会的工作交接。新一届董事会和监事会的结构更加优化，董事会中引入国际知名人士和业内专家担任独立董事，董事会下设立战略发展委员会、风险管理与审计委员会两个专门委员会，有利于提高董事会和监事会的科学决策水平，提升决策效率。会议强调，第三届董事会的任期正处于集团创新发展的关键节点，全面推进集团综合改革、稳步实现集团中长期发展目标、实现转型发展是本届董事会必须面对、必须做好的任务。会议提出，要坚定不移地推动党的领导与董事会治理有机融合，要坚定不移地服务国际科技创新中心建设，要坚定不移地推动集团新阶段新发展，要坚定不移地加强法人治理。集团股东代表、董事、监事出席会议，集团高级管理人员、观察员列席相关会议。

（芦婧）

【集团召开 3 次股东大会】 2020 年，集团召开 3 次股东大会，其中 2 次临时股东大会，审议议案 18 项。6 月 19 日，集团 2019 年度股东大会召开。出席会议的股东代表 17 名，出席会议的股东代表所持有效表决权股份总数占集团股份总数的 100%。会议审议通过集团 2019 年度董事会工作报告、监事会工作报告，2020 年度财务预算报告等报告和集团可续期公司债券付息、申报发行公司债券等议案。9 月 15 日，集团 2020 年第一次临时股东大会召开，会议审议通过关于调整怀柔科学城公司股权划转方案的议案和关于修改公司章程的议案。12 月 12 日，集团 2020 年换届股东大会召开，出席会议的股东代表 16 名，代表股份 18524211513 股，占集团股份总数的 98.5360%，会议审议通过关于修改公司章程、修改“三会”议事规则、董事会和监事会换届选举、独立董事津贴、设立董事会战略发展委员会和风险管理与审计委员会等议案，会议选举产生集团第三届董事会、监事会，赵长山、宣鸿、王明兰（女）、郭毅可、张然（女）、刘卫亚、吕慧（女）、宋杰、赵志雄为第三届董事会成员，郑宏（女）、王颖（女）、李学江、王东坡、季亮（女）、魏金朝为第三届监事会非职工监事，与职工监事张健、黄洁（女）、汤滢（女）共同组成第三届监事会。

（芦婧）

【集团召开9次董事会会议】2020年，集团召开董事会会议9次，审议议案44项。审议事项涉及集团发起设立中发助力基金和中关村创新母基金、申报发行公司债券、申报公募基础设施REITs试点项目、修改公司章程和议事规则、董事会换届选举、设立董事会专门委员会、高级管理人员的任免等重大事项，各项议案均通过并得到有效落实。年内，董事会参加2次集团组织的调研学习活动。9月，参加2020中关村论坛，了解科技抗疫、全球创新合作、科技发展前沿等议题；10月，参加集团组织的国资监管办法宣传贯彻会议，系统了解集团遵循的国资监管制度。

（芦婧）

【集团召开5次监事会会议】2020年，集团召开监事会会议5次，审议议案11项。审议事项包括2019年度监事会工作报告、利润分配预案、财务决算报告、2020年度财务预算报告以及修改公司监事会议事规则、公司监事会换届选举、选举公司监事会主席等议案。年内，监事会依法列席董事会9次，出席股东大会会议3次，及时了解集团经营运作和重大事项决策情况。监事会参加两次集团组织的调研活动。9月，参加2020中关村论坛；10月，参加国资监管办法宣传贯彻会议。

（芦婧）

【集团推进国资监管督查】2020年，集团在贯彻落实国资监管办法、组织国资监管办法宣传贯彻活动等方面开展工作，保障集团合规运营。完成中关村管委会派驻集团3位董事的2019年度述职报告；规范中关村管委会派驻集团董事行使表决权的报备制度，集团每次“三会”会议除向中关村管委会发送通知和议案材料外，还同时报送对议案主要内容和拟投票意见的分析；研究制定重要子公司名录；编制集团年度投资计划、增资工业院投资后评价报告，编制集团工资总额预算、集团年度预决算报表，并按照监管要求及时报送；组织召开全集团系统的国资监管办法宣传贯彻会议；组织相关部室对中关村管委会草拟的《出资人监管权力和责任清单》研提意见并反馈。

（芦婧）

【集团开展定期信息披露工作】2020年，集团每季度向股东、董事、监事报送集团经营信息和“三会”决议落实情况，充分保障其知情权；按期披露2019年度财务决算报告、2020年半年度报告；按月向主承销商报送公司债券重大事项月度核查确认表，共报送12期；对调整怀柔科学城减资方式、董（监）事会换届等重大事项，及时合规进行信息披露，年内共披露重大事项公告12项，维护了集团在资本市场的良好声誉。

（芦婧）

行政管理

【概况】2020 年，集团行政管理工作以“参谋辅政、调查研究、督查督办”为抓手，确保重大决策落地生效；以“统筹协调、综合管理”为基础，保障办公体系高效运行；以“创新服务理念、提供舒适办公环境”为己任，搭建承担运营管理营造良好环境的后勤保障新平台；以“顶层设计规划、先进科学技术”为支撑，赋能科技创新生态数据建设；不断提升整体工作能力，助力集团全面实现转型发展战略目标。

（李永辉、庚晨伟）

【集团编制年度经营计划】3 月，集团完成 2020 年度经营计划编制，根据重大风险提示，对照年度经营计划，提出 9 项经营关键问题并提出解决措施建议，对集团全年应对风险挑战提供有力支撑。8 月，按照“计划引领、计划先行”的工作要求，提前启动 2021 年重点服务与经营计划编制工作，摸底 2020 年度各项指标预期完成情况，预计 2021 年度重点指标自报值，为科学分析全年经营计划执行情况、精准编制次年计划打好基础。10 月，启动经营计划编制，优化经营指标，挖掘集团的经济价值和社会价值。

（金靖雨）

【集团完成年度投资计划编报】4 月，集团向中关村管委会备案 2020 年度投资计划；7 月，向中关村管委会报告上半年投资计划执行情况；8 月，对全年投资计划执行、调整情况进行摸底；10 月，启动投资计划编制工作，编制投资计划工作模板，进一步对投资结构、投资周期等项目要素进行分析说明。

（金靖雨）

【集团制定保密工作管理办法】6 月 8 日，《中关村发展集团保密工作管理办法》印发。办法主要围绕保密组织机构设置、责任制实施、秘密种类及范围确定、涉密载体、信息系统和设备、涉密人员等 12 个方面的具体内容，逐一进行规范性管理。其中，重点明确集团党委主要领导是保密工作的第一责任人，对集团保密工作负总责；分管保密工作领导对集团保密工作负具体领导责任；分管业务工作领导在职责范围内对集团保密工作负直接领导责任；各部门负责人对本部门保密工作负直接管理责任；保密委员会办公室设在党委办公室 / 集团办公室，负责保密委员会的日常工作。

（杨静）

【集团开展“十三五”时期保密事业发展规划总结验收和效果评估自查】6 月 24 日，集团制定《集团组织开展“十三五”时期保密事业发展规划总结验收和效果评估自查工作方案》，推进全面自查、部分抽查、评估总结三阶段自查工作。本次评估自查期间，对集团总部 2 台涉密电脑、112 台非涉密电脑开展全面自查，对 2 台存在泄密隐患的电脑及时采取漏洞排查、隐患清除等处置措施，有效降低泄密风险。集团各直属党组织、子公司全部组织开展了自查工作。完成年度定密责任人名单、离岗脱密人员基础情况报送工作；主动对接指导单位，结合集团实际制定集团“一单一表”，细化集团内部定密标准，并于年底完成报备工作。

（杨静）

【集团优化调整“三重一大”决策事项清单】8 月 10 日，完成优化调整集团“三重一大”决策事项清单。调整后的事项清单共 66 项，主要突出以下特点。一是进一步落实国资监管新要求。结合中关村管委会深化简政放权、先行先试、放管结合、优化服务的改革要求，着重调整了关于集团发展战略、经营投资、混合所有制改革、国资预算执行绩效等重要内容，突出了“重要子公司”“投资计划”等概念，简化了对外投资、对外担保、重大资产交易等事项的报告备案流程。二是进一步符合集团改革发展实际。依据集团《职业经理人工作办法》《投资企业利润分配管理办法》等文件要求，补充助推企业改革转型发展、支持创新能力建设相关决策事项内容，为集团综合改革方案落地实施提供坚实决策制度保障。三是进一步结合新时代党建工作要求。结合集团近两年新出台《重大事项请示报告清单》《严肃查处诬告陷害为干部澄清正名的工作办法》等新时代党建工作新要求新部署，对部分决策事项内容进行了更新调整。

（鲍若石）

【集团制定应急值守管理规定】8 月 25 日，《中关村发展集团应急值守工作管理规定》印发。规定共计 7 章 26 条，分别从制度总则、管理体制与职责、值班值守和信息报送、基础业务工作、工作检查与责任追究、保障措施、附则等方面予以规范，使集团应急值守工作有了全新的制度规范和保障体系，全力构建适用、实用、好用的应急值守管理体系，为集团应急值守工作提供坚实的制度保障。在具体的实践工作开展中，坚持从源头上防范化解安全风险，出现情况能够迅速响应、快速解决。

（刘国庆）

【集团制定外事管理工作实施办法】12 月 28 日，《中关村发展集团外事管理工作实施办法》印发，进一步加强对集团因公出国（境）的管理。实施办法涵盖总则、因公出国（境）组团、职责分工、出国（境）审批、团组管理、邀请外国人来访、在华举办国际会议及参加国际组织和驻外机构管理等 8 个方面的内容，系统梳理完善了集团因公出国（境）工作的各方面要求，切实落实集团外事工作“统一领导、归口管理、分级负责、协调配合”的管理体制。

（郑琨）

【集团制定党委前置研究讨论重大事项清单及程序】12 月 29 日，《中共中关村发展集团股份有限公司委员会前置研究讨论重大事项清单及程序（试行）》印发。清单及程序共 5 类 26 项，包括战略规划类、规章制度及管理类、生产经营类、职工权益和社会责任类、其他。其中，战略规划类包括集团战略规划、经营方针等 3 项内容，规章制度及管理类包括内部机构设置、司管干部选聘等 11 项内容，生产经营类包括资本运作、资产转让等 6 项内容，职工权益和社会责任类包括捐赠、维稳等 4 项内容，其他类包括所属企业重大经营管理、党委认为需要前置研究讨论的其他重大事项 2 项内容。

（鲍若石）

【集团党委和经营层重大会议有序开展】2020 年，组织集团党委会议 28 次、审议研究议题 127 项，召开书记专题会议 7 次；组织集团总经理办公会 34 次，审议研究议题 160 项。

（刘国庆、鲍若石）

【集团优化督办工作机制】2020 年，集团不断优化督办工作机制，以分类管理为抓手实现精准督办、以网络协同为抓手实现快速督办、以考核评价为抓手实现尽责督办，逐级压紧压实办理责任，有效推动督办工作系统化、高效化、精准化。年内共出版督办简报 4 期，发起督办 401 项，其中日常督办 347 项、市领导指示批示 12 项、集团领导重点督办 42 项。

（鲍若石）

【集团年度公文流转 1578 件】2020 年，集团共处理收文 1270 件（密级文件 279 件、非密文件 991 件），处理对外发文 308 件（密级文件 6 件、非密文件 302 件）。

（韩旸）

【集团开展年度档案归档工作】2020 年，集团整理归档 2019 年文书、投后项目档案 970 卷，包括文件 4618 份；收集归档 2019 年集团各种活动数码照片档案 233 组，包括 2012 张照片；收集光盘档案 23 张。

（李贺英）

【集团制定信息化工作管理办法和技术标准规范】2020 年，集团制定《中关村发展集团信息化工作管理办法（试行）》《中关村发展集团信息系统建设管理办法（试行）》2 个管理办法和《中关村发展集团信息化建设标准规范（试行）》《中关村发展集团数据集成标准规范（试行）》《中关村发展集团数据共享标准规范（试行）》《中关村发展集团数据采集标准规范（试行）》《中关村发展集团数据接口标准规范（试行）》《中关村发展集团数据治理标准规范（试行）》《中关村发展集团信息分类与编码标准规范（试行）》《中关村发展集团信息化元数据标准规范（试行）》8 个技术标准规范，进一步规范集团总部及子公司信息化管理和建设工作。

（孙旺利、张澍宁）

【集团统计信息化系统实现优化】2020 年，集团持续提升统计信息化系统各项功能。优化操作展示界面，将统计分析模块的目录层级进行调整，提高实用性和美观性；完善统计数据内容，增加了自集团成立以来业务数据历年汇总表，丰富了服务对象项目库内容，便于查询并准确使用统计数据；丰富数据采集手段，深度结合中关村易（e）创服务平台，多次通过大数据先进手段，抓取服务对象的产出、税收、发明专利等数据，弥补了过去通过传统手段难以更深层次统计数据的短板。

（金靖雨）

【集团制定年度绩效考核指标体系】2020 年，集团为推动建立与改革转型目标任务相适应、符合科技服务企业特点的绩效考核指标体系，牵头制定 2020 年总部机构和子公司绩效考核责任书。该绩效考核指标体系有三个特点：一是建立分类考核架构。区分公益性和商业性、成长阶段和所属领域，研究个性化指标和符合子公司特点的协同考核指标，持续优化绩效考核方式和方法。二是强化改革转型导向。将服务收入、认股权等指标纳入考核范围，重点改革事项纳入总部机构和子公司年度机构绩效考核指标，赋予较高的分值权重。三是发挥考核“指挥棒”作用。对实施职业经理人、合伙人等市场化激励机制指标给予加分，鼓励子公司先行先试，加大改革力度。

（孙乐乐）

人力资源管理

【概况】 2020 年，集团人力资源管理工作牢固树立人力资本理念，继续以推进企业核心能力构建和进行组织变革、建立高绩效文化为主线，分层分类建立市场化用人体制和激励机制，建立人才能力发展阶梯，有效组合人才以实现企业经营目标，着力提升人力资源管理服务水平。与集团组织架构调整相适应，优化调整总部“三定”方案和加强集团创新型人才规划配置。拓宽人才引进落户渠道，提高人才服务保障精细化工作水平。配合集团综合改革方案全面落地实施，系统推进集团用人体制和激励机制改革试点工作。加强考核与薪酬管理工作顶层设计和规范执行。

（徐景泉、郭鹏程）

【集团研究制定用人体制和激励机制改革试点三年行动计划】 6 月 18 日，《集团用人体制和激励机制改革试点三年行动计划（2020—2022 年）》印发。内容包括试点范围、工作原则、主要目标与任务安排、保障措施 4 部分，为完成 2022 年职业经理人和合伙人机制试点阶段目标提供了计划表和路线图。行动计划的实施，将进一步优化集团干部人才队伍结构，改革创新利益分配机制，激发干部人才创业激情，提升组织运行效率。

（龚健）

【集团制定年度教育培训计划】 7 月 28 日，集团制定年度教育培训计划。在党建及政治理论、综合素质能力、专业能力、企业文化建设 4 个方面安排教育培训项目 70 项，开展集团服务创新大讲堂，统筹开展精品课程 20 项。

（张章）

【集团修订司管干部管理规定】 8 月 31 日，集团制定《中关村发展集团司管干部管理规定》，共 11 章 71 条。对集团司管干部任职资格条件、选拔任用、考核评价、薪酬激励与关心关爱、管理监督、培养锻炼、退出进行了规范。

（吴峰）

【集团制定选拔任用司管干部工作流程】 8 月 31 日，集团修订《中关村发展集团司管干部选拔任用工作流程》，共 7 部分 39 条。对集团选拔司管干部方式、分析研判与动议、民主推荐、考察、讨论决定、任前公示与任职等进行了规范。与修订前相比，减少了 25 条，主要是选任条件和资格、交流与回避、退出这 3 章归入《中关村发展集团司管干部管理规定》中。

（吴峰）

【集团开展职业经理人和合伙人机制试点】 11 月 12 日，集团印发《中关村发展集团实施合伙人机制试点指导意见》，充分发挥集团作为整合创新资源的市场化平台作用，为各类创新人才、创业主体赋能，促进集团品牌价值与人力资本、创新资源有效对接、融合发展、共享价值，逐步建设国际化、市场化、专业化、职业化的人才队伍，打造多层级、多样化的合伙人团队。指导意见包括总体要求、子公司范围条件及合伙人类型、合伙人基本条件、合伙人工作机制、支持鼓励措施、保障措施 6 部分内容。年内，集团还编制《实施合伙人机制试点相关政策汇编》，收集整理国家、北京市、中关村管委会、集团 4 个层面 47 项政策制度，为推进改革试点提供政策指导；中关村芯园职业经理人工作方案、中关村科技租赁股权激励和员工持股方案完成集团决策程序；天津中关村信息谷、银川中关村信息谷完成职业经理人试点方案报集团备案的工作；中关村产业研究院、中发前沿投资完成合伙人工作机制设计。

（龚健）

【集团组织在站博士后中期评审、出站评审】 2020 年，集团统筹考虑博士后在站管理的进度安排，完成对集团全部 5 位在站博士后的中期评审，完成对 3 位在站工作满 2 年的博士后出站评审。

（龚健）

【集团规范做好干部监督管理服务】 2020 年，集团在规范司管干部和专业人才兼职管理、干部任用、董监事管理、干部日常监督管理、干部人事档案专项审核等方面开展服务管理工作。严格履行集团司管干部兼职、经商办企业审批程序，规范办理社会组织兼职 8 人次，在企业兼职 13 人次；办理出入境备案、撤销及变更 4 人次；规范司管干部选拔任用纪实，对形成的有关材料及时归档，客观反映选人用人全过程和相关责任主体履职情况，为开展选人用人监督检查和实行责任追究提供依据；完成芯海择优、易创新科、硬创空间等 12 家子公司董监事及高管人选的推荐，对集团董监事人才库实施动态管理；严格执行和规范党员领导干部任职谈话制度，安排集团领导对新任职干部任前谈话 3 人次；按要求开展干部人事档案专项审查工作。

（李东良）

【集团组织开展年度校园招聘工作】 2020 年，校园招聘工作为集团总部和中关村科技担保、工业院等 8 家子公司招聘应届生 26 人，完成 20 名校招人才的落户申报，为集团 3 名优秀人才申报落户。

（谢晓天）

财务管理

【概况】2020 年，集团财务管理围绕财务制度建设、财务核算管理、预决算管理、税务管理、结算中心建设、融资管理、财务管控及服务、国资管理等方面开展工作。持续推进结算中心建设，提升资金使用效率。深入研究各类新型融资工具，已储备超过 200 亿元的债券发行额度，探索永续信托计划产品及保险债权计划产品，作为灵活用途资金的融资储备。提供重大业务财务指标预测分析、税收筹划、资产评估等多方面专业支持。加强国资管理，《中关村发展集团国有资产评估项目备案管理暂行办法》成为中关村管委会向集团下放国资管理权限相关制度文件落地的第一项集团制度。加强财务核算管理，提升财务基础信息质量；不断优化预算管理，提高预算编制质量，加强预算执行分析和预算执行反馈，强化预算考核，保障预算目标完成；加强决算工作的组织和管理，通过自查和审计查漏补缺，规范财务核算工作，提升财务管理水平。

（杨爱华）

【集团发行票息为 2.875% 的 3 亿美元公募债】1 月 16 日，集团向全球发行 3 亿美元高级无抵押债券，票息利率为 2.875%，期限为 3 年，债券评级为惠誉 A。募集资金用于全球创新中心建设、科技股权投资、资本运营等方面。汇丰银行、星展银行、广发证券以及丝路国际担任本次债券发行的联席全球协调人，汇丰银行同时担任独家信用顾问，工银国际控股有限公司担任联席账簿管理人。本次公募债的票息利率创下地方国企海外发债的最低票息。债券开簿后获全球 100 余位投资者追捧，发行认购倍数逾 8 倍，总认购量逾 25 亿美元。本次交易的投资者分布合理，有 13% 来自公营机构（其中包括主权基金中投），55% 来自高质量基金（贝莱德、施罗德等），30% 来自银行、其他金融机构，2% 来自私人银行和企业，其中，有超 10% 的欧洲投资者参与。12 月，惠誉评级确认中关村发展集团的长期外币和本币发行人违约评级为 A，展望稳定。同时，惠誉还确认集团票息率 2.875%、2023 年到期 3 亿美元高级无抵押债券的评级为 A。

（刘伟）

【集团发行首期 5 亿元超短期融资券】4 月 13 日，集团发行 2020 年度第一期超短期融资券，发行金额人民币 5 亿元，发行利率 1.87%，期限 240 天，债券信用评级为 AAA。超短期融资券开簿后受到投资者的欢迎并创下“双新低”，即“银行间市场 2020 年地方国企发行同期限、同评级超短期融资券票面利率新低”及“银行间市场园区运营主体发行同期限、同评级超短期融资券票面利率历史新低”。此次发行超短期融资券彰显集团受到资本市场的高度认可，呈现出集团强大的发展引力，有利于集团调整债务结构，降低融资成本，进一步提升集团在资本市场知名度，为后期持续开展资本运作打下良好基础。

（杨爱华）

【集团制定国有资产评估项目备案管理暂行办法】4 月 21 日，《中关村发展集团国有资产评估项目备案管理暂行办法》印发。明确规定资产评估申请、资产评估委托、资产评估机构选定、资产评估备案、资产评估归档、资产评估监督等各方面，为集团资产评估项目备案管理工作提供制度依据。

（杨爱华）

【集团获上海证券交易所储架式公司债发行资格】5 月 18 日，集团获上海证券交易所下发的《关于中关村发展集团股份有限公司适用公司债券优化融资监管的函》，获批储架式公司债券发行资格。储架式公司债券发行资格是上海证券交易所针对市场认可度高、行业地位显著、经营财务状况稳健且已在债券市场多次开展债券融资的公司给出的资质认定。集团获得储架式公司债券发行资格表明上海证券交易所对集团市场地位、经营状况以及融资工作的充分肯定，有利于集团进一步提升融资能力、降低融资成本、优化债务结构，支撑集团战略改革落地。

（杨爱华）

【实创高科发行“20 实创债”】7 月 3 日，实创高科在上海证券交易所债券市场发行 3.5 亿元的公司债券“20 实创债”。“20 实创债”是实创高科获准发行的 11 亿元非公开发行债券的首期，期限 5 年，票面利率 4.65%，发行成本接近同类债券最低值。债券的发行可满足公司一段时期的资金需求、优化债务结构、降低综合融资成本。

（王博）

【集团修订差旅费相关管理规定】8 月 24 日，《中关村发展集团国内差旅费管理办法（修订）》和《中关村发展集团因公临时出国（境）人员费用开支标准和管理办法（修订）》印发。办法依据相关政策规定进一步明确和规范集团因公国内差旅费用和临时出国差旅费用相关标准和规定，有利于集团对因公差旅费用加强管控。

（杨爱华）

【集团启动 2021 年财务预算工作】9 月，集团启动 2021 年预算工作，发布《中关村发展集团 2021 年预算工作方案》，首次以工作方案的形式对预算管理范围、预算编制原则、预算编制总体要求、预算工作总体安排予以明确。

（杨爱华）

【集团制定公司债券募集资金管理与使用办法】10 月 10 日，《中关村发展集团股份有限公司公司债券募集资金管理与使用办法》印发。办法对公司债券募集资金的管理与使用以及债券发行存续期内的管理工作进行了规范，有利于保护投资者的合法权益，提高募集资金使用效益。

（杨爱华）

【集团完成 2019 年财务决算工作】2020 年，集团组织 2019 年年度财务决算工作，高度重视审计过程中发现的各类问题，及时沟通解决，集团合并及总部均取得标准无保留意见审计报告；填报市国资委要求的全级次的久其统计报表、市财政局要求的全级次的久其财务会计决算报表；编制国有资产运营分析报告、财务情况说明书、报表编制说明，通过市国资委和市财政局的年度决算会审，完成 2019 年年度决算工作。

（杨爱华）

【集团完成 2020 年财务预算工作】2020 年，在充分考虑集团综合改革推进、“十三五”规划目标完成情况和新冠肺炎疫情影响的基础上，集团制定 2020 年预算方案。为保障预算目标实现，首次将 2020 年主要预算指标执行率纳入子公司考核指标，并采取定期与不定期结合的方式，统计分析预算完成情况及影响因素，适时采取相应措施。

（杨爱华）

【集团纳税信用等级评价为 A】2020 年，集团税务工作得到主管税务机关认可，纳税信用等级评价结果为 A。税务部门每年依据主观态度、遵从能力、实际结果和失信程度 4 个维度近 100 项评价指标，对企业纳税人信用状况进行评价，评价结果由高到低分为 A、B、M、C、D 5 级。纳税信用作为纳税人履行税收义务的客观反映，直接体现纳税人对社会、对国家的信用。

（杨爱华）

【集团开展资产评估与备案、产权登记等工作】2020 年，集团完成国有资产评估项目备案 16 个，上报中关村管委会核准项目 2 个；完成 54 家企业的国有产权登记工作。

（杨爱华）

【集团推进结算中心建设】2020 年，集团不断优化资金结算中心职能，对内不断扩大成员单位范围，对外与多家金融机构开展战略性业务合作。资金结算中心成员单位增加至 27 家，合并范围内子公司成员单位级次从二级子公司向三级、四级延伸；归集资金峰值突破 100 亿元；年内新增发放委托贷款 49.28 亿元，用于支持子公司项目建设及补充营运资金，优化资源配置，提高资金使用效率，节省集团整体财务成本，控制资产负债率；通过集团整体授信支持成员企业获得银行授信贷款，一定程度上提高了成员单位的融资谈判能力，并降低了融资成本。

（杨爱华）

【集团编制系列财务分析报告】 2020年，集团编制完成系列财务分析报告，包括《中关村发展集团2010—2019年财务综合分析报告》《中关村发展集团总部及合并纳税简析》《关于集团资金情况的分析报告》《中关村发展集团股份有限公司资产盘活方案》。《中关村发展集团2010—2019年财务综合分析报告》梳理集团从成立到2019年的财务数据，包括财务报表数据和投融资数据，形成集团10年财务综合数据表，并根据集团综合改革方案综合分析集团10年发展成果及在新时期面临的问题，根据未来改革趋势分析财务发展方向，最后基于分析提出财务管理战略和建议。

（杨爱华）

风险管理

【概况】2020 年，集团完成总部及子公司重大风险排查、子公司风险管理与内部控制体系建设与自评价，重大项目及经济行为法律合规审核等工作，为集团综合改革提供法律支持。聚焦系统性风险，推进集团系统风险管理与内控体系建设。编制《中关村发展集团认股权业务工作指引（试行）》；组织子公司开展年度内控自评价工作；研究集团总部、二级平台公司和具体经营单位的风险管控责任分工界面。持续优化集团审计体制机制，强化审计监督职能。定期开展合同执行情况统计，跟踪监督合同履约情况。

（于雪）

【集团制定认股权业务工作指引】5 月 25 日，《中关村发展集团认股权业务工作指引（试行）》印发。指引从防范风险、规范业务操作的角度，从基本原则、业务模式、业务流程、职责分工、风险控制等方面提出指导性意见，支持集团系企业高效有序开展认股权业务，切实发挥服务科技创新、实现价值增值的作用。

（于雪）

【集团修订内部审计管理制度】2020 年，集团修订《中关村发展集团内部审计管理办法》《中关村发展集团经济责任审计工作细则》等内部审计相关制度。管理办法作为集团内审工作基础管理制度，明确了内部审计监督、评价和建议的审计职能，明确了风险管理与审计委员会、审计工作领导小组、协调小组、内部审计机构等在集团内审管理组织体系中的功能定位和具体职责，规范了内部审计工作程序，建立健全了内部审计整改与结果运用机制，明确了集团内部审计机构对下属单位内部审计工作的业务指导和监督的职责以及责任追究的有关规定。工作细则作为配套制度，明确了经济责任审计工作和经济责任的定义、审计对象及审计内容、审计评价和经济责任认定方法以及审计结果运用的关键环节。

（于雪）

【集团内审管理信息化模块投入使用】2020 年，为了进一步提高集团内部审计管理的效率和效果，结合集团业务点多面广的实际情况，集团设计了“审计发现”系统功能模板，并投入使用。“审计发现”系统使相关整改责任主体、推动落实主体、监督主体均可实时查询整改进度，对审计整改工作进行监督，为审计发现的跟踪、记录、整改落实提供了信息化手段支持，大大提高了审计资源的使用效率，实现审计整改工作形成合力。

（于雪）

【集团编制《新法速递》8 期】2020 年，集团定期编制《新法速递》，为开展合规管理和法律风险防控提供参考。全年共编制《新法速递》8 期，对《关于构建更加完善的要素市场化配置体制机制的意见》《证券法》《国有金融资本出资人职责暂行规定》《保险资产管理产品管理暂行办法》《关于规范发展供应链金融支持供应链产业链稳定循环和优化升级的意见》《关于应对新型冠状病毒感染的肺炎疫情影响促进中小微企业持续健康发展的若干措施》等与集团业务发展息息相关的新政新法进行深度解读。9 月，推出《新法速递——〈民法典〉专刊》，介绍了编纂民法典的重大意义、基本原则、立法过程、主要变化内容及亮点等。

（于雪）

品牌宣传

【概况】2020年，集团品牌宣传工作聚焦集团改革转型、集团成立十周年纪念，通过编辑出版《中关村发展集团志（2010—2020）》、集团十周年纪念文集，举办“艺术走进中关村”系列书画展，组织媒体专题采访等系列活动，讲好集团不忘初心、服务创新发展的故事，讲好集团广大员工奋力推进改革创新、提升企业治理能力的故事，展示全面、立体的集团形象。全年在中央电视台、人民日报等媒体发表新闻报道380余篇，策划北京日报、长安街知事专版3期；集团自媒体稳步运营，推送信息总量达5000余条。

（伍孟然）

【集团组织编撰十周年纪念文集】4月，为庆祝集团成立十周年，《激情岁月——中关村发展集团成立十周年纪念文集》印发。该书包括创业之初、薪火相传、其命维新、共赢四方、慎思明辨、休戚与共、诗以咏志7个章节，收录了集团成立创业者、历史发展见证人、集团发展壮大建设者、创新事业后继人66篇署名文章，记录了集团广大干部职工的热血创业事迹、不断开拓进取的创新精神。

（伍孟然）

【“艺术走进中关村”企业文化展示活动举办】4月—6月，集团以“艺术走进中关村”为主题，围绕科技与创新创业，邀请多位知名艺术家走进中关村发展集团，在集团及旗下园区采风并开展即兴创作。活动汇集老、中、青近30位艺术家，累计创作50余幅艺术作品。作品用艺术视角描绘了集团成立10年来服务创新创业的发展历程，多幅作品进行线上展览。

（赵倩颖）

【集团系列服务品牌完成著作权登记】7月20日，“中关村资本”“中关村社区”“中关村金服”“中关村科服”“中关村论坛”等系列服务品牌标识完成著作权登记。其中，“中关村科技服”“中关村金服”“中关村资本”登记号为国作登字-2020-F-00013380，“中关村论坛”登记号为国作登字-2020-F-00041044，“中关村社区”登记号为国作登字-2020-F-00013381。

（张一夫）

【《中关村发展集团志（2010—2020）》出版】8月，由集团主编的《中关村发展集团志（2010—2020）》

由知识产权出版社出版。该志分为集团架构、战略与规划、资本运营与管理、科技园区、产业投资、科技金融、专业服务、区域合作、海外业务、人力资源、企业管理、党群组织12章66节，180余幅图片，50余万字。这是集团自成立以来的第一部志书，资料丰富、内容翔实，详细记述了集团从无到有、从小到大的发展历程。12月，《中关村发展集团志（2010—2020）》分别入藏国家图书馆、国家方志馆、北京市方志馆。

（伍孟然）

【《北京日报》报道集团创新服务模式】12月11日，《北京日报》刊发《创新服务模式 助推国际科技创新中心建设》一文，对集团服务创新发展的成果进行详细报道。报道称，作为北京市整合创新资源的市场化平台，中关村发展集团处在科技创新与产业发展、经济发展的链接点上，以服务创新发展为立足之本，致力为建设现代产业体系、推动经济高质量发展提供有力支撑。并从“数字化转型延展创新服务边界”“高品质科技服务助力产业链现代化”两方面对集团的创新服务成果进行了详细介绍。

（张一夫）

【“与创新梦想者同行”主题宣传片推出】2020年，集团以“与创新梦想者同行”为主题，采用较为文艺的创意拍摄、剪辑手法拍摄制作集团成立10周年宣传片。全片分为引子、企业概述、价值创造、展望未来、片尾5部分，围绕空间运营、产业投资、科技金融、科技服务、国内协同和国际合作的“4+2”业务体系，打造出“耐心资本”“贴心服务”“梦想空间”“科技成果转化与产业化”“从中国到世界”5个主题视频篇章。宣传片时长5分13秒，采用中英文双语字幕和配音。宣传片包括10周年纪念版、日常版、中文版、英文版多个版本，满足多场合使用需求。

（赵倩颖）

【集团获新闻媒体报道387篇】2020年，各类新闻媒体刊发集团报道共387篇。其中，3月，《北京日报》客户端刊发新闻《授权专利中国占比36%，这项战疫“硬核”专利中美比肩》；4月，《北京日报》刊发《中关村医疗器械园二期开建》；5月，《人民日报》（海外版）刊发《12家国家数字服务出口基地名单出炉 数字服务出口按下“快进键”》；9月，新华社刊发专版《2020中关村论坛：用科技手段办好科技论坛》；12月，《北京日报》刊发专版《创新服务模式 助推国际科技创新中心建设》，“长安街知事”刊发专版《惠人达己，服务科技创新发展》等。

（张一夫）

【集团2020版宣传册投入使用】2020年，集团设计制作2020年系列宣传册，包括10周年精装版宣传册、日常简装版宣传册，并首次针对集团旗下30余家子公司设计制作了宣传单页套装。宣传册从集团简介、业务内容、企业文化、愿景规划、发展历程等多个角度反映集团战略、业务及10年工作成果。宣传册全册76页，文字内容分别以中英文展示，满足多场合使用需求。

（赵倩颖）

【集团自有媒体稳步运营】2020年，集团微信公众号全年累计推送273期944条微信文章，发布原创文章700余篇；微博累计发送信息3100余条，粉丝19万余人，日均发送微博3条。截至2020年底，集团自有媒体矩阵共有23个网站、40余个官方微信账号、10余个官方微博及快手等平台账号。

（伍孟然、赵倩颖）

【集团制订品牌建设工作方案】2020年，为落实集团综合改革要求，加快打造中关村社区、中关村资本、中关村科服、中关村金服、中关村论坛等系列服务品牌，集团形成《关于推进中关村服务品牌建设工作方案》，明确整体目标及重点工作分工，探索形成品牌商业化运营的价值基础和商业模式，构建全周期、一站式、管家式的品牌化专业服务体系，助力集团建设国际一流的创新生态集成服务商。

（宋柳位）

资本运营与管理

【概况】 2020年，集团有序推进区企共管公司的改革重组工作，退出所持北京中关村石景山园发展有限公司全部股权，剥离海开地产所持北京海淀房地产股份有限公司全部股权，研究制定光谷科技园重组方案；聚焦改革转型，开展资产重组并购，完成中关村至臻环保二次增资及环保板块重组工作，完成并购硬创空间项目；理顺集团股权管理级次，完成中关村北美股权转让，东方雍和划入中关村协同创新基金。

（乔永璞）

【集团完成中关村北美股权转让】 5月6日，经集团决策，将中关村北美[即美国公司，原中关村（国际）控股公司]全部股权转让至中关村国际控股有限公司（即香港公司），用于补充香港公司注册资本金21623350美元，香港公司注册资本金（已发行股份）增至34525350美元（股）。

（王传敏）

【东方雍和划入中关村协同创新基金】 5月25日，集团与中关村协同创新基金签署委托协议，委托中关村协同创新基金根据实际情况做好东方雍和公司股权注资、资产处置和人员安置等工作。11月6日，北京东方雍和文化创意投资有限公司完成工商变更，划入中关村协同创新基金。

（叶梅、韩娜）

【集团完成中关村京石发展股权转让工作】 2020年，集团着力推动石景山区共管子公司的改革重组落地。4月，集团将持有北京中关村石景山园发展有限公司全部53.67%股权以非公开协议方式转让至石景山区区属企业北京保险产业园投资控股有限责任公司，从北京中关村石景山园发展有限公司退出，并收回股权转让款3.02亿元；退出后，集团通过多种方式继续支持石景山区工业互联网相关产业的建设与发展。

（乔永璞）

【集团完成海开地产股份股权剥离工作】 2020年，集团加快推进海淀区共管子公司的改革重组工作。按照集团“深耕中关村科学城，与海淀区政府探索建立服务创新的政企合作新机制”的工作思路和要求，9月，集团与海淀区政府达成重组意向；12月，海开地产将从事土地一级开发业务的子公司北京海淀房地产股份有限公司的全部68.8%股权转让至海淀区区属企业北京翠微集团，收回股权转让款约3.88亿元。转让完成后，集团从海淀区政府收回海开地产的人事及经营权，实现管人管事管资产相统一，由集团承担对海开地产的党建主体责任。

（乔永璞）

【集团推进光谷科技园改革重组】 2020年，集团尝试多种途径推动解决通州区共管子公司的历史遗留问题。9月，集团向通州区政府致函商请加快推动光谷科技园重组工作，提出通州区政府以债权向光谷科技园增资扩股，进而实现光谷科技园控制权变更的重组思路，得到通州区政府的肯定和认可。

（乔永璞）

【集团完成中关村至臻环保二次增资及重组工作】 2020年，按照环保业务板块重组整合的总体工作部署，在完成2019年第一次定向增资西藏神州瑞霖环保科技股份有限公司的基础上，集团实施对其第二次增资工作，制定了先增资、后转让中关村环促中心股权到瑞霖环保的整体重组方案。10月，西藏神州瑞霖环保科技股份有限公司更名为中关村至臻环保股份有限公司。二次增资完成后，启动中关村环促中心股权的非公开协议转让工作，经国资审核备案，以高于资产评估值和初始投资额的转让价格实现了集团国有资产的保值增值，完成环保板块的重组目标。

（董晓宇）

【集团完成对硬创空间的出资工作】 2020 年，为多层次建设和引入具有基础性、准公共性等特征的专业科技服务机构，加强集团科技服务体系建设，着力提升科技创新资源服务能力，经近一年的投资前分析论证和方案比选，集团研究制定增资并购硬创空间的具体实施办法，完成增资硬创空间与受让中关村创投股权同步实施的控股并购工作。鉴于中关村科服成立后业务归口管理的需要，项目出资主体变更为中关村科服，在合同主体及相关条款进行适当调整后，于 11 月底组织指导完成并购的全部工作任务。

（董晓宇）

企业党建

中关村发展集团年鉴

YEARBOOK OF ZHONGGUANCUN DEVELOPMENT GROUP

2021

综 述

2020 年，集团党委贯彻落实新时代党的建设总要求，以学习宣传贯彻党的十九届五中全会精神为重点，加强集团党建工作的顶层谋划和体系建设，切实把党的领导融入公司治理各个环节，确保党委把方向、管大局、保落实领导作用得到充分发挥。深入推进集团党建三年行动落地落实，研究制定年度党委工作要点、党建工作要点、党风廉政建设工作任务清单、全面从严治党主体责任清单，督促各级党组织扛起管党治党政治责任；全力配合市委巡视组开展工作，不折不扣抓好巡视整改，以此为契机将全面从严治党引向深入。截至 2020 年底，党组织关系归属于集团的基层党组织共 58 个，其中二级党组织 20 个（含二级党委 2 个、党总支 5 个、党支部 13 个）、三级及以下党组织 38 个（含党总支 2 个、党支部 36 个）；区企共管子公司党组织 6 个。组织关系在集团的党员 811 人。

（张章、项鹏）

表 23　2020 年中关村发展集团党委、纪委领导一览表

职务	姓名	民族	政治面貌	任职年限
党委书记	赵长山	汉	中共党员	2017.03—
党委副书记	宣　鸿	汉	中共党员	2017.05—
	王明兰（女）	汉	中共党员	2016.09—2020.12
纪委书记	杨彦茹（女）	汉	中共党员	2017.04—
纪委副书记	闫　涛	汉	中共党员	2020.09—

（陈严、郭鹏程）

思想政治建设

【概况】2020 年，集团党委始终坚持把党的政治建设摆在首位。认真落实党中央关于加强党的政治建设的意见及北京市委出台的贯彻措施，严格执行新形势下党内政治生活若干准则，认真开好专题民主生活会和组织生活会；巩固深化“不忘初心、牢记使命”主题教育成果，持续推进主题教育整改整治工作；严格执行重大事项请示报告制度；开展集团政治生态分析研判工作，着力营造良好政治生态；严格落实意识形态工作责任制，突出重点、加强研判、精准防范，牢牢掌握主动权主导权；严明政治纪律和政治规矩，教育引导党员干部要坚决做到“三个一”“四个决不允许”，做政治上的“明白人”。持之以恒抓好习近平新时代中国特色社会主义思想学习贯彻。坚持把学习贯彻习近平新时代中国特色社会主义思想作为重中之重，充分发挥党委理论学习中心组示范作用，以上率下，带动集团各级党组织持续抓好理论武装，教育引导广大党员干部学懂弄通做实，增强“四个意识”、坚定“四个自信”、做到“两个维护”；把学习宣传贯彻党的十九届五中全会精神作为重要政治任务来抓，将其纳入各级党组织理论学习和党员教育培训安排，通过领导干部带头宣讲等形式，大力开展全会精神主题宣传，营造学习宣传贯彻全会精神的浓厚氛围。

（项鹏）

【集团党委制订党建工作三年行动方案】1 月，集团制订并宣传贯彻《集团党建工作三年行动方案》。方案按照党建工作与改革转型发展“双向融合、同步提升”的思路，在全面承接中央和北京市委全面从严治党（党建）工作各项要求，充分总结集团党委成立以来党建工作经验基础上，进一步加强谋划、统筹协调，推动党建工作思路创新、举措创新和方法创新，探索创建具有中关村发展特色的党建工作体系，构建“大党建”工作格局，确保上级要求在集团各级党组织全覆盖、出实效。

（张章）

【集团党委理论学习中心组开展学习贯彻习近平总书记在“不忘初心、牢记使命”主题教育总结大会上的讲话精神】2 月 21 日，集团党委召开理论学习中心组会议，专题研讨习近平总书记在“不忘初心、牢记使命”主题教育总结大会上的讲话精神。会议强调，要把“不忘初心、牢记使命”作为加强党的建设的永恒课题和全体党员、干部的终身课题常抓不懈；要以正视问题的勇气和刀刃向内的自觉解决违背初心使命的各种问题；要把初心使命转化为担当作为、干事创业的实际行动；要结合实际建立不忘初心、牢记使命的制度，狠抓制度落实。会议要求，要以疫情防控工作成效来检验和拓展“不忘初心、牢记使命”主题教育成果，在抓好疫情防控工作的同时，要积极推动集团各项工作有序复工，做到两手抓、走在前，要深刻认识自身肩负的重大职责使命，切实加强对疫情防控工作的统一领导，做实做细各项防控措施，坚决打赢疫情防控阻击战。

（梁晓雪）

【集团党委研究制定重大事项请示报告清单】4 月

2日，集团党委研究制定《中共中关村发展集团股份有限公司委员会向市委请示报告重大事项清单》，涉及请示事项10项、报告事项7项。同时，对各直属党组织关于进一步加强和规范集团重大事项请示报告工作提出具体要求，确保此项工作落实到位。

（杨静）

【集团党委理论学习中心组开展新冠肺炎疫情与经济形势专题学习】 4月15日，集团党委召开理论学习中心组学习（扩大）会议，专题学习新冠肺炎疫情与经济形势，邀请如是金融研究院院长、首席经济学家管清友以“大停摆：新型冠状病毒超级冲击下的中国和世界”为题，从战“疫”期间的宏观经济与政策选择、国际石油价格战、大势研判和资产选择、美股走势等方面，分析新冠肺炎疫情对中国经济和全球经济的冲击并提出应对措施建议。集团党委委员、领导班子成员，总部中层副职以上干部，子公司领导班子成员参加学习。

（梁晓雪）

【集团党委制订理论学习中心组学习计划】 4月21日，《2020年中关村发展集团党委理论学习中心组学习计划》正式印发。计划明确2020年理论学习中心组学习重点包括：深入学习领会习近平新时代中国特色社会主义思想的基本精神、基本内容、基本要求；深入学习领会习近平总书记关于学习马克思主义经典的重要论述；深入学习领会习近平总书记关于坚持和完善中国特色社会主义制度、推进国家治理体系和治理能力现代化的重要论述；深入学习领会习近平总书记关于贯彻新发展理念、做好经济工作的重要论述；深入学习领会习近平总书记关于脱贫攻坚、全面小康的重要论述；深入学习领会习近平总书记关于意识形态工作的重要论述；深入学习领会习近平总书记关于百年未有之大变局的重要论述；深入学习领会习近平总书记关于历史特别是党史、新中国史、改革开放史的重要论述；深入学习领会党的十九届五中全会精神；深入学习领会习近平总书记对北京重要讲话精神；深入学习科技创新新趋势，准确把握集团改革转型任务。

（梁晓雪）

【集团党委专题研究年度意识形态工作】 4月29日，集团党委专题研究年度意识形态工作，系统总结了2019年意识形态工作情况，并对2020年意识形态形势进行了分析研判。会议强调，做好2020年意识形态工作要坚持不懈用习近平新时代中国特色社会主义思想武装头脑，统筹推进疫情防控和复工复产宣传引导工作，做好集团改革转型宣贯工作，积极营造集团成立十周年良好舆论氛围，压紧压实意识形态工作主体责任。

（梁晓雪）

【集团党委开展政治生态分析研判工作】 5月6日，集团制定《中关村发展集团政治生态分析研判工作办法》，紧密结合全面从严治党检查考核、信访举报、监督检查、审查调查和巡视反馈情况，对19家子公司政治生态情况进行分析和评价，查找管党治党薄弱环节，加强对下级党组织特别是一把手和领导班子的监督。

（韩璐）

【集团各级党组织组织学习十三届全国人大三次会议精神】 5月22日，集团各级党组织组织全体党员干部职工通过多种形式收看、收听十三届全国人大三次会议，聆听政府工作报告。大家表示，要把学习贯彻会议精神作为政治理论学习的重要内容，与集团疫情防控和改革转型工作紧密结合起来，认真落实会议部署，以更加昂扬的斗志、饱满的热情投入工作，增强做好服务科技创新的责任感、使命感，加快打造国际一流的创新生态集成服务商。

（梁晓雪）

【年度理论学习巡听旁听工作开展】 5月26日，《关于开展2020年理论学习巡听旁听的通知》印发，从巡听方式及对象、时间安排、有关要求等方面对理论学习巡听旁听工作进行安排。从6月至10月，对14家党组织关系归属集团的子公司党组织理论学习进行巡听旁听，了解和掌握各党组织理论学习计划安排、组织实施效果，听取和收集对加强理论学习的意见建议。

（梁晓雪）

【集团党委专题研究上半年意识形态工作】7月30日，集团党委专题研究上半年意识形态工作，明确下半年意识形态工作重点：坚持不懈用习近平新时代中国特色社会主义思想武装头脑；合力做好集团改革转型宣贯工作；加强中关村论坛期间舆情监测和应急处置；严格落实意识形态工作责任制。

（梁晓雪）

【集团党委理论学习中心组开展《党委（党组）意识形态工作责任制实施办法》专题学习】7月30日，集团党委理论学习中心组召开会议，专题学习新修订的《党委（党组）意识形态工作责任制实施办法》。会议强调，要深刻认识做好意识形态工作的重要性，切实增强做好新形势下意识形态工作使命感、责任感和紧迫感；扎实做好集团意识形态工作，坚持用习近平新时代中国特色社会主义思想凝心聚魂，守好集团意识形态阵地，做好当前形势下的思想政治工作；加快推动意识形态工作责任制贯彻落实，严明各方责任。

（梁晓雪）

【市委第七巡视组巡视集团党委工作动员会召开】8月7日，市委第七巡视组巡视集团党委工作动员会召开。会前，市委第七巡视组领导与集团党委主要领导见面，传达市委相关精神，沟通巡视组工作安排，并就共同做好巡视工作交换意见。会议指出，开展对市管企业巡视，是加强党对国有企业领导的重要举措，是落实首都城市战略定位的需要，是推动首都全面从严治党向纵深发展的有力抓手。会议明确了巡视工作重点并就做好巡视工作提出具体要求，中关村发展集团党委要加强组织协调，积极配合巡视组工作；领导干部要增强接受监督的自觉性；广大干部职工要增强开展监督的主动性；统筹兼顾，安排好各项工作。会议还要求，集团各级党组织和广大党员干部职工要进一步提高政治站位，坚决服从巡视组各项工作安排，把接受巡视组的监督检查作为一次加强党性锻炼的机会、一次检验工作成效的机会、一次改进和提高自身能力素质的机会，切实把思想和行动统一到北京市委巡视工作的部署要求上来，切实增强接受巡视监督、支持巡视工作的自觉性和坚定性，全力以赴把本次巡视工作各项任务落实好、完成好；要以巡视整改为契机，切实把巡视成果转化为集团改革转型发展的强大动力，坚持问题导向，正视巡视反馈意见、直面问题不足，坚持边巡边改、强化问题整改，注重巡视成果转化，坚持以整改促发展。市委第七巡视组成员、集团领导班子成员、集团总部中层副职以上干部、党组织关系在集团的子公司副总经理以上领导干部、区企共管子公司主要负责人参加会议。

（张章）

【集团学习贯彻党的十九届四中全会精神专题研讨班举办】8月10日—12日，集团学习贯彻党的十九届四中全会精神专题研讨班举办。本次培训采取“视频会议＋线上学习＋集中自学”方式组织开展。集团党委委员、领导班子成员通过视频会议形式参加全市领导干部学习贯彻党的十九届四中全会精神专题研讨班开班仪式及专题辅导；集团中层以上干部通过“北京市干部教育网”学习平台开展线上自学，在线答题考试检验学习成效；集团总部各党支部、各子公司党组织利用“三会一课”、交流座谈等形式，组织党员干部开展集中学习。培训中，围绕学习贯彻全会精神，各级党组织开展分组研讨，集团党委委员、领导班子成员以“贯彻党的十九届四中全会精神，推动集团改革转型发展”为主题，召开专题研讨会，重点对完善集团全面从严治党制度体系和企业治理制度体系进行深入分析和研讨交流。

（梁晓雪）

【集团党委理论学习中心组开展《习近平谈治国理政（第三卷）》专题学习】8 月 27 日，集团党委理论学习中心组召开会议，专题学习《习近平谈治国理政（第三卷）》。会上，传达了北京市委书记蔡奇在市委理论学习中心组（扩大）会上学习《习近平谈治国理政（第三卷）》时的讲话精神。会议强调，要把深入学习贯彻《习近平谈治国理政（第三卷）》作为当前和今后一个时期的重大政治任务，紧密结合集团改革转型工作，更好地服务创新发展。

（梁晓雪）

【集团党委理论学习中心组开展新时代党的组织路线专题学习】10 月 29 日，集团党委理论学习中心组召开会议，专题学习中央和北京市委关于贯彻落实新时代党的组织路线工作会议的精神。会议强调，要深刻认识贯彻落实新时代党的组织路线的重大意义；从践行“两个维护”的高度，抓好新时代党的组织路线的贯彻落实；培养忠诚干净担当的高素质干部人才队伍。

（梁晓雪）

【集团各级党组织组织学习十九届五中全会精神】11 月 18 日，《关于认真学习宣传贯彻党的十九届五中全会精神的通知》印发，要求集团各级党组织把学习宣传贯彻全会精神作为重要政治任务来抓，将学习全会精神纳入党委理论学习中心组、各级党组织理论学习和党员教育培训安排，通过领导干部带头宣讲等形式，大力开展全会精神学习宣传。12 月 10 日，集团党委理论学习中心组开展全会精神专题学习研讨。12 月 21 日—23 日，全会精神学习作为重要内容纳入年度基层党组织书记培训班。

（梁晓雪）

【市委第七巡视组巡视集团党委情况反馈会议召开】11 月 19 日，市委第七巡视组巡视集团党委情况反馈会议召开。市委第七巡视组向集团党委反馈了巡视意见。11 月 20 日，集团党委召开专题会研究部署整改落实工作，对照反馈意见，逐条分析、认真反思、制定措施。11 月 27 日，集团党委会学习传达北京市委书记蔡奇专题会议听取巡视情况汇报时的讲话精神，审议通过整改落实工作方案，成立以党委书记、董事长为组长，党委副书记、总经理为副组长，其他班子成员及相关部门参加的整改领导小组和办公室。12 月 17 日，集团党委会专题审议通过巡视整改方案，明确建立“党委统筹落实、班子成员分工负责、牵头部门专项推进、其他单位协同配合、纪检部门强化监督”的整改工作领导体制。

（张章）

【集团党委制订意识形态工作专项督查方案】12 月 4 日，《关于开展意识形态工作专项督查的通知》印发，对意识形态工作专项督查做出安排。督查内容主要围绕贯彻落实上级党组织关于意识形态工作部署情况、领导班子理论学习、落实意识形态领导责任、意识形态工作制度和机制建设、对外新闻宣传工作、群众性宣传教育、意识形态工作队伍建设和监督考核、其他落实意识形态工作责任制的好经验好做法等 8 个方面开展。

（梁晓雪）

【集团党委学习传达市委十二届十五次全会精神和北京市委书记蔡奇到集团调研时的指示精神】12 月 10 日，集团党委召开会议，学习传达市委十二届十五次全会精神和北京市委书记蔡奇到集团调研时的指示精神。会议要求，集团各级党组织和广大党员干部要提高政治站位，认真贯彻“十四五”时期北京经济社会发展指导思想、基本要求和主要目标，明确发展方向，立足 15 年，做好这 5 年，坚持创新驱动发展，营造一流科技创新生态，加快打造国际一流的创新生态集成服务商。

（李永辉、郑琨）

【集团党委理论学习中心组开展意识形态专题学习】12 月 22 日，集团党委召开理论学习中心组学习（扩大）会议，邀请市社科院科学社会主义研究所所长、教授尤国珍，以“新时代意识形态工作面临的形势与任务”为题，从新时代意识形态工作的深刻背景和重大意义、当前意识形态工作面临的新情况新问题、做好新时代国家和首都意识形态工作等方面进行了讲解。集团党委委员、领导班子成员，基层党组织书记、集团中层干部、集团系统宣传工作队伍参加学习。

（梁晓雪）

【集团党委制定舆情应对工作指引】 12 月 24 日，《中关村发展集团舆情应对工作指引》印发。在媒体关系维护方面，建立发展良好媒体关系的工作方法，完善处理新闻事务的工作规范；在负面舆情处置方面，建立负面舆情预警体系，建全负面舆情处置流程。

（梁晓雪）

【集团党委委员、领导班子成员带头讲党课】 2020 年，为落实《关于巩固深化“不忘初心、牢记使命”主题教育成果的意见》，集团党委委员、领导班子成员发扬“以上率下、示范带动”的优良作风，以学习宣传贯彻党的十九届五中全会精神为重点，一级讲给一级听、一级做给一级看、一级带着一级干。全年共组织党课报告会 14 次。

（张章）

组织建设

【概况】2020 年，集团党委认真贯彻新时代党的组织路线，扎实推进基层党组织建设，研究制定集团基层党组织建设分类指导操作指引，针对不同类别企业提出差异化指导意见，深化党支部标准化规范化建设；完成子公司党组织建制与领导班子职数核定工作，加强对基层党组织的设立、换届、补选等工作的指导；开展“一支部一品牌”创建工作，推进创新非公党建平台建设；全覆盖开展在职党员“双报到”，组织广大党员积极投入一线疫情防控工作中；中关村软件园党总支获市直机关工委先进党组织表彰。不断加强干部人才队伍建设，牢牢把握“党管干部、党管人才”原则，突出政治标准，树立重实干、重实绩的用人导向；进一步加强所属领导班子和司管干部队伍建设，不断提升集团干部管理的科学化、制度化、规范化水平；推进青年人才培养“青苗计划”，着力加强优秀年轻干部选拔培养使用；制定集团干部人才教育培训三年规划；制定《进一步激励干部担当作为的工作举措》《严肃查处诬告陷害为干部澄清正名工作办法》，树立为担当者担当、为负责者负责的鲜明导向。

（张章）

【中关村科技租赁召开党员大会开展换届选举工作】1 月 9 日，中关村科技租赁党支部召开党员大会，按照规定的民主程序，采用直接差额选举办法，以无记名投票方式，选举产生新一届中关村科技租赁党支部委员。

（陈严、郭鹏程）

【集团党委组织在职党员开展“双报到”】2 月 5 日，集团组织在职党员投身社区（村）疫情防控工作，通过微信、电话等方式，主动向社区（村）报到，协助社区开展工作，与社区党员共同奋战在疫情防控第一线，构筑起联防联控的强大合力。动员发出后，集团在职党员快速行动、主动报到，接受街乡和社区（村）党组织统一领导和调度：站岗执勤、安全巡视，把好安全关；人员防控，情况排查，协助做好出入问询和登记，配合做好人员排查、体温测量等工作；消毒杀毒，环境整治，认真参与环境整治工作；正面宣传，消除恐慌，宣传居家观察、卫生防疫等各类提示要求。

（陈严）

【集团党建工作领导小组会议、党风廉政建设责任制领导小组会议召开】3 月 6 日，集团党委（扩大）会议暨党建工作领导小组会议、党风廉政建设责任制领导小组会议以视频会议形式召开。会议回顾总结 2019 年集团党建和党风廉政建设工作，研究部署 2020 年党建和党风廉政建设重点任务。会议指出，一年来，集团党委推动全面从严治党向纵深发展上实现了新提升，在以高质量党建引领高质量发展上取得了新突破：以开展“不忘初心、牢记使命”主题教育为契机，全面加强党的建设；以发挥党的领导作用为核心，以党建引领改革转型发展；以完善全面从严治党工作体系为重点，坚决落实“两个责任”。会议强调，2020 年集团党建工作重点要抓好 7 个方面：把党的政治建设放在首位，旗帜鲜明讲政治；加强思想建设，深入学习贯彻习近平新时代中国特色社会主义思想；加强组织建设，强化各级党组织政治功能和组织力；加强作风建设，持之以恒纠治“四风”；加强纪律建设，推动集团全面从严治党向纵深发展；加强制度建设，完善党的领导制度体系；加强党对群团工作的领导，支持工会发挥好组织联系群众的桥梁纽带作用。会议要求，要扛起责任、经受考验，既有责任担当之勇又有科学防控之智，既有统筹兼顾之谋又有组织实施之能。要提高政治站位，坚决扛起打赢疫情防控总体战、阻击战政治责任；坚持党建引领，以高质量党建引进高质量发展；践行使命担当，激励党组织和党员干部担当作为。会议还传达了习近平总书记对疫情防控的重要指示精神，中央和北京市委关于新冠肺炎疫情防控工作精神，中央和北京市委关于党建和党风廉政建设工作的重要指示精神；审议了集团《2020年党建工作要点》；现场通报了2019年基层党组织全面从严治党（党建）工作考评结果；书面通报了《中关村发展集团纪委2019年度工作报告》《中关村发展集团2019年度党费收缴、使用和管理情况及2020年度党费预算情况》。集团党委委员、领导班子成员，集团党建工作领导小组和党风廉政建设责任制领导小组及办公室成员，总部各部门主要负责人、子公司党组织书记参加会议。

（梁晓雪）

【集团党委制定干部人才教育培训规划】 3月16日，《2020—2022年中关村发展集团干部人才教育培训规划》印发。规划明确2020—2022年教育培训工作的任务书、时间表、路线图，把坚持习近平新时代中国特色社会主义思想教育培训作为首要任务，构建党建及政治理论教育培训、综合素质能力培训、专业化能力培训、企业文化建设培训“四位一体”的教育培训内容体系。

（张章）

【中关村资本党支部成立】 4月30日，经集团党委批复同意，中关村资本党支部成立。5月15日，中关村资本党支部召开党员大会，按照规定的民主程序，采用直接差额选举办法，以无记名投票方式，选举产生中关村资本党支部委员。

（陈严、张章）

【集团党委制定进一步激励干部担当作为的工作举措】 5月6日，《关于进一步激励干部担当作为的工作举措》印发，从坚决打赢疫情防控阻击战、加强理想信念教育、树立正确的选人用人导向、建设高素质专业化干部队伍、健全完善激励约束机制、关心关爱干部等方面制定13条有针对性的对策措施，坚持严管和厚爱结合、激励和约束并重的要求，进一步激励干部新时代新担当新作为，打造忠诚干净担当的高素质专业化干部队伍。

（李东良）

【北京IP召开党员大会开展换届选举工作】 5月22日，北京IP党支部召开党员大会，按照规定的民主程序，采用直接差额选举办法，以无记名投票方式，选举产生新一届北京IP支部委员会。

（陈严、张章）

【中关村科技租赁党员突击队授牌仪式举行】 6月19日，中关村科技租赁举行党员突击队授牌仪式，向4支党员突击队负责人授牌。年内，中关村科技租赁开展“党员突击队”创建工作，围绕中关村科技租赁重点工作，落实党员突击队创建的初衷，即在急难险重工作中鼓励党员骨干勇于攻坚，在跨部门协作和解决中关村科技租赁重点难点问题中发挥和体现党员的先锋模范作用，党支部对申报的党员突击队进行认真审核，最终批准创建租赁产品创新突击队、财务融资突击队、评级模型优化突击队、资产管理提升突击队等4支党员突击队。

（王鸣曦）

【集团“七一”党建工作调研座谈会召开】 7月1日，为庆祝中国共产党成立99周年，集团党委召开“七一”党建工作调研座谈会。会议以“党建引领、科学抗疫、改革发展”为主题，交流基层党组织的典型经验做法，征求基层党组织书记的意见建议。座谈会上，中关村生命科学园、中关村医疗器械园、中关村软件园、中关村科技担保、中关村资本、中关村科技租赁、中关村集成电路设计园、北京IP、中关村信息谷、工业院、中关村芯园等基层党组织书记围绕科学抗疫和复工复产、服务中小微企业发展、贯彻集团年度工作会精神及综合改革落地、充分发挥党建引领改革创新和高质量发展等方面交流发言。集团党委委员、领导班子成员、基层党组织书记、集团改革领导小组办公室相关部门负责人、党委纪委工作部门负责人、部分党务工作者骨干等40余人参加会议。

（张章）

【集团党委举办“共产党员献爱心”捐款活动】7月1日，为纪念中国共产党成立99周年，集团党委举办“共产党员献爱心”捐款活动。活动以“全面小康、与爱同行”为主题，引导广大党员坚守初心使命，充分展现爱国奉献精神。此次捐款活动所得款项已全部送至北京市慈善协会，用于助医、助学、助老、困难党员帮扶等救助项目。

（张章）

【中关村金服召开党员大会开展换届选举工作】7月24日，中关村金服党委召开党员大会，按照规定的民主程序，采用直接差额选举办法，以无记名投票方式，选举产生新一届中关村金服党委和首届中关村金服纪委。

（张章）

【中关村信息谷召开党员大会开展换届选举工作】8月5日，中关村信息谷党支部召开党员大会，按照规定的民主程序，采用直接差额选举办法，以无记名投票方式，选举产生新一届中关村信息谷党支部委员。

（陈严、张章）

【王晓琼获市抗击新冠肺炎疫情先进个人称号】9月29日，北京市抗击新冠肺炎疫情表彰大会举行。会议对1001名先进个人、308个先进集体和120名优秀共产党员、100个先进基层党组织进行表彰。中关村医疗器械园王晓琼获“北京市抗击新冠肺炎疫情先进个人”称号。

（刘陆、苗帅）

【中关村软件园党总支获市直机关先进党组织称号】10月27日，市直机关工委组织召开市直机关“优秀共产党员、优秀党务工作者和先进党组织”表彰大会。会议对100名优秀共产党员、100名优秀党务工作者、50个先进党组织进行表彰。中关村软件园党总支被评为市直机关先进党组织。

（李军伟）

【中关村芯园召开党员大会开展支委补选工作】11月10日，中关村芯园党支部召开党员大会，按照规定的民主程序，采用直接差额选举办法，以无记名投票方式，补选了中关村芯园党支部委员。

（陈严、张章）

【集团总部第四党支部召开党员大会开展换届选举工作】11月23日，集团总部第四党支部召开党员大会，按照规定的民主程序，采用直接差额选举、无记名投票的方式，选举产生新一届支部委员会委员。

（韩璐）

【中关村微纳能源召开党员大会开展换届选举工作】11月24日，中关村微纳能源党支部召开党员大会，按照规定的民主程序，采用直接差额选举办法，以无记名投票方式，选举产生新一届中关村微纳能源党支部书记。

（陈严、张章）

【集团总部第二党支部召开党员大会开展换届选举工作】11月26日，集团总部第二党支部召开党员大会，按照规定的民主程序，采用直接差额选举、无记名投票的方式，选举产生新一届支部委员会委员。

（宋柳位）

【集团总部第五党支部召开党员大会开展换届选举工作】11月27日，集团总部第五党支部召开党员大会，按照规定的民主程序，采用直接差额选举、无记名投票的方式，选举产生新一届支部委员会委员。

（杨爱华）

【集团总部第一党支部召开党员大会开展换届选举工作】12月10日，集团总部第一党支部召开党员大会，按照规定的民主程序，采用直接差额选举、无记名投票的方式，选举产生新一届支部委员会委员。

（庚晨伟、鲍若石）

【中关村轨道交通党支部成立】12月16日，经中共北京市丰台区委中关村科技园区丰台园工作委员会批复同意，中关村轨道交通党支部成立。12月28日，中关村轨道交通召开党员大会，按照规定的民主程序，采用直接差额选举办法，以无记名投票方式，选举产生中关村轨道交通党支部书记。

（赵睿）

【集团党委举办2020年基层党组织书记培训班】12月21日—23日，集团党委举办2020年基层党组织书记培训班，集团所属各级党组织负责人参加培训。本次培训以党的十九届五中全会精神为指引，突出政治引领，把党性教育和理想信念教育贯穿始终，以提升思想政治素质、抓基层党建和改革转型能力为重点，对基层党支部书记开展党的创新理论、党建工作实务、党对国有企业的领导、深化国有企业改革等方面进行教育培训。培训班采取集团领导讲党课、外部专家辅导等方式，以视频形式组织开展。培训还邀请中央党校、市委组织部、市社科院、市国资委的专家，宣讲党的十九届五中全会精神，系统讲解新时代意识形态工作面临的形势和任务，围绕落实《中国共产党国有企业基层组织工作条例（试行）》《中国共产党基层组织选举工作条例》《中国共产党支部工作条例（试行）》等重要制度进行专题辅导。

（张章）

【中关村海外科技园召开党员大会开展换届选举工作】12月22日，中关村海外科技园党支部召开党员大会，按照规定的民主程序，采用直接差额选举办法，以无记名投票方式，选举产生新一届中关村海外科技园党支部书记。

（张章）

【集团总部第三党支部召开党员大会开展换届选举工作】12月24日，集团总部第三党支部召开党员大会，按照规定的民主程序，采用直接差额选举、无记名投票的方式，选举产生新一届支部委员会委员。

（梁晓雪）

纪律和作风建设

【概况】2020 年，集团纪委持之以恒加强纪律建设和作风建设。巩固拓展落实中央八项规定精神成果，对关键岗位领导干部开展个别谈话。持之以恒纠正“四风”，组织开展差旅费报销、大额资金使用项目专项检查。深入开展“以案示警、以案为鉴、以案促改”警示教育，通过组织观看警示教育片、参观廉洁文化基地等形式，教育广大干部知敬畏、存戒惧、守底线。坚持“严”字当头、宽严相济，贯通运用监督执纪“四种形态”。认真落实为基层减负要求，推动“四不两直”常态化，以全面从严治党检查考核统筹各类检查，注重发现问题，提高工作实效。

（韩璐）

【集团纪检监察机构深入落实“三为主一报告”制度】6 月 5 日，集团纪委监察专员办公室发布关于加强请示报告工作的通知，梳理基层党组织向集团纪委请示报告事项清单，将请示报告工作开展情况纳入年度全面从严治党检查考核。向存在问题的党组织下发纪律检查建议书，要求完善制度，限期整改。从而强化对下级纪检监察机构工作的指导和监督，将“三为主一报告”要求落实落细，一贯到底。

（韩璐）

【集团纪委制定严肃查处诬告陷害为干部澄清正名工作办法】6 月 15 日，《中关村发展集团纪检监察机构严肃查处诬告陷害为干部澄清正名工作办法（试行）》印发。办法一方面为加强宣传教育，向广大群众发放纪检监察信访举报的信号，指导群众依法依规举报，积极反映违纪违法问题线索；另一方面，向恶意诬告陷害者“亮剑”，为受到诬告陷害、错告等不实举报的中共党员和监察对象澄清正名，营造风清气正的政治生态，切实保护党员、干部干事创业积极性。

（韩璐）

【集团纪委举办纪检监察干部业务培训班】7 月 17 日—10 月 21 日，集团纪委组织开展集团纪检监察干部系列培训。围绕落实中央纪委和市纪委全会精神，通过观看课件、分组交流、专题汇报、知识测试等方式，增强集团纪检监察干部业务素质、夯实纪法基础、强化程序和制度意识、练好纪检监察核心本领。

（韩璐）

【集团纪委开展大额资金使用项目专项监督检查】2020 年，集团纪委组织对大额资金使用项目开展专项监督检查，制定《关于对 2020 年度集团大额资金使用开展监督的实施方案》，通过召开工作调度会、“四不两直”现场调研等方式，对纳入集团年度投资计划的 7 家单位和 8 个重点项目进行监督，对进展缓慢的项目进行现场督促，直接提出改进意见，要求责任单位贯彻落实。

（韩璐）

【集团纪委驰而不息纠正“四风”】2020 年，集团纪委紧盯工作部署落实不力，对领导干部不作为、慢作为等典型问题进行监督检查，将党的建设、党风廉政建设、意识形态工作等检查整合为全面从严治党检查考核，采用“四不两直”方式开展，不片面以留痕多少判断工作成果，做到突出重点，注重实效，切实减轻基层负担。每逢重要节点印发廉洁过节通知，综合运用现场检查、突击抽查方式开展监督22次；紧盯习近平总书记关于节约粮食、制止餐饮浪费的重要批示精神贯彻落实情况，对关键岗位领导干部开展个别谈话，督促各基层党组织针对落实中央八项规定精神及“四风”问题开展监督。

（韩璐）

【集团纪委处置问题线索33件】2020年，集团纪委共收到问题线索33件，依规依纪谈话函询9件，初步核实13件，转下级党组织办理6件，立案查处2件。向1家发案单位党组织印发纪律检查建议书，对3名子公司党员干部给予党内警告处分。

（韩璐）

【集团纪委教育处理干部6人次】2020年，集团纪委综合运用监督执纪“四种形态”，批评教育和处理6人次。其中，运用第一种形态谈话函询、提醒批评3人次；运用第二种形态给予党纪轻处分、组织调整3人次。

（韩璐）

【集团纪委为司管干部建立个人廉政档案】2020年，集团纪委为集团95名司管干部建立个人廉政档案，坚持对集团新选任领导干部开展廉洁谈话，加强对新选任党员干部的任前监督，把好党风廉政建设意见回复关，全年出具党风廉政意见53人次。

（韩璐）

【集团纪委持续开展整治监督工作】2020年，集团纪委抓好主题教育整改监督、疫情防控监督、巡视整改监督等工作。紧盯主题教育问题清单，压实各级领导班子和班子成员责任，督促责任部门狠抓落实，监督37项整改任务全部完成。紧盯北京市委、市政府在特殊时期要求，制定《关于对集团新型冠状病毒感染的肺炎疫情防控工作加强监督的方案》，通过现场走访、查阅资料台账等方式开展监督100余次，发现3类10个问题，现场督促立行立改，其中1个问题被市防控工作领导小组采纳。认真履行市委巡视整改监督责任，巡视反馈的3个类别9个方面25项问题，已完成整改24项，巡视组移交的11件问题线索已全部办结。

（韩璐）

工会工作

【概况】 2020 年，集团工会充分发挥桥梁纽带作用，持续推进集团“职工之家”建设，维护职工合法权益；弘扬劳模精神、发挥劳模作用，推荐集团系统员工麻占华获评北京市劳动模范；关心关爱员工，特别是在疫情期间，为充分保证一线员工的健康安全，扎实做好困难职工帮扶和送温暖工作；深入推进市总“在职职工互助保险”工作，完成基层工会会员投保工作。截至 2020 年底，集团工会下设二级工会组织 20 家，工会会员 1932 人。

（闫梦超）

【“北京市示范职工之家”揭牌仪式举行】 1 月 19 日，“北京市示范职工之家”在集团总部工会职工之家揭牌。集团领导、工会主席及相关工会人员等 20 余人参加揭牌仪式。集团总部工会职工之家在 2019 年全市工会之家评比中获“北京市示范职工之家”荣誉称号。

（闫梦超）

【2020 年新春联欢活动举办】 1 月 19 日，集团总部工会举办 2020 年新春联欢活动。活动主要由集团领导集体拜年、单项游艺竞赛、个人游艺竞赛 3 个环节组成。集团党委委员、领导班子成员及总部全体员工参加活动。

（闫梦超）

【集团工会组织职工亲子陶泥手作“贯耳瓶”线上活动】 7 月 18 日，集团工会举办职工亲子陶泥手作“贯耳瓶”活动。活动以线上直播课程模式开展，来自 30 个家庭 60 余人参加活动。此次活动采用提前发放手工材料包，以专业教师线上示范指导的方式完成。课上老师简单介绍了中国陶瓷史的发展演变，带领大家一起观察藏品器型特点，逐一介绍了陶艺制作的几种方法，带领大家通过体验陶艺的“泥条盘筑”造型技法，结合卡通形象的创作进行了粘贴彩绘，使大家感受到中国传统陶瓷艺术魅力。

（闫梦超）

【集团工会组织女职工“绣香包”手作线上活动】 7月31日，集团工会举办女职工手作线上活动。此次活动采用提前发放苗绣香包材料包、专业教师线上示范指导的方式完成。女职工通过亲手刺绣和缝制香包，体会到苗绣手工技艺的魅力，深入地了解了中国的传统文化。

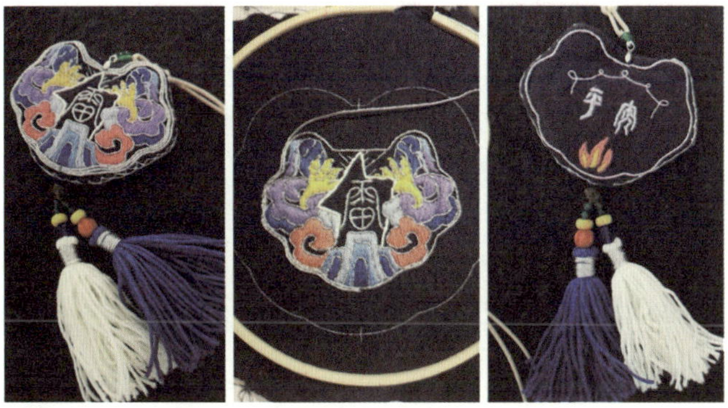

（闫梦超）

【集团工会组织职工代表履职能力培训】 11月27日，集团工会组织集团职工代表履职能力培训。此次培训系统介绍了职代会基本知识，解析了职工代表的权利和义务，针对职工代表如何做好提案工作进行了详细的讲解。90余名集团职工代表及列席代表参加培训。

（闫梦超）

【集团职工麻占华获“北京市劳动模范”称号】 12月22日，市劳动模范、先进工作者和人民满意的公务员表彰大会召开。会议表彰了全市664名劳动模范、484名先进工作者、186个模范集体、30名“人民满意的公务员”和10个“人民满意的公务员集体”。中关村科技担保总经理助理麻占华获“北京市劳动模范”称号。

（闫梦超）

【集团工会开展困难职工帮扶工作】 2020年，集团工会走访慰问基层困难职工20名，慰问金额合计5.3万元。指导各基层工会确定因突发事件导致家庭临时困难、特殊困难的帮困慰问范围、标准。

（闫梦超）

【集团工会开展在职职工互助保险工作】 2020年，集团工会组织所属18家基层工会1541人次参加全市“在职职工互助保险”，基层工会投保率达100%。集团系统7名患重大疾病的职工获得工会互助保险理赔12万元，30名职工获得在职职工住院医疗、津贴赔付金5万余元，711人次职工领取8.9万元工会互助金。

（闫梦超）

统计资料

中关村发展集团年鉴

YEARBOOK OF ZHONGGUANCUN DEVELOPMENT GROUP

2021

2020 年中关村发展集团重点经营指标

表 24　2020 年中关村发展集团重点经营指标统计表

指标分类	指标名称	单位	合计	2020
基本情况	集团员工总数	人	—	5663
经营成果	资产总额	亿元	—	1380.1
	净资产	亿元	—	427.83
	营业总收入	亿元	839.37	121.32
	资产负债率	%	—	69
	净资产收益率	%	—	2.43
服务成效	服务收入（含投资收益）占比	%	—	39
	服务创新创业企业数量	家次	80,826	21,138
	落地北京高精尖产业和创新孵化项目	个	4,218	576
	提供各类科创服务产品数	项	—	161
	提供投融资总额	亿元	5327.76	599.55
	创新社区运营面积	万平方米	—	426.89
空间运营服务	特色园区数量	个	—	16
	园区地均企业产出为示范区倍数	倍	—	3.88
	园区地均企业税收为示范区倍数	倍	—	4.47
	每万人专利授权数为示范区倍数	倍	—	1.56
	人均研发经费投入强度为示范区倍数	倍	—	1.92
产业投资业务	集团基金系总规模	亿元	—	1556
	基金支数	支	—	152
	股权与认股权池数量	个	—	1319
孵化器情况	孵化器个数	个	—	33
	运营孵化器累计毕业企业数	家	—	2311
知识产权情况	可供交易专利	万项	—	3.22
专业机构数量	设立国内专业服务机构数量	个	26	15
	吸引国际领先专业服务机构数量	个	30	15
区域合作业务	区域协同创新服务落地项目数	个	—	2464
	区域轻资产运营面积	万平方米	—	199.61
海外业务	国际化创新活动举办次数	次	274	8
	海外创新中心数量	个	—	4

（王亦彤）

附 录

中关村发展集团年鉴

YEARBOOK OF ZHONGGUANCUN DEVELOPMENT GROUP

2021

集团子公司简介

北京中关村软件园发展有限责任公司

北京中关村软件园发展有限责任公司成立于2000年8月7日，2010年加入中关村发展集团，位于北京市海淀区东北旺西路8号中关村软件园信息中心C座。公司注册资本5亿元。成立之初，股东为北京科技园建设（集团）股份有限公司（简称北科建）（持股50%）、首钢总公司（持股46%）、北京海淀科技园建设股份有限公司（简称海科建）（持股4%）；2010年6月，股东变更为中关村发展集团（持股97%）、海科建（持股3%）。2020年底，公司有员工399人。

董事长：杨楠

总经理：张金辉

（李军伟）

北京中关村生命科学园发展有限责任公司

北京中关村生命科学园发展有限责任公司成立于2000年8月18日，2010年加入中关村发展集团，位于北京市昌平区生命园路20号院6号楼。公司注册资本4.5亿元。成立之初，股东为北科建集团（持股66%）、兴昌高科（持股30%）、海科建（持股4%）；2010年6月2日，股东变更为中关村发展集团（持股66%）、兴昌高科（持股30%）、海科建（持股4%）。2020年底，公司有员工91人。

董事长：韩柏

总经理：王文礼

（石壹）

北京光谷科技园开发建设有限公司

北京光谷科技园开发建设有限公司成立于2001年10月10日，2010年加入中关村发展集团，位于北京市通州区中关村科技园区通州园光机电一体化产业基地政府路2号。公司注册资本2.55亿元。成立之初，股东为北京联成房地产开发有限公司（持股9.8%）、北京通州区次渠建筑集团有限公司（持股19.61%）、北京金通资产经营管理有限公司（持股70.59%）；2002年8月，股东变更为北京市京东开光机电一体化产业基地开发公司（简称京东开光机电开发公司）（持股50.98%）、北京市国有资产经营有限责任公司（简称市国资公司）（持股49.02%）；2005年9月，股东变更为京东开光机电开发公司（持股58.74%）、北京工业发展投资管理有限公司（持股41.26%）；2010年5月，股东变更为中关村发展集团（持股100%）。2020年底，公司有员工 171 人。

总经理：孔仲福

（张环宇）

北京中关村电子城建设有限公司

北京中关村电子城建设有限公司成立于 2002 年 4 月 23 日，2010 年加入中关村发展集团，位于北京市朝阳区容达路 21 号楼。公司注册资本 12.1 亿元。成立之初，股东为北京电子城有限责任公司（持股 30%）、北京望京新兴产业区综合开发有限公司（简称望京综开）（持股 28%）、北京朝阳城市建设综合开发公司（持股 22%）、北京中关村信息工程股份有限公司（持股 20%）。2010 年，股东变更为中关村发展集团（持股 51%）、望京综开（持股 45.07%）、北京市朝阳城市建设综合开发有限责任公司（持股 3.93%）。2020 年底，公司有员工 36 人。

董事长：王忠

总经理：张春雷

（程明霞）

北京金桥科技产业基地开发有限公司

北京金桥科技产业基地开发有限公司原名北京金桥绿园环保投资发展有限公司，成立于 2002 年 11 月 2 日，2010 年加入中关村发展集团，位于北京市通州区景盛南四街 22 号。公司注册资本 2998 万元。成立之初，股东为北京金桥伟业投资发展公司（持股 67%）、北京通政国有资产经营公司（持股 33%）；2006 年，北京国家环保产业园区纳入中关村科技园区，并更名为中关村科技园区金桥科技产业基地，北京金桥绿园环保投资发展有限公司名称随之变更为北京金桥科技产业基地开发有限公司。2010 年，股东变更为中关村发展集团（持股 100%）。2020 年底，公司有员工 44 人。

董事长：王学营

（宋爱建）

北京海开房地产集团有限责任公司

北京海开房地产集团有限责任公司原名北京市海淀区城市建设开发公司、北京市海淀区房地产经营开发总公司、北京海开房地产集团公司，成立于 1981 年 7 月 1 日，2011 年加入中关村发展集团，位于北京市海淀区海淀南路 21 号。公司注册资本 4 亿元。1978 年 3 月 30 日，海淀区革委会通知，成立区统建办公室；1982 年 5 月 3 日，北京市海淀区城市建设开发公司成立，该公司在原区统建办公室基础上组建，区统建办撤销；1984 年 11 月 28 日，海淀区政府同意将原区城市建设开发公司改建为北京市海淀区房地产经营开发公司；1993 年 3 月 20 日，公司更名为北京市海淀区房地产经营开发总公司；2000 年 6 月 28 日，公司更名为北京海开房地产集团公司；2011 年，公司更名为北京海开房地产集团有限责任公司，股东变更为中关村发展集团（持股 100%）。2020 年底，公司有员工 103 人。

董事长：周有建

总经理：马光华

（晋同祥）

北京实创高科技发展有限责任公司

北京实创高科技发展有限责任公司原名北京实创高科技发展总公司，成立于 1992 年 3 月 12 日，2011 年加入中关村发展集团，位于海淀区上地信息路 22 号。公司注册资本 7.12 亿元。2010 年 11 月 8 日，注册资本由 7 亿元增加至 7.12 亿元。2010 年 12 月 28 日，北京实创高科技发展总公司更名为北京实创高科技发展有限责任公司；2011 年 6 月 20 日，股东由北京市海淀区国有资产监督管理委员会变更为中关村发展集团（持股 100%）。2020 年底，公司有员工 1359 人。

董事长：陈晓智

经理：孙腾

（王博）

北京兴昌高科技发展有限公司

北京兴昌高科技发展有限公司原名北京兴昌高科技发展总公司，成立于 1992 年 6 月 19 日，2011 年加入中关村发展集团，位于北京市昌平区科技园区超前路 9 号。公司注册资本 13.62 亿元。2010 年 10 月，北京兴昌高科技发展总公司由全民所有制改制为有限责任公司，更名为北京兴昌高科技发展有限公司，注册资本由初始 3000 万元变更为 13.62 亿元，股东为中关村科技园区昌平园创业服务中心（简称昌平创服中心）（持股 100%）；2011 年 6 月，股东变更为中关村发展集团（持股 50.54%）、昌平创服中心（持股 49.46%）；2018 年 11 月，昌平创服中心将所持全部股权转让至北京昌平科技园发展有限公司（简称昌发展公司），股东变更为中关村发展集团（持股 50.54%）、昌发展公司（持股 49.46%）。2020 年底，公司有员工 326 人。

董事长：刘智勇（2020 年 10 月任）

总经理：刘智勇（2020 年 10 月任）

（孙洁、周婷婷）

北京丰台科技园建设发展有限公司

北京丰台科技园建设发展有限公司成立于 2000 年 11 月 16 日，2011 年加入中关村发展集团，位于北京市丰台区南四环西路 188 号 5 区 25 号楼。公司注册资本 5 亿元。成立之初，公司注册资本 6000

万元，股东为中关村科技园区丰台园产业基地办公室（持股29.25%）、中关村科技园区丰台园科技创业服务中心（持股70.75%）；2008年3月12日，以资本公积转增注册资本44000万元，转增后注册资本为5亿元；2011年6月15日，股东变更为中关村发展集团（持股75%）、北京丰台区国有资本经营管理中心（持股25%）。2020年底，公司有员工69人。

董事长：王赤宇

总经理：王赤宇

（刘伟）

北京中关村科技融资担保有限公司

北京中关村科技融资担保有限公司原名北京中关村科技担保有限公司，成立于1999年12月16日，2012年加入中关村发展集团，位于北京市海淀区西三环北路甲2号院7号楼2—4层。公司注册资本29.13亿元。成立之初，公司注册资本1.83亿元，主要股东为北京市新技术产业发展服务中心（持股54.64%）、市国资公司（持股27.32%）；2002—2008年共经过5次增资，注册资本达到4.53亿元，主要股东为北京市新技术产业发展服务中心（持股77.18%）、市国资公司（持股14.97%）；2009年，北京市新技术产业发展服务中心将所持股份转让至中关村金服，主要股东变更为中关村金服（持股77.18%）、市国资公司（持股14.97%）；2010年，注册资本增至6.03亿元；2012年11月，中关村发展集团和市国资公司共同对中关村科技担保注入11亿元资金，注册资本增至17.03亿元，主要股东变更为中关村金服（持股33.5%）、中关村发展集团（持股30.86%）、市国资公司（持股32.21%）；2019年，注册资本增至29.13亿元，主要股东变更为中关村金服（持股51.12%）、北京市融资担保基金（有限合伙）（持股23.3%）、市国资公司（持股23.14%）。2020年底，公司有员工263人。

董事长：杨荣兰

总经理：张琦

（薛威）

北京中关村科技创业金融服务集团有限公司

北京中关村科技创业金融服务集团有限公司成立于2009年2月24日，2012年加入中关村发展集团，位于北京市海淀区西三环北路甲2号院7号楼9层。公司注册资本12.4亿元。成立之初，股东为中关村高科技产业促进中心（持股75.81%）、北京海淀国有资产投资经营公司（持股24.19%）；2011年5月，北京海淀国有资产投资经营公司将所持股份无偿划转至北京市海淀区国有资本经营管理中心（简称海淀国资中心）；同年6月、12月，海淀国资中心和高促中心分别将所持股份转让给中关村发展集团，股东变更为中关村发展集团（持股100%）。2020年底，公司有员工12人。

总经理：段宏伟

（唐娜）

中关村医疗器械园有限公司

中关村医疗器械园有限公司原名北京中科兴仪高端医疗器械产业投资有限公司，成立于2012年10月30日，位于北京市大兴区生物医药基地永旺西路 26 号院。公司注册资本 2.9 亿元。股东为中关村发展集团（持股 68.97%）、中国交通建设股份有限公司（持股 31.03%）。2014 年 4 月 4 日，经市工商局大兴分局批准，公司名称变更为中关村医疗器械园有限公司。2020 年 8 月，股东变更为中关村发展集团（持股 52.6316%）、北京生物医药产业基地发展有限公司（持股 23.6842%）、中国交通建设股份有限公司（持股 23.6842%）。2020 年底，公司有员工 28 人。

董事长：付端禄

总经理：徐景泉

（崔浩）

中关村科技租赁股份有限公司

中关村科技租赁股份有限公司原名中关村科技租赁（北京）有限公司、中关村科技租赁有限公司，成立于 2012 年 11 月 27 日，注册于北京市朝阳区容达路 21 号楼。公司注册资本 13.33 亿元。成立之初，注册资本为 5 亿元，股东为中关村发展集团（持股 60%）、南山集团资本投资有限公司（持股 10%）、望京综开（持股 10%）、北京市朝阳区国有资本经营管理中心（持股 10%）、北京碧水源科技股份有限公司（持股 6%）、中关村金服（持股 4%）；2017 年，南山集团资本投资有限公司将其所持 0.01% 的股权转让给北京碧水源科技股份有限公司，9 月，各股东按照股权比例向中关村科技租赁增资 5 亿元，增资后注册资本达到 10 亿元；2019 年 8 月，中关村科技租赁进行股份制改革，名称变更为中关村科技租赁股份有限公司；2020 年 1 月 21 日，中关村科技租赁于香港联合交易所主板上市，公开发行 3.33334 亿股，注册资本增至 13.33 亿元。此为中关村发展集团旗下首家上市企业，股份代号：1601.HK。上市时股东为中关村发展集团（持股 45.00%）、望京综开（持股 7.50%）、北京市朝阳区国有资本经营管理中心（持股 7.50%）、南山集团资本投资有限公司（持股 7.49%）、北京碧水源科技股份有限公司（持股 4.51%）、源晶有限公司（持股 3.82%）、中关村金服（持股 3%）、北京中关村科学城创新发展有限公司（持股 2.76%）、中国车联网有限公司（持股 2.47%）、北京宇信科技集团股份有限公司（持股 1.65%）。2020 年底，公司有员工 120 人。

董事长：段宏伟

总经理：何融峰

（王鸣曦）

北京知识产权运营管理有限公司

北京知识产权运营管理有限公司成立于 2014 年 7 月 11 日，位于北京市海淀区海淀南路 21 号中关村知识产权大厦 4 层。公司注册资本为 1.42 亿元。成立之初，注册资本为 1 亿元，股东为中关村发展集团（持股 60%）、海淀国资中心（持股

20%）、亦庄国际投资公司（简称亦庄国投）（持股10%）、中国技术交易所（持股10%）。2019年，北京IP获得中央财政专项资金股权投资7000万元，注册资本增加至1.42亿元，股东变更为中关村发展集团（持股42.203%）、华智众创（北京）投资管理有限责任公司（持股29.661%）、海淀国资中心（持股14.068%）、亦庄国投（持股7.034%）、中国技术交易所（持股7.034%）。2020年底，公司有员工39人。

董事长：张建

总经理：何敏刚（2020年12月免）

（范芮芮）

北京集成电路产业发展股权投资基金有限公司

北京集成电路产业发展股权投资基金有限公司成立于2014年7月29日，位于北京市丰台区丽泽路18号院1号楼801–32室。公司注册资本60.06亿元。成立之初，注册资本为90.09亿元；2018年，注册资本变更为60.06亿元。股东为中关村发展集团（持股99.9%）、北京盛世宏明投资基金管理有限公司（持股0.1%）。2020年底，公司有员工3人。

董事长：贾一伟

总经理：贾一伟

（宋紫阳）

北京中关村延庆园建设发展有限公司

北京中关村延庆园建设发展有限公司成立于2014年8月19日，位于北京市延庆区东外大街97号。公司注册资本2亿元。股东为中关村发展集团（持股85%）、北京金川永佳国有资产管理发展中心（持股15%）。2017年5月，延庆方股东由北京金川永佳国有资产管理发展中心改制变更为北京中关村延庆园投资发展有限公司。2020年底，公司有员工21人。

董事长：魏晓东

总经理：杨俊

（夏芳）

北京中关村微纳能源投资有限公司

北京中关村微纳能源投资有限公司成立于2014年11月22日，位于北京市怀柔区杨宋镇中影数字影视基地1号楼401室。公司注册资本8.24亿元。成立之初，注册资本为1亿元，股东为中关村发展集团（持股90%）、北京市怀柔区国有资本经营管理有限公司（简称怀柔国资公司）（持股10%）。2016年，中关村发展集团增资5.82亿元，怀柔国资公司增资1.42亿元，注册资金增至8.24亿元。股东为中关村发展集团（持股81.54%）、怀柔国资公司（持股18.46%）。2020年底，公司有员工20人。

董事长：佘京学

总经理：佘京学

（程麒宇）

北京中关村信息谷资产管理有限责任公司

北京中关村信息谷资产管理有限责任公司成立于2014年11月21日，位于北京市海淀区西北旺镇邓庄南路万家盛景大厦。公司注册资本2792.52万元。成立之初，公司注册资本为2000万元，股东为中关村软件园（持股100%）。2018年12月25

日，中关村信息谷完成混合所有制改革，完成与中关村领创空间科技服务有限责任公司的重组，股东变更为中关村发展集团（持股 93.02%）、软通动力信息技术（集团）有限公司（持股 4.66%）、旭天（北京）投资咨询有限公司（持股 2.32%）。2020 年底，公司完成第一批员工持股相关工作，注册资本增至 2792.52 万元，股东变更为中关村发展集团（持股 74.4132%）、北京力合同创技术服务中心（有限合伙）（持股 20.0000%）、软通动力信息技术（集团）股份有限公司（持股 3.7245%）、旭天（北京）投资咨询有限公司（持股 1.8623%）。2020 年底，公司有员工 343 人。

董事长：王清山

总经理：石七林

（滕琦诺）

北京中关村集成电路设计园发展有限责任公司

北京中关村集成电路设计园发展有限责任公司

成立于 2015 年 2 月 5 日，位于北京市海淀区丰豪东路 9 号院 2 号楼 D 座 6 层。公司注册资本 2.2 亿元。股东为中关村发展集团（持股 40%）、北京首置房地产企业管理有限公司（持股 50%）、中关村软件园（持股 10%）。2020 年底，公司有员工 39 人。

董事长：苗军

（刘烨）

中关村协同发展投资有限公司

中关村协同发展投资有限公司成立于 2015 年 9 月 23 日，位于北京市东城区东直门外大街 39 号院航空服务楼 3 层。公司注册资本 5 亿元。股东为中关村发展集团（持股 40%）、招商局蛇口工业区控股股份有限公司（持股 30%）、中国交通建设股份有限公司（持股 30%）。2020 年底，公司有员工 195 人。

董事长：高中成

总经理：隋明军

（何玉斌）

北京中关村协同创新投资基金管理有限公司

北京中关村协同创新投资基金管理有限公司成立于 2015 年 12 月 25 日，位于北京市海淀区学院南路 62 号中关村资本大厦 A2 座 8F。公司注册资本 3569.35 万元。成立之初，公司注册资本 2000 万元，股东为中关村发展集团（持股 30%）、中关村科技担保（持股 25%）、中关村科技租赁（持股 15%）、中关村创投（持股 15%）、中关村协同发展（持股 15%）。2020 年，注册资本增至 3569.35 万元，股东为中关村发展集团（持股 60.78%）、中关村科技担保（持股 14.01%）、中关村科技租赁（持股 8.4%）、中关村创投（持股 8.4%）、中关村协同发展（持股 8.4%）。2020 年底，公司有员工 26 人。

董事长：姚胜利

总经理：孙次锁

（叶梅、韩娜）

北京中关村前沿技术产业发展有限公司

北京中关村前沿技术产业发展有限公司成立于 2015 年 12 月 18 日，位于北京市房山区窦店镇弘安路 85 号。公司注册资本 4.5 亿元。股东为中关村发展集团（持股 30%）、北京房山国有资产经营有限责任公司（持股 30%）、中关村生命科学园（持股 30%）、中关村软件园（持股 10%）。2020 年底，公司有员工 15 人。

董事长：陈忠敏

（李芝芝）

中关村芯园（北京）有限公司

中关村芯园（北京）有限公司成立于 2015 年 12 月 21 日，位于北京市海淀区中关村创业大街 4 号楼。公司注册资本 2500 万元。股东为中关村发展集团（持股 52.38%）、中关村科技园区海淀园创业服务中心（持股 10%）、中关村集成电路设计园（持股 10%）、陈大同（持股 2%）、北京京芯合创投资管理中心（有限合伙）（简称京芯合创）（持股 25.62%）。其中，京芯合创为中关村芯园员工持股平台公司。2020 年底，公司有员工 20 人。

董事长：苗军

总经理：李军

（李竹、苏兆辉）

北京中关村资本基金管理有限公司

北京中关村资本基金管理有限公司原名北京中关村发展创业投资基金管理有限公司，成立于 2016 年 10 月 17 日，位于北京市海淀区西三环北路甲 2 号院。公司注册资本 2 亿元，股东为中关村发展集团（持股 100%）。2020 年 3 月，公司更名为北京中关村资本基金管理有限公司。2020 年底，公司有员工 21 人。

董事长：贾一伟

总经理：庄海

（章睿）

石家庄中关村协同发展有限公司

石家庄中关村协同发展有限公司成立于 2016 年 11 月 11 日，位于河北省石家庄正定新区商务中心 B 区 12 楼。公司注册资本 1 亿元。股东为中关村发展集团（持股 30%）、海开地产（持股 20%）、石家庄发展投资有限责任公司（持股 20%）、正定高新技术产业开发区建设投资有限公司（持股

20%）、中关村协同发展（持股 10%）。2020 年底，公司有员工 17 人。

董事长：赵乐之

总经理：王建华

（汤跃昌、曹伟）

北京中关村京西建设发展有限公司

北京中关村京西建设发展有限公司成立于 2016 年 12 月 29 日，位于北京市门头沟区石龙工业区桥园路 1 号 2 幢 2 层 203 室。公司注册资本 3 亿元。股东为中关村发展集团（持股 60%）、门头沟区政府代表北京京西文旅科技投资基金管理有限公司（持股 40%）。2020 年底，公司有员工 20 人。

董事长：李彪

总经理：周瑞

（邓文茵）

中关村国际控股有限公司

中关村国际控股有限公司（ZGC International Holding Ltd.）成立于 2018 年 3 月 26 日，位于中国香港湾仔港湾道 25 号海港中心 21 楼 2103 室。公司注册资本 1 亿美元。股东为中关村发展集团（持股 100%）。2020 年底，公司有员工 10 人。

董事长：宣鸿

（刘伟）

北京中关村海外科技园有限责任公司

北京中关村海外科技园有限责任公司成立于 2003 年 1 月 15 日，2018 年加入中关村发展集团，位于北京市海淀区中关村南大街 9 号理工科技大厦。公司注册资本 1250 万元。成立之初，股东为中关村高科技产业促进中心（持股 40%）、科技部火炬中心（持股 40%）、济南高新控股集团有限公司（简称济南高新）（持股 20%）；2014 年 10 月，高促中心将所持股份划转至北京中关村发展投资中心（简称投资中心）；2018 年 4 月，投资中心将所持股份划转至中关村发展集团。2019 年 10 月，中关村发展集团收购济南高新所持 20% 股份，股东变更为中关村发展集团（持股 60%）、科技部火炬中心（持股 40%）。2020 年底，公司有员工 18 人。

董事长：赵小鹏

总经理：赵小鹏

（韩文龙）

北京中关村国际环保产业促进中心有限公司

北京中关村国际环保产业促进中心有限公司成立于 2003 年 3 月 17 日，2018 年加入中关村发展集团，位于北京市丰台区南四环西路 186 号汉威国际广场二区4号楼8层。公司注册资本3400万元。成立之初，股东为中关村高科技产业促进中心（持股73.53%）、北京实创环保发展有限公司（持股11.77%）、华夏长城环境工程有限公司（持股8.82%）、上海太比雅科技有限公司（持股2.94%）、北京仁创科技集团有限公司（持股2.94%）；2014年9月26日，高促中心将所持股份划转至投资中心；2018年，投资中心将所持股份划转至中关村发展集团，股东变更为中关村发展集团（持股73.53%）、北京实创环保发展有限公司（持股11.77%）、华夏长城环境工程有限公司（持股8.82%）、上海太比雅科技有限公司（持股2.94%）、北京仁创科技集团有限公司（持股2.94%）。2020年12月，中关村发展集团将所持股权划转至中关村至臻环保，主要股东变更为中关村至臻环保（持股73.53%）、北京实创环保发展有限公司（持股11.77%）、华夏长城环境工程有限公司（持股8.82%）、北京瀚洋基业投资管理有限公司（持股2.94%）、北京仁创科技集团有限公司（持股2.94%）。2020年底，公司有员工18人。

董事长：张健

总经理：王彤

（陈燕安）

北京市工业设计研究院有限公司

北京市工业设计研究院有限公司原名北京冶金设计公司、首钢设计院城区院、北京市工业设计院、北京市工业设计研究院，成立于1961年11月，2019年加入中关村发展集团，位于北京市西城区广安门外大街甲275号。公司注册资本3.72亿元。1973年2月，并入首都钢铁公司，更名为首钢设计院城区院；1983年10月，更名为北京市工业设计院，隶属于市经委；1984年7月，更名为北京市工业设计研究院，隶属于市经委；2013年10月，划归市国资委管理；2015年12月，由事业单位转为国有独资公司，更名为北京市工业设计研究院有限公司；2016年2月，转企改制成为国有控股的多元有限公司，北京汽车集团有限公司（简称北汽集团）为控股股东。2019年，股东变更为中关村发展集团（持股38.75%）、北汽集团（持股24.5%）、投资中心（持股12.25%）、北京同仁堂集团有限责任公司（持股12.25%）、北京电子控股有限责任公司（持股12.25%）。2020年底，公司有员工996人。

董事长：韩柏

总经理：付军

（唐旭磊）

中关村至臻环保股份有限公司

中关村至臻环保股份有限公司原名北京神州瑞霖环保科技有限公司、西藏神州瑞霖环保科技股份有限公司，成立于2007年1月26日，2019年加入中关村发展集团，位于北京市丰台区南四环西路186号汉威国际广场2区4号楼8、9层。公司注册资本8132.31万元。成立之初注册资本100万元，股东为吴盟盟（持股40%）、张春晖（持股40%）、吴同亚（持股20%）。2016年1月，成功在新三板挂牌；注册资本为3000万元；股东为吴盟盟（持股50%）、张春晖（持股16.67%）、田宁宁（持股16.67%），其余为自然人股东（持股16.66%）。2019年12月，中关村发展集团认购中关村至臻环保定向增发股份757.57万股；增资后注册资本为6043.57万元，股东为吴盟盟（持股37.23%）、中关村发展集团（持股12.54%）、张春晖（持股12.41%）、田宁宁（持股12.41%）、共青城中骏投资管理合伙企业（有限合伙）—珠海市中骏安鹏智造投资基金（有限合伙）（持股2.48%），其余为自然人股东（持股22.93%）。2020年10月，公司更名为中关村至臻环保股份有限公司。2020年11月，中关村发展集团认购中关村至臻环保定向增发股份2088.74万股；增资后注册资本为8132.31万元。股东为中关村发展集团（持股35%）、吴盟盟（持股27.67%）、张春晖（持股9.22%）、田宁宁（持股9.22%）、共青城中骏投资管理合伙企业（有限合伙）—珠海市中骏安鹏智造投资基金（有限合伙）（持股1.84%），其余为自然人股东（持股17.05%）。2020年底，公司有员工197人。

董事长：张健

总经理：吴盟盟

（陈燕安）

北京中发助力壹号投资基金（有限合伙）

北京中发助力壹号投资基金（有限合伙）于2020年2月26日注册成立；7月20日，基金在中国证券投资基金业协会完成备案。基金由北京中发助力壹号企业管理有限公司担任普通合伙人，中关村发展集团担任有限合伙人，中关村资本负责管理。

（聂汝嫣）

北京中发展金种子创业投资中心（有限合伙）

北京中发展金种子创业投资中心（有限合伙）于2020年8月19日注册成立；10月22日，基金在中国证券投资基金业协会完成备案，由中关村资本负责管理。

（聂汝嫣）

北京中关村科技服务有限公司

北京中关村科技服务有限公司成立于2020年9月11日，位于北京市海淀区西三环北路甲2号院7号楼。公司注册资本4亿元，股东为中关村发展集团（持股100%）。2020年底，公司有员工5人。

董事长：郑宏

（马利霞）

附表 1　国家部分政府部门全称、简称一览表

序号	全称	简称
1	中华人民共和国国务院	国务院
2	中华人民共和国国务院办公厅	国务院办公厅
3	中华人民共和国外交部	外交部
4	中华人民共和国国家发展和改革委员会	国家发展改革委
5	中华人民共和国教育部	教育部
6	中华人民共和国科学技术部	科技部
7	中华人民共和国工业和信息化部	工业和信息化部
8	中华人民共和国人力资源和社会保障部	人力资源社会保障部
9	中华人民共和国自然资源部	自然资源部
10	中华人民共和国生态环境部	生态环境部
11	中华人民共和国住房和城乡建设部	住房城乡建设部
12	中华人民共和国交通运输部	交通运输部
13	中华人民共和国水利部	水利部
14	中华人民共和国农业农村部	农业农村部
15	中华人民共和国商务部	商务部
16	中华人民共和国文化和旅游部	文化和旅游部
17	中华人民共和国国家卫生健康委员会	国家卫生健康委
18	中华人民共和国应急管理部	应急管理部
19	中国人民银行	人民银行
20	国家外国专家局	国家外专局
21	国家航天局	国家航天局
22	国家海洋局	国家海洋局
23	中华人民共和国海关总署	海关总署
24	国家市场监督管理总局	市场监管总局
25	国家体育总局	体育总局
26	国家国际发展合作署	国家国际发展合作署
27	国家广播电视总局	广电总局
28	国家医疗保障局	国家医保局
29	国家认证认可监督管理委员会	认监委
30	国家标准化管理委员会	国家标准委
31	国务院港澳事务办公室	国务院港澳办
32	国家互联网信息办公室	国家网信办

（续表）

序号	全称	简称
33	新华通讯社	新华社
34	中国科学院	中科院
35	中国社会科学院	社科院
36	中国工程院	工程院
37	中央广播电视总台	中央广电总台
38	中国气象局	中国气象局
39	中国银行保险监督管理委员会	银保监会
40	中国证券监督管理委员会	证监会
41	国家能源局	国家能源局
42	国家林业和草原局	国家林草局
43	中国民用航空局	中国民航局
44	国家药品监督管理局	国家药监局
45	国家移民管理局	国家移民局
46	国家铁路局	国家铁路局
47	国家中医药管理局	国家中医药局
48	国家知识产权局	国家知识产权局

附表 2　北京市部分党政机关全称、简称一览表

序号	全称	简称
1	中共北京市委员会	市委
2	北京市人民代表大会常务委员会	市人大常委会
3	北京市人民政府	市政府
4	中国人民政治协商会议北京市委员会	市政协
5	中共北京市委组织部	市委组织部
6	中共北京市委宣传部	市委宣传部
7	北京市机构编制委员会办公室	市编办
8	北京市发展和改革委员会	市发展改革委
9	北京市教育委员会	市教委
10	北京市科学技术委员会、中关村科技园区管理委员会	市科委、中关村管委会
11	北京市经济和信息化局	市经济和信息化局
12	北京市民族宗教事务委员会	市民族宗教委
13	北京市公安局	市公安局

（续表）

序号	全称	简称
14	北京市民政局	市民政局
15	北京市司法局	市司法局
16	北京市财政局	市财政局
17	北京市人力资源和社会保障局	市人力社保局
18	北京市规划和自然资源委员会	市规划自然资源委
19	北京市生态环境局	市生态环境局
20	北京市住房和城乡建设委员会	市住房城乡建设委
21	北京市城市管理委员会	市城市管理委
22	北京市交通委员会	市交通委
23	北京市水务局	市水务局
24	北京市农业农村局	市农业农村局
25	北京市商务局	市商务局
26	北京市文化和旅游局	市文化和旅游局
27	北京市卫生健康委员会	市卫生健康委
28	北京市应急管理局	市应急局
29	北京市市场监督管理局	市市场监管局
30	北京市审计局	市审计局
31	北京市人民政府国有资产监督管理委员会	市国资委
32	北京市广播电视局	市广电局
33	北京市文物局	市文物局
34	北京市体育局	市体育局
35	北京市统计局	市统计局
36	北京市园林绿化局	市园林绿化局
37	北京市人民防空办公室	市人防办
38	北京市信访办公室	市信访办
39	北京市知识产权局	市知识产权局
40	北京市人民政府侨务办公室	市政府侨办
41	北京市人民政府天安门地区管理委员会	天安门地区管委会
42	北京西站地区管理委员会	西站地区管委会
43	北京经济技术开发区管理委员会	经济技术开发区管委会
44	北京市城市管理综合行政执法局	市城管执法局
45	北京市投资促进服务中心	市投资促进服务中心
46	北京市公园管理中心	市公园管理中心
47	北京市地震局	市地震局
48	北京市气象局	市气象局
49	北京市社会建设工作办公室	市社会办

附表 3　中关村发展集团部分子公司、基金全称、简称一览表

序号	全称	简称
1	保定基石连盈创业投资基金中心（有限合伙）	保定基石子基金
2	保定中关村信息谷科技服务有限责任公司	保定中关村信息谷
3	北京丰台科技园建设发展有限公司	丰科建
4	北京光谷科技园开发建设有限公司	光谷科技园
5	北京国际工程咨询有限公司	工业院咨询公司
6	北京海开房地产集团有限责任公司	海开地产
7	北京集成电路产业发展股权投资基金有限公司	北京集成电路基金
8	北京集成电路设计与封测股权投资中心（有限合伙）	设计子基金
9	北京集成电路先进制造和高端装备股权投资基金中心（有限合伙）	制造二期子基金
10	北京集成电路制造和装备股权投资中心（有限合伙）	制造一期子基金
11	北京金桥科技产业基地开发有限公司	金桥科技园
12	北京京龙工程项目管理有限公司	工业院京龙公司
13	北京启航投资管理有限公司	启航投资
14	北京启元资本市场发展服务有限公司	启元资本
15	北京实创高科技发展有限责任公司	实创高科
16	北京市工业设计研究院有限公司	工业院
17	北京协同科创创业投资管理中心（有限合伙）	协同科创基金
18	北京兴昌高科技发展有限公司	兴昌高科
19	北京易创新科信息技术有限公司	易创新科
20	北京硬创空间科技有限公司	硬创空间
21	北京知识产权运营管理有限公司	北京 IP
22	北京中发前沿投资管理有限公司	中发前沿投资
23	北京中发展金种子创业投资中心（有限合伙）	金种子基金
24	北京中发助力壹号投资基金（有限合伙）	中发助力基金
25	北京中关村创业投资发展有限公司	中关村创投
26	北京中关村电子城建设有限公司	中关村电子城
27	北京中关村发展前沿企业投资基金	前沿基金
28	北京中关村高精尖创业投资基金（有限合伙）	中关村高精尖母基金
29	北京中关村国际环保产业促进中心有限公司	中关村环促中心
30	北京中关村国际会展运营管理有限公司	中关村国际会展
31	北京中关村轨道交通产业发展有限公司	中关村轨道交通
32	北京中关村海外科技园有限责任公司	中关村海外科技园

（续表）

序号	全称	简称
33	北京中关村集成电路设计园发展有限责任公司	中关村集成电路设计园
34	北京中关村京西建设发展有限公司	中关村京西发展
35	北京中关村科技创业金融服务集团有限公司	中关村金服
36	北京中关村科技服务有限公司	中关村科服
37	北京中关村科技融资担保有限公司	中关村科技担保
38	北京中关村前沿技术产业发展有限公司	中关村前沿技术
39	北京中关村软件园发展有限责任公司	中关村软件园
40	北京中关村软件园孵化服务有限公司	中关村软件园孵化器
41	北京中关村生命科学园产业发展基金（有限合伙）	生命科学园产业发展基金
42	北京中关村生命科学园发展有限责任公司	中关村生命科学园
43	北京中关村微纳能源投资有限公司	中关村微纳能源
44	北京中关村协同创新投资基金（有限合伙）/北京中关村协同创新投资基金管理有限公司	中关村协同创新基金
45	北京中关村信息谷资产管理有限责任公司	中关村信息谷
46	北京中关村延庆园建设发展有限公司	中关村延庆园公司
47	北京中关村远见认股权创业投资中心	认股权投资基金
48	北京中关村智酷双创人才服务股份有限公司	中关村智酷
49	北京中关村资本基金管理有限公司	中关村资本
50	长春中关村信息谷科技服务有限责任公司	长春中关村信息谷
51	滁州中关村信息谷科技服务有限责任公司	滁州中关村信息谷
52	德州两仪幂方康健创业投资合伙企业（有限合伙）	德州幂方子基金
53	广州中关村信息谷科技服务有限责任公司	广州中关村信息谷
54	合肥中关村协同产业发展有限公司	合肥中关村协同发展
55	江苏中关村中诺协同投资基金合伙企业（有限合伙）	江苏中诺子基金
56	廊坊市蓝天事业发展股权投资基金合伙企业（有限合伙）	廊坊蓝天基金
57	南宁水木愿景创业投资中心（有限合伙）	南宁水木子基金
58	南宁中关村信息谷科技服务有限责任公司	南宁中关村信息谷
59	南阳中关村协同创新创业资产管理中心（有限合伙）	南阳中关村子基金
60	南阳中关村信息谷科技服务有限责任公司	南阳中关村信息谷
61	青岛中关村信息谷科技服务有限责任公司	青岛中关村信息谷
62	衢州中关村复朴协同创业投资基金（有限合伙）	衢州复朴子基金
63	沈阳中关村信息谷科技服务有限责任公司	沈阳中关村信息谷
64	石家庄中关村协同发展有限公司	石家庄公司
65	泰安市茂榕清泽股权投资基金合伙企业（有限合伙）	泰安茂榕子基金
66	天津合勤科技智能制造产业创新投资合伙企业（有限合伙）	天津合勤子基金
67	天津京津中关村科技城发展有限公司	中关村科技城公司

（续表）

序号	全称	简称
68	天津中关村科技园运营服务有限公司	天津中关村科技园
69	天津中关村磐谷图灵股权投资基金合伙企业（有限合伙）	天津磐谷子基金
70	天津中关村信息谷科技服务有限公司	天津中关村信息谷
71	乌兰察布市高榕三期投资合伙企业（有限合伙）	乌兰察布高榕子基金
72	新泰中关村信息谷科技服务有限责任公司	新泰中关村信息谷
73	徐州信息谷资产管理有限责任公司	徐州信息谷
74	徐州云荷投资合伙企业（有限合伙）	徐州云荷子基金
75	银川中关村信息谷科技服务有限责任公司	银川中关村信息谷
76	中关村（北美）控股公司	中关村北美
77	中关村国际控股有限公司	中关村国际（香港）
78	中关村科技产业研究院有限公司	中关村产业研究院
79	中关村科技租赁股份有限公司	中关村科技租赁
80	北京中关村生命科学园生物医药科技孵化有限公司	中关村生命科学园孵化器
81	中关村协同发展投资有限公司	中关村协同发展
82	中关村芯海择优科技有限公司	芯海择优
83	中关村芯园（北京）有限公司	中关村芯园
84	中关村兴业（北京）高科技孵化器股份有限公司	中关村兴业公司
85	中关村医疗器械园有限公司	中关村医疗器械园
86	中关村至臻环保股份有限公司	中关村至臻环保

索引

中关村发展集团年鉴

YEARBOOK OF ZHONGGUANCUN DEVELOPMENT GROUP

2021

主题词索引

1．本索引采取主题索引（也称内容分析索引法）编制。索引词以《中关村发展集团年鉴 2021》正文出现的专业名词、名词词组、机构名等为主。

2．本索引按汉语拼音音序排列。汉字的标目（索引词）按首字的音序、音调依次排列，首字相同时，则以第二字排序，以此类推。以阿拉伯数字打头的索引词，排在最前面，以英文字母打头的索引词，列于其次。

3．本索引的文字部分为标目（索引词），即所要查找的内容，标目之后的数字，表示该标目所在正文中的页码（地址页）。

C

D

F

G

H

J

K

L

M

N

P

Q

R

S

T

W

X

Y

Z